1권

기출복원 모의고사
(2025년 상반기 ~ 2022년)
IBK기업은행 필기시험

www.sdedu.co.kr

〈문항 수 및 시험시간〉

<table>
<tr><th colspan="2">영역</th><th>문항 수</th><th>시험시간</th><th colspan="2">모바일 OMR 답안채점 / 성적분석</th></tr>
<tr><td colspan="2">NCS 직업기초능력</td><td>객관식 40문항</td><td rowspan="3">120분</td><td rowspan="3">금융일반</td><td rowspan="3">디지털</td></tr>
<tr><td rowspan="2">직무수행능력</td><td>금융일반</td><td rowspan="2">객관식 30문항
주관식 5문항</td></tr>
<tr><td>디지털</td></tr>
</table>

※ 해당 모의고사의 문항 수 및 시험시간은 2025년 상반기 채용공고 기준입니다.

※ 해당 모의고사는 2025년 상반기부터 2022년까지의 기출을 복원 및 변형한 문제로 구성하였으므로, 실제 문제와 다소 차이가 있을 수 있으며, 본 저작물의 무단전재 및 복제를 금합니다.

IBK기업은행 필기시험

기출복원 모의고사

문항 수 : 75문항
시험시간 : 120분

제 1 영역 NCS 직업기초능력

※ 다음 글을 읽고 이어지는 질문에 답하시오. **[1~2]**

(가) 한국거래소 단일 체제로 운영되었던 국내 주식시장이 넥스트레이드의 출범으로 복수 거래 시장 체제로 바뀌게 되었다. 이는 자본시장 인프라 경쟁체제 도입을 통한 시장 선진화와 투자자 효용증대를 위한 것으로 업계 관계자들은 이를 두고 이전보다 거래비용과 처리속도, 주문방식, 거래시간 등 인프라 환경이 투자자에게 유리하게 바뀔 수 있을 것이라며 넥스트레이드의 출범에 대해 긍정적으로 보고 있다.

(나) 먼저 투자자의 시장 접근성과 거래편의성을 향상시키기 위한 정규시장 전후로 거래시간이 확대된다. 정규시장보다 1시간 일찍 개장하는 프리마켓(08:00 ~ 08:50)과 정규시장 폐장 후 경쟁접속매매 방식으로 거래되는 애프터마켓(15:40 ~ 20:00)이 도입되어 현행 거래소의 거래시간에서 5시간 30분 확대된 12시간 동안 거래가 가능해진 것이다. 이러한 애프터마켓의 도입으로 해외 투자자가 해당 국가의 낮에 우리 주식을 거래할 수 있게 됨으로써 해외 투자자의 국내시장 접근성이 용이해져 야간시장 유동성 증가도 기대되고 있다.

(다) 또한 넥스트레이드는 새로운 호가 유형인 '중간가호가(Mid Point Order)'와 '스톱지정가호가(Stop Limit Order)'를 제공하겠다고 밝혔다. 중간가호가란 최우선매수・매도호가의 중간 가격(산술평균 가격)으로 매매하고자 하는 주문을 말하며, 이를 통해 안정적이고 풍부한 유동성이 확보될 것으로 기대된다. 스톱지정가호가란 시장가격이 투자자가 사전에 설정한 가격(Stop Price)에 도달하는 경우 지정가호가로 매매하도록 전환되는 주문을 말한다. 다만, 두 호가 모두 넥스트레이드에서만 가능하며, 프리・애프터마켓 운영시간이 아닌 기존 정규시장에서만 사용이 가능하다.

(라) 이와 더불어 거래소 경쟁체제로 인해 기존 대비 투자비용을 절감할 수 있을 것으로 기대된다. 넥스트레이드가 거래소 경쟁체제 확립과 투자자 편익 향상을 위해 거래소보다 20 ~ 40% 낮은 수수료를 제공하겠다고 밝혔기 때문이다. 거래유형에 구분 없이 일률적으로 수수료를 부과하던 기존의 방식을 탈피해 기존 호가 잔량을 이용하여 거래를 체결하는 '테이커(Taker)'에는 기존 거래소 대비 80% 수준인 0.00182%를 부과하고, 시장에 유동성을 공급하는 '메이커(Maker)'에게는 이보다 더 낮은 0.00134%의 수수료를 부과하는 등 투자자 친화적인 수수료방식으로 진행할 예정이다.

| 2025년 상반기

01 **다음 중 윗글의 대한 설명으로 가장 적절한 것은?**

① 기존에는 국내 주식시장이 독점으로 운영되어 투자자들에게 불리했다.
② 애프터마켓의 도입 전에는 해외 투자자가 우리나라 주식을 거래할 수 없었다.
③ 중간가호가와 스톱지정가호가는 넥스트레이드에서만 할 수 있는 매매 주문이다.
④ 거래소 경쟁체제의 도입으로 모든 거래소에서 거래유형에 따라 부과되는 수수료가 상이해졌다.

| 2025년 상반기

02 **윗글에서 다음 〈보기〉의 문장이 들어갈 위치로 가장 적절한 곳은?**

〈보기〉

이에 대해 넥스트레이드 측은 “우리나라도 시간의 문제일 뿐, 언젠가는 24시간 주식거래체계를 갖추어야 국내 및 해외 투자자 니즈를 만족시키고, 글로벌 경쟁에서 뒤떨어지지 않을 것”이라고 덧붙였다.

① (가) 문단의 뒤
② (나) 문단의 뒤
③ (다) 문단의 뒤
④ (라) 문단의 뒤

※ 다음 글을 읽고 이어지는 질문에 답하시오. [3~4]

〈전자상거래 등에서의 소비자보호에 관한 법률〉

제13조(신원 및 거래조건에 대한 정보의 제공) 제6항

통신판매업자는 재화 등의 정기결제 대금이 증액되거나 재화 등이 무상으로 공급된 후 유료 정기결제로 전환되는 경우에는 그 증액 또는 전환이 이루어지기 전 대통령령으로 정하는 기간 내에 그 증액 또는 전환의 일시, 변동 전후의 가격 및 결제방법에 대하여 소비자의 동의를 받고, 증액 또는 전환을 취소하거나 해지하기 위한 조건・방법과 그 효과를 소비자에게 고지하여야 한다.

제21조의2(온라인 인터페이스 운영에 있어서 금지되는 행위) 제1항

전자상거래를 하는 사업자 또는 통신판매업자는 온라인 인터페이스(웹사이트 또는 모바일 앱 등의 소프트웨어로서 소비자와 사업자 사이의 매개체를 말한다)를 운영하는 경우 다음 각 호의 어느 하나에 해당하는 행위(다크 패턴)를 하여서는 아니 된다.

1. 사이버몰을 통하여 소비자에게 재화 등의 가격을 알리는 표시・광고의 첫 화면에서 소비자가 그 재화 등을 구매・이용하기 위하여 필수적으로 지급하여야 하는 총금액(재화 등의 가격 외에 재화 등의 제공을 위하여 필수적으로 수반되는 비용까지 포함한 것을 말한다) 중 일부 금액만을 표시・광고하는 방법으로 소비자를 유인하거나 소비자와 거래하는 행위. 다만, 총금액을 표시・광고할 수 없는 정당한 사유가 있고 그 사유를 총리령으로 정하는 바에 따라 소비자에게 알린 경우는 제외한다.
2. 재화 등의 구매・이용, 회원가입, 계약체결 등이 진행되는 중에 소비자에게 다른 재화 등의 구매・이용, 회원가입, 계약체결 등에 관한 청약의사가 있는지 여부를 묻는 선택항목을 제공하는 경우 소비자가 직접 청약의사 여부를 선택하기 전에 미리 청약의사가 있다는 표시를 하여 선택항목을 제공하는 방법으로 소비자의 다른 재화 등의 거래에 관한 청약을 유인하는 행위
3. 소비자에게 재화 등의 구매・이용, 회원가입, 계약체결 또는 구매취소, 회원탈퇴, 계약해지(이하 "구매 등"이라 한다)에 관한 선택항목을 제시하는 경우 그 선택항목들 사이에 크기・모양・색깔 등 시각적으로 현저한 차이를 두어 표시하는 행위로서 다음 각 목의 어느 하나에 해당하는 경우
   가. 소비자가 특정 항목만을 선택할 수 있는 것처럼 잘못 알게 할 우려가 있는 행위
   나. 소비자가 구매 등을 하기 위한 조건으로서 특정 항목을 반드시 선택하여야만 하는 것으로 잘못 알게 할 우려가 있는 행위
4. 정당한 사유 없이 다음 각 목의 어느 하나에 해당하는 방법으로 소비자의 구매취소, 회원탈퇴, 계약해지 등을 방해하는 행위
   가. 재화 등의 구매, 회원가입, 계약체결 등의 절차보다 그 취소, 탈퇴, 해지 등의 절차를 복잡하게 설계하는 방법
   나. 재화 등의 구매, 회원가입, 계약체결 등의 방법과는 다른 방법으로만 그 취소, 탈퇴, 해지 등을 할 수 있도록 제한하는 방법
5. 소비자가 이미 선택・결정한 내용에 관하여 그 선택・결정을 변경할 것을 팝업창 등을 통하여 반복적으로 요구하는 방법으로 소비자의 자유로운 의사결정을 방해하는 행위. 다만, 그 선택・결정의 변경을 요구할 때 소비자가 대통령령으로 정하는 기간 이상 동안 그러한 요구를 받지 아니하도록 선택할 수 있게 한 경우는 제외한다.

I 2025년 상반기

03 다음 중 윗글에 대한 설명으로 가장 적절한 것은?

① 통신판매업자는 일정 기간 무상으로 재화 등이 제공되었다가 기간 경과 후 유료 정기결제로 전환되어 결제가 이루어졌을 경우, 그 즉시 소비자에게 고지하여야 한다.

② 소비자가 특정 재화 등의 계약체결을 진행하는 도중 다른 재화 등에 대하여 추가 설명하며 이에 대한 청약의사가 있는지를 묻는 등 추가 선택항목을 제공하고 이로 유인하는 행위를 하여서는 안 된다.

③ 회원가입과 재화 등의 구매는 모바일과 PC 모두 가능하지만, 탈퇴와 재화 등의 구매취소는 PC에서만 가능하도록 하는 것은 모두 위법사항이다.

④ 소비자가 이미 선택한 항목에 대해 다른 선택지로 변경하는 것이 더 유리하다고 광고하는 창은 소비자가 일정 기간 동안 해당 내용을 보지 않겠다고 선택할 수 있는 경우 반복적으로 제시할 수 있다.

I 2025년 상반기

04 윗글을 참고할 때, 다음 〈보기〉 중 다크 패턴 위반에 해당하는 것을 모두 고르면?

〈보기〉

㉠ 소비자가 구매를 진행하는 최종 단계에서 부가가치세나 구매수수료 등을 고지하여 소비자가 예상하지 못했던 비용이 추가되는 경우

㉡ 소비자가 특정 제품을 구매하려고 표시할 때, 해당 제품과 함께 사용하면 좋을 제품들에 대한 추가 선택항목들을 자동적으로 선택하도록 한 경우

㉢ 회원가입 클릭 버튼은 화면 상단에 크게 표시한 반면, 회원탈퇴는 복잡한 경로를 거쳐 찾기 힘들도록 표시한 경우

㉣ 소비자가 이미 선택을 마쳤음에도 불구하고 그 선택을 변경하도록 유인하는 일회성 팝업창을 띄워 유인하는 경우

① ㉠, ㉡ ② ㉢, ㉣

③ ㉠, ㉡, ㉢ ④ ㉠, ㉡, ㉢, ㉣

※ 다음은 I은행의 공정거래 자율준수에 대한 자료이다. 이어지는 질문에 답하시오. **[5~6]**

1. **공정거래 자율준수 프로그램 운영 원칙**

(1) 협력회사에 대한 원칙
- 협력회사와 상호존중을 바탕으로 공정하게 거래한다.
- 협력회사에 부당하게 유리 또는 불리한 취급을 하거나 경제상 이익을 요구하지 않는다.
- 부당한 요구나 원하지 않는 거래조건을 협력회사에게 강제하지 않는다.
- 협력회사의 기술, 지적재산권을 부당하게 요구하거나 침해하지 않는다.

(2) 고객에 대한 원칙
- 고객의 입장에서 오인성이 없도록 금융상품 정보를 바르게 전달한다.
- 법적 기준에 맞게 표시·광고한다.
- 공정한 약관을 사용하고 누구나 접근가능하도록 명시한다.

(3) 경쟁사에 대한 원칙
- 경쟁사와 자유롭고 공정한 경쟁을 한다.
- 불공정한 방법으로 경쟁사의 기술을 이용하거나 이익을 침해하지 않는다.
- 담합을 하지 않는다.
- 부당한 방법으로 경쟁사의 고객을 유인하지 않는다.

2. **교육시스템**

구분	부서자체교육	부서입점교육	상담	집합교육
주기	분기 1회	수시	수시	반기 1회
교육시간	1시간	1시간	–	2시간
교육대상	전직원	전직원	전직원	법위반 가능성이 높은 부서 임직원
교육내용	• 공정경쟁제도의 도입 목적과 체계의 이해 • 공정거래 관련 법규 및 사례 • 자율준수편람	• 자율준수 체크리스트 내용 이해 • 관련 업무 분야별 사례 • 감독 및 규제기관 동향	• 실무 관련 의문사항 상담 및 처리방향 지도 • 공정거래 관련 법규 및 최신사례 설명	• 내/외부전문가 강의 • 공정경쟁 현안내용 전달 • 공정거래 위반 의심 사례 발생 시 업무처리 방향 지도

05 **다음 중 위 자료를 보고 추론할 수 있는 내용으로 가장 적절한 것은?**

① 자사의 거래조건을 협력회사가 원하지 않을 경우 수정하여야 한다.
② 고객 입장에서 혼란을 줄 수 있는 정보는 기재하지 않아야 한다.
③ 경쟁사를 이용하고 있는 고객에게 자사의 상품을 이용하도록 유도해서는 안 된다.
④ 법위반 가능성이 높은 부서 임직원은 정기 교육을 연간 6회 받는다.

06 **다음 중 위 자료의 내용으로 적절하지 않은 것은?**

① 협력회사만이 유리하거나 자사만이 유리한 거래는 지양하여야 한다.
② 협력회사의 기술이나 지적재산권의 사용이 필요할 때는 정당한 대가를 지불하여야 한다.
③ 이득을 취하기 위해 경쟁사와 미리 의논하거나 합의하여서는 안 된다.
④ 불공정거래가 의심이 될 때에는 상담을 통하여 처리방향을 지도받아야 한다.

※ 다음은 I퇴직연금에 대한 상품설명서이다. 이어지는 질문에 답하시오. **[7~8]**

〈I퇴직연금 상품설명서〉

- I퇴직연금은 65세 정년퇴직한 사람만 퇴직 후 연금을 수령할 수 있다(정년퇴직일은 65세가 된 해 마지막 날임).
- I퇴직연금은 가입일로부터 매월 소득의 10%를 납입하여야 하며, 정년퇴직 시 납입을 중단하고 매월 1,200,000원을 지급받는다.
- I퇴직연금 상품은 정년퇴직일에 일시금으로 받을 수 있는 옵션이 있는데, 이는 납입기간이 30년 이상이거나, 총 납입금액이 2억 원 이상인 경우에만 가능하다.
- I퇴직연금은 정년퇴직일 이후 공모펀드, ETF, 예금 중 하나에 실물이전이 가능하며, 실물이전 후 상품의 리스크에 따른 추정 수익률은 다음과 같다.

구분	추정 수익률
공모펀드	• 30% 확률로 이전금의 30% 상승 • 20% 확률로 이전금의 20% 상승 • 50% 확률로 이전금의 10% 하락
ETF	• 15% 확률로 이전금의 100% 상승 • 25% 확률로 이전금의 50% 상승 • 55% 확률로 이전금의 30% 하락 • 5% 확률로 이전금의 50% 하락
예금	• 100% 확률로 이전금의 5% 상승

※ 기대 수익률은 상품별 추정 수익률의 확률 가중 평균하여 백분율로 표시한 것임

- 실물이전은 퇴직연금 납입액의 50%를 이전할 수 있으며 단 1회만 할 수 있다.
- 실물이전을 통해 선택한 상품의 가입기간은 5년이며, 5년 만기 후 해당 상품에 특성에 따른 금액을 일시금으로 수령한다. 단, 이 기간 동안 연금액은 수령하지 못한다.
- 실물이전을 하지 않은 채 연금을 받다가 사망하여 퇴직연금 총 납입금이 수령액보다 많다면, 잔여 납입금을 일시불로 상속할 수 있다. 이 경우 상속세는 5%이다.

07 **다음 중 I퇴직연금 상품에 대한 설명으로 옳지 않은 것은?**

① I퇴직연금에서 실물이전할 경우 기대 수익률이 가장 높은 상품은 공모펀드이다.
② I퇴직연금을 40세에 가입하고, 월 소득이 800만 원일 때 정년퇴직일에 일시금으로 수령할 수 있다.
③ 월 소득이 600만 원인 사람이 I퇴직연금에 20년간 가입 후 정년퇴직을 하여 10년간 연금을 수령하였다면, 납입금과 수령액은 동일하다.
④ I퇴직연금 납입금이 5천만 원이고, 실물이전을 하지 않은 상태에서 30개월간 연금을 받다 사망한 경우 상속 가능한 실제 금액은 1,330만 원이다.

08 **다음은 A씨의 급여상황 및 노후대책 계획이다. A씨가 정년퇴직 후 얻을 수 있는 최대금액은?(단, 금액은 연금 수령액과 실물이전 투자 수익을 모두 반영한다)**

- 26세에 취업한 A씨는 65세에 정년퇴직을 하며, 연봉은 5년 단위로 재협상한다. 재협상 시 A씨의 연봉은 600만 원씩 상승한다.
- A씨의 최초 월급은 200만 원이며 그 외 수입은 없다.
- A씨는 36세에 I퇴직연금 상품에 가입할 예정이며, 정년퇴직까지 I퇴직연금을 유지할 예정이다.
- A씨는 76세에 실물이전을 진행할 예정이다.
- A씨는 85세 끝까지 연금을 받을 것으로 가정한다.

① 2억 8,800만 원
② 2억 9,250만 원
③ 2억 9,412만 원
④ 3억 5,302만 원

※ 다음은 혁신바우처 사업에 대한 설명이다. 이어지는 질문에 답하시오. [9~10]

〈혁신바우처 사업〉

1. **사업 목적**

최근 3년간 평균 매출액이 120억 원 이하인 제조 소기업을 대상으로 컨설팅, 기술지원, 마케팅 3가지 분야에서 분야당 최대 1개의 프로그램을 이용할 수 있도록 바우처 형태로 제공하는 사업

2. **지원 내용**

최근 3년간 평균 매출액 규모에 따라서 정부 지원 비율을 최소 45%에서 최대 85% 범위 내에서 차등하여 적용(정부 지원금 최대 한도는 5천만 원)

구분	정부 지원 비율	자기부담 비율
3억 원 이하	85%	15%
3억 원 초과 10억 원 이하	75%	25%
10억 원 초과 50억 원 이하	65%	35%
50억 원 초과 120억 원 이하	45%	55%

3. **세부 내용**

구분	프로그램	지원 내용	한도(백만 원)
컨설팅	경영 기술전략	• 생산·품질관리, 기술사업화 전략, 노무, 인사, 조직, 세무, 재무, 회계, 경영전략, 구조개선 및 사업전환, 영업전략 • 노동법 대응(최저임금제, 근로시간 등)	15
	제조혁신 추진전략	• 스마트공장 진단 및 실용화, 활성화, 고도화를 위한 전략 수립	15
기술 지원	시제품 제작	• 디자인 목업, 제품 형상 구현(샘플금형, 비금형, 정밀 미세가공, 섬유, 식품)	30
	시스템 및 시설구축	• 생산관리 정보화, 기술유출방지 시스템, 연구시설, 스마트공장 구축, 공정설계, 생산정보 디지털화 지원 등	20
	기술이전 및 지식재산권 획득	• 기술이전에 필요한 기술료 지원 지식재산권(IP) 획득 지원(분쟁대응 포함)	15
	제품 시험·인증	• 하드웨어(성능, 안전성, 신뢰성, 조달품 적합, 유해물질 분석, 자가품질검사), 소프트웨어(보안해킹, 웹/앱) • 제품 또는 품질 관련 국내인증 취득 등	15
마케팅	디자인 개선	• 제품 디자인, 포장 디자인 등	15
	브랜드 지원	• CI디자인개발, BI개발, 브랜드 스토리·슬로건 등	20
	홍보 지원	• 온라인(광고, 홍보영상, 홈페이지 등) 및 오프라인 매체(방송, 신문, 옥외광고, 홍보물 제작 등)를 활용한 제품홍보	20

4. **지원 제외 대상**

• 금융기관으로부터 불량거래처로 규제 중이거나 국세 및 지방세 체납이 확인된 기업

※ 단, 신용회복위원회의 프리워크아웃, 개인워크아웃 제도에서 채무조정합의서를 체결한 경우, 법원의 개인회생제도에서 변제계획인가를 받거나 파산면책 선고자, 회생인가를 받은 기업, 재기컨설팅 신청기업은 지원 가능

• 그 외 개별 지원 프로그램에서 지원 제외 대상으로 열거한 기업

• 신청 시 동 사업을 수행(바우처 잔액 보유) 중인 기업

I 2025년 상반기

09 **다음 중 혁신바우처 사업에 대한 설명으로 옳지 않은 것은?**

① 한 기업이 브랜드 지원 프로그램과 홍보 지원 프로그램을 동시에 이용하는 것은 제한된다.
② 경영 기술전략, 시제품 제작, 홍보 지원 프로그램을 지원받으면 최대 6천 5백만 원까지 지원받을 수 있다.
③ 스마트공장화에 관심이 있는 제조 소기업은 제조혁신 추진전략과 시스템 및 시설구축 프로그램을 이용하는 것이 유리하다.
④ 최근 3년 평균 매출액이 4억 원인 제조 소기업에 지급된 혁신바우처 정부 지원금이 3천만 원이면 자가부담 금액은 1천만 원이다.

I 2025년 상반기

10 **다음 중 혁신바우처 지원 제외 대상 기업에 해당하지 않는 곳은?**

① 주 업종은 소매업이나 제조업을 영위 중인 A기업
② 국세와 지방세의 체납은 없지만 공공요금의 체납이 확인된 B기업
③ 신용회복위원회의 프리워크아웃 제도를 통해 채권자와 채무를 조정 중인 C기업
④ 동 사업의 컨설팅 분야와 기술 지원 분야에서 바우처를 지원받아 프로그램을 이용 중인 상태에서 마케팅 분야에서의 지원을 신청한 D기업

※ 다음은 기존주택 전세임대주택에 대한 자료이다. 이어지는 질문에 답하시오. **[11~12]**

〈기존주택 전세임대주택〉

<table>
<tr><th>구분</th><th>내용</th></tr>
<tr><td>임대기간</td><td>• 2년(최대 20년 거주 가능하며, 최초 임대기간 경과 후 2년 단위로 최대 9회 재계약)
• 신혼부부Ⅱ에 해당하는 경우, 2회 재계약으로 최대 6년 거주 가능하며, 자녀가 있는 경우 2회 추가 계약을 통해 최대 10년 거주 가능</td></tr>
<tr><td>면적</td><td>• 국민주택규모(전용 85m² 이하)이며, 다음과 같은 경우 예외로 한다.
- 1인 가구일 경우 60m² 이하
- 공고일 기준 태아 포함 세 명 이상의 다자녀 가구일 경우 85m² 초과 가능</td></tr>
<tr><td>종류</td><td>단독주택, 다가구주택, 공동주택, 주거용 오피스텔</td></tr>
<tr><td>지원한도액</td><td>• 기존주택, 신혼부부Ⅰ, 신혼부부Ⅱ로 구분하여 차등 적용
<table>
<tr><th>구분</th><th>기존주택</th><th>신혼부부Ⅰ</th><th>신혼부부Ⅱ</th></tr>
<tr><td>지원한도액</td><td>1억 3,000만 원/호</td><td>1억 4,500만 원/호</td><td>2억 4,000만 원/호</td></tr>
<tr><td>실지원금액</td><td>최대 1억 2,350만 원/호
(지원한도액의 95%)</td><td>최대 1억 3,775만 원/호
(지원한도액의 95%)</td><td>최대 1억 9,200만 원/호
(지원한도액의 80%)</td></tr>
<tr><td>입주자부담금</td><td colspan="3">지원한도액 범위 내 전세보증금의 5% 해당액은 입주자 부담
(단, 신혼부부Ⅱ의 경우 지원한도액 범위 내 전세보증금의 20% 부담)</td></tr>
<tr><td>보증금한도액</td><td>최대 3억 2,500만 원/호
(지원한도액의 250%)</td><td>최대 3억 6,250만 원/호
(지원한도액의 250%)</td><td>최대 6억 원/호
(지원한도액의 250%)</td></tr>
</table></td></tr>
<tr><td>신청자격</td><td>• 기존주택, 신혼부부Ⅰ, 신혼부부Ⅱ로 구분하여 차등 적용
- 기존주택 유형
<table>
<tr><th>우선순위</th><th>대상</th></tr>
<tr><td>1순위</td><td>생계·의료 수급자, 한부모가족, 주거지원 시급가구, 만 65세 이상 고령자, 가구당 월평균소득 70% 이하 장애인</td></tr>
<tr><td>2순위</td><td>가구당 월평균소득 50% 이하, 가구당 월평균소득 100% 이하 장애인</td></tr>
</table>
- 신혼부부Ⅰ·Ⅱ 유형
<table>
<tr><th>우선순위</th><th>대상</th></tr>
<tr><td>1순위</td><td>공고일 기준 임신 및 출산·입양 등으로 미성년 자녀가 있는 신혼부부 및 예비신혼부부, 만 6세 이하 자녀가 있는 한부모가족</td></tr>
<tr><td>2순위</td><td>자녀가 없는 신혼부부 및 예비신혼부부</td></tr>
<tr><td>3순위</td><td>만 6세 이하 자녀가 있는 혼인가구</td></tr>
</table></td></tr>
<tr><td>소득 및
자산보유기준</td><td>• 소득기준 및 자산기준을 초과할 경우 지원자격이 주어지지 않는다.
- 소득기준 : 전년도 도시근로자 가구당 월평균소득
<table>
<tr><th>구분</th><th>50%</th><th>70%</th><th>100%</th></tr>
<tr><td>1인 가구</td><td>1,741,482원</td><td>2,438,075원</td><td>3,482,964원</td></tr>
<tr><td>2인 가구</td><td>2,707,856원</td><td>3,790,998원</td><td>5,415,712원</td></tr>
<tr><td>3인 가구</td><td>3,599,325원</td><td>5,039,054원</td><td>7,198,649원</td></tr>
<tr><td>4인 가구</td><td>4,124,234원</td><td>5,773,927원</td><td>8,248,467원</td></tr>
<tr><td>5인 가구</td><td>4,387,536원</td><td>6,142,550원</td><td>8,775,071원</td></tr>
</table></td></tr>
</table>

소득 및 자산보유기준	– 자산기준

구분		내용
총자산	기존주택	세대구성원 전원이 보유하고 있는 총자산가액 합산기준 2억 4,100만 원 이하
	신혼부부	세대구성원 전원이 보유하고 있는 총자산가액 합산기준 3억 4,500만 원 이하
자동차		세대구성원 전원이 보유하고 있는 개별 자동차가액 3,708만 원 이하 (단, 자동차를 보유하지 않는 경우 해당 항목은 자산 산정에서 제외한다)

| 2024년 상반기

11 **다음 〈보기〉의 기존주택 전세임대주택 신청자 중 유형에 관계없이 우선순위 2순위에 해당하는 사람은?**

〈보기〉

〈기존주택 전세임대주택 신청자〉

신청자	유형	가구 구성	가구당 월평균소득	비고
A	신혼부부 I	3인 가구	1,876,735원	만 5세, 만 3세 자녀가 있는 한부모가정
B	기존주택	1인 가구	2,257,385원	만 70세 이상의 고령자
C	신혼부부 II	2인 가구	4,437,586원	자녀가 없는 예비신혼부부
D	신혼부부 I	4인 가구	6,678,032원	만 4세, 만 2세 자녀가 있는 혼인가구

① A
② B
③ C
④ E

| 2024년 상반기

12 **다음은 기존주택 전세임대주택의 지원자격이 주어지지 않은 사람의 정보이다. 신청자격이 주어지지 않은 이유로 가장 적절한 것은?**

- 만 12세, 만 8세의 자녀가 있는 4인 혼인가구
- 월평균소득 4,057,786원인 기존주택 유형
- 총자산가액 3억 5,000만 원
- 자가용이 없어 대중교통 이용 중

① 한부모가족이 아니다.
② 가구당 월평균소득 3,790,998원을 초과하였다.
③ 총자산가액 2억 4,100만 원을 초과하였다.
④ 자동차를 보유하지 않아 정확한 자산 산정이 불가능하다.

※ 다음은 탄력적 근로시간제와 초과수당 산정방법에 대한 자료이다. 이어지는 질문에 답하시오. **[13~14]**

〈탄력적 근로시간제〉

- 탄력적 근로시간제는 법정 근로시간을 채우기만 하면 근로자의 출·퇴근시간의 제약 없이 근무를 허용하는 제도이다.
- 탄력적 근로시간제는 2주 이내 유형과 3개월 이내 유형이 있으며 다음과 같이 적용한다.

구분	내용
2주 이내	• 2주 이내의 단위기간을 평균하여 1주 평균 근무시간이 40시간을 초과하지 않는 범위에서 특정 주에 40시간, 특정일에 8시간을 초과하여 근무한다. • 특정 주의 근무시간은 48시간을 초과할 수 없다. • 일일 최대 12시간을 초과하여 근무할 수 없다.
3개월 이내	• 3개월 이내 일정한 기간(1개월, 3개월 등)을 단위기간으로 운용하며, 단위기간을 평균하여 1주 평균 근무시간이 40시간을 초과하지 않는 범위에서 특정 주에 40시간, 특정일에 8시간을 초과하여 근무한다. • 특정 주의 근무시간은 48시간을 초과할 수 없다. • 일일 최대 12시간을 초과하여 근무할 수 없다.

- 탄력적 근로시간제를 통해 오후 6시를 초과하여 근무할 경우 초과수당을 지급한다.

  예 2주 이내 유형을 적용할 때, 다음과 같이 근무시간을 조정할 수 있다.

(단위 : 시간)

구분	월	화	수	목	금	총근무시간
1주	8	10	8	12	9	47
2주	9	11	5	4	4	33
단위기간 평균 근무시간				$\frac{47+33}{2}$=40시간		

2주 차 수요일에 오후 3～8시를 근무한다면 2시간에 해당하는 초과수당을 지급한다.

〈초과수당 산정방법〉

- 사용자는 근로자가 오후 6시를 초과하여 근무할 경우 통상시급의 50%를 가산하여 초과로 근무한 시간만큼 지급한다.
- 통상시급은 [(월 기본급)+(월 고정수당)+{(연간 상여금)÷12}]÷209시간으로 산정한다.

13 다음은 A ~ D 4명이 탄력적 근로시간제의 2주 이내 유형을 적용하여 근무한 근무시간표이다. 2월 16일에 근무한 시간이 두 번째로 긴 사람은?

〈A ~ D 근무시간〉

(단위 : 시간)

근무일 / 직원	1주					2주				
	2/5	2/6	2/7	2/8	2/9	2/12	2/13	2/14	2/15	2/16
A	7	10	9	8	10	6	5	8	7	
B	5	6	7	7	9	12	10	10	9	
C	8	7	7	7	11	10	9	10	5	
D	6	6	10	9	8	7	8	6	9	

① A ② B
③ C ④ D

14 E가 탄력적 근로시간제를 적용하여 오전 11시부터 9시간 동안 근무하였을 때, 다음 〈조건〉에 따라 E가 받게 되는 초과근무수당은?

〈조건〉

- 점심시간(휴게시간)은 오후 1시부터 오후 2시까지로 근무시간에 포함되지 않는다.
- E의 월 기본급은 275만 원이다.
- E의 월 고정수당은 20만 원이며, 연간 상여금은 144만 원이다.

① 약 64,286원 ② 약 66,101원
③ 약 68,745원 ④ 약 71,072원

※ 다음은 IBK 탄소제로적금에 대한 자료이다. 이어지는 질문에 답하시오. **[15~16]**

〈IBK 탄소제로적금〉

구분	세부내용
상품특징	• 거주세대의 전기사용량 절약 여부에 따라 금리혜택을 제공하는 적금 상품
가입금액	• 신규금액 : 최소 1만 원 이상 • 납입한도 : 매월 100만 원 이하(천 원 단위)
계약기간	• 1년제
가입대상	• 실명의 개인(개인사업자 제외) • 1인 1계좌
이자지급방법	• 만기일시지급식
약정이율	• 연 3.0%
우대금리	• 최고 연 4.0%p • 계약기간 동안 아래 조건을 충족하고 만기해지 시 우대금리 제공 ① 에너지 절감 : 적금가입월부터 10개월 동안 적금가입월의 전기사용량(kWh) 대비 월별 전기사용량(kWh) 절감횟수가 다음에 해당하는 경우("아파트아이" 회원가입을 통해 등록된 주소에 대한 관리비명세서의 전기사용량(kWh)만 인정되며 주소가 변경될 경우 "아파트아이"에서 주소변경을 완료해야만 변경된 주소의 실적이 반영 가능하며, 주소변경은 연 3회로 제한한다) – 3회 이상 : 연 1.0%p – 5회 이상 : 연 2.0%p ② 최초거래고객 : 가입 시 아래 요건 중 1가지 충족 시, 연 1.0%p – 실명등록일로부터 3개월 이내 – 가입일 직전월 기준 6개월간 총수신평잔 0원 ③ 지로 / 공과금 자동이체 : 본인 명의 입출금식 통장에서 지로 / 공과금 자동이체 실적이 3개월 이상인 경우, 연 1.0%p
중도해지금리	• 만기일 이전에 해지할 경우 입금액마다 입금일부터 해지일 전일까지의 기간에 대하여 가입일 당시 IBK 적립식중금채의 중도해지금리를 적용 • 납입기간 경과비율 – 10% 미만 : 가입일 현재 계약기간별 고시금리×5% – 10% 이상 20% 미만 : 가입일 현재 계약기간별 고시금리×10% – 20% 이상 40% 미만 : 가입일 현재 계약기간별 고시금리×20% – 40% 이상 60% 미만 : 가입일 현재 계약기간별 고시금리×40% – 60% 이상 80% 미만 : 가입일 현재 계약기간별 고시금리×60% – 80% 이상 : 가입일 현재 계약기간별 고시금리×80% ※ 모든 구간 최저금리 연 0.1% 적용
만기 후 금리	• 만기일 당시 IBK 적립식중금채의 만기 후 금리를 적용 – 만기 후 1개월 이내 : 만기일 당시 IBK 적립식중금채의 계약기간별 고시금리×50% – 만기 후 1개월 초과 6개월 이내 : 만기일 당시 IBK 적립식중금채의 계약기간별 고시금리×30% – 만기 후 6개월 초과 : 만기일 당시 IBK 적립식중금채의 계약기간별 고시금리×20%

15 **다음 중 위 자료의 내용으로 옳지 않은 것은?**

① 신규금액을 제외하고 최대 납입 가능한 금액은 1,200만 원이다.

② 계약기간 동안 주소변경을 하기 위해서는 "아파트아이" 계정이 필요하다.

③ 자신이 세대주가 아닐 경우, 지로 / 공과금 자동이체 우대금리를 적용받기 위해서는 세대주 명의의 입출금식 통장을 개설하여야 한다.

④ 최대 이율을 적용받는 사람이 납입기간 50%를 경과하고 중도해지할 경우 적용받는 금리는 이전보다 5.8%p 적다.

16 **다음은 IBK 탄소제로적금에 가입한 A고객의 가입정보이다. 제시된 자료를 근거로 할 때, A고객이 지급받을 이자는 총 얼마인가?(단, A는 "아파트아이"에 회원가입하여 주소를 등록하였고, 계약기간 동안 주소변경은 하지 않았으며, 만기일 당시 IBK 적립식중금채의 고시금리는 연 3.0%이다)**

〈A고객의 가입정보〉

- 가입상품 : IBK 탄소제로적금
- 가입금액
  - 최초 납입금액 : 30만 원
  - 추가 납입금액 : 70만 원(2022.11.1)
- 계약기간 : 1년(2022.5.1 ~ 2023.4.30)
- 우대금리 관련 사항

① 월별 전기사용량

연도/월	22/5	22/6	22/7	22/8	22/9	22/10
전기사용량(kWh)	448	436	478	481	442	430
연도/월	22/11	22/12	23/1	23/2	23/3	23/4
전기사용량(kWh)	452	466	485	447	440	447

② 최초거래고객 : 실명등록일(2022.3.25)

③ 지로/공과금 자동이체 : 본인 명의 입출금식 통장으로 월 아파트관리비 총 5회 자동이체

- 적금 실제 해지일 : 2023.10.31

① 64,500원 ② 50,000원

③ 45,500원 ④ 43,500원

※ 다음은 IBK W소확행통장에 대한 자료이다. 이어지는 질문에 답하시오. **[17~18]**

〈IBK W소확행통장〉

<table>
<tr><th>구분</th><th>세부내용</th></tr>
<tr><td>상품특징</td><td>• 레저업종(BC 가맹점기준)에서 당행카드 사용 시 사용건수 또는 이용대금에 따라 금리우대</td></tr>
<tr><td>가입금액</td><td>• 신규금액 : 최소 1만 원 이상
• 납입한도 : 매월 100만 원 이하(1만 원 단위)</td></tr>
<tr><td>계약기간</td><td>• 1년제, 2년제, 3년제</td></tr>
<tr><td>기본금리</td><td>• 12개월 이상 24개월 미만 : 연 3.40%
• 24개월 이상 36개월 미만 : 연 3.50%
• 36개월 이상 : 연 3.65%</td></tr>
<tr><td>우대금리</td><td>• 최대 연 2.40%p
• 당행 BC카드(체크・신용 모두 포함) 및 자동이체로 1회 이상(금액제한 없음) 납입하고, 연평균하여 아래 조건을 충족한 경우 만기해지 시 해당 우대금리 제공(2가지 중 1가지만 충족해도 해당 우대금리 제공)
<table>
<tr><th colspan="4">우대조건</th></tr>
<tr><th>'금액' 조건</th><td rowspan="5">또는</td><th>'건수' 조건</th><th rowspan="2">제공 우대금리</th></tr>
<tr><th>(온누리상품권 구매금액+
레저업종 카드사용금액)</th><th>(레저업종 카드사용 건수)</th></tr>
<tr><td>20만원 이상</td><td>5건 이상</td><td>연 1.00%p</td></tr>
<tr><td>50만원 이상</td><td>15건 이상</td><td>연 1.70%p</td></tr>
<tr><td>100만원 이상</td><td>30건 이상</td><td>연 2.40%p</td></tr>
</table>
※ 단, 온누리상품권 구매금액의 경우 본인 명의의 구매 건만 인정
※ BC카드 가맹점 분류기준에 따라 아래 나열된 경우를 '레저업종'으로 인정 : 헬스클럽, 골프연습장, 수영장, 볼링장, 당구장, 테니스장, 스키장(통상 헬스클럽 기준으로 요가, 필라테스, 기타업종으로 VR, 스크린야구 등 업종이 포함될 수도 있음)
※ BC카드 레저업종 실적인정 기준(다음 3가지 항목을 모두 충족한 경우 유효한 카드실적으로 인정)
1) 당행계좌를 결제계좌로 등록한 당행 개인카드(체크・신용)를 사용
2) 상기 명시된 국내 레저업종 가맹점에서 직접 결제한 경우(단, 카카오페이, 네이버페이 등 일부 간편결제 및 PG・소셜커머스를 통한 결제 등 가맹점 직접 결제가 아닌 경우 실적인정 불가)
3) 당일자, 당일 가맹점 사용실적은 최대 1회(금액은 최대금액 1건) 인정</td></tr>
<tr><td>중도해지금리</td><td>• 만기일 이전에 해지할 경우 입금액마다 입금일부터 해지일 전일까지의 기간에 대하여 가입일 당시 IBK 적립식중금채(기본금리)의 중도해지금리를 적용
• 납입기간 경과비율
− 10% 미만 : 가입일 현재 계약기간별 고시금리×5%
− 10% 이상 20% 미만 : 가입일 현재 계약기간별 고시금리×10%
− 20% 이상 40% 미만 : 가입일 현재 계약기간별 고시금리×20%
− 40% 이상 60% 미만 : 가입일 현재 계약기간별 고시금리×40%
− 60% 이상 80% 미만 : 가입일 현재 계약기간별 고시금리×60%
− 80% 이상 : 가입일 현재 계약기간별 고시금리×80%
※ 모든 구간 최저금리 연 0.1% 적용</td></tr>
<tr><td>만기 후 금리</td><td>• 만기일 당시 IBK 적립식중금채(기본금리)의 만기 후 금리를 적용
− 만기 후 1개월 이내 : 만기일 당시 IBK 적립식중금채의 계약기간별 고시금리×50%
− 만기 후 1개월 초과 6개월 이내 : 만기일 당시 IBK 적립식중금채의 계약기간별 고시금리×30%
− 만기 후 6개월 초과 : 만기일 당시 IBK 적립식중금채의 계약기간별 고시금리×20%</td></tr>
</table>

| 2023년 하반기

17 **다음 중 위 자료의 내용으로 옳지 않은 것은?**

① 만기해지 시 위 상품에서 적용 가능한 최대금리와 최저금리의 차이는 2.65%p이다.

② 온누리상품권을 구입하는 것보다는 레저업종에 카드를 사용하는 것이 우대금리에 적용에 더 유리하다.

③ 당일에 동일 가맹점에서 레저업종에 100만 원 이상 사용 시에는 한 번에 결제하는 것보다 나눠서 결제하는 것이 우대금리 적용에 더 유리하다.

④ 1년제 상품 만기 후 1개월 이내 해지 시 적용되는 만기 후 금리는 만기 후 6개월 초과 후 해지 시 적용되는 만기 후 금리의 2.5배이다.

| 2023년 하반기

18 **다음은 IBK W소확행통장에 가입한 A고객의 가입정보이다. 위 자료를 근거로 할 때, A고객이 지급받을 이자는 총 얼마인가?(단, 10원 미만은 절사한다)**

〈A고객의 가입정보〉

- 가입상품 : IBK W소확행통장
- 최초 납입금액 : 50만 원
- 추가 납입금액
  - 100만 원(21.8.1)
  - 100만 원(22.2.1)
- 계약기간 : 2년제(20.8.1 ~ 22.7.31)
- 결제내역
  - 매 짝수 월 초 30만 원 헬스클럽 결제
  - 매월 초 20만 원 골프연습장 결제
  - 매 연말 본인 명의 온누리상품권 100만 원 구매
  - 매 연초 가족 명의 온누리상품권 100만 원 구매
  - 매년 3, 6, 9, 12월 월말 수영장 이용료 30만 원 결제

  (단, A고객은 모든 결제 건을 보유하고 있는 당행 BC신용카드로 결제하고, 자동이체로 납입하였다)
- 해지일 : 22.10.31

① 65,000원

② 70,270원

③ 135,250원

④ 136,560원

※ 다음은 공무원 가족 국외여비 지급 기준표이다. 이어지는 질문에 답하시오. [19~20]

〈공무원 가족 국외여비 지급 기준표〉

<table>
<tr><th>지급 사유</th><th>지급액</th></tr>
<tr><td>1. 부임 또는 전근하는 경우 소속 장관의 허가를 받아 가족을 근무지로부터 새로운 근무지까지 동반해야 할 때</td><td rowspan="6">가. 12세 이상의 가족에 대해서는 본인이 여행하는 때와 같은 등급의 철도운임 · 선박운임 · 항공운임 및 자동차 운임 및 준비금의 전액과 일비 · 숙박비 및 식비의 3분의 2에 상당하는 금액
나. 12세 미만의 가족에 대해서는 본인이 여행하는 때와 같은 등급의 철도운임 · 선박운임 · 항공운임 및 자동차 운임 및 준비금의 전액과 일비 · 숙박비 및 식비의 3분의 1에 상당하는 금액</td></tr>
<tr><td>2. 외국 근무 중 소속 장관의 허가를 받아 한 차례에 한정하여 가족을 그 근무지로 불러오거나 본국으로 귀국시킬 때</td></tr>
<tr><td>3. 외국에서 4년 이상 계속 근무한 공무원이 소속 장관의 명에 따라 본국에서 재교육을 받기 위하여 배우자와 18세 미만 자녀와 함께 일시 귀국할 때(단, 4년마다 한 차례로 한정한다)</td></tr>
<tr><td>4. 주재국의 급격한 정세변화로 인하여 동반 가족을 철수시킬 때</td></tr>
<tr><td>5. 외국 근무 중 소속 장관의 허가를 받아 배우자를 동반한 공무여행을 할 때</td></tr>
<tr><td>6. 소속 장관의 허가를 받아 본인을 대신하여 가족 중 1명 또는 본인과 동반하여 배우자가 일시 귀국할 때</td></tr>
<tr><td>7. 근무조건이 매우 불리하다고 외교부장관이 인정하는 지역에서 근무 중인 공무원이 소속 장관의 허가를 받아 연간 한 차례만 가족 동반으로 다른 지역에서 휴양을 할 때 또는 의료검진을 받을 때</td><td rowspan="2">본인이 여행하는 때와 같은 등급의 철도운임 · 선박운임 · 항공운임 및 자동차 운임 전액</td></tr>
<tr><td>8. 근무조건이 매우 불리하다고 외교부장관이 인정하는 고산지역에서 근무 중인 공무원이 소속 장관의 허가를 받아 연간 23일의 범위에서 분기별로 한 차례 가족동반으로 저지대(低地帶)에서 요양을 할 때</td></tr>
</table>

* 가족은 본인을 포함한 구성원을 지칭함

** 취업 후 독립하여 생계를 유지하는 자녀 및 26세 이상 자녀는 특수한 경우를 제외하고 지급하지 아니함

Ⅰ 2023년 상반기

19 다음 중 운임 비용 전액을 국외여비로 받을 수 있는 상황은?(단, 모든 상황은 소속 장관의 허가를 받았으며 예외는 없다)

① 출장지역에서 내전으로 인해 근무환경에 위협을 받아 급하게 귀국하는 공무원 A씨

② 근무지인 노르웨이로 6살 딸을 불러오려는 공무원 B씨

③ 배우자 지인의 상(喪)으로 베이징에서 배우자와 급하게 귀국하려는 공무원 C씨

④ 해발 5,500m 지역에서 근무하다 1분기 휴가 때 가족과 함께 14일간 바닷가에서 쉬려는 공무원 D씨

20 해외로 발령받은 4명의 공무원은 소속 장관의 허가하에 가족을 동반하여 I항공을 이용해 근무지로 가고자 한다. 〈보기〉의 정보에 따라 공무원과 지급받을 국외여비가 바르게 연결되지 않은 것은?(단, 천 원 단위에서 올림한다)

〈I항공 운임 및 기내식 비용〉

구분	운임 비용	기내식 비용
S CLASS	성인 : 1,200,000원 소인 : 성인의 80%	기내식 무료 제공
A CLASS	성인 : 900,000원 소인 : 성인의 80%	성인 : 15,000원 소인 : 무료 제공
B CLASS	성인 : 750,000원 소인 : 성인의 80%	20,000원 (소인 구분 없음)
C CLASS	700,000원	20,000원 (소인 구분 없음)

* C CLASS의 운임 비용은 성인과 소인의 구분이 없음
** 소인은 18세 미만의 청소년을 지칭함
*** 8세 미만의 어린이는 모든 CLASS에서 운임 비용을 받지 않음

〈보기〉

구분	동반가족(공무원 본인 포함)	CLASS 신청사항	기내식 신청 여부
H부장	5인 (16세, 10세, 7세 자녀 있음)	A CLASS	신청
J과장	4인 (독립하지 않은 23세, 21세 자녀 있음)	S CLASS	신청
L대리	2인	B CLASS	미신청
K주임	4인 (6세, 4세 자녀 있음)	C CLASS	신청

	공무원	지급여비
①	H부장	1,940,000원
②	J과장	3,200,000원
③	L대리	1,000,000원
④	K주임	1,440,000원

※ 다음은 I은행의 직장인우대MY통장에 대한 자료이다. 이어지는 질문에 답하시오. **[21~22]**

〈직장인우대MY통장(적립식중금채)〉

자산관리가 필요한 직장인을 우대하는 적립식 상품

<table>
<tr><th>구분</th><th colspan="2">내용</th></tr>
<tr><td>가입대상</td><td colspan="2">• 실명의 개인(1인 1계좌)
※ 개인사업자 제외</td></tr>
<tr><td>계약기간</td><td colspan="2">• 1년제</td></tr>
<tr><td>가입금액</td><td colspan="2">• 신규금액 : 최소 1만 원 이상
• 납입한도 : 매월 20만 원 이하(만 원 단위)
※ 총적립금액 : 240만 원</td></tr>
<tr><td>이자지급시기</td><td colspan="2">• 만기일시지급식</td></tr>
<tr><td>약정이율</td><td colspan="2">• 연 3.2%</td></tr>
<tr><td rowspan="5">우대금리</td><td colspan="2">최대 연 1.8%p(세전)
• 계약기간 동안 아래 조건을 충족한 고객이 만기해지하는 경우 각각 제공
[직장인 우대금리] : 연 0.3%p
• 가입시점에 직장인으로 확인되는 경우</td></tr>
<tr><th>가입채널</th><th>직장인 자격확인 방법</th></tr>
<tr><td>영업점 창구</td><td>재직확인서류* 징구 또는 급여이체 실적 보유
(직전 3개월 內 급여이체 50만 원 이상 1건 이상 있을 경우)
* 건강보험자격득실확인서, 재직증명서에 한함(1개월 이내 발급분)</td></tr>
<tr><td>i-ONE Bank</td><td>국민건강보험공단의 재직정보를 검증하여 '직장가입자'로 확인되는 경우
(스크래핑 방식 활용)</td></tr>
<tr><td colspan="2">[최초고객 우대금리] : 연 0.3%p
• 당행 실명등록일로부터 3개월 이내 신규 또는 상품가입 직전월 기준 6개월 총수신평잔 0원
[주거래 우대금리] : 연 0.7%p
• 급여이체 실적보유 : 연 0.5%p
- 계약기간 동안 6개월 이상 급여이체 실적(50만 원 이상)이 있는 경우
• 카드결제 실적보유 : 연 0.2%p
- 계약기간 동안 당행 신용(체크)카드 이용실적이 3백만 원 이상인 경우
(단, 이용실적은 매출표 접수기준으로 결제계좌가 당행인 경우 한함. 현금서비스 실적은 제외)
[마이데이터 동의] : 연 0.5%p
• 만기일 전일까지 계약기간 中 i-ONE 자산관리 內 마이데이터 동의이력 보유
(단, 만기일 전일까지 마이데이터 동의이력 보유만 인정)</td></tr>
<tr><td>중도해지금리</td><td colspan="2">가입일 당시 영업점 및 인터넷 홈페이지에 고시한 IBK적립식중금채(기본금리)의 중도해지금리를 적용
• 납입기간 경과비율 10% 미만 : 가입일 현재 계약기간별 고시금리×5%
• 납입기간 경과비율 10% 이상 20% 미만 : 가입일 현재 계약기간별 고시금리×10%
• 납입기간 경과비율 20% 이상 40% 미만 : 가입일 현재 계약기간별 고시금리×20%
• 납입기간 경과비율 40% 이상 60% 미만 : 가입일 현재 계약기간별 고시금리×40%
• 납입기간 경과비율 60% 이상 80% 미만 : 가입일 현재 계약기간별 고시금리×60%
• 납입기간 경과비율 80% 이상 : 가입일 현재 계약기간별 고시금리×80%
(단, 모든 구간 최저금리 연 0.1% 적용)</td></tr>
</table>

만기 후 금리	만기일 당시 영업점 및 인터넷 홈페이지에 고시한 IBK적립식중금채(기본금리)의 만기 후 금리 적용 • 만기 후 1개월 이내 : 만기일 당시 계약기간별 고시금리×50% • 만기 후 1개월 초과 6개월 이내 : 만기일 당시 계약기간별 고시금리×30% • 만기 후 6개월 초과 : 만기일 당시 계약기간별 고시금리×20%

| 2022년 하반기

21 **다음 중 직장인우대MY통장에 대한 설명으로 옳지 않은 것은?**

① 가입기간 동안 적립할 수 있는 금액에 제한이 있다.
② 직장인 우대금리를 적용받으려면 반드시 재직 여부를 검증할 수 있는 서류를 제출해야 한다.
③ 만기일 전날 마이데이터 제공 동의를 철회하게 되면, 마이데이터 동의 우대금리를 적용받을 수 없다.
④ 만기 후 해지하지 않고 오래 보유할 경우 시간이 지남에 따라 점차 금리가 낮아진다.

| 2022년 하반기

22 **A씨는 2년째 회사의 급여를 받고 있는 I은행 계좌에 연동하여 적금을 가입하고자 한다. A씨의 상황이 다음과 같을 때, A씨가 만기해지 시점에서 받게 되는 이자는 얼마인가?**

> A씨는 2021년 12월 1일에 i-ONE Bank 모바일 앱을 통해 직장인우대MY통장을 개설하였고, 이후 매월 1일마다 10만 원씩을 납입하였다. A씨의 월급여는 300만 원이며, 월 50만 원의 고정지출인 교통비, 통신비, 아파트관리비는 I은행의 신용카드로 지불하고 있다. 마이데이터 동의를 해달라는 안내를 수시로 받고 있지만, 은행이 타사의 내 정보를 마음대로 들여다보지 않을까 하는 우려에 어떤 기관에서도 마이데이터 사용에 동의하지 않고 있다.

① 24,700원
② 27,300원
③ 29,250원
④ 32,500원

※ 다음은 IBK 평생한가족통장[적금_정액적립식]에 대한 자료이다. 이어지는 질문에 답하시오. **[23~24]**

IBK 평생한가족통장[적금_정액적립식]

상품종류	정액적립식
가입금액	월 1만 원 이상 200만 원 이하
가입기간	1년, 2년, 3년
가입대상	실명의 개인

기본금리

구분	계약기간	금리
약정이율	12개월 이상 24개월 미만	2.45%
	24개월 이상 36개월 미만	2.6%
	36개월	2.7%

우대금리

- (적용금리)=(고시금리)+(고객별 우대금리)+(주거래 우대금리)
- 고객별 우대금리 : 최고 연 0.1%p

구분	내용	우대금리
최초거래 고객	가입일 당시 최초 실명등록을 한 고객	연 0.1%p
재예치 고객	상품 출시일 이후 당행 예・적금 만기해지일로부터 1개월 이내에 IBK 평생한가족통장(적립식 또는 거치식)을 가입한 고객	연 0.1%p
장기거래 고객	당행에 실명등록한 날로부터 3년이 경과한 고객	연 0.1%p

- 주거래 우대금리 : 최고 연 0.3%p
  - 제공조건 : 계약기간 중 다음 주거래 실적조건 6개 중 2개 이상을 충족하고 만기해지하는 경우 주거래 우대금리 제공

  [주거래 실적조건]

  ① 급여이체 실적(월 50만 원 이상) 또는 연금수급* 실적이 3개월 이상인 경우

  * 4대 연금(국민연금, 공무원연금, 군인연금, 사학연금), 장해연금(근로복지공단), 기초(노령)연금만 인정

  ② 해당 통장(적립식, 거치식) 만기해지일 직전월로부터 3개월 동안 당행 입출금식* 상품 평잔이 1백만 원 이상인 경우

  * I PLAN급여통장, IBK급여통장, 新IBK급여통장, 新서민섬김통장(입출식), IBK생활비통장, IBK평생한가족통장(입출식)에 한함

  ③ (新)IBK아파트관리비 자동이체 또는 지로공과금 자동이체 월 3건 이상 실적이 3개월 이상 있는 경우(단, 현금서비스 이용실적은 제외됨)

  ④ 당행 신용(체크)카드 월 30만 원 이상 이용실적이 3개월 이상 있는 경우(단, 현금서비스 이용실적은 제외됨)

  ⑤ 당행 개인대출을 보유한 이력이 있는 경우

  ⑥ 당행 본인 적립식 상품(적금, 펀드, 주택청약, 적립식중금채)에 월 10만 원 이상 자동이체 실적이 있는 경우

특별중도해지 금리

다음의 사유로 인해 중도해지하는 경우 관련 증빙서류(발생 전・후 3개월 이내)를 제출한 고객에 한하여 가입일 당시 은행이 고시한 가계우대정기적금의 경과기간에 해당하는 고시금리를 적용

구분	증빙서류(예시)
대학교 입학(본인, 자녀)	합격통지서
취업 또는 창업(본인, 자녀)	취업(취업통지서), 창업(사업자등록증 등)
결혼(본인, 자녀*)	청첩장, 예식장 계약서
출산(본인)	주민등록등본(또는 출생증명서 등)
주택구입(본인)	매매계약서 등
사망(본인)	사망진단서, 기본증명서

* 자녀의 경우에는 가족관계확인서류(주민등록등본, 가족관계증명서) 추가 징수

이자지급방법	만기일시지급식 : 만기(후) 또는 중도해지 요청 시 이자를 지급
중도해지금리	만기일 이전에 해지할 경우 입금액마다 입금일부터 해지일 전일까지의 기간에 대하여 가입일 당시 가계우대정기적금(기본금리)의 중도해지금리를 적용 • 납입기간 경과비율 10% 미만 : 가입일 현재 계약기간별 고시금리×5% • 납입기간 경과비율 10% 이상 20% 미만 : 가입일 현재 계약기간별 고시금리×10% • 납입기간 경과비율 20% 이상 40% 미만 : 가입일 현재 계약기간별 고시금리×20% • 납입기간 경과비율 40% 이상 60% 미만 : 가입일 현재 계약기간별 고시금리×40% • 납입기간 경과비율 60% 이상 80% 미만 : 가입일 현재 계약기간별 고시금리×60% • 납입기간 경과비율 80% 이상 : 가입일 현재 계약기간별 고시금리×80% ※ 모든 구간 최저금리 연 0.1% 적용
만기 후 금리	만기일 당시 가계우대정기적금(기본금리)의 만기 후 금리를 적용 • 만기 후 1개월 이내 : 만기일 당시 정기적금 계약기간별 고시금리×50% • 만기 후 1개월 초과 6개월 이내 : 만기일 당시 정기적금 계약기간별 고시금리×30% • 만기 후 6개월 초과 : 만기일 당시 정기적금 계약기간별 고시금리×20%

| 2022년 상반기

23 다음 중 IBK 평생한가족통장[적금_정액적립식]에 대한 설명으로 옳은 것은?

① 당행 거래 고객만 가입이 가능하다.

② 1년부터 3년까지 월단위로 가입이 가능하다.

③ 기본금리 이외에 조건에 맞는 고객별 우대금리, 주거래 우대금리를 추가로 받을 수 있다.

④ 자녀의 결혼으로 인해 중도해지하는 경우 결혼 전·후 3개월 이내에 청첩장과 예식장 계약서를 제출하면 가계우대정기적금의 경과기간에 해당하는 금리를 적용받을 수 있다.

| 2022년 상반기

24 2022년 8월 A씨는 3년 만기 IBK 평생한가족통장[적금_정액적립식]에 가입하였다. A씨에 대한 정보가 다음과 같을 때, 만기 시 A씨의 적용금리는?

- 2019년 3월부터 당행 통장으로 급여를 받고 있다.
- 2019년 7월 당행 3년 만기 예금에 가입했다.
- 2020년 B은행에서 전세 대출을 받았다.

① 2.7%　　② 2.8%

③ 2.9%　　④ 3.1%

※ 다음은 I은행의 승진 규정과 대리 직급 승진 대상자의 평가 점수이다. 이어지는 질문에 답하시오. **[25~26]**

〈I은행의 승진 규정〉

- 승진 대상자는 업무실적, 팀워크, 전문성, 성실성을 평가한다.
- 평가 항목별 점수는 100점을 만점으로 한다.
- 최종 평가 점수는 평가 항목별 점수에서 다음의 가중치를 반영하여 합산한다.

구분	업무실적	팀워크	전문성	성실성
가중치	40%	15%	25%	20%

- 최종 평가 점수가 동일할 경우, 업무실적과 전문성 점수의 평균이 더 높은 사람을 선정한다.

〈대리 직급 승진 대상자 개별 평가 점수〉

(단위 : 점)

구분	업무실적	팀워크	전문성	성실성
A주임	60	90	84	98
B주임	70	86	84	96
C주임	91	76	96	53
D주임	84	92	76	80

❙ 2025년 상반기

25 다음 중 I은행 승진 규정에 따라 대리로 진급하는 사람은?

① A주임 ② B주임
③ C주임 ④ D주임

❙ 2025년 상반기

26 I은행은 특별 프로젝트를 진행하기 위해 제시된 승진 대상자들 중 1명을 대리로 진급시켜 팀장 직책을 부여하려 한다. 승진 규정을 다음과 같이 변경할 때, 팀장이 되는 사람은?

- 최종 평가 점수는 평가 항목별 점수에서 다음의 가중치를 반영하여 합산한다.

구분	업무실적	팀워크	전문성	성실성
가중치	15%	30%	40%	15%

- 최종 평가 점수가 동일할 경우, 팀워크와 전문성 점수의 평균이 더 높은 사람을 선정한다.

① A주임 ② B주임
③ C주임 ④ D주임

※ 다음은 I은행 고객 데이터베이스에 적용되는 상품 코드 부여 규칙이다. 이어지는 질문에 답하시오. **[27~28]**

〈I은행 고객 데이터베이스 상품 코드 부여 규칙〉

상품 종류	계약 대상	계약 연령층	계약 기간	적용 이율
예적금 : DP 대출 : LN 펀드 : FD 신탁 : TR 외환 : FX 보험 : IS	개인 : IC 법인 : CC	법인 : 0 10대 : 1 20대 : 2 30대 : 3 40대 : 4 …	단기 : S 중기 : M 장기 : L 펀드・외환 : N	고정 이율 : FR 변동 이율 : VR 펀드・외환 : NA

※ 상품 코드는 [상품 종류][한글 상품명 앞 2글자] – [계약 대상][계약 연령층][계약 기간][개월(연) 수][적용 이율] 순서로 부여됨

예 디데이적금, 26살 개인, 12개월, 고정이율 → DP디데–IC2S12FR

※ 12개월 이하는 단기, 13 ~ 36개월은 중기, 3년 초과는 장기이며, 개월 수와 연 수는 2자리 숫자로 표시함

※ 펀드・외환은 계약 기간, 적용 이율 표기가 곤란하므로 개월(연) 수에는 00을, 적용 이율에는 적용 불가(NA)를 부여함

| 2025년 상반기

27 위 상품 코드 부여 규칙에 따를 때, 〈보기〉 중 성립할 수 없는 코드는 모두 몇 개인가?

〈보기〉

- IS내일–IC2L20VR
- LN드림–IC3M24VR
- FD제일–CC0N00NA
- FX플러–IC3L05NA
- OP더굴–CC0L10VR
- DP모아–IC2M48FR
- TR믿음–CC2M24FR
- DP준비–IC4S12FR

① 1개　　② 2개

③ 3개　　④ 4개

| 2025년 상반기

28 다음과 같은 상황에서 A씨가 계약한 상품의 데이터베이스 코드로 옳은 것은?

첫 직장에 입사한 22살 A씨는 전셋집을 구하기 위하여 I은행에서 대출 상담을 받았다. 상담 결과 "파워신용대출" 상품으로 10년까지 기간을 연장하여 계약하고, 고정 이율을 적용하여 상환하기로 하였다.

① LN대출–IC2L10FR　　② LN파워–CC2L10FR

③ LN파워–IC2L10FR　　④ LN파워–IC2L10VR

※ 다음은 I은행 고객 기록에 대한 자료이다. 이어지는 질문에 답하시오. **[29~30]**

〈기록 체계〉

고객구분	업무	업무내용	접수창구
ㄱ	X	a	01

고객구분		업무		업무내용		접수창구	
ㄱ	개인고객	X	수신계	a	예금	01	1번창구
						02	2번창구
ㄴ	기업고객			b	적금	03	3번창구
		Y	대부계	A	대출상담	04	4번창구
ㄷ	VIP고객			B	대출신청	05	5번창구
				C	대출완료	00	VIP실

※ 업무내용은 대문자·소문자끼리만 복수선택이 가능함
※ 개인·기업 고객은 일반창구에서, VIP고객은 VIP실에서 업무를 봄
※ 수신계는 a, b의 업무만, 대부계는 A, B, C의 업무만 볼 수 있음

〈기록 현황〉

ㄱXa01	ㄴYA05	ㄴYB03	ㄱXa01	ㄱYB03
ㄱXab02	ㄷYC00	ㄴYA01	ㄴYA05	ㄴYAB03
ㄱYAB03	ㄱYA04	ㄱXb02	ㄷYB00	ㄱXa04

❙ 2024년 하반기

29 I은행을 방문한 OO기업 대표인 VIP고객이 대출신청을 하였다면, 기록 현황에 기재할 내용으로 옳은 것은?

① ㄴXB00　② ㄴYB00
③ ㄷYA00　④ ㄷYB00

❙ 2024년 하반기

30 기록 현황에 순서대로 나열되어 있지 않은 'A', 'B', 'Y', 'ㄴ', '04' 메모가 발견되었다. 이 기록에 대한 내용으로 옳은 것은?

① 예금과 적금 업무로 수신계 4번 창구를 방문한 기업고객
② 예금과 적금 업무로 대부계 4번 창구를 방문한 기업고객
③ 대출 업무로 대부계 4번 창구를 방문한 기업고객
④ 대출 상담 및 신청 업무로 대부계 4번 창구를 방문한 기업고객

※ 다음은 2024년 세계 주요 국가의 경제 지표이다. 이어지는 질문에 답하시오. **[31~32]**

〈2024년 세계 주요 국가의 경제 지표〉

구분	국민총소득 (억 USD)	국내총생산 (억 USD)	소비자물가 상승률(%)	경제성장률(%)	수출액 (억 USD)	수입액 (억 USD)
미국	110,000	175,000	3.5	6.3	98,000	88,000
캐나다	74,500	140,000	3.7	2.7	65,000	73,000
멕시코	42,000	48,000	14.7	−0.4	13,000	18,000
중국	135,000	151,000	5.2	3.1	99,000	73,500
러시아	74,000	73,000	17.1	−1.1	20,500	24,500
프랑스	72,400	97,600	6.3	2.1	60,700	12,400
영국	60,700	84,300	5.7	1.6	44,500	31,300
이집트	22,000	27,000	3.2	−1.2	13,000	5,000
호주	57,200	77,400	5.8	−1.3	45,200	18,000

※ [무역의존도(%)]=[(수출액)+(수입액)]÷(국내총생산)×100

I 2025년 상반기

31 다음 중 위 자료에 대한 설명으로 옳지 않은 것은?(단, 제시된 국가 이외는 고려하지 않는다)

① 2024년 세계 주요 국가들은 모두 소비자물가가 상승하였다.

② 국내총생산이 세 번째로 높은 나라는 경제성장률 역시 세 번째로 높다.

③ 국민총소득 상위 3곳의 국내총생산 합은 나머지 국가들의 국내총생산 합보다 많다.

④ 수출액과 수입액의 차이가 세 번째로 큰 국가는 소비자물가 상승률이 5% 이하이다.

I 2025년 상반기

32 다음 중 위 자료에서 국내총생산 상위 3개국을 무역의존도가 높은 순서대로 바르게 나열한 것은?

① 중국 – 캐나다 – 미국
② 중국 – 미국 – 캐나다
③ 미국 – 중국 – 캐나다
④ 미국 – 캐나다 – 중국

※ 다음은 I기업 직원의 5월 소득 및 지출 관련 자료이다. 이어지는 질문에 답하시오(단, I기업의 직원은 제시된 6명뿐이다). **[33~34]**

〈I기업 직원의 5월 소득 관련 자료〉

구분	월 기본급	근속연수	근무지	비고
A사원	2,230천 원	2년	서울	–
B대리	2,750천 원	4년	경기	–
C대리	3,125천 원	5년	경기	장애 1급
D과장	3,500천 원	6년	인천	–
E차장	3,780천 원	10년	인천	–
F부장	4,200천 원	14년	세종	장애 5급

※ 월 급여 책정 원칙 : 월 기본급+근속급여(근속연수×100천 원)+직위 급여+근무지 급여+장애 급여
- 직위 급여(천 원) : 사원(50), 대리(70), 과장(100), 차장(150), 부장(200)
- 근무지 급여(천 원) : 서울(0), 경기(30), 인천(50), 세종(100)
- 장애 급여(천 원) : 1급(250), 2급(200), 3급(150), 4급(100), 5급(50), 6급(30)

〈I기업 직원의 5월 지출 관련 자료〉

(단위 : 원)

구분	식비	주거비	통신비	세금	교육비	기타	합계
A사원	420,000	735,000	150,000	340,000	250,000	550,000	2,445,000
B대리	550,000	800,000	150,000	415,000	100,000	650,000	2,665,000
C대리	750,000	580,000	200,000	500,000	300,000	963,000	3,293,000
D과장	950,000	873,000	150,000	350,000	800,000	1,155,000	4,278,000
E차장	1,150,000	967,000	150,000	515,000	1,330,000	830,000	4,942,000
F부장	1,450,000	875,000	200,000	465,000	1,400,000	925,000	5,315,000

〈I기업 직원의 5월 기타 지출 항목 중 세부 자료〉

(단위 : 원)

구분	잡화비	여행비	금융상품 투자		업무비	합계
			예금	적금		
A사원	100,000	150,000	100,000	100,000	100,000	550,000
B대리	100,000	250,000	150,000	100,000	50,000	650,000
C대리	203,000	260,000	200,000	200,000	100,000	963,000
D과장	200,000	800,000	50,000	100,000	5,000	1,155,000
E차장	230,000	200,000	100,000	200,000	100,000	830,000
F부장	105,000	100,000	500,000	200,000	20,000	925,000

33 다음 중 위 자료에 대한 설명으로 옳지 않은 것은?

① I기업 직원들의 5월 소득 평균은 450만 원 이상이다.
② I기업 직원들 중 월 소득에서 월 지출을 뺀 금액이 가장 많은 사람은 C대리이다.
③ I기업 직원들 중 근속연수가 가장 짧은 직원의 월 소득과 월 지출은 250만 원 이하이다.
④ I기업 직원들의 지출은 모두 200만 원 이상이며, 이들의 평균 월 지출은 350만 원 이상이다.

34 다음 중 I기업 전체 직원의 금융상품 투자금액에서 각 직원이 차지하는 비율을 바르게 나타낸 그래프는?

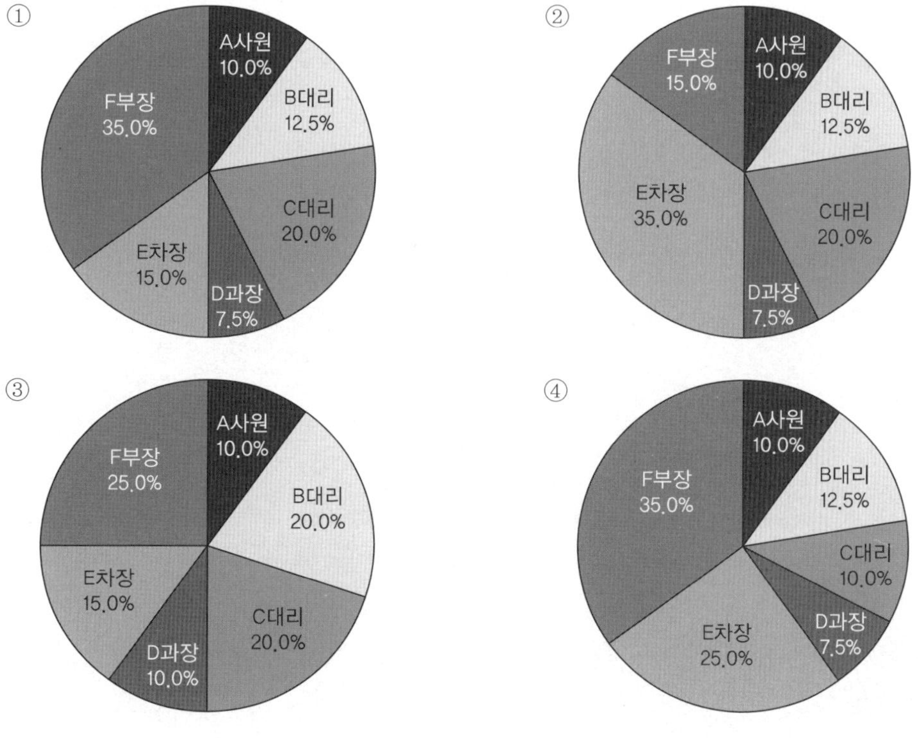

※ 다음은 2022년 1 ~ 3분기 A국의 일부 산업별 명목 GDP 및 국민총소득을 나타낸 자료이다. 이어지는 질문에 답하시오. [35~36]

〈2022년 1 ~ 3분기 A국 일부 산업별 명목 GDP 및 국민총소득(GNI)〉

(단위 : 십억 원)

구분	2022년 1분기	2022년 2분기	2022년 3분기
농림어업	6,792.7	9,360.4	8,149.0
제조업	133,669.9	142,678.5	143,102.1
건설업	20,731.4	28,163.2	28,113.2
서비스업	301,111.9	303,933.9	315,549.4
명목 GDP	509,565.8	540,700.8	546,304.5
국민총소득(GNI)	515,495.5	542,408.3	555,165.9

* 명목 GDP : 당해 생산된 재화의 단위 가격에 생산량을 곱하여 산출한 경제 지표임

** 국민총소득(GNI) : 국민이 얻은 모든 소득의 합계이며 일반적으로 명목 GDP와 국외 순수취 요소 소득의 합계임

| 2023년 상반기

35 다음 중 위 자료에 대한 설명으로 옳지 않은 것은?

① 모든 분기에서 명목 GDP 비중이 가장 큰 산업은 서비스업이다.

② 제조업의 생산량이 꾸준히 감소하였다면 생산된 재화의 단위 가격은 증가하였다.

③ 건설업의 생산 단가가 일정하였다면 생산량은 증가하였다가 감소하였다.

④ 국외 순수취 요소 소득은 꾸준히 증가하였다.

36 다음 중 농림어업, 제조업, 건설업, 서비스업의 명목 GDP 변화 추세를 변환한 그래프로 옳지 않은 것은?

① 〈농림어업〉

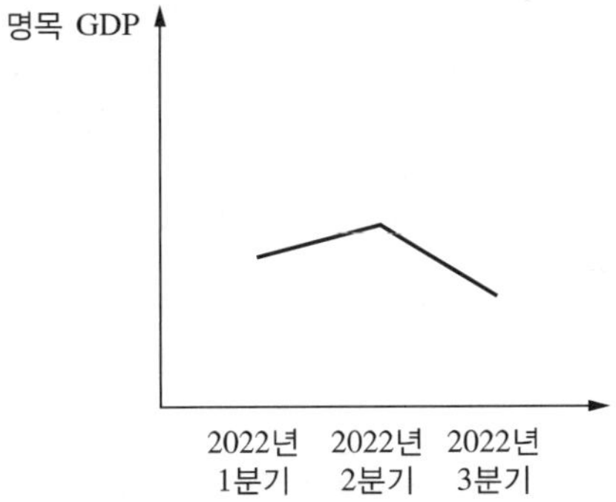

② 〈제조업〉

③ 〈건설업〉

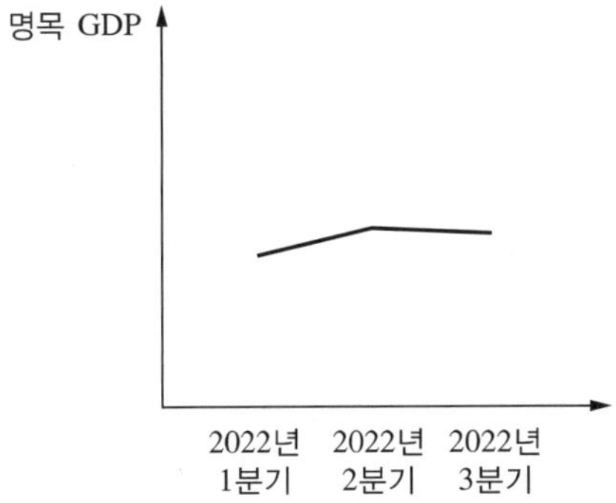

④ 〈서비스업〉

※ 다음 순서도 기호를 참고하여 이어지는 질문에 답하시오. **[37~38]**

〈순서도 기호〉

기호	설명	기호	설명
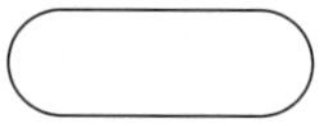	시작과 끝을 나타낸다.	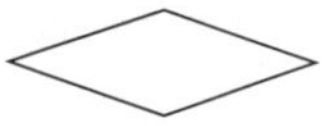	어느 것을 택할 것인지를 판단한다.
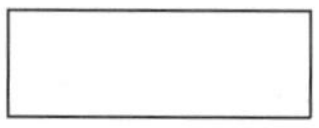	데이터 입력 및 계산 등의 명령을 처리를 한다.		선택한 값을 출력한다.

I 2024년 하반기

37 다음은 I은행의 계좌 송금 진행 과정에 대한 순서도이다. L씨가 상대방에게 송금하기 위해 정보를 입력하였을 때, [4번 알림창]을 보게 되었다. 그 이유로 가장 적절한 것은?

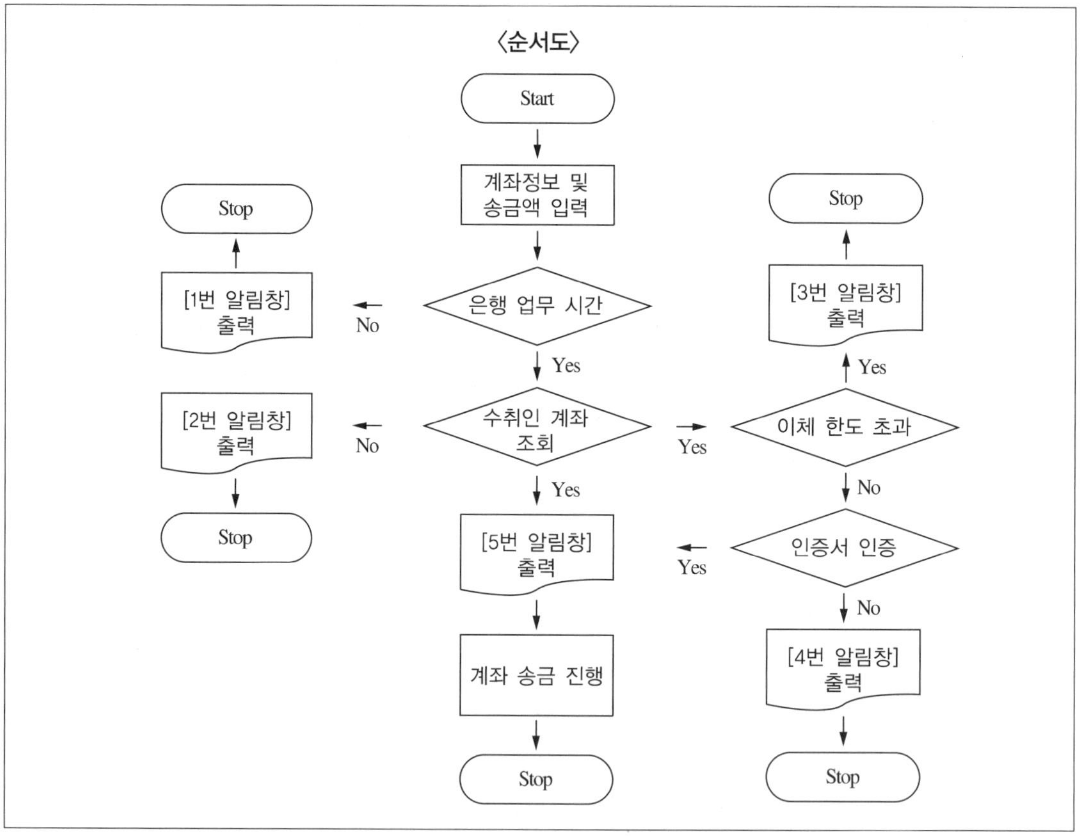

① 수취 계좌가 존재하지 않는다.
② 이체 한도가 초과되었다.
③ 인증서 인증 과정을 거치지 못하였다.
④ 은행 업무 시간이 아니다.

38 지수는 짝수일마다 통장에 10,000원씩 저축한다. 4월 1일부터 30일까지 저축한 금액이 얼마인지 알아보려고 할 때 ⓐ, ⓑ, ⓒ에 들어갈 내용이 바르게 연결된 것은?(단, 현재 통장잔액은 0원이다)

〈추가 순서도 기호〉

기호	설명	기호	설명
	각종 기호의 처리 흐름을 연결한다.	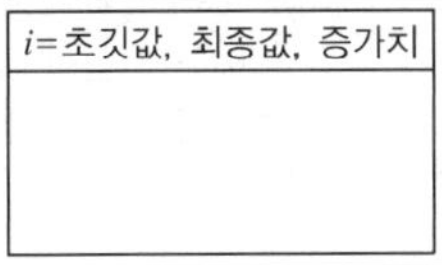	i가 초깃값부터 최종값까지 증가치만큼 증가하며, 기호 안의 명령문을 반복해서 수행한다.

〈순서도〉

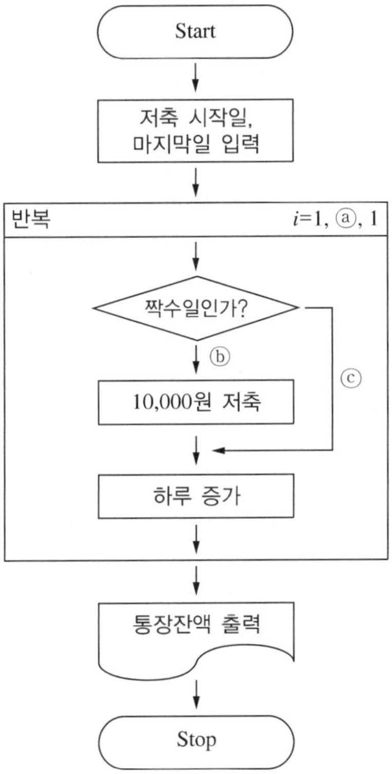

	ⓐ	ⓑ	ⓒ
①	31	No	Yes
②	30	Yes	No
③	30	No	Yes
④	10,000	No	Yes

※ 다음은 고객코드를 조회하는 시스템에 대한 순서도이다. 이어지는 질문에 답하시오. **[39~40]**

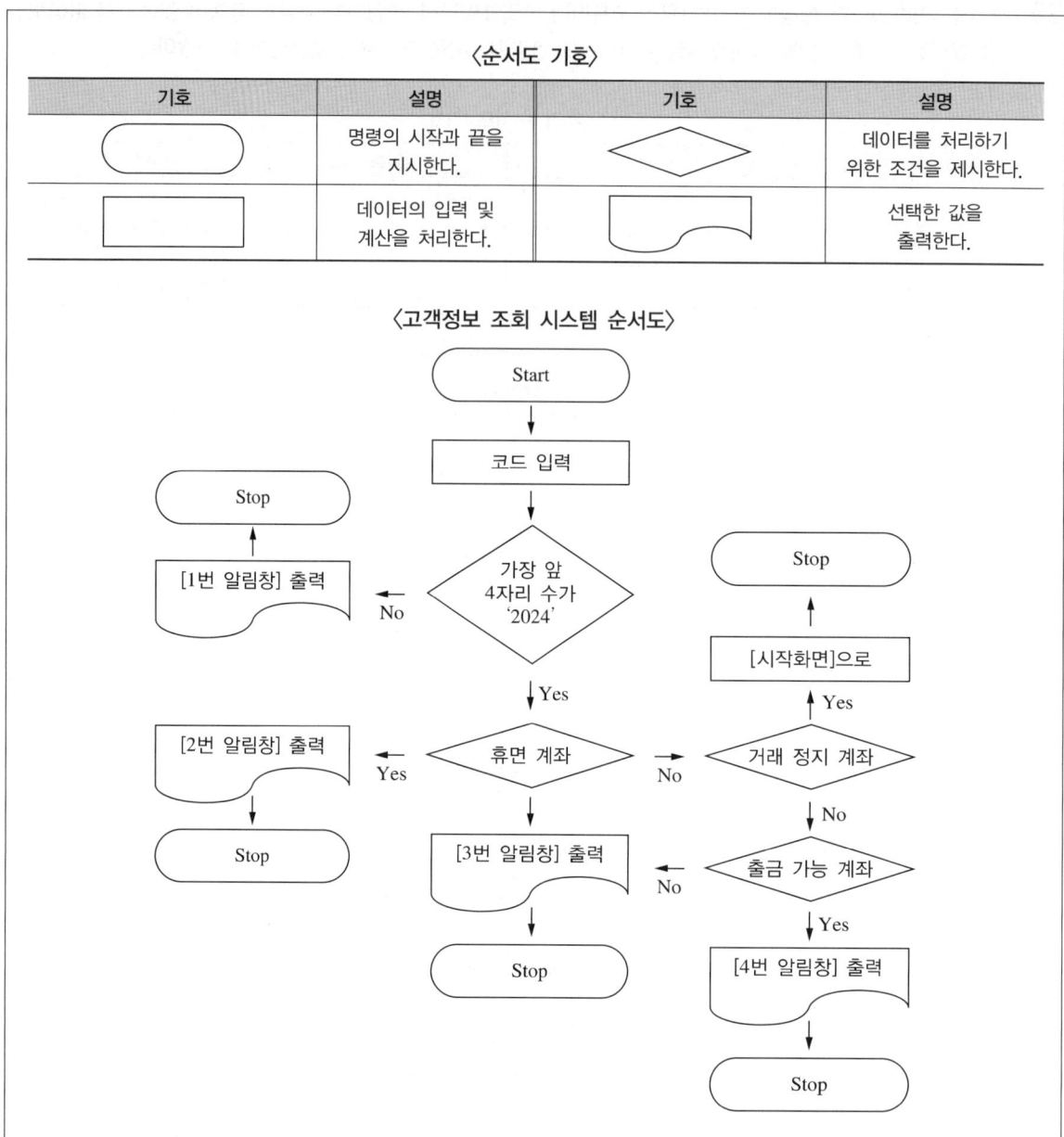

〈순서도 기호〉

기호	설명	기호	설명
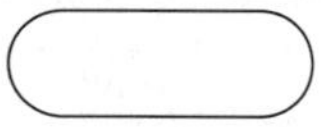	명령의 시작과 끝을 지시한다.	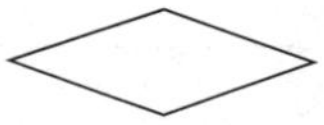	데이터를 처리하기 위한 조건을 제시한다.
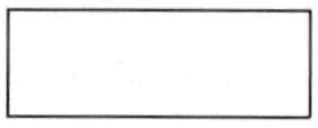	데이터의 입력 및 계산을 처리한다.		선택한 값을 출력한다.

〈고객정보 조회 시스템 순서도〉

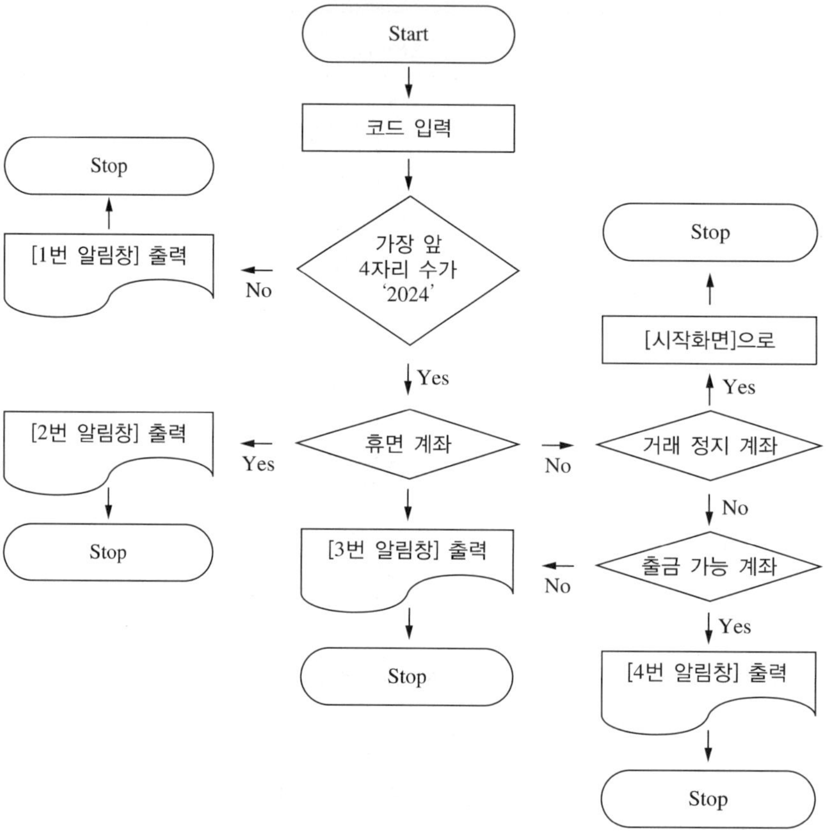

39 고객코드 '2024001'의 정보가 다음과 같을 때, 위 순서도를 통해 조회하여 출력되는 값은?

- 휴면 계좌로 전환되지 않았다.
- 거래 정지 계좌가 아니다.
- 출금 가능 계좌이다.

① [1번 알림창] ② [2번 알림창]
③ [3번 알림창] ④ [4번 알림창]

40 고객코드 '2024120'의 정보가 다음과 같을 때, 위 순서도를 통해 조회하여 출력되는 값은?

- 휴면 계좌로 전환되었다.
- 거래 정지 계좌이다.
- 출금 불가능한 계좌이다.

① [1번 알림창] ② [2번 알림창]
③ [3번 알림창] ④ [4번 알림창]

| 금융일반 - 객관식 |

| 2025년 상반기

01 다음에서 설명하는 기업집중 형태는?

> • 동일시장 내 여러 기업이 출자하여 공동판매회사를 설립한다.
> • 참가기업은 독립성을 유지하나 판매는 공동판매회사를 통해 이루어진다.
> • 참가기업 간 리스크를 분산하고 보상은 최대화할 수 있다.

① 콘체른
② 트러스트
③ 카르텔
④ 신디케이트

| 2025년 상반기

02 다음 중 배블런 효과에 대한 설명으로 옳지 않은 것은?

① 가격이 상승해도 수요가 증가한다.
② 소비자들이 비싼 상품을 구입하는 과시욕을 보인다.
③ 주로 명품, 보석 등 사치재에 나타난다.
④ 소비자들이 상품의 효용가치를 고려하여 비싼 가격을 주고 구입한다.

| 2025년 상반기

03 다음 중 WACC(가중평균자본비용)에 대한 설명으로 옳지 않은 것은?

① WACC는 기업의 자본구조를 고려하여 자본비용을 가중평균한 값이다.
② 미래현금흐름을 현재가치로 환산할 때 WACC를 할인율로 사용한다.
③ WACC가 높으면 기업가치가 상승하게 된다.
④ 기업은 WACC를 통해 자본시장에서 자금을 조달하고, 기업가치를 측정할 수 있다.

| 2025년 상반기

04 다음 상황을 참고하여 계산한 A기업의 당기순이익은?

> • A기업은 올해 20억 원의 수익을 올렸으며, 비용은 10억 원이 들었다.
> • A기업은 제공 서비스에 대한 요금 5억 원을 미리 받았으며, 당기 중에 아직 제공되지 않았다.
> • A기업은 연간 임차료로 1억 원을 미리 지불하였으며, 해당 임차료는 당기 중에 사용되었다.

① 4억 원
② 9억 원
③ 10억 원
④ 14억 원

| 2025년 상반기

05 다음 중 보수행렬에 대한 설명으로 옳지 않은 것은?

① 각 참여자의 전략과 그에 따른 보수를 표로 나타낸 것이다.
② 전략형 게임을 시각화할 때 사용하며 게임에 대한 분석을 더욱 쉽게 할 수 있다.
③ 3인 이상 다수의 참여자가 있는 게임에 적용이 편리하다.
④ 보수행렬은 연산과정을 나타내지 않는다.

| 2025년 상반기

06 다음 중 외부 불경제에 따른 세금인 피구세에 대한 설명으로 옳지 않은 것은?

① 외부 불경제를 유발하는 주체에게 외부비용만큼 세금을 부과하는 것이다.
② 피구세를 도입하면 사회 전체적으로 외부비용이 증가하게 된다.
③ 피구세를 통해 외부효과를 내부화시켜 사회적 이익이 증대될 수 있다.
④ 교통체증, 매연 등을 유발하는 차량에게 유류세를 부과하는 것은 피구세에 해당한다.

| 2024년 하반기

07 다음 중 주가배수모형에 해당하지 않는 것은?

① 고든의 성장모형
② PER
③ PBR
④ PSR

| 2024년 하반기

08 다음은 재화별 경합성과 배제성을 나타낸 자료이다. 이에 대한 설명으로 옳지 않은 것은?

구분	경합성 있음	경합성 없음
배제성 있음	A	C
배제성 없음	B	D

① A재화는 일상에서 흔히 사용되는 재화가 해당한다.
② B재화는 막히는 무료도로 등과 같은 재화가 해당한다.
③ C재화는 무료 인터넷 등과 같은 재화가 해당한다.
④ D재화는 국방 서비스 등과 같은 재화가 해당한다.

| 2024년 하반기

09 다음 중 옵션의 특징에 대한 설명으로 옳지 않은 것은?

① 옵션이란 특정일에 서로 약정한 가격으로 자산을 사고팔 수 있는 권리가 부여된 것을 말한다.
② 거래대상이 금, 은, 원유 등인 경우 상품옵션이라고 한다.
③ 거래대상이 주식, 채권, 통화 등인 경우 금융옵션이라고 한다.
④ 옵션 프리미엄은 내재가치에서 시간가치를 차감한 값이다.

| 2024년 하반기

10 다음 중 테일러 준칙에 대한 설명으로 옳지 않은 것은?

① 중앙은행이 설정하는 명목이자율의 기준이 된다.
② 인플레이션율, 잠재산출량 등을 고려하여 명목이자율을 설정한다.
③ 인플레이션이 1%p 올랐을 경우 명목이자율도 1%p 올려야 한다.
④ 인플레이션과 산출량이 목표치보다 높은 수준인 경우 긴축적 통화정책을 권장한다.

| 2024년 하반기

11 다음을 참고하여 정률법으로 감가상각비를 계산하면 얼마인가?

- 취득원가 : 1억 원
- 감가상각누계액(기초) : 4,000만 원
- 잔존가액 : 5,000만 원
- 상각률 : 5%

① 300만 원
② 500만 원
③ 800만 원
④ 1,000만 원

| 2024년 상반기

12 다음 중 우월전략에 대한 설명으로 옳지 않은 것은?

① 전략형 게임에서 상대방의 전략과 관계없이 자신의 몫을 더욱 크게 만드는 전략을 말한다.
② 우월전략 균형은 내쉬균형이라고 하며, 유일한 균형이 된다.
③ 우월전략 균형은 항상 파레토 최적의 상태를 나타낸다.
④ 모든 게임에서 우월전략이 존재하는 것은 아니다.

| 2024년 상반기

13 다음을 참고하여 매출원가를 계산하면 얼마인가?

- 기초재고액 : 2,000만 원
- 당기순매입액 : 1,000만 원
- 기말재고액 : 2,000만 원

① 1,000만 원
② 3,000만 원
③ 4,000만 원
④ 5,000만 원

| 2024년 상반기

14 다음 중 신규시장에 신제품을 출시하여 시장을 개척하는 전략은?

① 다각화전략
② 시장침투전략
③ 신제품 개발전략
④ 신시장 개척전략

| 2023년 하반기

15 **다음 중 소비자물가지수(CPI)에 대한 설명으로 옳지 않은 것은?**

① 소비자가 구입하는 상품이나 서비스의 가격변동을 나타내는 지수이다.
② 우리나라는 한국은행이 CPI를 조사한다.
③ 일반적으로 CPI는 물가상승을 과대평가하는 경향이 있다.
④ GDP디플레이터와 함께 한국은행이 통화정책을 결정하는 기초지수이다.

| 2023년 하반기

16 **다음 중 이자율탄력성과 정책효과의 관계에 대한 설명으로 옳은 것은?**

① 투자의 이자율탄력성이 클수록 재정정책의 효과는 작아진다.
② 투자의 이자율탄력성이 작을수록 금융정책의 효과는 커진다.
③ 화폐수요의 이자율탄력성이 클수록 재정정책의 효과는 작아진다.
④ 화폐수요의 이자율탄력성이 작을수록 금융정책의 효과는 작아진다.

| 2023년 하반기

17 **다음 중 랜덤워크 이론에 부합하는 설명으로 옳은 것은?**

① 주가는 기업가치에 수렴하므로 기업가치를 분석하면 주가를 알 수 있다.
② 기업가치를 포함한 모든 정보는 주가에 포함되어 있다.
③ 주식시장에서 주식은 가치가 아닌 가격으로 거래되는 것이다.
④ 주가는 예측할 수 없으며, 주식시장에서 초과수익률은 기대할 수 없다.

| 2023년 하반기

18 **다음 중 묶어팔기 판매전략의 전제조건에 해당하지 않는 것은?**

① 제품의 수량이 모두 동일하다.
② 고객의 수요가 서로 다르다.
③ 고객의 희망수요 정보를 사전에 파악할 수 없다.
④ 기업이 여러 가지 제품을 함께 판매한다.

ㅣ2023년 하반기

19 다음 중 코즈의 정리에 대한 설명으로 옳은 것은?

① 소유권 귀속에 따른 소득효과가 발생한다.
② 협상을 할 때 비용이 존재하는 것으로 가정한다.
③ 외부성이 존재하더라도 재산권이 명확하면 효율적인 자원배분이 가능하다.
④ 자원에 대한 재산권이 확립된 경우 재산권이 누구에게 귀속되는지가 중요하다.

ㅣ2023년 상반기

20 다음 중 배당성향 모형에 대한 설명으로 옳지 않은 것은?

① 배당성향은 배당금을 순이익으로 나눈 값으로 구한다.
② 배당성향이 낮아지면 사내유보율이 낮아지고 자본금은 늘어날 수 있다.
③ 배당성향이 높아지면 기업 재무 상태에 부정적인 영향을 미칠 수 있다.
④ 당기순이익이 클수록 배당성향은 높아지는 경향이 나타난다.

ㅣ2023년 상반기

21 다음 중 대손충당금에 대한 설명으로 옳은 것은?

① 국제회계기준은 회사별로 동일한 대손충당금 적립률을 요구한다.
② 대출채권의 디폴트 위험을 재무상태표에 나타낸 것을 말한다.
③ 대출채권의 디폴트 위험을 손익계산서에 나타낸 것을 말한다.
④ 미래의 손실을 예측하여 당기비용으로 처리한다.

| 2023년 상반기

22 다음을 참고하여, A기업의 배당 이후 PER을 구하면?

- A기업 : 발행주식수 10,000,000주, 당기순이익 30억 원, 주가 20,000원
- 주당 100원의 현금배당 실시

① 70
② 100
③ 200
④ 300

| 2023년 상반기

23 다음 〈보기〉 중 가장 효율적인 투자안은?(단, 법인세율은 동일하다)

〈보기〉

- A투자안 : 자기자본비용 100, 자기자본 200, 타인자본비용 200, 타인자본 200
- B투자안 : 자기자본비용 200, 자기자본 300, 타인자본비용 100, 타인자본 200
- C투자안 : 자기자본비용 200, 자기자본 200, 타인자본비용 100, 타인자본 300
- D투자안 : 자기자본비용 100, 자기자본 300, 타인자본비용 100, 타인자본 200

① A투자안
② B투자안
③ C투자안
④ D투자안

| 2022년 하반기

24 다음 중 재무제표의 표시에 대한 설명으로 옳지 않은 것은?

① 재무제표가 한국채택국제회계기준의 요구사항을 모두 충족한 경우가 아니라면 한국채택국제회계기준을 준수하여 작성되었다고 기재하여서는 안 된다.
② 비용을 기능별로 분류하는 기업은 감가상각비, 기타 상각비와 종업원급여비용을 포함하여 비용의 성격에 대한 추가 정보를 공시한다.
③ 기업이 재무상태표에 유동자산과 비유동자산으로 구분하여 표시하는 경우, 이연법인세자산은 유동자산으로 분류하지 않는다.
④ 수익과 비용의 어느 항목은 포괄손익계산서 또는 주석에 특별손익 항목으로 별도 표시한다.

25 **다음 중 가중평균자본비용(WACC)에 대한 설명으로 옳지 않은 것은?**

① 가중평균자본비용(WACC)은 기업의 자본비용을 시장가치 기준에 따라 총자본 중에서 차지하는 가중치로 가중 평균한 것이다.

② 일반적으로 기업의 자본비용은 가중평균자본비용을 의미한다.

③ 가중치를 시장가치 기준의 구성 비율이 아닌 장부가치 기준의 구성 비율로 하는 이유는 주주와 채권자의 현재 청구권에 대한 요구수익률을 측정하기 위해서이다.

④ 기업자산에 대한 요구수익률은 자본을 제공한 채권자와 주주가 평균적으로 요구하는 수익률을 의미한다.

26 **다음은 ㈜종로의 매출 및 매입 관련 자료이다. 2021년의 매출총이익률이 2022년에도 동일할 때 2022년의 기말 재고자산 가액은 얼마인가?**

〈㈜종로 매출 및 매입〉

(단위 : 원)

구분	2021년	2022년
매출액	400,000	500,000
매출에누리 및 환입	40,000	20,000
기초재고	100,000	110,000
당기매입	280,000	400,000
매입에누리 및 환출	0	10,000
기말재고	110,000	×××

① 140,000원　　② 150,000원

③ 160,000원　　④ 162,500원

27 다음 재무상태표를 바탕으로 계산한 경영비율로 옳지 않은 것은?

재무상태표(2022년 7월 31일 현재)

(단위 : 원)

유동자산	100억	부채	100억
현금	50억	유동부채	50억
매출채권	30억	비유동부채	50억
재고자산	20억		
비유동자산	100억	자본	100억
유형자산	60억	자본금	40억
무형자산	40억	자본잉여금	30억
		이익잉여금 (당기순이익 10억 포함)	30억
자산총계	200억	부채와 자본총계	200억

① 유동비율은 50%이다.

② 당좌비율은 160%이다.

③ 자기자본비율은 50%이다.

④ 총자산순이익률(ROA)은 5%이다.

28 다음 두 사례에 공통으로 나타난 전략으로 옳은 것은?

[사례 1]
L사는 오랫동안 꾸준히 사랑받아 온 아이스크림 수박바의 형태를 위아래 거꾸로 바꾸어 출시하면서 기존 수박바의 아랫부분을 좋아하던 소비자들의 큰 관심을 받고 있다. 이뿐만 아니라 대표 아이스크림인 죠스바를 떠먹는 형태로 새로 출시하여 큰 인기를 끌고 있다.

[사례 2]
드라마와 뮤지컬로 제작된 인기 만화 ○○이 게임캐릭터로 등장해 인기를 끌고 있다. 이처럼 최근 하나의 콘텐츠가 다양한 상품으로 파생되는 '원 소스 멀티 유즈(One Source Multi-use)' 전략이 등장하고 있다.

① 레드오션(Red Ocean)

② 블루오션(Blue Ocean)

③ 퍼플오션(Purple Ocean)

④ 그린오션(Green Ocean)

| 2022년 상반기

29 **총투자금액** 10억 **원을** A ~ D **4개의 증권에 각각** 10%, 20%, 30%, 40% **비중으로 분산 투자하려고 하며,** A ~ D**증권의 기대수익률은 차례대로** 20%, 15%, 10%, 5%**이다. 이 포트폴리오의 기대수익률은 얼마인가?**

① 6% ② 8%

③ 10% ④ 12%

| 2022년 상반기

30 **다음 중 옵션에 대한 설명으로 옳지 않은 것은?**

① 풋옵션은 정해진 가격으로 기초자산을 팔 수 있는 권리가 부여된 옵션이다.

② 미국식 옵션은 만기시점 이전이라도 유리할 경우 행사가 가능한 옵션이다.

③ 콜옵션은 기초자산의 가격이 낮을수록 유리하다.

④ 풋옵션은 행사가격이 높을수록 유리하다.

| 2025년 상반기

01 다음 정보를 바탕으로 계산한 A기업의 PER은?

- A기업의 주가 : 8,000원
- A기업의 당기순이익 : 20억 원
- A기업의 발행주식수 : 400만 주

(　　　　　　　　　　　　)

| 2024년 하반기

02 다음을 참고하여 전년 대비 국내 GDP 증가액을 구하면?

- 한계소비성향 0.8
- 직전 연도 정부지출 50조 원
- 당해 연도 정부지출 80조 원

(　　　　　　　　　　　　조 원)

| 2024년 상반기

03 다음 〈보기〉 중 화폐수량설에 대한 설명으로 옳은 것을 모두 고르면?

〈보기〉

㉠ 고전학파의 이론으로 물가와 화폐공급은 비례한다고 본다.
㉡ 통화량, 화폐유통속도, 물가수준, 거래량을 통해 계산할 수 있다.
㉢ 화폐수요는 이자율과 산출량에 의해 결정된다.
㉣ 노동시장이 항상 완전고용 상태임을 가정한다.

(　　　　　　　　　　　　)

04 다음 글의 빈칸에 들어갈 용어로 옳은 것을 〈보기〉에서 순서대로 고르면?

- 미국 실리콘밸리은행(SVB) 파산으로 부실우려가 높아진 미국 내 주요 은행들에 대해 ___A___을/를 늘려야 한다는 지적이 최근 나오고 있다.
- 미국 기준금리 인상의 선행지표는 실업률, ___B___, WTI지수 등이 있으며, ___B___이/가 상승하는 모습을 보이면 향후 기준금리 인상을 예상할 수 있다.

〈보기〉

㉠ 대손충당금
㉡ 소비자물가지수(CPI)
㉢ 대손상각비
㉣ 생산자물가지수(PPI)
㉤ GDP 디플레이터

(A :   , B :   )

05 다음 글에 대한 설명으로 〈보기〉 중 옳은 것을 모두 고르면?

- 초코기업과 파이기업은 사업 분야가 유사하다. 초코기업과 파이기업이 합병하면 시너지 효과가 생겨 초코기업에게 파이기업의 가치는 실제 가치의 1.5배가 되므로 초코기업은 파이기업을 인수할 의향이 있다.
- 초코기업은 '파이기업의 주주가 이미 자기 기업의 실제 가치를 정확히 알고 있다.'는 사실을 파악하고 있다. 그러나 초코기업은 파이기업의 실제 가치가 정확히 얼마인지는 아직 모르고 단지 각각 1/3의 확률로 0원, 1만 원, 2만 원 중 하나일 것으로만 추측하고 있다.
- 초코기업은 인수를 통해 이득을 극대화하고자 한다. 파이기업의 주주는 Ⓐ <u>초코기업이 제시한 인수 금액</u>이 자사의 실제 가치보다 크거나 같으면 인수에 동의한다.

〈보기〉

㉠ Ⓐ가 1만 원이고 파이기업의 실제 가치가 2만 원이면 인수가 성사된다.
㉡ Ⓐ가 1만 원이면 초코기업이 생각하는 인수 확률은 2/3이다.
㉢ Ⓐ가 1만 원이면 초코기업이 기대하는 이득은 0.5만 원이다.
㉣ 초코기업이 합리적이라면 파이기업의 실제 가치가 얼마든지 Ⓐ는 0원이다.

(   )

| 디지털 - 객관식 |

| 2025년 상반기

01 다음 중 K-Means 알고리즘에 대한 설명으로 옳지 않은 것은?

① K값(군집의 수)을 사용자가 직접 지정해야 한다.
② 군집화 과정에서 각 데이터는 가장 가까운 중심점에 할당된다.
③ 반복적으로 군집의 중심점을 업데이트하며 수렴을 시도한다.
④ 군집의 모양이 반드시 원형(구형)일 필요는 없다.

| 2025년 상반기

02 다음 중 경사하강법의 모멘텀에 대한 설명으로 옳지 않은 것은?

① 모멘텀의 기본값은 1이다.
② 빠르게 수렴하도록 하여 안정적으로 최적화한다.
③ 이전 기울기에 영향을 받는 정도를 의미한다.
④ 모멘텀을 사용하면 지역 최솟값에 빠질 위험을 줄일 수 있다.

| 2025년 상반기

03 다음 중 FCFS(First Come First Served) 스케줄링에 대한 설명으로 옳은 것은?

① 선점형 스케줄링이다.
② 우선순위가 높은 프로세스가 먼저 실행된다.
③ 도착 순서대로 처리하는 비선점형 스케줄링이다.
④ 실행 시간이 짧은 프로세스가 우선권을 갖는다.

04 다음 중 SQL의 LEFT JOIN에 대한 설명으로 옳은 것은?

① 왼쪽 테이블의 모든 레코드와 오른쪽 테이블의 일치하는 레코드를 결합한다.
② 오른쪽 테이블의 모든 레코드와 왼쪽 테이블의 일치하는 레코드를 결합한다.
③ 두 테이블에서 일치하는 레코드만 결합한다.
④ 두 테이블의 모든 레코드를 결합한다.

| 2025년 상반기

05 다음 C코드에서 main 함수의 n값으로 옳은 것은?

```
void func(int x)
{
x=10;
}
int main()
{
int n=5;
func(n);
return 0;
}
```

① 5
② 10
③ 컴파일 오류
④ 정의되지 않음

❙ 2024년 하반기

06 다음 중 리눅스 권한 허가권 변경을 기호모드로 작성할 때, 문자와 그 기능이 바르게 연결되지 않은 것은?

① r : 읽기
② w : 쓰기
③ + : 권한 추가
④ g : 사용자 허가권

❙ 2024년 하반기

07 다음 중 리눅스 명령어 'chmod 755'에 대한 설명으로 옳지 않은 것은?

① 소유자에게 읽기, 쓰기, 실행 권한을 주고 그룹 및 기타 사용자에게는 읽기 권한만 부여한다.
② chmod 명령어는 파일이나 디렉토리의 권한을 변경하는 데 사용한다.
③ 7은 소유자 권한을 의미한다.
④ 두 번째 5는 그룹 사용자 권한을 의미한다.

❙ 2024년 하반기

08 다음 파이썬 프로그램을 실행하였을 때 출력되는 값으로 옳은 것은?

```
a="5"
b="7"
print(a+b)
```

① 5
② 12
③ 12
④ 57

09 다음 파이썬 프로그램을 실행하였을 때 출력되는 값으로 옳은 것은?

```
string='abcd'
string.replace('b', 'B')
print(string)
```

① abcd
② aBcd
③ B
④ acd

10 다음과 같이 Java 코드로 Queue 클래스를 구현할 때 빈칸에 들어갈 명령어로 옳은 것은?

```
import java.util.LinkedList;
import java.util.Queue;

public class Main {

    public static void main(String[ ] args) {
        Queue<Integer> queue=________________;

        queue.offer(1);
        queue.offer(2);
        queue.offer(3);
        queue.offer(4);
        queue.offer(5);

        while(!queue.isEmpty()) {
            System.out.println(queue.poll());
        }

    }

}
```

① Queue<Integer>()
② LinkedList<Integer>()
③ new LinkedList<Integer>()
④ List<Integer>()

| 2024년 상반기

11 **다음 중 HRN 스케줄링 방식에 대한 설명으로 옳지 않은 것은?**

① 선점 방식으로 이루어진다.

② 대기 시간이 긴 프로세스의 경우 우선순위가 높아진다.

③ 우선순위를 Ready – Queue에서 대기한 시간까지 고려하여 결정한다.

④ SJF 스케줄링 방식에서 발생할 수 있는 기아 상태를 해결하기 위해 고안된 방식이다.

| 2024년 상반기

12 **다음 중 선점 스케줄링 방식과 비선점 스케줄링 방식의 차이에 대한 설명으로 옳지 않은 것은?**

① 비선점형 스케줄링 방식은 모든 프로세스를 공정하게 처리한다.

② 비선점형 스케줄링 방식은 우선순위가 높은 프로세스를 빠르게 처리할 수 있다.

③ 선점형 스케줄링 방식은 우선순위가 높은 프로세스들이 지속적으로 들어오는 경우 시간지연이 발생한다.

④ 선점형 스케줄링 방식은 어떤 프로세스가 CPU를 할당받아 실행 중이여도 운영체제가 CPU를 강제로 빼앗을 수 있는 스케줄링 방식이다.

| 2024년 상반기

13 **다음 중 데이터베이스의 정규화 과정에 대한 설명으로 옳지 않은 것은?**

① 제2정규형은 2NF를 만족하여야 한다.

② 제1정규형의 모든 값은 단일한 값을 가진다.

③ 일반적으로 제3정규형까지 적용한 것을 '정규화되었다'고 한다.

④ 테이블 간의 정보는 서로 중복되지 않아야 하므로 정규화를 통해 중복성을 제거한다.

| 2024년 상반기

14 다음 중 자연어 이해(NLU)에 대한 설명으로 옳지 않은 것은?

① 자연어 처리(NLP)와 같은 의미이다.
② NLU 기술의 예로 자동 언어 번역이 있다.
③ 자연어 이해는 인간과 컴퓨터 사이의 의사소통 격차를 해소할 수 있다.
④ 인공지능 분야에서 자연어로 된 입력을 이해하고 처리하는 과정을 말한다.

| 2024년 상반기

15 다음 중 데이터 샘플링에 대한 설명으로 옳지 않은 것은?

① 단순 랜덤은 가장 기초적인 샘플링으로 데이터를 빠르고 직접적으로 표현하는 경우 유용하다.
② 계통 샘플링은 첫 하나의 샘플을 임의로 고르고, 일정한 간격으로 다음 샘플을 고르는 방법이다.
③ 다단계 샘플링은 원하는 샘플 크기에 도달할 때까지 여러 단계의 샘플링 과정을 수행하는 과정이다.
④ 유층 샘플링은 전체 모집단을 여러 군집으로 나눈 후 일부 군집을 무작위로 선택하고, 선택한 군집에서 다시 일부를 무작위로 선택하는 방법이다.

| 2024년 상반기

16 다음 중 데이터 분석 기술에 대한 설명으로 옳지 않은 것은?

① 공간분석은 공간적 차원과 관련된 속성들을 시각화하는 분석이다.
② 시각화는 가장 낮은 수준의 분석이지만 복잡한 분석보다 더 효과적일 수 있다.
③ 통계분석은 대용량의 자료로부터 정보를 요약하고 미래에 대한 예측을 목표로 유용한 지식을 추출하는 방법이다.
④ 탐색적 자료 분석은 다양한 차원과 값을 조합해가며 특이점이나 의미 있는 사실을 도출하고 분석의 최종 목적을 달성해가는 과정이다.

| 2023년 하반기

17 다음 중 블록체인(Block Chain) 기술에 대한 설명으로 옳지 않은 것은?

① 개방형 블록체인은 중앙기관이나 중개기관의 개입 없이 다수의 참여자(Peer)가 공개 기반으로 연결되는 분산화된 구조를 이룬다.
② 프라이빗(Private) 블록체인은 퍼블릭(Public) 블록체인보다 처리 속도가 빠르다.
③ 블록체인은 기존 데이터의 수정이 간편하고 자유로우며, 저장 공간 또한 많이 차지하지 않는다.
④ 블록체인은 분산기반을 통해 비용을 절감하는 등 금융 업무의 효율성을 크게 개선함으로써 금융 구조의 혁신을 촉진할 수 있는 기술이다.

| 2023년 하반기

18 다음 〈보기〉 중 개체 – 관계 다이어그램(ERD; Entity Relationship Diagram)에 대한 설명으로 옳지 않은 것을 모두 고르면?

〈보기〉

㉠ ERD는 데이터베이스의 도식화 기법으로서 데이터베이스의 구조를 시각적으로 이해하는 데 도움을 준다.
㉡ ERD에서 개체(Entity)는 데이터베이스에서 정보를 저장하려는 대상으로서 식별 가능한 물리적 또는 추상적 개체를 뜻한다.
㉢ ERD에서 속성(Attribute)은 2개 이상의 의미 있는 정보로 묶인 단위로서 파일 구조에서의 '레코드(Record)'에 대응된다.
㉣ ERD에서 관계(Relationship)는 개체와 개체 사이의 의미 있는 연관성, 즉 대응 관계를 가리킨다.
㉤ ERD에서 개체는 타원으로, 속성은 마름모로, 관계는 사각형으로 표현한다.
㉥ ERD의 표기 규칙에 따라 "A가게에는 B라는 상품이 1개 또는 없을 수도 있다."는

으로 표현된다.

① ㉠, ㉡, ㉢
② ㉠, ㉣, ㉤
③ ㉡, ㉣, ㉥
④ ㉢, ㉤, ㉥

| 2023년 하반기

19 다음 〈보기〉 중 중앙처리장치(CPU) 스케줄링 기법에 대한 설명으로 옳지 않은 것을 모두 고르면?

〈보기〉

㉠ 스케줄링은 선점형과 비선점형으로 구분되는데, 선점형 스케줄링은 프로세스에 이미 할당된 CPU를 강제로 빼앗을 수 없다.
㉡ FCFS 방식은 CPU 스케줄링 알고리즘 중에 제일 간단한 알고리즘으로, 준비 상태 큐에 도착한 순서에 따라 차례로 CPU를 할당한다.
㉢ SJF 방식은 시간이 오래 걸리는 작업이 앞에 있고 간단한 작업이 뒤에 있으면 순서를 바꾸어 실행하며, 스케줄링 알고리즘 중에 평균 대기 시간이 최소가 되는 방식이다.
㉣ HRN 방식은 작업을 위해 기다린 시간과 CPU 사용 시간을 고려해 스케줄링하는 방식으로, 대기 중인 프로세스 중 우선순위가 가장 낮은 것부터 높은 순서로 선택한다.
㉤ SRT 방식은 현재 실행 중인 프로세스의 남은 시간과 준비 상태 큐에 새로 도착한 프로세스의 실행 시간을 비교해 가장 긴 실행 시간을 요구하는 프로세스에 CPU를 할당한다.
㉥ 라운드 로빈(RR) 방식은 준비 상태 큐에 먼저 도착한 프로세스에 먼저 CPU를 할당하지만, 각 프로세스는 시간 할당량 동안만 실행된 후 실행이 완료되지 않으면 다음 프로세스에 CPU를 넘겨주고 준비 상태 큐의 가장 뒤로 배치된다.
㉦ 다단계 피드백 큐(MFQ) 방식은 프로세스를 특정 그룹으로 분류할 수 있을 경우 그룹에 따라 각기 다른 여러 개의 준비 상태 큐를 사용하는 방식으로, 각각의 큐는 자신의 스케줄링을 수행하며, 큐와 큐 사이에서 우선순위를 부여한다.

① ㉠, ㉣, ㉥
② ㉡, ㉢, ㉦
③ ㉠, ㉣, ㉤, ㉦
④ ㉡, ㉢, ㉤, ㉥

20 다음은 I종합병원에서 위암 검사를 받은 사람들의 검사 전의 예측과 검사 후의 실제 결과를 혼동행렬로 시각화한 자료이며, 〈보기〉는 혼동행렬의 예측 정확성을 평가하는 지표들에 대한 설명이다. 제시된 자료를 바탕으로 ㉠ ~ ㉣의 값을 바르게 계산한 것은?

〈2023년 I종합병원 내원객들의 위암 검사 전후의 혼동행렬〉

실젯값 \ 예측값	위암 환자가 맞을 것이다 (Positive)	위암 환자가 아닐 것이다 (Negative)
위암 환자가 맞다 (Positive)	400명	100명
위암 환자가 아니다 (Negative)	600명	900명

- 진양성(TP) : 실제 위암 환자를 위암 환자일 것이라고 옳게(True) 예측함
- 위음성(FN) : 실제 위암 환자인데도 위암 환자가 아닐 것이라고 틀리게(False) 예측함
- 위양성(FP) : 실제 위암 환자가 아닌데도 위암 환자일 것이라고 틀리게(False) 예측함
- 진음성(TN) : 실제 위암 환자가 아니며 위암 환자가 아닐 것이라고 옳게(True) 예측함

〈보기〉

㉠ 정확도(Accuracy) : 전체 샘플 중 얼마나 올바르게 예측했는지, 즉 예측한 전체 건수 중에서 사실에 적중한 것의 비율을 뜻한다.

㉡ 정밀도(Precision) : 양성(Positive)으로 예측한 결과 중에서 실제 양성인 비율, 즉 양성이라고 예측한 것 중에서 적중한 비율을 뜻한다.

㉢ 재현율(Recall) : 실제 양성(Positive) 중에서 얼마나 많은 것을 양성으로 예측했는지, 즉 실제로 양성일 때 예측 결과도 양성인 비율을 뜻한다.

㉣ 특이도(Specificity) : 실제 음성(Negative) 중에서 얼마나 많은 것을 음성으로 예측했는지, 즉 음성을 대상으로 예측한 것 중에서 적중한 비율을 뜻한다.

	㉠	㉡	㉢	㉣
①	0.65	0.3	0.8	0.7
②	0.65	0.4	0.8	0.6
③	0.75	0.3	0.7	0.6
④	0.75	0.4	0.7	0.7

21 다음 〈조건〉에 따라 페이지 기반 메모리 관리시스템에서 LRU(Least Recently Used) 페이지 교체 알고리즘을 구현하였다. 제시된 참조열의 모든 참조가 끝났을 경우 최종 스택(Stack)의 내용으로 옳은 것은?

〈조건〉

- LRU 구현 시 스택을 사용한다.
- 프로세스에 할당된 페이지 프레임은 4개이다.
- 메모리 참조열 : 1 2 3 4 5 3 4 2 5 4 6 7 2 4

①

스택 top	7
	6
	4
스택 bottom	5

②

스택 top	2
	7
	6
스택 bottom	4

③

스택 top	5
	4
	6
스택 bottom	2

④

스택 top	4
	2
	7
스택 bottom	6

22 다음 순서도가 의미하는 알고리즘에 대한 설명으로 옳지 않은 것은?(단, N은 양의 정수이다)

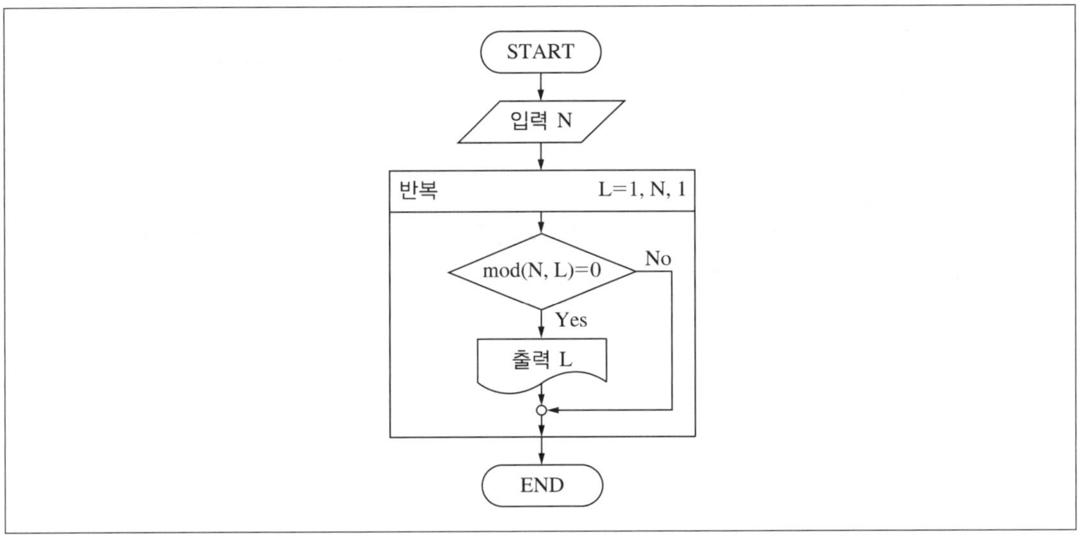

① 알고리즘이 반복되는 동안 L값이 출력되는 횟수는 총 N회이다.
② 출력되는 L값은 입력값과 관계없이 1개 이상이다.
③ N값이 1보다 클 때, 출력된 L값의 합은 항상 N보다 크다.
④ mod(N, L)는 N을 L로 나눈 나머지 값을 출력한다.

23 데이터베이스에서 정보 부재를 명시적으로 표시하기 위해 사용하는 특수한 데이터 값은?

① 샵(#)
② 영(Zero)
③ 공백(Blank)
④ 널(Null)

24 SQL에서 데이터 검색을 할 경우 검색된 결괏값의 중복 레코드를 제거하기 위해 사용되는 옵션은?

① CASCADE
② DISTINCT
③ ALL
④ *

25 **다음 중 시스템의 보안 취약점을 활용한 공격방법에 대한 설명으로 옳지 않은 것은?**

① Sniffing 공격은 네트워크상에서 자신이 아닌 다른 상대방의 패킷을 엿보는 공격이다.

② Exploit 공격은 공격자가 패킷을 전송할 때 출발지와 목적지의 IP 주소를 같게 하여 공격 대상 시스템에 전송하는 공격이다.

③ SQL Injection 공격은 웹 서비스가 예외적인 문자열을 적절히 필터링하지 못하도록 SQL문을 변경하거나 조작하는 공격이다.

④ XSS(Cross Site Scripting) 공격은 공격자에 의해 작성된 악의적인 스크립트가 게시물을 열람하는 다른 사용자에게 전달되어 실행되는 취약점을 이용한 공격이다.

| 2022년 상반기

26 **다음 중 DMA 명령어 사이클에 대한 설명으로 옳지 않은 것은?**

① 간접 사이클은 피연산 데이터가 있는 기억 장치의 유효 주소를 계산하는 과정이다.

② 인터럽트 사이클은 요청된 서비스 프로그램을 수행하여 완료할 때까지의 과정이다.

③ 패치 사이클은 주기억 장치로부터 명령어를 꺼내어 디코딩하는 과정이다.

④ 실행 사이클은 연산자 코드의 내용에 따라 연산을 수행하는 과정이다.

| 2022년 상반기

27 **다음 중 사이클 스틸(Cycle Steal)에 대한 설명으로 옳지 않은 것은?**

① DMA가 기억장치 버스를 점유하여 CPU의 기억장치 액세스를 잠시 중지시키는 기능이다.

② CPU가 메이저 사이클을 반복하고 있는 상태에서 DMA 제어기가 하나의 워드(Word) 전송을 위해 일시적으로 CPU 사이클을 훔쳐서 사용하는 것이다.

③ 기억장치와 입출력 장치 사이에서 직접적인 전송이 이루어진다.

④ 사이클 스틸은 CPU의 상태를 보존할 필요가 없지만 인터럽트는 CPU의 상태를 보존해야 한다.

ㅣ2022년 상반기

28 **다음 중 RAID(Redundant Array of Independent Disks)에 대한 설명으로 옳지 않은 것은?**

① 하드디스크, CD-ROM, 스캐너 등을 연결해 주는 기술
② 단순히 하드디스크의 모음뿐만 아니라 자동으로 복제해 백업 정책을 구현해 주는 기술
③ 서버(Server)에서 대용량의 하드디스크를 이용하는 경우에 필요로 하는 기술
④ 여러 개의 하드디스크를 모아서 하나의 하드디스크처럼 보이게 하는 기술

ㅣ2022년 상반기

29 **다음 중 채널(Channel)에 대한 설명으로 옳지 않은 것은?**

① DMA와 달리 여러 개의 블록을 입출력할 수 있다.
② 시스템의 입출력 처리 능력을 향상시키는 기능을 한다.
③ 멀티플렉서 채널은 저속인 여러 장치를 동시에 제어하는 데 적합하다.
④ 입출력 동작을 수행하는 데 있어서 CPU의 지속적인 개입이 필요하다.

ㅣ2022년 상반기

30 **다음 중 컴퓨터에서 사용하는 캐시메모리에 대한 설명으로 옳은 것은?**

① 캐시메모리에 있는 데이터와 메인 메모리에 있는 데이터가 항상 일치하지는 않는다.
② 주기억장치와 하드디스크의 속도 차이를 극복하기 위하여 사용한다.
③ 주기억장치보다 큰 프로그램을 불러와 실행할 때 유용하다.
④ 캐시메모리는 접근 속도가 빠른 동적 램(DRAM)을 사용한다.

| 디지털 - 주관식 |

| 2025년 상반기

01 다음 프로그램의 실행 결과는?

```
#include <stdio.h>
int main() {
    int a=10;
    int *p=&a;
    int **pp=&p;
    printf("%d", **pp);
    return 0;
}
```

( )

| 2024년 하반기

02 어느 창고에서 들어온 물건에 $1 \sim n$번까지 고유한 일련번호를 순서대로 배정한 뒤, 정렬하여 납품하려고 한다. 또한 납품을 위해 물건이 들어오는 '입력' 과정과 물건이 납품되는 '출력' 과정이 있으며, 납품할 물건은 일련번호 순서대로 창고에 들어오고 후입선출에 따라 납품한다. 물건들을 납품하는 순서가 다음과 같을 때, 물건들이 들어오는 순서와 나가는 순서를 정리한 〈보기〉의 표에서 A ~ F에 들어갈 알맞은 수를 모두 더하면?

3 2 1 4 5 8 7 6

〈보기〉

구분	입	입	입	출	출	출	입	출	입	출	입	입	입	출	출	출
일련번호	1	2	3	A	2	1	B	C	5	5	D	7	E	F	7	6

※ 입 : 입력 / 출 : 출력

( )

03 다음 〈보기〉 중 리눅스(Linux)에 대한 설명으로 옳은 것을 모두 고르면?

〈보기〉

㉠ 리눅스는 프로그램 소스 코드가 무료로 공개되어 있기 때문에 사용자는 자신이 원하는 대로 특정 기능을 추가할 수 있다.
㉡ 리눅스는 전 세계의 프로그래머들이 지속적인 개발에 참여하기 때문에 성능과 안정성 면에서 유닉스를 능가하거나 대등한 평가를 받는다.
㉢ 리눅스의 구성 요소인 커널(Kernel)은 셸(Shell)과 사용자를 연결하는 인터페이스로서, 명령어를 이해·실행하는 도구이다.
㉣ CLI(Command Line Interface) 체제를 기반으로 한 리눅스의 경우 누구나 간단하고 손쉽게 운영·관리할 수 있다.
㉤ 리눅스는 유닉스와 대부분 호환이 가능하며, 데스크톱의 용도 외에도 모바일 기기, 임베디드 기기, 사물인터넷 디바이스 등 다양한 분야에서 활용되고 있다.

(   )

04 다음 글에서 알 수 있는 CPU 스케줄링 방식을 〈보기〉에서 고르면?

어떤 프로세스가 CPU를 할당받으면 그 프로세스가 종료되거나 입력 및 출력 요구가 발생할 때까지 계속 실행되도록 보장한다. 순차적으로 처리되는 공정성이 있고 다음에 처리해야 할 프로세스와 관계없이 응답시간을 예상할 수 있으며 일괄처리(Batch Processing)에 적합하다. CPU 사용 시간이 긴 하나의 프로세스가 CPU 사용 시간이 짧은 여러 프로세스를 오랫동안 대기시킬 수 있으므로, 처리율이 떨어질 수 있다는 단점이 있다. 선입선출 스케줄링(FCFS; First－Come First－Served), 최단작업 우선 스케줄링(SJF; Shortest－Job First) 등이 이 스케줄링에 속한다.

〈보기〉

㉠ 선점형 스케줄링
㉡ 비선점형 스케줄링
㉢ 라운드 로빈 스케줄링
㉣ FCFS 스케줄링

(   )

05 다음 프로그램의 실행 결과는?

```
public class test {
public static void main(String[ ] args) {
int i=0;
int c=0;

while (i<10) {
i++;
c*=i;
}
System.out.println(sum);
}
}
```

(　　　　　　　　　　　　　)

제1회
IBK기업은행 필기시험

제1영역 NCS 직업기초능력
제2영역 직무수행능력

〈문항 수 및 시험시간〉

<table>
<tr><th colspan="2">영역</th><th>문항 수</th><th>시험시간</th><th colspan="2">모바일 OMR 답안채점 / 성적분석</th></tr>
<tr><td colspan="2">NCS 직업기초능력</td><td>객관식 40문항</td><td rowspan="3">120분</td><td rowspan="3">금융일반</td><td rowspan="3">디지털</td></tr>
<tr><td rowspan="2">직무수행능력</td><td>금융일반</td><td rowspan="2">객관식 30문항
주관식 5문항</td></tr>
<tr><td>디지털</td></tr>
</table>

IBK기업은행 필기시험

제1회 모의고사

문항 수 : 75문항
시험시간 : 120분

제 1 영역 NCS 직업기초능력

※ 다음 글을 읽고 이어지는 질문에 답하시오. [1~2]

지난 2020년 데이터 이용의 활성화를 위한 데이터 3법 개정 시 도입된 금융 분야 정책인 마이데이터(My Data)는 은행, 카드, 통신 회사 등에 흩어져 있는 소비자의 개인 신용을 한 눈에 파악함은 물론, 자신에게 가장 적합한 금융 서비스를 파악할 수 있도록 한다. 또한 사업자 역시 소비자가 선호하는 금융 서비스를 파악할 수 있어 경쟁력을 높일 수 있다.
마이데이터의 핵심 원리는 정보 주체가 정보 제공자로 하여금 본인이 원하는 서비스를 제공받기 위해 데이터의 이전을 요구하는 개인 정보 이동권에 기초한 것으로, 정보 주체가 본인 정보를 적극적으로 관리, 통제하여 이를 신용, 자산, 건강관리 등에 주도적으로 활용할 때 빛을 발한다.
하지만 금융 마이데이터 시행 이후 가입자가 급격히 늘어 3년 동안 1억 1,787만 명의 누적 가입자가 금융 정보 통합 관리 서비스를 제공받고 있지만 가입자가 증가함에 비해 활용도가 수동적이라 소비자의 편리함이나 이득, 기업의 성장은 거의 없는 상황이다. 이는 일부 업계의 강력한 반대로 여러 분야에 흩어져 있는 본인 정보를 모두 모을 수 있는 환경 조성이 어렵다는 현실적인 문제 때문이다.
먼저 유통업계의 "유통 정보는 금융, 공공과 달리 공익성 있는 정보가 아닌 민간 기업의 정보"라는 주장으로 강력하게 반대해 유통은 마이데이터의 이용이 불가해졌다. 유통 정보는 고객 주문 정보와 결제 정보, 구매 패턴 규모, 빈도 등 개인의 소비성향이 온전히 내재되어 있어 다른 정보와 결합하면 개인의 민감한 정보를 유추해낼 수 있기 때문이다. 즉, 국민의 민감한 개인 정보가 손쉽게 국내외 어디든 유출될 수 있다는 위험성이 존재한다는 것이다.
통신 업계도 이동통신사, 개통일, 서비스(요금제)명, 서비스 종류, 서비스 가입일, 서비스 과금 내역, 서비스 변경 일자, 서비스 해지 일자 등 이러한 약정 정보가 국내외로 유출되어 심각한 사태가 발생할 수 있다는 이유로 마이데이터 정보 제공 범위에서 제외되었다. 이로 인해 소비자가 휴대폰 변경 시 여러 요금제를 비교해 최적 요금제와 통신사 등 맞춤형 정보를 제공받을 수 있을 것이라는 기대가 어려워졌다.
이와 같이 대부분의 업계에서는 개인 데이터 자산이 필수적인 경쟁력 요소이기 때문에, 데이터를 오직 기업 자산으로만 판단하고 정보 주체의 자산으로 받아들이려 하지 않는 인식이 커 정보의 이전에 대한 거부감이 크다. 결국 마이데이터를 전 분야로 확대하려는 정부의 정책은 기업과 소비자의 거부로 시행이 어려워질 가능성이 커질 것으로 보인다.

01 다음 중 윗글의 제목으로 가장 적절한 것은?

① 마이데이터 활성화의 저해요인
② 마이데이터 활성화를 위한 방안
③ 마이데이터 사용으로 인한 위험성
④ 마이데이터의 활용 방식

02 다음 중 윗글의 내용으로 적절하지 않은 것은?

① 기업이 현재 보유한 개인 데이터 자산은 일정 부분 기업의 영업 자산의 성격이 있다.
② 개인 정보를 기초로 기업에 의해 생성되거나 가공된 정보는 전적으로 정보 주체에게 귀속되지는 않는다.
③ 마이데이터의 이용을 위해서는 정보 주체인 본인이 아니라 정보를 현재 보유한 기업의 동의가 있어야 한다.
④ 통신업계의 마이데이터 사용이 제한된다면, 소비자는 휴대폰 변경 시 본인에게 유리한 통신사와 요금제를 일일이 찾아봐야 한다.

※ 다음은 I은행의 상반기 자금 유출입 현황을 나타낸 자료이다. 이어지는 질문에 답하시오. **[3~4]**

〈상반기 월별 I은행 자금 유출입 현황〉

(단위 : 백만 원)

구분	유입					유출				
	A은행	B은행	C증권	D증권	E증권	A은행	B은행	C증권	D증권	E증권
1월	51,300	75,800	75,700	25,400	85,700	45,500	63,700	42,400	12,200	10,700
2월	53,500	81,200	72,600	80,700	27,900	31,700	48,200	57,700	9,800	11,900
3월	55,700	84,600	85,700	85,800	11,500	34,800	50,700	55,500	11,500	14,800
4월	57,400	81,700	81,300	78,400	5,400	38,500	51,200	59,200	10,800	14,500
5월	59,500	78,500	87,500	77,500	6,400	35,900	49,800	58,700	12,500	13,900
6월	60,300	80,400	84,500	81,000	7,800	37,500	50,800	60,200	11,700	12,900
소계	337,700	482,200	487,300	428,800	144,700	223,900	314,400	333,700	68,500	78,700

※ 제시된 은행 및 증권사 외의 다른 자금의 유출, 유입은 없음

03 다음 중 위 자료에 대한 설명으로 옳지 않은 것은?

① I은행의 3월 순유입액은 1,500억 원 이상이다.

② I은행의 상반기 중 순유입액이 가장 많은 달은 2월이다.

③ I은행의 2월부터 6월까지 전월 대비 순유입액은 지속적으로 증가한다.

④ I은행은 상반기 동안 증권사로부터 유입액이 타 은행으로부터의 유입액보다 많다.

04 다음 중 상반기 I은행의 타 은행 및 증권사별 순유입액을 나타낸 그래프로 옳은 것은?

①

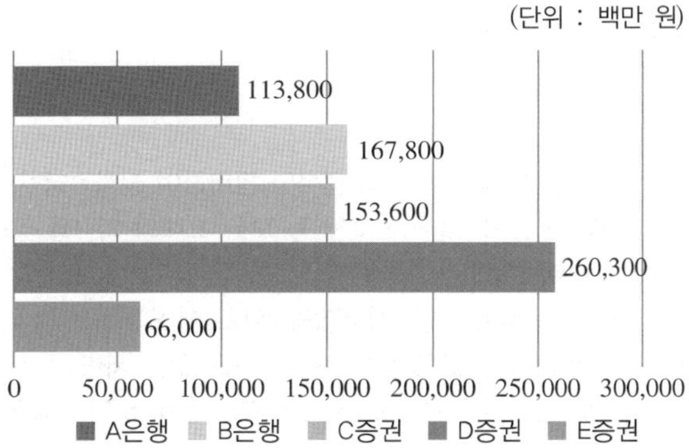

②

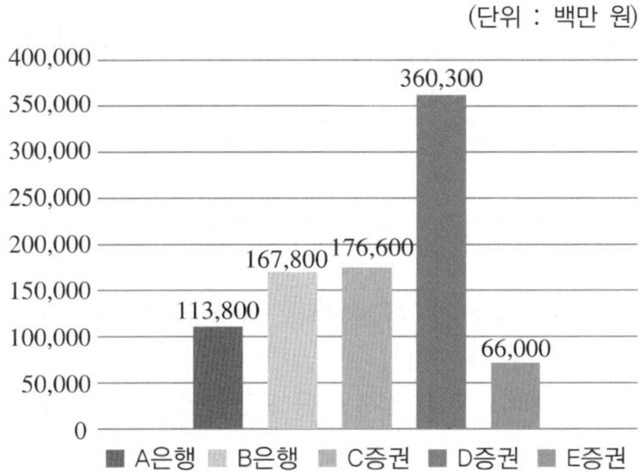

③

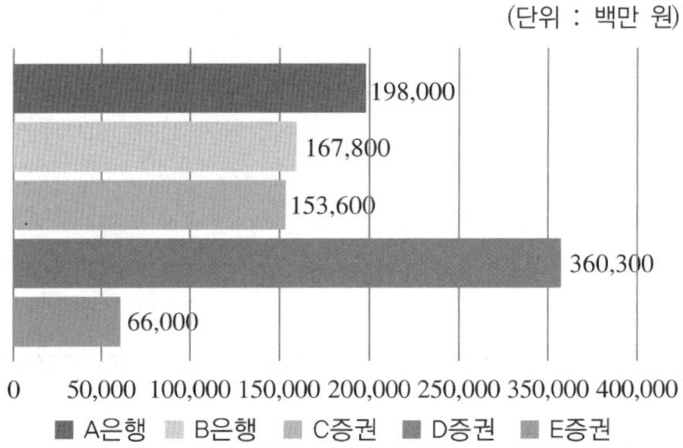

④

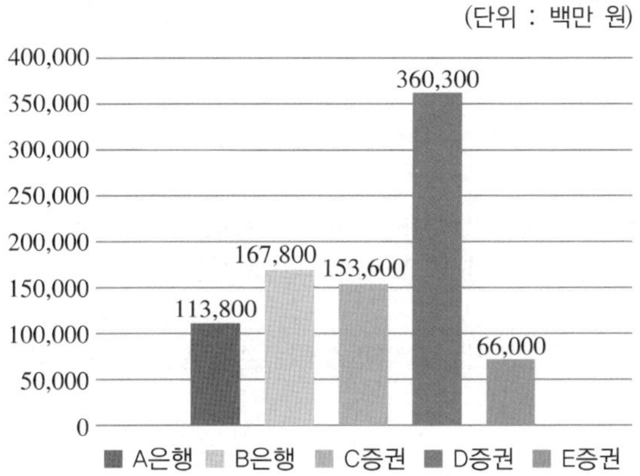

※ 다음은 I사의 내규 중 고객의 소리 운영 규정의 일부이다. 이어지는 질문에 답하시오. **[5~6]**

〈고객의 소리 운영 규정〉

제1장 총칙

제3조(정의)

① "고객의 소리(Voice Of Customer, 이하 '고객의 소리'라 한다)"란 본사의 업무와 관련하여 진정・청구・승인신청 등의 민원과, 제도・서비스 등에 대한 불만이나 불편・건의・질의・제안 등 모든 고객의 의견을 말한다. 다만, 다음 각 호에 해당하는 경우는 '고객의 소리'에서 제외한다.

1. 행정기관 또는 공공단체가 특별히 정한 행위를 요구하는 사항(다만, 사경제의 주체로서 요구하는 경우는 제외)
2. 본사와 사법상의 계약관계에 있는 자가 계약과 관련하여 특별히 정한 행위를 요구하는 사항
3. 성명・주소 등이 분명하지 않은 자나 법인 또는 단체의 경우 명칭, 소재지, 대표자 등이 분명하지 않은 자가 요구하는 사항
4. 방송・신문・인터넷・모바일 등 언론매체에서 퍼온 글, 광고・선전, 상행위, 학업과제물, 욕설・비방・음해・인격침해 등 불건전하고 폭력적인 내용을 위주로 하여 특별히 정한 행위를 요구하는 사항
5. 장난성 글 또는 요구내용이 막연하여 도저히 이행할 수 없거나 특정지을 수 없는 경우

제4조(처리기간)

① 고객의 소리는 다른 업무에 우선하여 처리하여야 하며, 처리기간이 남아있는 등의 이유로 처리를 늦춰서는 안 된다.

② 고객의 소리 처리기간을 5일 이하로 정한 경우에는 접수시각부터 "시간"단위로 계산하며, 토요일 및 공휴일은 포함하지 않는다. 이 경우 1일은 8시간의 근무시간을 기준으로 한다.

③ 처리기간을 6일 이상으로 정한 경우에는 "일"단위로 계산하며, 첫날(접수일)은 포함하되, 토요일과 공휴일은 포함하지 않는다.

④ 고객의 소리는 24시간(이하 '8근무시간'이라 한다) 이내 처리를 기준으로 하며, 특별한 사정이 있는 경우 본사 총괄부서장의 승인을 받아 이를 연장할 수 있다.

제2장 고객의 소리 처리

제1절 접수 및 이송 등

제5조(접수)

① 고객의 소리는 인터넷 홈페이지, 전화, 문서, 서신, 방문, FAX 등을 이용하여 고객의 소리 관리시스템에 등록하여 접수한다.

② 접수부서는 정당한 사유 없이 고객의 소리 접수를 보류하거나 거부할 수 없으며, 고의로 지연시키거나 접수된 고객의 소리를 부당하게 되돌려 보내서는 안 된다.

③ 고객의 소리 관리시스템에 등록된 고객의 소리를 접수한 경우 담당자 성명과 전화번호, 처리상황 등이 고객에게 알려지도록 하여야 한다.

제6조(이송)

① 접수된 고객의 소리가 다른 소속 또는 산하 계열사의 소관사항일 때에는 고객의 소리 관리시스템 등을 이용하여 즉시 해당 소속 또는 계열사로 이송하여야 한다.

② 고객의 소리 관리시스템에 등록 또는 접수한 내용이 본사의 담당 사항이 아닌 경우에는 사실을 확인한 소속에서 8근무시간 이내에 전자문서, 우편 등의 방법으로 이를 해당 기관으로 이송하고 그 사실을 고객에게 통지하여야 한다.

③ 제2항의 경우 고객의 소리 관리시스템과 연계되어 이송할 수 있는 고객의 소리는 본사 총괄부서로 신속히 되돌려 보내 이송되도록 하여야 한다.

제7조(처리부서의 지정)

① 소관이 명확하지 않거나 내용 해석상 이견이 있는 사항 또는 내용의 복합성으로 관련 부서 간 이견이 있어 그 처리 부서를 결정할 수 없는 고객의 소리는 본사 총괄부서장이 처리 부서를 지정하여야 한다. 이 경우 『직제규정』 상의 분장업무를 준용한다.

② 본사 총괄부서장은 두 개 소속 이상의 업무관련으로 대량의 고객의 소리가 접수되는 경우 처리를 분담하게 할 수 있다.

③ 처리부서장은 집단・반복적인 발생우려가 있는 고객의 소리는 전담자를 따로 지정하여 처리토록 할 수 있으며, 지정된 전담자는 해당 고객의 소리가 해소될 수 있도록 노력하여야 한다.

제8조(처리기간 연장)

① 고객의 소리를 부득이한 사유로 기간 내에 처리하기 어려운 경우에는 중간답변을 하여야 하며, 이 경우 처리기간은 48시간(16근무시간)으로 한다. 다만, 처리기간을 6일 이상으로 정한 서식민원은 별지 서식에 따른 처리기간 연장통지서를 이용하여 연장을 통지하여야 한다.

② 제1항에 따라 중간답변을 하였음에도 기간 내에 처리하기 어려운 사항은 한 차례에 한정하여 본사 총괄부서장의 승인을 받고 처리기간을 연장할 수 있다. 이 경우 추가되는 연장시간은 16근무시간 이내로 한다.

③ 업무의 성격이나 중요도, 처리기한에 임박한 재배정 등으로 제2항의 기간 내에 처리할 수 없는 경우에는 본사 총괄부서장에게 특별 기간연장을 요구할 수 있다.

05 I사의 고객의 소리가 위 규정에 따라 운영될 때, 다음 중 규정에 부합하지 않는 설명은?

① 익명의 고객이 I사의 서비스 개선을 요구하는 것은 고객의 소리에 해당되지 않는다.

② 처리 부서는 처리기간이 남아있더라도 지체 없이 처리를 완료하여야 한다.

③ 고객의 소리 접수 시, 담당자 성명과 전화번호, 처리상황 등이 고객에게 알려지도록 하여야 한다.

④ 본사 총괄부서장은 집단・반복적 발생우려가 있는 고객의 소리의 경우, 전담자를 별도로 지정하여 처리토록 할 수 있다.

06 다음 〈보기〉 중 I사의 고객의 소리에 대한 설명으로 옳지 않은 것을 모두 고르면?(단, 8월 20일은 화요일이다)

〈보기〉

㉠ 고객의 소리 접수부서는 경우에 따라 접수를 거부할 수 있다.

㉡ 만일 8월 20일 오전 11시에 접수하여 처리기간을 '5일 이하'로 정한 '고객의 소리'의 경우, 처리기간을 연장하지 않는다면 8월 26일 근무시간 종료 전까지 처리를 완료하여야 한다.

㉢ 접수된 고객의 소리가 산하 계열사의 소관사항일 때에는 고객의 소리 관리시스템 등을 이용하여 본사 총괄부서로 신속히 되돌려 보내 이송되도록 하여야 한다.

㉣ 고객의 소리 처리기간은 처리부서장의 승인에 따라 연장될 수 있다.

① ㉠, ㉡　　② ㉡, ㉢

③ ㉠, ㉡, ㉣　　④ ㉡, ㉢, ㉣

※ 다음은 I은행의 적금 상품에 대한 자료이다. 이어지는 질문에 답하시오. **[7~8]**

- 상품명
  Magic 적금
- 가입대상
  실명의 개인(1인 1계좌)
- 적립금액
  50만 원 이하 지정하여 적립(정액적립식)
- 가입기간
  12개월
- 기본금리
  신규일 당시 영업점 및 인터넷 홈페이지에 고시된 기본금리 적용
- 적용이율(연이율, 세금 납부 전)

구분	기간 및 금액	금리(연%)	비고
약정이율	12개월	1.7	우대조건 충족 시 최대 연 5.2%p
중도해지 이율	중도해지 이율	▶	신규일 당시 고시한 중도해지 이율 적용

- 우대금리 : 연 3.5%p까지 우대

구분	우대 조건	우대 이율
특별우대금리 1	I카드사 기준 기존 고객이며, 월 6백만 원 이상 I카드 사용	연 3.5%p
특별우대금리 2	I카드사 기준 신규고객이며, 가입 이후 1개월 이상 I카드로 자동이체 예정	연 0.5%p

- 세제혜택
  가입자 본인의 한도 내에서 비과세종합저축으로 가입 가능
- 이자지급방법
  만기일시지급식, 연 복리

〈정주임의 상황〉

- 정주임은 Magic 적금에 가입하였으며, 2025년 1월부터 매월 1일에 200,000원씩 정액을 적립한다.
- 정주임은 I카드를 사용한 적이 없는 신규고객이다.
- 정주임의 월 지출 총액은 4,500,000원이다.
- 정주임은 I카드를 만들고 통신비를 매월 I카드로 자동이체할 예정이다.

07 위 상황에 따를 때, 정주임이 Magic 적금 만기에 수령할 원리금은?(단, 원리금은 백 원 단위에서 절상하여 천 원 단위로 하고, $1.022^{\frac{1}{12}}=1.0018$, $1.022^{\frac{13}{12}}=1.0239$로 계산한다)

① 2,345,000원
② 2,456,000원
③ 2,567,000원
④ 2,678,000원

08 정주임이 I카드 기존 고객이고 월 지출 총액이 7,200,000원으로 증가한 후 Magic 적금에 가입하였고, 지출액은 모두 I카드를 이용해 지출하였으며, 은행 약정이율이 1.5%로 감소하였다면, 변화된 상황에 따라 정주임이 적금 만기에 수령할 원리금은?(단, $1.05^{\frac{1}{12}}=1.004$, $1.05^{\frac{13}{12}}=1.054$로 계산한다)

① 2,475,000원
② 2,500,000원
③ 2,525,000원
④ 2,550,000원

※ 다음 글을 읽고 이어지는 질문에 답하시오. [9~10]

2016년을 시작하며 세계경제포럼(WEF, World Economic Forum)은 향후 세계가 직면할 화두로 '4차 산업혁명'을 던졌다. 그 이후 4차 산업혁명이 유행어처럼 회자되었고 많은 논의가 이루어지기 시작했다. 더욱이 2016년 3월 알파고(AlphaGo)와 이세돌의 바둑 대결은 4차 산업혁명의 한 단면을 보여주는 사건으로 다가왔다. 인공지능과 로봇, 사물인터넷(IoT, Internet of Things), 빅데이터 등을 통한 새로운 융합과 혁신이 빠르게 진행되고 있음을 보여주는 사건이었다.
특히 인공지능은 인간의 미래에 대해 커다란 화두를 던졌다. 인공지능이 인간의 일자리를 빼앗고 기계류가 인류를 대신할 것인가 등의 현실적인 문제부터 인공지능이 인간의 지능을 모방하는 데 그치지 않고 인간의 지능을 초월한 초지능을 갖게 될 경우 인간의 존재는 어떻게 될 것인가 하는 근본적인 문제를 던지는 계기가 되었다.
또한 2016년 6월 국회에서는 3당 대표연설이 있었다. 여기서 3당 대표 모두 앞으로의 변화로 4차 산업혁명을 들었다. 전문가들만이 아니라 정치권에서까지 거론할 정도가 되었다면 4차 산업혁명이라는 말은 이미 널리 일반화된 것으로 볼 수 있다. 그런데 우리는 4차 산업혁명에 대해 정말로 얼마나 알고 있을까? 4차 산업혁명에 들어섰거나 들어설 예정이라는 데에 모두들 동의하는가?
사실 4차 산업혁명이 무엇인가에 대해서는 확립된 개념도, 이론도, 실체도 아직 없다. 2016년 세계경제포럼에서 4차 산업혁명을 제시하기 전인 2011년에 독일 정부는 이미 '인더스트리 4.0(제조업 4.0)' 정책을 추진하기 위해 4차 산업혁명 개념을 사용했다. 인더스트리 4.0은 제조업의 혁신을 통해 경쟁력을 강화하기 위한 것으로, (가) <u>사물인터넷을 통해 인터넷을 기반으로 사람과 사물, 사물과 사물 간에 정보를 상호 소통함으로써 제조업의 완전한 자동 생산 체계를 구축하고 전체 생산과정을 최적화하는 목표로 추진되었다.</u>
나아가 2016년에 4차 산업혁명의 화두를 본격적으로 던진 세계경제포럼의 클라우스 슈바프(Klaus Schwab) 회장은 4차 산업혁명이 속도, 범위, 체제에 대한 충격의 세 측면에서 3차 산업혁명과 확연히 다르다고 강조했다. 4차 산업혁명을 기존의 산업혁명들과 비교했을 때 선형적인 변화가 아니라 완전히 차원이 다른, 지각 변동 수준이라고까지 보았다. 게다가 지난 산업혁명과 달리 새로운 산업혁명은 모든 국가, 모든 산업 분야에서 이루어지며 결국 경제, 사회, 문화에 대한 영향력이 다르다고 강조했다. 그러면서 산업혁명을 아래의 표와 같이 구분했다.

〈산업혁명의 변화〉

구분	시기	내용
1차 산업혁명	1784년	증기, 기계 생산
2차 산업혁명	1879년	전기, 노동 분업, 대량생산
3차 산업혁명	1969년	전자, 정보기술, 자동생산
4차 산업혁명	?	사이버 – 물리시스템

여기에서 슈바프도 4차 산업혁명이 언제 도래할 것인지는 확정하지 못했다는 것을 알 수 있다. 그러나 한 가지 분명한 것은 4차 산업혁명이 3차 산업혁명과 본질적으로 다르다고 본 것이다.

09 **다음 중 윗글의 제목으로 가장 적절한 것은?**

① 인공지능으로 맞이한 4차 산업혁명의 전성기
② 왜 4차 산업혁명이라고 부르는가?
③ 독일에서 시작된 4차 산업혁명
④ 산업혁명의 변화과정

10 **다음 중 윗글의 밑줄 친 (가)에 대한 사례로 적절하지 않은 것은?**

① 스마트홈은 사용자에 맞춰 전기나 난방 등을 관리해 줌으로써 난방, 전기비를 절약할 수 있도록 하고 있다.
② 소셜 미디어는 이용자들의 상호작용적 참여와 커뮤니케이션을 통해 실속 있는 온라인 소비를 가능하게 했다.
③ 버스정보시스템은 GPS가 달려있는 버스를 전광판이 파악함으로써 버스를 이용하는 사람들에게 버스가 언제 도착할지 알려주는 편리한 시스템이다.
④ 스마트키는 차키를 가지고 다가가면 자동으로 차문이 열리고 시동이 걸리게 한다.

※ 다음 글을 읽고 이어지는 질문에 답하시오. [11~12]

'탄소중립'이란 인간 활동을 통한 온실가스 배출을 최대한 줄이고, 남은 온실가스는 산림 흡수 및 제거활동을 통해 실질적인 배출량을 0으로 만드는 것을 의미한다. 즉, 배출되는 탄소량과 흡수·제거되는 탄소량을 동일하게 만든다는 개념으로 이에 탄소중립을 '넷제로(Net-Zero)'라 부르기도 한다. 탄소중립에 동참하기로 한 A은행은 업무를 수행하면서 발생하는 이산화탄소 배출량을 줄이기 위해 2가지 사항에 주목하였다. 첫 번째는 항공 출장이고, 두 번째는 컴퓨터의 전력 낭비이다.
한 사람이 비행기로 출장 시 발생하는 이산화탄소 평균 배출량은 400kg으로, 이는 같은 거리를 4명이 자동차 한 대로 출장 시 발생하는 이산화탄소 평균 배출량의 2배에 해당한다. 항공 출장으로 인하여 현재 A은행이 배출하는 연간 이산화탄소의 양은 A은행의 연간 전체 이산화탄소 배출량의 1/5에 달하는 수준이다.
항공 출장을 줄이기 위해서 A은행은 화상회의시스템을 도입하기로 하였다. 화상회의시스템을 활용할 경우에 한 사람의 이산화탄소 평균 배출량은 항공 출장의 1/10 수준에 불과하다. A은행에서는 매년 연인원 1,000명이 항공 출장을 가고 있는데, 항공 출장인원의 30%에게 항공 출장 대신 화상회의시스템을 활용하도록 할 계획이다.
한편 은행과 같이 정보 처리가 업무의 핵심인 업계에서는 컴퓨터 시스템의 전력 소비가 전체 전력 소비의 큰 비중을 차지한다. A은행은 컴퓨터의 전력 낭비 요소를 파악하기 위하여 컴퓨터 전력 사용 현황을 조사하였다. 그 결과 컴퓨터의 전력 소비량이 밤 시간대에 놀라울 정도로 많다는 것을 발견하게 되었다. 그 이유는 직원들이 자신의 컴퓨터를 끄지 않고 퇴근하여 많은 컴퓨터가 밤에 계속 켜져 있었기 때문이다.
이에 A은행은 전력차단 프로젝트를 수행하기로 하였다. 22,000대의 컴퓨터에 전력관리 소프트웨어를 설치하여, 컴퓨터가 일정 시간 사용되지 않으면 언제라도 컴퓨터와 모니터의 전원이 자동으로 꺼지도록 하는 것이다. 이 프로젝트를 통하여 A은행은 연간 35만 kWh의 전력 소비를 절감할 수 있을 것으로 예상되며, 이는 652톤의 이산화탄소 배출에 해당하는 양이다.

11 윗글을 근거로 판단할 때, 다음 〈보기〉 중 옳은 것을 모두 고르면?

〈보기〉

㉠ A은행이 전력차단 프로젝트를 시행하더라도 주간에 전력 절감은 없을 것이다.
㉡ A은행의 전력차단 프로젝트로 절감되는 컴퓨터 1대당 전력량은 연간 15kWh 이상이다.
㉢ A은행이 화상회의시스템과 전력차단 프로젝트를 도입하면 넷제로가 실현된다.
㉣ 1인당 이산화탄소 평균 배출량은 4명이 자동차 한 대로 출장을 가는 경우가 같은 거리를 1명이 비행기로 출장을 가는 경우의 1/8에 해당한다.

① ㉠, ㉡
② ㉠, ㉢
③ ㉡, ㉣
④ ㉠, ㉢, ㉣

12 윗글을 근거로 판단할 때, 빈칸 ㉠에 들어갈 수치로 옳은 것은?

A은행은 화상회의시스템과 전력차단 프로젝트의 도입효과를 검토해 보았다. 검토 결과, 둘을 도입하면 A은행 이산화탄소 배출량은 도입 전에 비해 연간 __㉠__% 감소할 것으로 예상되었다.

① 32
② 34
③ 36
④ 38

※ 다음은 2024년 하반기 부동산시장 소비심리지수를 나타낸 자료이다. 이어지는 질문에 답하시오. **[13~14]**

〈2024년 하반기 부동산시장 소비심리지수〉

구분	2024년 7월	2024년 8월	2024년 9월	2024년 10월	2024년 11월	2024년 12월
서울특별시	128.8	130.5	127.4	128.7	113.8	102.8
인천광역시	123.7	127.6	126.4	126.6	115.1	105.6
경기도	124.1	127.2	124.9	126.9	115.3	103.8
부산광역시	126.5	129.0	131.4	135.9	125.5	111.5
대구광역시	90.3	97.8	106.5	106.8	99.9	96.2
광주광역시	115.4	116.1	114.3	113.0	109.3	107.0
대전광역시	115.8	119.4	120.0	126.8	118.5	113.0
울산광역시	101.2	106.0	111.7	108.8	105.3	95.5
강원도	135.3	134.1	128.3	131.4	124.4	115.5
충청북도	109.1	108.3	108.8	110.7	103.6	103.1
충청남도	105.3	110.2	112.6	109.6	102.1	98.0
전라북도	114.6	117.1	122.6	121.0	113.8	106.3
전라남도	121.7	123.4	120.7	124.3	120.2	116.6
경상북도	97.7	100.2	100.0	96.4	94.8	96.3
경상남도	103.3	108.3	115.7	114.9	110.0	101.5

※ 부동산시장 소비심리지수는 0 ~ 200의 값으로 표현되며, 지수가 100을 넘으면 전월에 비해 가격 상승 및 거래증가 응답자가 많음을 의미함

13 **다음 중 위 자료에 대한 설명으로 옳지 않은 것은?**

① 2024년 7월 소비심리지수가 100 미만인 지역은 두 곳이다.

② 2024년 8월 소비심리지수가 두 번째로 높은 지역의 소비심리지수와 두 번째로 낮은 지역의 소비심리지수의 차는 30.3이다.

③ 서울특별시의 2024년 7월 대비 2024년 12월의 소비심리지수 감소율은 19% 미만이다.

④ 2024년 9월에 비해 2024년 10월에 가격 상승 및 거래증가 응답자가 적었던 지역은 경상북도 한 곳이다.

14 **경상북도의 전월 대비 2024년 10월의 소비심리지수 감소율과 대전광역시의 2024년 9월 대비 2024년 12월의 소비심리지수 감소율의 합은?(단, 소수점 둘째 자리에서 반올림한다)**

① 9.0%p ② 9.2%p

③ 9.4%p ④ 9.6%p

※ 다음 순서도에 의해 출력되는 값을 구하시오. [15~16]

15

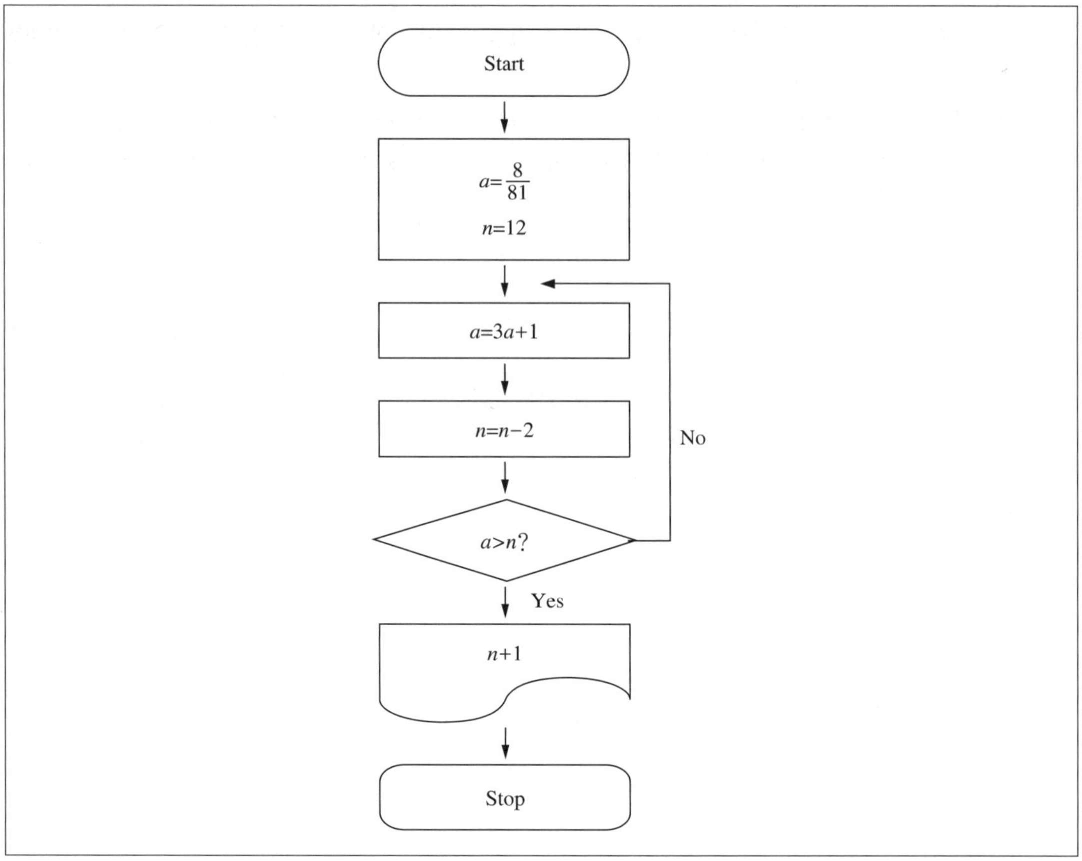

① 7
② 8
③ 9
④ 10

16

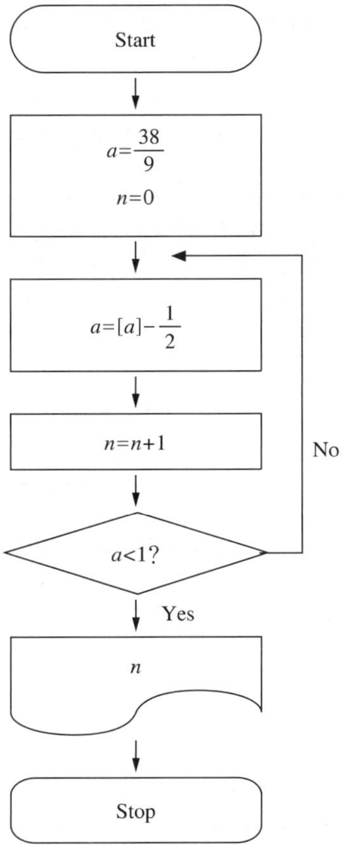

※ $[a]$란 a보다 크지 않은(작거나 같은) 정수 중 최대의 정수를 의미함

① 5
② 4
③ 3
④ 2

※ I공사는 직원들의 복지를 개선하고자 체육관 개선공사를 계획하고 있으며, 다음은 체육관 개선공사 입찰에 참여한 A ~ F기업을 입찰기준에 따라 분야별로 10점 척도로 점수화한 자료이다. 이어지는 질문에 답하시오. **[17~18]**

〈입찰업체의 분야별 점수〉

(단위 : 점)

입찰기준 / 입찰업체	운영건전성 점수	환경친화자재 점수	시공실적 점수	디자인 점수	공간효율성 점수
A	6	7	3	4	7
B	7	3	9	8	5
C	5	9	6	1	3
D	8	2	8	2	9
E	9	6	5	8	5
F	6	4	6	3	4

〈입찰업체별 입찰가격〉

구분	입찰가격(억 원)
A	5
B	11
C	7
D	6
E	9
F	10

17 I공사는 다음 선정방식에 따라 체육관 개선공사 업체를 선정하고자 한다. 다음 중 최종 선정될 업체는?

- 입찰가격이 9억 원 이하인 업체를 선정대상으로 한다.
- 운영건전성 점수와 시공실적 점수, 공간효율성 점수에 1 : 2 : 2의 가중치를 적용하여 합산한 값이 가장 높은 3개 업체를 중간 선정한다.
- 중간 선정된 업체들 중 디자인 점수가 가장 높은 곳을 최종 선정한다.

① A ② C
③ D ④ E

18 I공사가 내부 판단에 따라 환경친화자재 점수도 포함하여 업체를 선정하고자 한다. 변경된 선정방식에 따라 최종 선정될 업체는?

〈변경된 선정방식〉

- 입찰가격이 11억 원 미만인 업체를 선정대상으로 한다.
- 운영건전성 점수, 환경친화자재 점수, 시공실적 점수, 디자인 점수의 가중치를 2 : 1 : 3 : 1로 하여 점수를 합산한다.
- 가중치를 적용한 시공실적 점수가 16점 미만인 업체는 선정에서 제외한다.
- 합산한 점수가 가장 높은 2개 업체를 중간 선정한다.
- 중간 선정된 업체들 중 운영건전성 점수가 더 높은 곳을 최종 선정한다.

① A ② B
③ C ④ D

※ I기업은 새로 출시할 화장품과 관련하여 회의를 하였다. 이어지는 질문에 답하시오. **[19~20]**

〈신제품 홍보 콘셉트 기획 1차 미팅〉

참여자	• 제품 개발팀 : A과장, B대리 • 기획팀 : C과장, D대리, E사원 • 온라인 홍보팀 : F대리, G사원
회의 목적	• 신제품 홍보 방안 수립 • 제품명 개발

〈제품 특성〉

1. 여드름 치료에 적합한 화장품
2. 성분이 순하고 향이 없음
3. 이용하기 좋은 튜브형 용기로 제작
4. 타사 여드름 관련 화장품보다 가격이 저렴함

〈회의 결과〉

• 제품 개발팀 : 제품의 특성을 분석
• 기획팀 : 특성에 맞고 소비자의 흥미를 유발하는 제품명 개발
• 온라인 홍보팀 : 현재 출시된 타사 제품에 대한 소비자 반응 확인, 온라인 설문조사 실시

19 위 회의 결과를 참고할 때, 다음 회의까지 해야 할 일로 적절하지 않은 것은?

① B대리 : 우리 제품이 피부자극이 적은 성분을 사용했다는 것을 성분표로 작성해 확인해봐야겠어.
② C과장 : 여드름 치료 화장품이니 주로 청소년층이 우리 제품을 구매할 가능성이 커. 그러니 청소년층에게 흥미를 일으킬 수 있는 이름을 고려해야겠어.
③ D대리 : 현재 판매되고 있는 타사 여드름 치료 화장품의 이름을 조사해야지.
④ F대리 : 화장품과 관련된 커뮤니티에서 타사의 여드름 치료 화장품에 대한 반응을 확인해야겠다.

20 온라인 홍보팀 G사원은 온라인에서 타사의 여드름 치료 화장품에 대한 소비자의 반응을 조사해 추후 회의에 가져갈 생각이다. 다음 중 회의에 가져갈 반응으로 적절하지 않은 것은?

① A응답자 : 여드름 치료 화장품에 들어간 알코올 성분 때문에 얼굴이 화끈거리고 따가워요.
② B응답자 : 화장품이 유리용기에 담겨있어 쓰기에 불편해요.
③ C응답자 : 향이 강한 제품이 많아 거부감이 들어요.
④ D응답자 : 여드름 치료 화장품을 판매하는 매장이 적어 구매하기가 불편해요.

※ 다음은 A ~ H도시의 위치 및 경로 및 도로별 연료소비량이다. 이어지는 질문에 답하시오. **[21~22]**

〈A ~ H도시 위치 및 경로〉

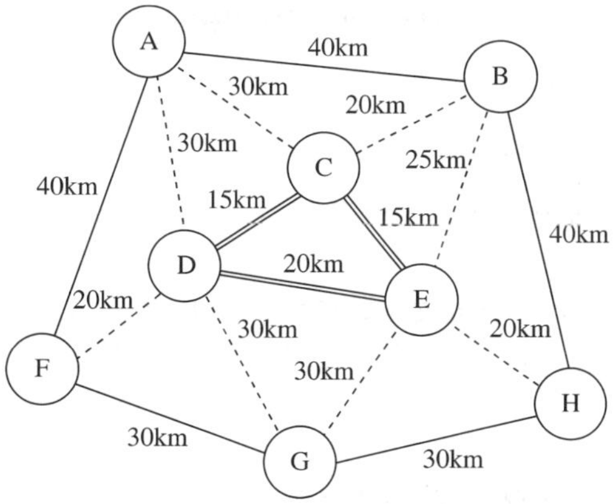

〈도로별 연료소비량〉

구분	도로명	연료소비량(L/km)
────	외곽순환도로	3.8L/100km
- - - -	국도	4.2L/100km
════	일반도로	4.5L/100km

21 A도시에서 출발하여 H도시를 거쳐 F도시로 도착할 때, 다음 중 이동거리가 가장 짧은 경로는?(단, 한 번 지나간 도시는 다시 지나가지 않는다)

① A－B－H－G－F
② A－B－E－H－G－F
③ A－C－E－H－G－F
④ A－D－E－H－G－F

22 K씨가 자동차를 타고 A도시에서 출발하여 G도시까지 외곽순환도로로 이동한 후 국도와 일반도로로 이동하여 C도시를 거쳐 다시 A도시로 돌아왔다. 다음 〈조건〉에 따라 이동했을 때 소비한 연료의 양은?

〈조건〉

- 한 번 지나간 도시는 다시 지나가지 않는다.
- B도시와 H도시는 거치지 않는다.
- A도시에서 G도시로 갈 때에는 외곽순환도로만 이동한다.
- G도시에서 C도시를 거쳐 A도시로 돌아올 때에는 외곽순환도로를 이동하지 않는다.
- 일반도로로 두 번 이상 이동하지 않는다.

① 4.655L
② 5.055L
③ 5.455L
④ 5.855L

※ I공사의 해외영업팀은 팀 전체가 해외출장을 앞두고 있다. 해외출장에 앞서 총 책임을 맡은 A팀장은 유의사항을 확인하기 위해 위기상황별 대처매뉴얼을 찾아보았다. 이어지는 질문에 답하시오. **[23~24]**

〈위기상황별 대처매뉴얼〉

■ **영사콜센터** – 24시간 연중무휴

• 이용방법

– 국내 : 02)3210 – 0404(유료)

– 해외 : +822 – 3210 – 0404(유료)

• 상담내용

우리 국민 해외 사건・사고 접수, 신속해외송금지원제도 안내, 가까운 재외공관 연락처 안내 등 전반적인 영사민원 상담

■ **도난・분실 시**

• 재외공관(대사관 혹은 총영사관)에서 사건 관할 경찰서의 연락처와 신고방법 및 유의사항을 안내받습니다.

• 의사소통의 문제로 어려움을 겪을 경우, 통역 선임을 위한 정보를 제공받습니다.

• 여권 분실

– 여권을 분실한 경우, 가까운 현지 경찰서를 찾아가 여권 분실 증명서를 만듭니다. 재외공관에 분실 증명서, 사진 2장(여권용 컬러사진), 여권번호, 여권발행일 등을 기재한 서류를 제출합니다. 급히 귀국해야 할 경우 여행 증명서를 발급받습니다.

※ 여권 분실에 대비해 여행 전 여권을 복사해 두거나, 여권번호, 발행 연월일, 여행지 우리 공관 주소 및 연락처 등을 메모해 둡니다. 단, 여권을 분실했을 경우 해당 여권이 위・변조되어 악용될 수 있다는 점에 유의바랍니다.

• 현금 및 수표 분실

– 여행 경비를 분실・도난당한 경우, 신속해외송금지원제도를 이용합니다(재외공관 혹은 영사콜센터 문의).

– 여행자 수표를 분실한 경우, 경찰서에 바로 신고한 후 분실 증명서를 발급받습니다.

• 항공권 분실

– 항공권을 분실한 경우, 해당 항공사의 현지 사무실에 신고하고, 항공권 번호를 알려줍니다.

※ 분실에 대비해 항공권 번호가 찍혀 있는 부분을 미리 복사해 두고, 구매한 여행사의 연락처도 메모해 둡니다.

• 수하물 분실

– 수하물을 분실한 경우, 화물인수증(Claim Tag)을 해당 항공사 직원에게 제시하고, 분실 신고서를 작성합니다. 공항에서 짐을 찾을 수 없게 되면, 항공사에서 책임지고 배상합니다.

※ 현지에서 여행 중에 물품을 분실한 경우 현지 경찰서에 잃어버린 물건에 대해 신고를 하고, 해외여행자 보험에 가입한 경우 현지 경찰서로부터 도난 신고서를 발급받은 뒤, 귀국 후 해당 보험회사에 청구합니다.

23 **다음 중 A팀장이 해외 출장 전 팀원들에게 당부할 내용으로 적절하지 않은 것은?**

① 수하물을 분실했을 때 화물인수증이 없어도 해당 항공사 직원에게 항공권을 보여주면 항공사에서 책임지고 배상해주니 걱정하지 마세요.

② 여권 분실에 대비해서 여행 전 여권을 복사해둬야 합니다.

③ 여행 경비를 분실・도난당한 경우에 신속해외송금지원제도를 이용할 수 있으니 바로 제게 말씀해 주시기 바랍니다.

④ 항공권을 분실할 경우를 대비해 항공권 번호가 있는 부분을 일괄적으로 모두 복사할 예정입니다.

24 **A팀장은 위기상황별 대처매뉴얼을 기반으로 유인물을 만들어 팀원들에게 나눠주었다. 다음 중 팀원들의 질문에 대한 A팀장의 대답으로 적절하지 않은 것은?**

① B대리 : 만약 여권을 분실했는데 그 사실을 한국으로 돌아가기 전날 알았다면 어떻게 하죠?
A팀장 : 급히 귀국해야 하는 경우이니 여행 증명서를 발급받으면 됩니다.

② E사원 : 현지에서 잃어버린 물품에 대해 가입한 해외여행자 보험사에 청구하려 할 때는 어떤 서류가 필요한가요?
A팀장 : 현지 경찰서로부터 도난 신고서를 발급받으면 자동으로 해당 보험회사에 정보가 넘어가니 따로 제출할 서류는 없습니다.

③ D주임 : 여행자 수표를 분실했을 때는 어떻게 해야 하나요?
A팀장 : 경찰서에 바로 신고한 후 분실 증명서를 발급받습니다.

④ C사원 : 여행 경비를 강도에게 빼기고 당장 쓸 돈이 한 푼도 없다면 어떻게 하나요?
A팀장 : 영사관에서 제공하는 신속해외송금지원제도를 이용하면 됩니다. 재외공관이나 영사콜센터에 문의하면 자세히 가르쳐 줍니다.

※ 다음은 I은행의 신용대출별 금리 현황 및 우대 안내를 나타내는 자료이다. 이어지는 질문에 답하시오. **[25~26]**

〈I은행 신용대출별 금리 현황〉

1. 신용등급별 금리

(단위 : 연이율, %)

구분		신용등급별 금리					
		1 ~ 3등급	4등급	5등급	6등급	7 ~ 10등급	평균금리
I은행	대출금리	3.74	4.14	5.19	7.38	8.44	6.17
	기준금리	1.74	1.79	1.77	1.78	1.72	1.74
	가산금리	2.00	2.35	3.42	5.60	6.72	4.43

※ 기준금리는 6개월마다 공시가 적용되며, 가산금리는 최초 계약기간 또는 6개월 중 짧은 기간에 해당하는 금리로 정함

2. 우대금리 : 최고 연 1.5%p 우대
   ① 당행 우량 고객 : 0.2%p
   ② 카드사용 우대 (매월 A카드 사용액 30만 원 이상, 체크 / 신용카드 합산 가능) : 최대 0.3%p
      – 최근 3개월간 월 30만 원 이상(연 0.1%p), 60만 원 이상(연 0.2%p), 90만 원 이상(연 0.3%p)의 이용실적이 있는 경우
   ③ 타행 대출상환 조건 : 0.3%p
   ④ 한도대출 사용률 40% 초과 : 0.3%p
   ⑤ 급여(연금)이체 실적 우대 : 100만 원 단위로 연 0.1%p 가산, 최대 0.3%p
   ⑥ 자동이체 거래실적 우대(3건 이상) : 연 0.1%p(아파트관리비 / 지로 / 금융결제원CMS / 펌뱅킹)
3. 최종금리 : 고객별 최종금리는 고객의 신용등급에 따라 산출된 기준금리와 가산금리, 우대금리에 따라 차등 적용
   ※ (최종금리)=(기준금리)+(가산금리)−(우대금리)=(대출금리)−(우대금리)

25 다음 중 I은행 신용대출 안내사항을 잘못 이해한 사람은 누구인가?

① A : 1년으로 계약기간을 잡았다면 적어도 1번 이상은 금리 조정이 있겠군.
② B : 다른 금리가 일정하여도 기준금리가 오른다면 최종 금리도 같이 상승하겠군.
③ C : 신용등급이 낮아질수록 대출금리와 가산금리 모두 증가하는군.
④ D : 각각의 평균금리는 해당 행의 5개 숫자를 모두 더하여 5로 나눈 것이겠군.

26 다음은 갑 ~ 무 5명의 신용등급 및 우대금리 적용사항에 대한 자료이다. 모두 대출금과 계약기간이 동일하고 같은 상환 방식으로 상환한다고 할 때, 지불해야 할 상환액이 많은 순으로 바르게 나열한 것은?

〈신용등급 및 우대금리 적용사항〉

구분	신용등급	우대금리 적용사항
갑	2	– M카드 사용액이 30만 원이다. – I은행 우량 고객이다.
을	6	– 급여 200만 원을 매달 I은행으로 이체하고 있다. – 최근 3개월간 A카드 사용액이 매월 40만 원이다. – I은행 우량 고객이다.
병	4	– 총대출액 한도의 40%를 초과한다. – I은행 우량 고객이다. – 최근 3개월간 A카드 사용액이 매월 60만 원이다.
정	7	– 최근 3개월간 A카드 사용액이 매월 100만 원이다. – 아파트관리비와 펌뱅킹을 자동이체로 내고 있다. – 타행 대출상환 조건을 만족한다.
무	5	– I은행 우량 고객이다. – 급여 300만 원을 매달 I은행으로 이체하고 있다. – 총대출액 한도의 40%를 초과한다. – 타행 대출상환 조건을 만족한다.

① 정 > 갑 > 을 > 무 > 병
② 정 > 갑 > 무 > 을 > 병
③ 정 > 을 > 갑 > 무 > 병
④ 정 > 을 > 무 > 갑 > 병

※ 다음 글을 읽고 이어지는 질문에 답하시오. [27~28]

인과 관계를 나타내는 인과 진술 '사건 X는 사건 Y의 원인이다.'를 우리는 어떻게 이해해야 할까? '사건 X는 사건 Y의 원인이다.'라는 진술은 곧 '사건 X는 사건 Y보다 먼저 일어났고, X로부터 Y를 예측할 수 있다.'를 뜻한다. 여기서 'X로부터 Y를 예측할 수 있다.'는 것은 '관련된 자료와 법칙을 모두 동원하여 X로부터 Y를 논리적으로 도출할 수 있다.'를 뜻한다.

하지만 관련 자료와 법칙을 우리가 어떻게 모두 알 수 있겠는가? 만일 우리가 그 자료나 법칙을 알 수 없다면, 진술 'X는 Y의 원인이다.'를 입증하지도 반증하지도 못하는 것이 아닐까? 경험주의자들이 이미 주장했듯이, 입증하거나 반증하는 증거를 원리상 찾을 수 없는 진술은 무의미하다. 예컨대 '역사는 절대정신의 발현 과정이다.'라는 진술은 입증 증거도 반증 증거도 아예 찾을 수 없고 이 때문에 이 진술은 무의미하다. 그렇다면 만일 관련 자료와 법칙을 모두 알아낼 수 없거나 거짓 자료나 틀린 법칙을 갖고 있다면, 우리가 'X는 Y의 원인이다.'를 유의미하게 진술할 방법이 없는 것처럼 보인다.

하지만 꼭 그렇다고 말할 수는 없다. 다음과 같은 상황을 생각해 보자. 오늘날 우리는 관련된 참된 법칙과 자료를 써서 A로부터 B를 논리적으로 도출함으로써 A가 B의 원인이라는 것을 입증했다. 하지만 1600년에 살았던 갑은 지금은 틀린 것으로 밝혀진 법칙을 써서 A로부터 B를 논리적으로 도출함으로써 '사건 A는 사건 B의 원인이다.'를 주장했다. 이 경우 갑의 진술이 무의미하다고 주장할 필요가 없다. 왜냐하면 갑의 진술 'A는 B의 원인이다.'는 오늘날 참이고 1600년에도 참이었기 때문이다.

따라서 우리는 갑의 진술 'A는 B의 원인이다.'가 1600년 당시에 무의미했다고 말해서는 안 되고, 입증할 수 있는 진술을 그 당시에 갑이 입증하지는 못했다고 말하는 것이 옳다. 갑이 거짓 법칙을 써서라도 A로부터 B를 도출할 수 있다면, 그의 진술은 입증할 수 있는 진술이고, 이 점에서 그의 진술은 유의미하다. 이처럼 우리가 관련 법칙과 자료를 모르거나 틀린 법칙을 썼다고 해서 우리의 인과 진술이 무의미하다고 주장해서는 안 된다. 우리가 관련 법칙과 자료를 지금 모두 알 수 없다 하더라도 우리는 여전히 유의미하게 인과 관계를 주장할 수 있다.

'A는 B의 원인이다.'의 참 또는 거짓 여부가 오늘 결정될 수 없다는 이유에서 그 진술이 무의미하다고 주장해서는 안 된다. 미래의 어느 시점에 그 진술을 입증 또는 반증하는 증거가 나타날 여지가 있다면 그 진술은 유의미하다. 이 진술이 단지 유의미한 진술을 넘어서 참된 진술로 입증되려면, 지금이 아니더라도 언젠가 참인 법칙과 자료로부터 논리적으로 도출할 수 있어야 하겠지만 말이다.

27 다음 중 윗글을 읽고 알 수 있는 것은?

① 관련 법칙을 명시할 수 없다면 인과 진술은 무의미하다.

② 반증할 수 있는 인과 진술은 입증할 수 있는 인과 진술과 마찬가지로 유의미한 진술이다.

③ 논리적 도출을 통해 입증된 인과 진술들 가운데 나중에 일어난 사건이 원인이 되는 경우가 있다.

④ 가까운 미래에는 입증될 수 없는 진술 '지구와 가장 가까운 항성계에도 지적 생명체가 산다.'는 무의미하다.

28 다음 사례에 대한 평가로 옳은 것을 〈보기〉에서 모두 고르면?

〈사례〉

과학자 병호는 사건 A로부터 사건 B를 예측한 다음 'A는 B의 원인이다.'라고 주장했다. 반면에 과학자 정호는 사건 C로부터 사건 D를 예측한 다음 'C는 D의 원인이다.'라고 주장했다. 그런데 병호가 A로부터 B를 논리적으로 도출하기 위해 사용한 법칙과 자료는 거짓인 반면 정호가 C로부터 D를 논리적으로 도출하기 위해 사용한 법칙과 자료는 참이다.

〈보기〉

㉠ 'A는 B의 원인이다.'와 'C는 D의 원인이다.'는 둘 다 유의미하다.
㉡ 'A는 B의 원인이다.'는 거짓이다.
㉢ 'C는 D의 원인이다.'는 참이다.

① ㉠　　② ㉡

③ ㉠, ㉢　　④ ㉡, ㉢

※ 다음은 OECD 23개국의 실업률을 기록한 자료이다. 이어지는 질문에 답하시오. **[29~30]**

〈서유럽지역 OECD 국가의 실업률〉

(단위 : %)

구분	오스트리아	벨기에	덴마크	프랑스	독일	이탈리아	룩셈부르크	포르투갈	스페인	스위스	영국
2022년	4.3	8.2	5.4	9.5	9.1	8.4	3.7	6.2	11.1	4.2	4.9
2023년	4.9	8.4	5.5	9.6	9.5	8.0	5.1	6.7	10.6	4.4	4.7
2024년	5.2	8.4	4.8	9.9	9.4	7.7	4.5	7.6	9.2	4.5	4.8

〈동유럽 · 북유럽 · 북미지역 OECD 국가의 실업률〉

(단위 : %)

구분	동유럽			북유럽			북미	
	체코	헝가리	폴란드	핀란드	노르웨이	스웨덴	미국	캐나다
2022년	7.8	5.9	19.6	9.0	4.5	5.6	6.0	7.6
2023년	8.3	6.1	19.0	8.9	4.4	6.4	5.5	7.2
2024년	7.9	7.2	17.7	8.4	4.6	6.5	5.1	6.8

〈아시아 · 오세아니아지역 OECD 국가, OECD · EU-15의 실업률〉

(단위 : %)

구분	호주	일본	한국	뉴질랜드	OECD 전체 평균	EU-15 평균
2022년	6.1	5.3	3.6	4.6	7.1	8.0
2023년	5.5	4.7	3.7	3.9	6.9	8.1
2024년	5.1	4.4	3.7	3.7	6.6	7.9

29 위 자료에 대한 설명으로 옳은 것을 〈보기〉에서 모두 고르면?

〈보기〉

㉠ 2024년에 지역별로 실업률이 가장 높은 국가들의 경우, 서유럽지역을 제외하고는 2023년과 2024년의 실업률이 전년 대비 매년 감소했다.

㉡ 2022년에 한국의 경제활동인구가 3,000만 명, 2024년에 3,500만 명이라고 할 경우, 2022년 대비 2024년에는 한국의 실업자 수는 30만 명 이상 증가하였다.

㉢ 2023년과 2024년 서유럽지역의 경우, 실업률이 전년 대비 매년 증가한 국가 수가 전년 대비 매년 감소한 국가 수보다 많다.

㉣ 2022년 서유럽지역에서 실업률이 가장 높은 국가의 실업률은 같은 해 동유럽지역에서 실업률이 가장 높은 국가의 실업률보다 낮다.

㉤ 2024년 프랑스와 영국의 경제활동인구가 각각 4,000만 명이라고 할 경우, 프랑스 실업자 수와 영국 실업자 수의 차이는 200만 명 이하이다.

① ㉠, ㉢, ㉣　　② ㉠, ㉢, ㉤

③ ㉠, ㉣, ㉤　　④ ㉡, ㉢, ㉣

30 2023 ~ 2024년의 전년 대비 실업률 증감 추이가 OECD 전체 및 EU-15 실업률 평균값의 증감 추이와 동일하게 나타난 국가들로 바르게 연결된 것은?

	OECD 전체 평균	EU-15 평균
①	호주, 노르웨이	오스트리아, 프랑스
②	미국, 스웨덴	독일, 룩셈부르크
③	일본, 헝가리	핀란드, 캐나다
④	이탈리아, 뉴질랜드	체코, 덴마크

※ 다음은 월별 주식상품별 거래량 및 계약금액에 대한 자료이다. 이어지는 질문에 답하시오. **[31~32]**

〈월별 주식상품총괄 현황〉

(단위 : 건, 백만 원)

구분		2024년 1월	2024년 2월	2024년 3월
주식선물	거래량	60,917,053	48,352,889	57,706,000
	계약금액	33,046,749	27,682,097	32,468,677
	미결제약정	3,492,154	3,570,454	4,556,923
주식콜옵션	거래량	669,188	874,205	1,373,697
	거래대금	5,810	5,986	9,317
	미결제약정	149,927	162,078	165,391
주식풋옵션	거래량	676,138	880,034	1,373,108
	거래대금	4,861	5,559	9,446
	미결제약정	216,788	203,015	192,650
주식옵션 소계	거래량	1,345,326	1,754,239	2,746,805
	거래대금	10,671	11,545	18,763
	미결제약정	366,715	365,093	358,041

※ (주식옵션소계)=(주식콜옵션)+(주식풋옵션)

〈월별 주식상품총괄 현황〉

(단위 : 건, 백만 원)

구분		2024년 4월	2024년 5월
주식선물	거래량	62,961,677	64,551,839
	계약금액	35,294,244	34,755,058
	미결제약정	4,511,084	4,556,223
주식콜옵션	거래량	1,123,637	962,122
	거래대금	8,650	6,816
	미결제약정	181,357	271,590
주식풋옵션	거래량	1,129,457	859,210
	거래대금	8,445	6,398
	미결제약정	226,254	261,261
주식옵션 소계	거래량	2,253,094	1,821,332
	거래대금	17,095	13,214
	미결제약정	407,611	532,851

〈2023년 12월 주식상품총괄 현황〉

(단위 : 건, 백만 원)

구분	거래량	계약금액 또는 거래대금	미결제약정
주식선물	41,642,569	24,138,554	3,071,025
주식콜옵션	595,241	4,845	128,863
주식풋옵션	544,811	5,557	162,886

31 위 자료에 대한 설명으로 옳은 것을 〈보기〉에서 모두 고르면?(단, 비율은 소수점 둘째 자리에서 반올림한다)

〈보기〉

㉠ 2024년 1 ~ 3월 동안 매월 주식선물 거래량은 주식옵션 총 거래량의 30배 미만이다.
㉡ 2024년 4월 주식콜옵션의 거래량 중 미결제약정 건수의 비율은 주식풋옵션의 거래량 중 미결제약정의 비율보다 4.5%p 이상 낮다.
㉢ 2023년 12월 주식옵션의 총 거래대금은 주식선물 계약금액의 1% 미만이다.
㉣ 2024년 1 ~ 5월 중 주식풋옵션 거래대금이 가장 높은 달의 주식콜옵션 미결제약정 건수 대비 주식선물 미결제약정 건수의 값은 30 미만이다.

① ㉠, ㉡
② ㉡, ㉢
③ ㉢, ㉣
④ ㉡, ㉢, ㉣

32 위 자료를 참고하여 다음 보고서를 작성했을 때, 밑줄 친 ㉠ ~ ㉣ 중 옳지 않은 것은 모두 몇 개인가?

〈보고서〉

2024년 1월 주식선물 거래량은 6천 만 건을 넘었고, 2월과 3월은 6천 만 건을 넘지 못했다. 4월부터 거래량이 다시 회복하여 6천 만 건을 초과하였고, 계약금액도 증가해 ㉠ 주식선물의 거래량과 계약금액의 증감 추이가 같다는 것을 알 수 있다. 반면 ㉡ 미결제약정은 3월부터 450만 건을 넘어 5월까지 증가 추세에 있다. ㉢ 주식콜옵션과 주식풋옵션은 주식선물보다 거래량과 거래대금은 낮지만, 작년 12월부터 올해 3월까지 꾸준히 증가했다. 주식풋옵션의 경우 4월부터 5월까지 거래대금이 감소하면서 미결제약정 건수는 증가하는 것을 볼 수 있고, 같은 기간에 주식옵션 전체 거래대금과 미결제약정 건수도 반비례관계로 정의된다. 또한 ㉣ 조사기간 동안 주식선물의 거래량과 미결제약정 건수도 반비례하는 것을 알 수 있다.

① 1개
② 2개
③ 3개
④ 4개

※ 다음은 금융기관 등이 제공하는 서비스가 자금세탁 등의 불법행위에 이용되지 않도록 고객에 대한 확인 등 주의를 기울이기 위한 고객확인제도의 내용이다. 이어지는 질문에 답하시오. **[33~34]**

〈고객확인 대상거래〉

- 신규계좌개설
- 일회성 금융거래(무통장 송금, 외화송금 환전, 자기앞수표 발행 및 지급 등)에 있어 단일거래 또는 7일 합산거래가 2천만 원 이상인 경우
- 자금세탁의 우려가 있는 경우

※ 지속적 고객확인에 관한 사항

금융기관은 고객확인이 된 고객일지라도 거래가 유지되는 동안 당해 고객에 대하여 지속적으로 재이행 주기를 설정하여 변동사항 등에 대해 고객확인을 하여야 함

– 고객확인 재수행 대상 : 고객확인 후 일정 기간(1 ~ 3년) 경과 고객

– 고객확인 재수행 방법

㉠ 창구에서 실명확인 거래 시 실시간 수행

㉡ e-mail 또는 창구에서 재수행 안내를 받은 고객이 영업점 방문 시 수행

〈고객확인에 필요한 정보, 문서, 자료 등〉

구분	기본정보	추가정보
개인	• 성명 • 실명번호 • 주소(외국인인 경우 연락 가능한 실제거소) • 연락처 • 국적	• 직업 또는 업종(개인사업자) • 거래의 목적 • 거래자금의 원천 • 기타 금융기관 등이 자금세탁 우려를 해소하기 위해 필요하다고 판단한 사항
법인	• 법인(단체)명 • 실명번호 • 본점 / 사업장의 주소 및 연락처 • 업종 • 설립목적(비영리 법인의 경우) • 대표자 정보 : 개인고객의 신원확인 사항에 준함	• 회사에 관한 기본정보(법인구분, 상장정보, 설립일, 홈페이지 등) • 거래의 목적 • 거래자금의 원천 • 기타 금융기관 등이 자금세탁 우려를 해소하기 위해 필요하다고 판단한 사항

〈필요 문서, 서류 등〉

구분	필요 문서, 서류 등
개인	주민등록등본, 가족관계증명서, 주민등록증 발급신청확인서, 이름과 주소가 명시되어 있는 전기, 가스, 수도 요금, 전화요금 영수증, 건강보험증, 인감증명서, 회사명, 직원의 이름 및 사진이 첨부된 사원증, 재직증명서, 중 · 고등학교 학생증 등
법인	사업자등록증, 고유번호증, 사업자등록 증명원, 법인 등기부 등본, 영업허가서, 납세번호증, 정관, 외국인투자기업등록증 등

33 **위 자료를 참고했을 때, 다음 중 고객확인이 필요한 경우는?**

① 최근 1년 이내에 고객확인이 된 자가 2천만 원 이상 계좌이체 거래를 요청한 경우

② 소액 무통장 송금을 자주 이용하는 경우

③ 7영업일간 하루 300만 원씩 계속하여 무통장 송금거래를 하는 경우

④ 매일 같은 시간에 본인의 계좌에서 거액을 인출하는 경우

34 **위 자료를 참고했을 때, 다음 중 신분증을 분실한 고객의 기본정보 확인을 할 수 없는 경우는?**

① 주민등록증을 분실하여 주민등록증 발급신청확인서를 발급받아 온 경우

② 거래고객 본인의 건강보험증을 가져온 경우

③ 학생의 경우 중·고등학교 학생증을 가져온 경우

④ 신분증이 없어 본인의 인감도장을 가져온 경우

※ 다음은 ○○사업의 일환인 생활안정자금 중에서도 혼례비에 대한 안내문이다. 이어지는 질문에 답하시오. [35~36]

1. 신청대상
   융자 신청일 현재 소속 사업장에 3개월 이상 근로 중(다만, 일용근로자는 신청일 이전 90일 이내에 고용보험법 시행규칙 별지 7호 서식의 고용보험 근로내용 확인신고서에 따른 근로일수가 45일 이상인 경우)인 월평균 소득 246만 원(세금 공제 전) 이하일 것. 다만, 비정규직 근로자는 소득요건을 적용하지 않음
2. 융자조건 : 근로자 본인 또는 자녀의 혼례에 소요되는 모든 비용
3. 융자한도 : 1,250만 원 범위 내
4. 융자조건 : 연리 2.5% / 1년 거치 3년 매월 원금균등분할상환
   ※ 거치기간 및 상환기간변경 불가, 조기상환 가능, 조기상환 수수료 없음
5. 보증방법 : ○○기업 신용보증지원제도 이용(보증료 연 0.9% 선공제) → 24.09.01.부터 25.12.31.까지 근로자가 부담한 신용보증료 50% 지원
   ※ 단, 지원기간 내 예산 소진 시 지원 중단될 수 있음
6. 융자 신청기한 : 결혼일 전후 90일 이내 또는 혼인신고일로부터 90일 이내

35 다음 중 생활안정자금을 받을 수 없는 사람은?

① A건설회사에 3년째 근로 중이며 월평균 소득이 230만 원인 김씨
② 일용직 근로자로 6개월 이내 근로일수가 150일이며 월평균 소득이 250만 원인 박씨
③ B회사에서 1년째 근로 중이며 월평균 소득 150만 원, 혼인신고 후 4달 뒤에 신청한 정씨
④ D회사에서 5개월째 근로 중이며 월평균 소득 200만 원, 결혼 후 1달 뒤에 신청한 이씨

36 강씨는 ○○기업의 생활안정자금 지원으로 결혼에 큰 도움을 받았다. 900만 원을 대출받았으며 신용보증료 50%를 감면받았다고 할 때, 강씨가 지불한 보증료는?(단, 강씨는 2024년 9월 10일에 대출받았다)

① 40,500원
② 41,000원
③ 41,500원
④ 42,000원

※ 다음은 조기노령연금 지급정지 제도에 대한 ○○공단의 보도자료이다. 이어지는 질문에 답하시오. [37~38]

(가) 하지만 가입자 평균소득 이하인 조기노령연금 수급자(5.3만 명)는 일시적 생활고가 해소되어 ______________________________ 원치 않는 경우에도 감액된 연금을 지속적으로 수령할 수밖에 없었다.

(나) 이에 따라, 현재 조기노령연금을 지급받고 있는 사람들은 9월 22일부터 가까운 ○○공단 지사를 통해 지급정지 및 납부재개를 신청할 수 있다.

(다) 국민연금 조기노령연금 수급자가 지급정지를 신청하고 연금보험료 납부를 재개하여 노령연금 수급액을 올릴 수 있도록 하는 조기노령연금 지급정지 제도가 9월 22일부터 시행된다.

(라) 앞으로는 본인이 원하는 경우에 조기노령연금의 지급을 정지하고 보험료를 다시 납부할 수 있게 되어 향후 지급받을 연금액을 큰 폭으로 늘릴 수 있게 된다.

(마) 예를 들어, 수급연령 4년 전에 퇴직하여 월 76만 원(기본연금액 100만 원, 24% 감액)의 조기노령연금을 받던 A씨가 1년 후 월 200만 원의 일자리에 3년 동안 재취업한 경우, 재취업한 36개월간 조기노령연금 지급을 정지하고 보험료를 납부함으로써 재수급 시에는 23만 원이 늘어난 99만 원의 연금을 평생 받을 수 있게 된다.

(바) 지금까지는 조기노령연금을 신청하게 되면, 가입자 평균소득(2017년 2,176,483원)을 초과하는 소득이 있는 경우에만 연금수급이 자동 정지되고 보험료 납부를 재개토록 하여 향후 연금액 상향이 가능했다.

37 다음 중 윗글의 빈칸에 들어갈 내용으로 가장 적절한 것은?

① 보험료 납부를 재개하고 싶어도 방법이 없어,
② 평균소득 이하의 연금을 받고 싶어도 방법이 없어,
③ 보험료 수급을 시작하고 싶어도 방법이 없어,
④ 평균 이상의 초과소득을 더 원하지만 방법이 없어,

38 위 보도자료의 각 문단을 논리적 순서대로 바르게 나열한 것은?

① (다) – (바) – (가) – (라) – (마) – (나)
② (다) – (바) – (나) – (마) – (라) – (가)
③ (라) – (다) – (나) – (가) – (바) – (마)
④ (바) – (가) – (다) – (라) – (마) – (나)

※ 다음 순서도 기호를 참고하여 이어지는 질문에 답하시오. [39~40]

〈순서도 기호〉

기호	설명	기호	설명
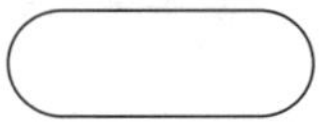	시작과 끝을 나타낸다.	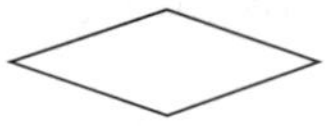	어느 것을 택할 것인지를 판단한다.
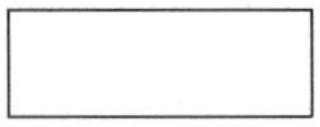	데이터를 입력하거나 계산하는 등의 처리를 한다.		선택한 값을 출력한다.

39 수민이는 학교과제로 이동 거리에 따라 교통수단을 추천해 주는 프로그램을 구현 중이다. 다음 순서도를 기반으로 프로그램을 구현 중인 수민이는 테스트 삼아 자신의 현재 위치를 출발지로 하여 3.5km 떨어진 친구 집을 도착지로 설정해 보았다. 이때 출력되는 결과로 옳은 것은?(단, 수민이는 본인의 차를 소유하고 있지 않으며, 휴대폰에 택시호출 앱이 설치되어 있다)

〈순서도〉

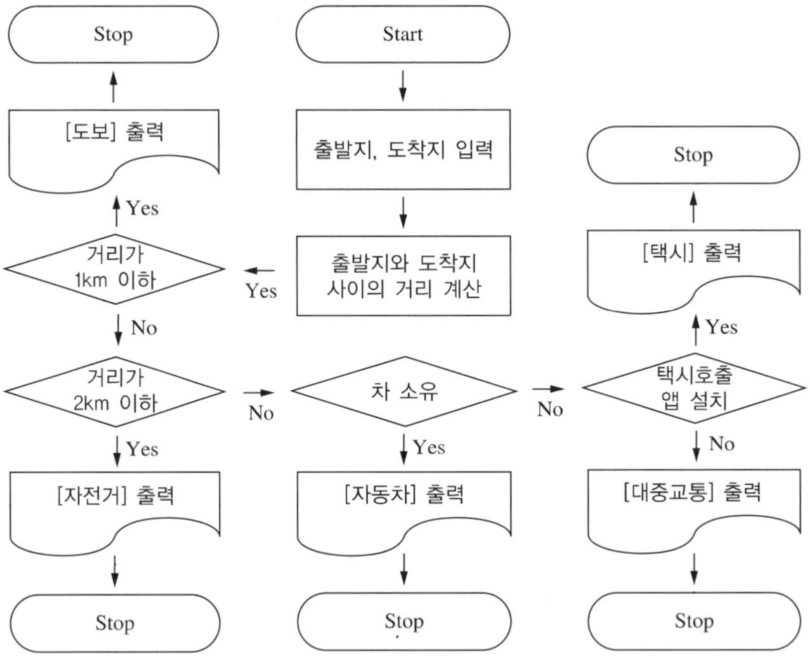

① 도보　　② 자전거
③ 자동차　　④ 택시

40 다음은 키워드 기반 신용 추천 서비스에 대한 순서도이다. 키워드에 '신용 점수 조회'를 입력했을 때, 출력되는 추천 서비스의 색상으로 옳은 것은?

〈순서도〉

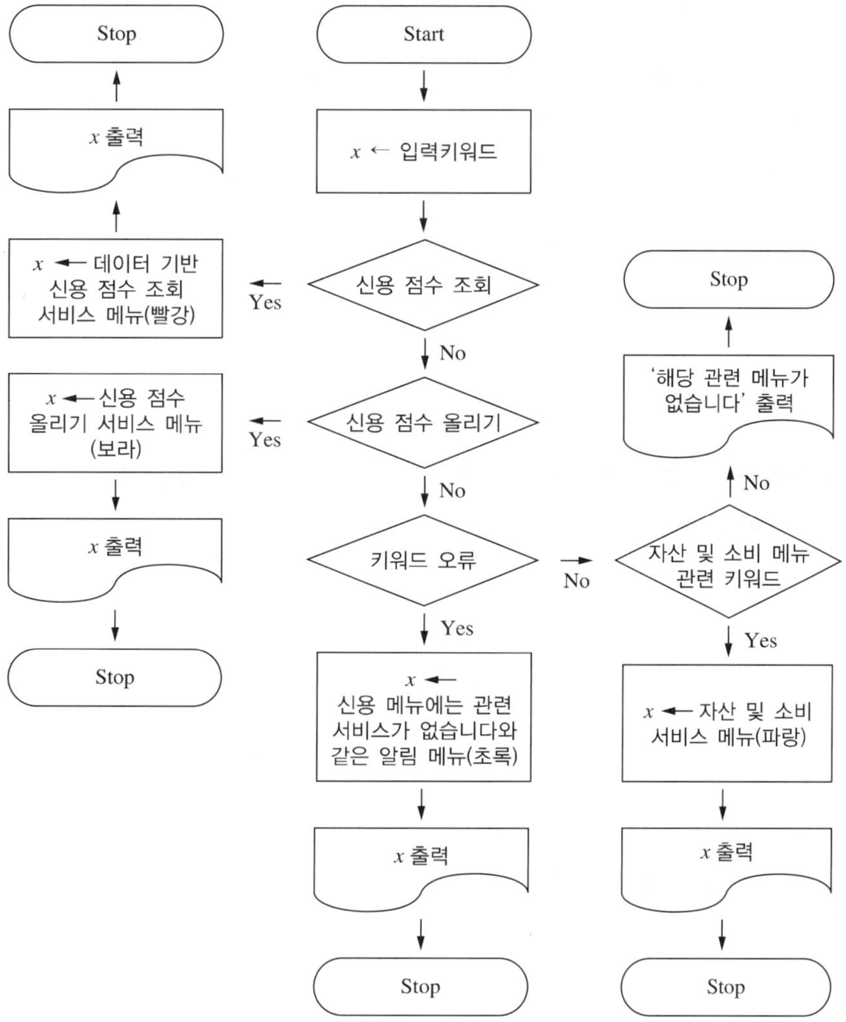

① 초록　　② 보라

③ 빨강　　④ 파랑

| 금융일반 - 객관식 |

01 다음 중 BCG매트릭스의 4가지 유형에 해당하지 않는 것은?

① 별 사업
② 현금젖소 사업
③ 물음표 사업
④ 유령 사업

02 다음 중 피셔 방정식을 통한 기대 인플레이션율을 구하는 산식으로 옳은 것은?

① (명목이자율)×(실질이자율)
② (명목이자율)÷(실질이자율)
③ (명목이자율)+(실질이자율)
④ (명목이자율)−(실질이자율)

03 다음 중 적정주가를 구할 때 사용하는 지표로 볼 수 없는 것은?

① EPS
② BPS
③ PBR
④ ROA

04 다음 중 내생적 성장이론에 대한 설명으로 옳지 않은 것은?

① 기술, 인적자본 등과 같은 지식 기반 성장을 중요시한다.
② 정부 정책이 경제 성장에 영향을 미치지 않는다고 본다.
③ 규모의 경제를 통해 지속적인 성장이 가능하다고 본다.
④ 외부효과를 통해 경제성장이 촉진된다고 본다.

05 다음 중 토빈의 q에 대한 설명으로 옳지 않은 것은?

① 기업의 시장가치를 기업 실물자본의 대체비용으로 나눈 값이다.
② 토빈의 q가 1보다 크면 투자에 신중해야 한다.
③ 토빈의 q를 통해 기업 투자결정, 경제환경 등을 파악할 수 있다.
④ 토빈의 q가 1보다 작으면 M&A의 타겟이 될 수 있다.

06 X재는 다음과 같이 우하향하는 수요곡선과 수직의 공급곡선을 갖는다. X재 한 단위당 5만큼의 세금이 부과될 때, 나타나는 변화로 옳은 것은?

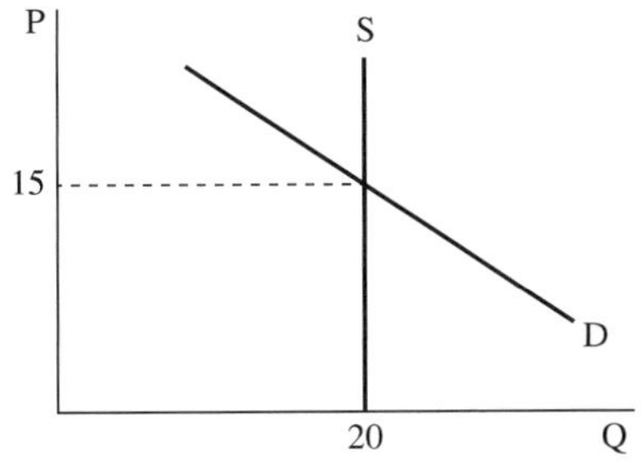

① 소비자가 지불하는 가격이 상승한다.
② 생산자잉여가 감소한다.
③ 소비자와 공급자가 조세를 3 : 4 비율로 나누어 부담한다.
④ 정부의 조세수입은 100보다 작다.

07 다음 중 도덕적 해이에 대한 설명으로 옳지 않은 것은?

① 금융거래계약 후 차입자가 자금을 원래의 목적대로 이용하지 않을 경우 발생한다.
② 불완전하게 감시를 받고 있는 사람이 부정직하거나 바람직하지 못한 행위를 하는 경향을 말한다.
③ 보험시장에서 도덕적 해이를 방지하기 위한 방안으로는 공동보험을 들 수 있다.
④ 보험시장에서 대체로 건강상태가 나쁜 사람들이 보험에 가입하는 것은 도덕적 해이의 한 사례이다.

08 다음 중 확정기여형 퇴직연금제도(DC)에 대한 설명으로 옳지 않은 것은?

① 사용자가 납입할 부담금이 사전에 확정된 퇴직연금제도이다.
② 사용자가 근로자 개별 계좌에 부담금을 정기적으로 납입하면, 근로자가 직접 적립금을 운용하며, 근로자 본인의 추가 부담금 납입도 가능하다.
③ 근로자는 사용자가 납입한 부담금과 운용손익을 최종 급여로 지급받는다.
④ 적립금 운용의 책임은 기업에 있으며, 기업이 부담할 금액은 운용결과에 따라 달라진다.

09 다음 〈보기〉를 참고하여 구한 자기자본이익률(ROE)은?

〈보기〉

• 자기자본 : 80억 원	• 시가총액 : 600억 원
• 매출액 : 400억 원	• 영업이익 : 50억 원
• 당기순이익 : 20억 원	

① 12%
② 20%
③ 25%
④ 30%

10 다음 중 비교우위론에 대한 설명으로 옳지 않은 것은?

① 생산비가 상대국에 비해 낮은 상품의 생산을 각각 특화하여 교역할 경우, 양국 모두에게 이익이 발생한다.
② 비현실적인 노동가치설을 바탕으로 하며, 국가 간 생산요소 이동은 없다고 가정한다.
③ 비교우위에 있는 상품을 특화하여 교역함으로써 자유무역의 기본이론이 되었다.
④ A제품에 대해서 B의 기회비용이 C보다 작을 경우, A제품에 대해서 B국이 비교우위에 있다.

11 다음 중 사채할인발행에 대한 설명으로 옳지 않은 것은?

① 시장이자율이 사채의 표시 이자율보다 높은 경우 발행한다.
② 사채의 액면금액과 발행금액의 차이는 사채할인발행차금으로 표시한다.
③ 사채할인발행차금은 이자비용에 가산한다.
④ 사채를 할인발행하면 사채의 장부금액은 매년 감소하게 된다.

12 다음 중 역선택에 대한 설명으로 옳지 않은 것은?

① 역선택은 정보를 가지고 있는 자의 자기선택 과정에서 생기는 현상이다.
② 정부에 의한 품질인증은 역선택의 문제를 완화시킨다.
③ 역선택 현상이 존재하는 상황에서 강제적인 보험프로그램의 도입은 사회후생을 악화시킨다.
④ 교육수준이 능력에 관한 신호를 보내는 역할을 하는 경우 역선택의 문제가 완화된다.

13 다음에서 설명하는 펀드는?

• 국제금융을 통해 수익을 창출하기 위해 형성된 국제펀드의 일종이다. • 부실한 자산을 저가에 인수해서 상황이 호전된 후에 고가에 전매하는 자금(Fund)을 의미한다.

① 뮤추얼펀드 ② 헤지펀드
③ 벌처펀드 ④ 사모펀드

14 다음 중 은행이나 보험사가 다른 금융부분의 판매채널을 이용하여 자사상품을 판매하는 마케팅 전략을 뜻하는 용어는?

① 랩 어카운트 ② 커버드 본드
③ 신디케이트론 ④ 방카슈랑스

15 다음 중 담보나 신용이 없어 제도권 금융을 이용하기 어려운 저소득층을 위한 소액대출 사업인 마이크로 크레디트를 우리말로 표현한 것은?

① 담보금융 ② 저소득금융
③ 미소금융 ④ 작은금융

16 다음 중 자국 통화의 가치를 상승시키는 사례가 아닌 것은?

① 외환보유액을 늘리기 위한 중앙은행의 시장 개입
② 국외 여행객의 국내 방문 증가
③ 해외 투자에서 배당수익 발생
④ 국외 투자자의 국내 주식시장 투자 증가

17 다음 중 GDP를 산출하는 방법에 해당하지 않는 것은?

① 생산접근법
② 소득접근법
③ 분배법근법
④ 지출접근법

18 다음 〈보기〉의 내용을 참고하여 구한 매출원가는?

〈보기〉

- 제품가격 : 10,000원, 판매량 5,000개, 매출총이익률 : 20%
- 재고자산 평가손실 : 10,000,000원 발생
- 기말에 평가한 실제 재고 : 5,000개, 장부상 재고 : 3,000개(정상적 손실)

① 40,000,000원
② 50,000,000원
③ 60,000,000원
④ 70,000,000원

19 다음 중 수익인식 시점에 따른 회계오류 수정방법에 대한 설명으로 옳지 않은 것은?

① 소급법 : 기초시점에 새로운 회계방법을 채택한 경우, 누적효과를 계산하여 전기의 재무제표를 새로운 회계방법으로 수정
② 일반기업회계기준 : 회계정책이 변경될 경우 전진법을 적용하고, 회계추정이 변경될 경우 소급법을 적용
③ 전진법 : 과거 재무제표는 수정하지 않고, 새로운 회계방법을 당기 및 당기 이후에 적용
④ 당기일괄처리법 : 기초시점에 새로운 회계방법을 채택한 경우, 누적효과를 계산하여 당기 손익계산서에 계상

20 다음 중 포트폴리오 이론에 대한 설명으로 옳지 않은 것은?

① 투자자들에게 위험은 최소화하고 수익은 최대화할 수 있는 최적 자산배분을 제시한다.
② 분산투자를 통해 체계적 위험을 제외한 포트폴리오 위험을 낮출 수 있다.
③ 기대수익율은 투자자가 얻을 것으로 예상되는 평균수익률을 의미한다.
④ 상관관계가 낮은 자산들을 조합해야 포트폴리오 위험을 낮출 수 있다.

21 다음 중 여신전문금융회사에 대한 설명으로 옳지 않은 것은?

① 예금업무는 취급하지 않고 여신업무만 취급한다.
② 여신전문금융회사법에서는 신용카드업, 시설대여업, 할부금융업 및 신기술사업금융업을 여신전문금융업으로 규정하고 있다.
③ 자금은 주로 예금수입과 채권발행으로 조달된다.
④ 여신전문금융회사가 취급하는 여신업무는 소비자금융, 리스, 벤처금융 등을 포함한다.

22 다음 중 이자보상비율 산식으로 옳은 것은?

① (영업이익) ÷ (이자비용)
② (이자비용) ÷ (당기순이익)
③ (당기순이익) ÷ (이자비용)
④ (매출액) ÷ (이자비용)

23 다음 중 현금흐름표의 재무활동 현금흐름에 포함되는 항목은?

① 이자수익으로 인한 현금유입
② 건물의 취득 및 처분
③ 현금의 대여 및 회수
④ 차입금의 차입 및 상환

24 다음 중 제2금융권에 포함되는 금융기관이 아닌 것은?

① 보험회사
② 종합금융사
③ 우체국
④ 한국은행

25 다음 중 단기금융시장과 장기금융시장을 구분하는 기간적 기준은?

① 6개월
② 1년
③ 3년
④ 5년

26 다음 중 투자승수효과에 대한 설명으로 옳은 것은?

① 투자의 증가가 그 이상의 소비증가를 초래하는 효과
② 투자의 계속적 증가가 높은 경제성장을 초래하는 효과
③ 투자의 증가가 저축의 증가를 초래하고 이는 다시 투자의 증가로 이어지는 연쇄효과
④ 투자의 증가가 소득의 증가를 초래하고 다시 소비의 증가로 이어져 소득이 증대되는 효과

27 다음 중 콥 – 더글라스 생산함수에 대한 설명으로 옳지 않은 것은?

① 생산량과 생산요소 간 관계를 설명하기 위한 생산함수이다.
② 기술수준, 노동량, 자본량을 통해 생산량을 구한다.
③ 등량곡선이 원점에 대하여 오목하다.
④ 요소대체탄력성은 항상 1이다.

28 다음에서 설명하는 용어는?

> • 두 명 이상 참여자들의 비협조적 게임을 가정한다.
> • 참여자는 상대방 전략에 대해 최선의 전략을 선택하고, 서로 전략을 바꿀 수 없다.
> • 서로 영향을 주고받는 상황에서 참여자가 어떻게 행동할지 예측할 수 있다.

① 게임이론
② 죄수의 딜레마
③ 내쉬균형
④ 우월전략균형

29 다음 중 BCG매트릭스에서 원의 크기가 의미하는 것은?

① 매출액의 크기
② 상대적 시장점유율
③ 기업의 규모
④ 시장성장률

30 다음 중 탄소정보공개프로젝트(CDP)에 대한 설명으로 옳지 않은 것은?

① 세계 주요 기업의 온실가스 관련 정보 공개를 요구하여 기업 투자 자료로 활용한다.
② CDP 평가방식에는 기후변화정보, 농산물정보, 생물다양성정보가 있다.
③ CDP 평가등급은 총 4단계로 나누어진다.
④ 최근에는 기업뿐만 아니라 도시, 중앙정부 등에서도 활용범위가 확대되고 있다.

| 금융일반 - 주관식 |

01 다음 〈보기〉의 내용을 참고하여 계산한 총부채원리금상환비율(DSR)은?

〈보기〉

- 연소득 : 10,000만 원
- 주택담보대출 연간상환액 : 2,500만 원(원금 2,000만 원, 이자 500만 원)
- 은행신용대출 연간상환액 : 1,500만 원(원금 900만 원, 이자 600만 원)
- 분양오피스텔 중도금대출 연간상환액 : 1,000만 원(원금 700만 원, 이자 300만 원)

(%)

02 다음 〈보기〉 중 결합회계의 사례로 볼 수 없는 것의 개수는?

〈보기〉

㉠ A기업이 B기업을 인수하여 종속기업으로 만드는 경우
㉡ A, B기업이 합병하여 C기업이 되는 경우
㉢ A기업이 B기업을 분할하여 B기업이 독립한 경우
㉣ A, B기업이 사업부문을 서로 교환하는 경우

(개)

03 독점시장에서 시장수요곡선은 $Q_D = 45 - \frac{1}{4}P$이고, 총비용곡선은 $TC = 100 + Q^2$이다(Q_D는 수요량, P는 가격, TC는 총비용, Q는 생산량임). 이때 사회 전체의 후생수준이 극대화되는 생산량은?

( )

04 다음 〈보기〉의 내용을 참고하여 계산한 A기업의 주당이익은?

〈보기〉

- A기업 주식 : 보통주 10,000,000주, 우선주 200,000주
- A기업 당기순이익 : 2,000,000,000원
- A기업 우선주 주주 배당금 : 200,000,000원

(원)

05 다음 〈보기〉 중 유량(Flow)변수에 속하는 것을 모두 고르면?

〈보기〉

㉠ 국민총소득	㉡ 통화량
㉢ 외환보유고	㉣ 국제수지
㉤ 투자	㉥ 노동량
㉦ 자본량	㉧ 수요와 공급

(   )

| 디지털 - 객관식 |

01 다음 중 직원 테이블(emp)에서 IT 부서이면서 이름에 '민'이 포함된 사람을 조회하는 SQL 구문은?(컬럼 : dept, name)

① SELECT * FROM emp WHERE dept='IT' AND name LIKE '%민%';
② SELECT * FROM emp WHERE dept='IT' OR name LIKE '%민%';
③ SELECT * FROM emp WHERE dept IN ('IT') LIKE '%민%';
④ SELECT * FROM emp WHERE dept='IT' AND name='%민%';

02 다음 중 공개키 기반구조(PKI)에서 인증기관(CA), 공개키, 개인키 및 암호화에 대한 설명으로 옳은 것은?

① CA는 개인키를 안전하게 저장하고, 사용자에게 필요할 때 개인키를 배포한다.
② 사용자는 자신의 공개키로 데이터를 암호화하고, CA를 통해 복호화한다.
③ 공개키는 누구나 접근 가능하며, CA가 인증서를 통해 공개키의 신뢰성을 검증한다.
④ 암호화에 개인키, 복호화에 공개키가 사용된다.

03 다음 프로그램의 실행 결과는?

```
#include <stdio.h>
int power(int x, int y);
int main(void)
{  int a, b;
   a=6;
   b=4;
   printf("%d",power(a,b));
   return 0;
}int power(int x, int y)
{  if(y==0)
   return 1;
   return x*power(x,y-1);
}
```

① 64
② 6,666
③ 24
④ 1,296

※ 다음은 python코드의 일부이다. 이어지는 질문에 답하시오. [4~5]

```
(중략)
a=바람 서리 불변함은 우리 기상일세
print (len(a))
```

04 다음 중 위 코드를 실행하여 오류가 발생하였을 때, 그 원인으로 옳은 것은?

① 변수의 크기가 너무 크다.
② 문자열을 변수로 저장할 때에는 큰따옴표나 작은따옴표를 이용해야 한다.
③ 한글로 이루어진 변수는 인식할 수 없다.
④ 변수를 정의할 때에는 반드시 소괄호나 대괄호를 이용하여야 한다.

05 다음 중 위 코드를 바르게 고친 후 다시 실행하였을 때 출력되는 값은?

① 14
② 18
③ 28
④ 32

06 다음 중 시스템 프로그램을 디스크로부터 주기억장치로 읽어내어 컴퓨터를 이용할 수 있는 상태로 만들어 주는 과정은?

① 부팅(Booting)
② 스케줄링(Scheduling)
③ 업데이트(Update)
④ 교착상태(Deadlock)

07 다음 중 UNIX 시스템에서 주로 사용하는 프로그래밍 언어는?

① Pascal
② C
③ Fortran
④ Basic

08 다음 중 일종의 악성코드로 시스템에 침투해 컴퓨터를 사용할 수 없도록 암호화하여 금전을 요구하는 악성 프로그램은?

① 랜섬웨어(Ransomware)
② 다크 데이터(Dark Data)
③ 셰어웨어(Shareware)
④ 키로거(Key Logger)

09 다음 중 순수관계 연산자에서 릴레이션의 일부 속성만 추출하여 중복되는 튜플은 제거한 후 새로운 릴레이션을 생성하는 연산자는?

① REMOVE
② PROJECT
③ DIVISION
④ JOIN

10 다음 중 디파이(De-Fi)에 대한 설명으로 옳지 않은 것은?

① 탈중앙화(Decentralize)와 재정(Finance)의 합성어이다.
② 중앙정부의 제한 없는 금융 시스템 서비스를 말한다.
③ 인터넷만 있으면 은행증권사 등의 중개자 없이도 모든 금융 서비스를 이용할 수 있다.
④ 디파이 서비스상 보안사고 발생 시에 그 책임자는 디파이 투자자가 된다.

※ 다음 프로그램을 보고 이어지는 질문에 답하시오. **[11~12]**

```
#include <stdio.h>

void main()
{
  while (i>0)
    i++;
  printf("%d", i);
}
```

11 다음 중 위 프로그램에서 정상적으로 출력하기 위해 변수 i를 정의한 식으로 옳은 것은?

① int i=1;
② int i ++=1;
③ int i=0;
④ int i++=0;

12 다음 중 변수 i를 11번과 같이 정의하고 프로그램을 실행하였을 때 출력되는 값으로 옳은 것은?

① −1
② 0
③ 1
④ 2

13 **다음 중 정규형에 대한 설명으로 옳지 않은 것은?**

① 제2정규형은 반드시 제1정규형을 만족해야 한다.
② 제1정규형은 릴레이션에 속한 모든 도메인이 원자값만으로 되어 있는 릴레이션이다.
③ 정규화하는 것은 테이블을 결합하여 종속성을 제거하는 것이다.
④ BCNF는 강한 제3정규형이라고도 한다.

14 **다음 중 통신에서 전송품질의 중요한 척도가 되는 S/N비에 대한 설명으로 옳은 것은?**

① 원 신호에 대한 잡음의 상대적인 세기의 비율이다.
② 송신신호에 대한 수신신호 세기의 비율이다.
③ 출력신호 파형의 일그러짐을 말한다.
④ 정상 전송속도에 대한 지연속도의 비율이다.

15 **다음 중 현실의 자산을 가상화하여 실제 발생할 수 있는 돌발 상황이나, 그 밖에 모든 상황에 대한 분명한 정보를 얻기 위해 시행되는 기술은?**

① 디지털 펜(Digital Pen)
② 디지털 트윈(Digital Twin)
③ 디지털 전환(Digital Transformation)
④ 데이터 마이닝(Data Mining)

16 **다음 중 금융사들이 복잡해지는 금융규제에 효과적으로 대응하기 위해 활용하는 각종 정보기술(IT)을 의미하는 것은?**

① 파인테크
② 핀테크
③ 섭테크
④ 레그테크

17 다음 중 운영체제의 성능평가 항목과 가장 거리가 먼 것은?

① 사용 가능도
② 처리능력
③ 비용
④ 신뢰도

18 다음 중 통신 장치를 일정 시간 내에 오가는 데이터 전송량을 뜻하는 용어는?

① 핑
② 패킷
③ 트랜잭션
④ 트래픽

19 다음 중 연산에 사용되는 데이터 및 연산의 중간 결과를 레지스터에 저장하는 주된 이유는?

① 연산의 정확도를 높이기 위하여
② 기억 장소의 절약을 위하여
③ 비용 절약을 위하여
④ 연산속도의 향상을 위하여

20 다음 중 일련의 연산 집합으로 데이터베이스의 상태를 변환시키기 위하여 논리적 기능을 수행하는 하나의 작업 단위는?

① 도메인
② 트랜잭션
③ 모듈
④ 프로시저

21 다음 중 지금까지 이용한 적이 없지만, 미래에는 이용할 것으로 유추하여 단순 저장되어 있는 데이터는?

① 스마트데이터
② 퓨처데이터
③ 스몰데이터
④ 다크데이터

22 다음 중 사원(사원번호, 이름) 테이블에서 “사원번호”가 “200”인 튜플을 삭제하는 SQL문은?

① REMOVE TABLE 사원 WHERE 사원번호=200;
② DELETE FROM 사원 WHERE 사원번호=200;
③ DROP TABLE 사원 WHERE 사원번호=200;
④ KILL 사원번호, 이름 FROM 사원 WHERE 사원번호=200;

23 다음 중 스프레드시트의 기능과 거리가 먼 것은?

① 동영상 처리 및 애니메이션 효과를 구현할 수 있다.
② 특정 자료의 검색, 추출 및 정렬을 한다.
③ 데이터 연산결과를 사용자가 다양한 서식으로 자유롭게 표현한다.
④ 입력된 자료 또는 계산된 자료를 가지고 여러 유형의 그래프를 작성한다.

24 다음 중 자신이 소유한 가상화폐의 일정분을 가격 변동과 상관없이 예치하고, 예치한 기간 동안 해당 지분율에 비례하여 가상화폐 플랫폼 운영에 참여함으로써 이에 대한 대가로 가상화폐를 지급받는 것은?

① 대시
② 노드
③ 마스터노드
④ 스테이킹

25 다음 〈보기〉에서 인포그래픽스(Infographics)에 대한 설명으로 옳은 것을 모두 고르면?

〈보기〉

㉠ 정보원과 그래픽의 합성어이다.
㉡ 정보를 분류하고 종합하여 그래프, 이미지 등으로 시각화하여 나타내는 것이다.
㉢ 하나의 페이지로 정보를 시각화한 것을 싱글페이지 인포그래픽스라고 칭한다.
㉣ 정보를 영상으로 나타낸 것을 픽쳐그래픽스라고 칭한다.

① ㉠
② ㉡
③ ㉠, ㉡
④ ㉡, ㉢

26 다음 중 정제되지 않은 데이터를 표준화함으로써 해당 데이터의 처리 시간을 감축시키는 행위를 일컫는 용어는?

① 옥토파스
② 스크래피
③ 스크린 스크래핑
④ 데이터 랭글링

27 마이크로프로세서의 성능을 나타내는 MIPS는 무엇의 약자인가?

① Million Instruction Per Second
② Medium Instruction Per Second
③ Minute Instruction Per Second
④ Micro Instruction Per Second

28 **다음 중 디지털 컴퓨터와 아날로그 컴퓨터의 차이점에 대한 설명으로 옳은 것은?**

① 디지털 컴퓨터는 전류, 전압, 온도 등 다양한 입력 값을 처리하며, 아날로그 컴퓨터는 숫자 데이터만을 처리한다.

② 디지털 컴퓨터는 증폭 회로로 구성되며, 아날로그 컴퓨터는 논리 회로로 구성된다.

③ 아날로그 컴퓨터는 미분이나 적분 연산을 주로 하며, 디지털 컴퓨터는 산술이나 논리 연산을 주로 한다.

④ 아날로그 컴퓨터는 범용이며, 디지털 컴퓨터는 특수 목적용으로 많이 사용된다.

29 **다음 중 양자화 비트 수가 6비트이면 양자화 계단 수는?**

① 6단계　　② 32단계

③ 48단계　　④ 64단계

30 **다음 중 암호화 기법인 RSA의 특징으로 옳지 않은 것은?**

① 암호키와 복호키 값이 서로 다르다.

② 키의 크기가 작고 알고리즘이 간단하여 경제적이다.

③ 적은 수의 키만으로 보안 유지가 가능하다.

④ 데이터 통신 시 암호키를 전송할 필요가 없고, 메시지 부인 방지 기능이 있다.

| 디지털 - 주관식 |

01 다음 〈보기〉 중 PERT(Program Evaluation and Review Technique)에 대한 설명으로 옳은 것의 개수는?

〈보기〉

㉠ 프로젝트를 평가하는 검토 기술로 예측치를 이용하여 불확실성을 고려한다.
㉡ 프로젝트의 작업 일정을 네트워크로 기술하여 프로젝트의 지연을 방지한다.
㉢ 짧은 시간에 프로젝트의 완성을 목표로 한다.
㉣ 프로젝트 작업 사이의 관계를 나타내며, 최장 경로를 파악할 수 있다.
㉤ 제한된 자원을 주공정에 배치하여 모든 작업을 이 주공정의 진행을 기준으로 배치할 수 있다.

(개)

02 다음 〈보기〉 중 소프트웨어 개발을 위한 프로그래밍 언어의 선정 기준에 해당하는 것의 개수는?

〈보기〉

㉠ 개발 담당자의 경험과 지식
㉡ 대상 업무의 실적
㉢ 과거의 개발 실적
㉣ 자료 구조의 난이도
㉤ 프로그램 언어의 응용 영역
㉥ 4세대 언어의 사용 여부
㉦ 알고리즘의 계산상 난이도
㉧ 소프트웨어가 실행되는 환경

(개)

03 다음 프로그램의 실행 결과는?

```
#include <stdio.h>

int main() {
    int i;
    int sum=0;

    for(i=0; i<10; i++){
        sum+=i;
    }
    printf("최종합 : %d₩n", sum);
}
```

(   )

04 다음 글의 빈칸에 공통으로 들어갈 용어로 알맞은 것을 〈보기〉에서 고르면?

> 에스토니아는 세계 최초로 전자신분증과 전자투표제를 도입하면서 전자정부 선도국이 되었고, 4차 산업혁명을 맞이하여 전자영주권과 ______________ 비자를 도입하는 등 정보통신기술 강국으로의 위상을 세워나가고 있다. 에스토니아 정부는 코로나19로 인해 재택근무가 일반화됨에 따라 첨단 디지털 장비를 통해 장소에 구애받지 않고 일하는 ______________을/를 자국에서 일하게 하는 ______________ 제도를 도입하였다.

〈보기〉

- ㉠ 디지털 부머(Digital Boomer)
- ㉡ 디지털 노마드(Digital Nomad)
- ㉢ 디지털 아카이브(Digital Archive)
- ㉣ 디지털 디바이드(Digital Divide)
- ㉤ 디지털 컨버전스(Digital Convergence)
- ㉥ 디지털 커뮤니쿠스족(Digital Communicus族)
- ㉦ 디지털 네이티브(Digital Natives)
- ㉧ 디지털 코쿠닝(Digital Cocooning)

(   )

05 다음 프로그램의 실행 결과로 나타나는 값을 〈보기〉에서 고르면?

```
#include <stdio.h>
int main()
{
    int a=3;
    a-=5;
    printf("%d₩n", a);
}
```

〈보기〉

㉠ 2	㉡ 1
㉢ 0	㉣ −1
㉤ −2	

(   )

3권

제2회
IBK기업은행 필기시험

제1영역 NCS 직업기초능력
제2영역 직무수행능력

〈문항 수 및 시험시간〉

영역		문항 수	시험시간	모바일 OMR 답안채점 / 성적분석	
NCS 직업기초능력		객관식 40문항	120분	금융일반	디지털
직무수행능력	금융일반	객관식 30문항 주관식 5문항			
	디지털				

IBK기업은행 필기시험

제2회 모의고사

문항 수 : 75문항
시험시간 : 120분

제 1 영역 NCS 직업기초능력

※ 다음 글을 읽고 이어지는 질문에 답하시오. [1~2]

(가) 경주 일대는 지반이 불안정한 양산단층에 속하는 지역으로서, 언제라도 지진이 일어날 수 있는 활성단층이다. 따라서 옛날에도 큰 지진이 일어났다는 기록이 있다. 삼국사기에 의하면 통일신라 때 지진으로 인해 100여 명의 사망자가 발생했으며, 전문가들은 그 지진이 진도 8.0 이상의 강진이었던 것으로 추정한다. 그 후로도 여러 차례의 강진이 경주를 덮쳤다. 그럼에도 불구하고 김대성이 창건한 불국사와 석굴암 그리고 첨성대 등은 그 모습을 오늘날까지 보존하고 있다. 과연 이 건축물들에 적용된 내진설계의 비밀은 무엇일까. 그 비밀은 바로 그랭이법과 동틀돌이라는 전통 건축 방식에 숨어 있다.

(나) 그리고 주춧돌의 모양대로 그랭이칼을 빙글 돌리면 기둥의 밑면에 자연석의 울퉁불퉁한 요철이 그대로 그려진다. 그 후 도구를 이용해 기둥에 그어진 선의 모양대로 다듬어서 자연석 위에 세우면 자연석과 기둥의 요철 부분이 마치 톱니바퀴처럼 정확히 맞물리게 된다. 여기에 석재가 흔들리지 않도록 못처럼 규칙적으로 설치하는 돌인 동틀돌을 추가해 건물을 더욱 안전하게 지지하도록 만들었다. 다시 말하면, 그랭이법은 기둥에 홈을 내고 주춧돌에 단단히 박아서 고정하는 서양의 건축 양식과 달리 자연석 위에 기둥이 자연스럽게 올려져 있는 형태인 셈이다. 불국사에서는 백운교 좌우의 큰 바위로 쌓은 부분에서 그랭이법을 확연히 확인할 수 있다. 천연 바위를 그대로 둔 채 장대석과 접합시켜 수평을 이루도록 한 것이다.

(다) 그랭이법이란 자연석을 그대로 활용해 땅의 흔들림을 흡수하는 놀라운 기술이다. 즉, 기둥이나 석축 아래에 울퉁불퉁한 자연석을 먼저 쌓은 다음, 그 위에 올리는 기둥이나 돌의 아랫부분을 자연석 윗면의 굴곡과 같은 모양으로 맞추어 마치 톱니바퀴처럼 맞물리게 하는 기법이다. 이 같은 작업을 그랭이질이라고도 하는데 그랭이질을 하기 위해서는 오늘날의 컴퍼스처럼 생긴 그랭이칼이 필요하다. 주로 대나무를 사용해 만든 그랭이칼은 끝의 두 가닥을 벌릴 수 있는데, 주춧돌 역할을 하는 자연석에 한쪽을 밀착시킨 후 두 가닥 중 다른 쪽에 먹물을 묻혀 기둥이나 석축 부분에 닿도록 한다.

(라) 지난 9월 12일 경주를 강타한 지진은 1978년 기상청이 계기로 관측을 시작한 이후 한반도 역대 최대인 규모 5.8이었다. 당시 전국 대부분의 지역뿐만 아니라 일본, 중국 등에서도 진동을 감지할 정도였다. 이로 인해 경주 및 그 일대 지역의 건물들은 벽이 갈라지고 유리가 깨지는 등의 피해를 입었다. 하지만 이 지역에 집중돼 있는 신라시대의 문화재들은 극히 일부만 훼손됐다. 첨성대의 경우 윗부분이 수 cm 이동했고, 불국사 다보탑은 일제가 시멘트로 보수한 부분이 떨어졌으며 나머지 피해도 주로 지붕 및 담장의 기와 탈락, 벽체 균열 등에 불과했다.

01 윗글을 논리적 순서대로 바르게 나열한 것은?

① (다) – (가) – (나) – (라)

② (다) – (나) – (라) – (가)

③ (라) – (가) – (다) – (나)

④ (라) – (나) – (가) – (다)

02 윗글이 어떤 질문에 대한 답이라면 질문으로 가장 적절한 것은?

① 경주에 지진이 발생하는 원인은 무엇일까?

② 경주 문화재는 왜 지진에 강할까?

③ 우리나라 전통 건축 기법은 무엇일까?

④ 지진과 내진설계의 관계는?

※ 다음은 상호금융상품 등에 관한 업무준칙의 일부이다. 이어지는 질문에 답하시오. **[3~4]**

〈상호금융상품 등에 관한 업무준칙〉

제4조(상품관리 등 업무범위)

① 중앙회가 수행하는 상품관리 등의 업무범위는 다음 각 호와 같다.

1. 금융시장에 출시된 금융상품에 대한 조사·분석 및 검토
2. 상품 및 전산시스템의 개발·관리·지도
3. 판매상품에 대한 실적분석 및 상품성 유지 여부 검토
4. 판매중단 및 폐지 상품에 대한 관리·지도
5. 회원의 상품판매 촉진활동 지원
6. 회원의 임직원에 대한 상품관련 교육·연수
7. 제1호 내지 제6호에 부수하는 업무

② 중앙회는 상품관리 등의 원활한 업무수행을 위하여 필요한 경우 지도기준을 정하여 시행하고 회원으로 하여금 이를 이행하도록 할 수 있다.

제5조(상품기획 및 개발)

① 중앙회는 상품의 통일성을 기하고 상품개발의 효율성을 높이기 위하여 전 회원을 대신하여 상품을 기획·개발하고 회원으로 하여금 판매하도록 할 수 있다.

② 회원이 자체적으로 상품을 기획하여 개발하고자 하는 때에는 소관부서의 사전 검토를 받아야 한다.

③ 제1항에 불구하고 상품의 이율은 상품의 특성과 다른 금융기관의 이율 등을 고려하여 개별회원이 자율적으로 결정한다.

제9조(상품출시)

① 소관부서장은 새로운 상품이 개발된 때에는 모든 회원이 상품을 출시할 수 있도록 차별 없이 지원하여야 한다. 다만, 회원의 경영상 문제 등 합당한 사유가 있는 때에는 그러하지 아니하다.

② 소관부서장은 상품출시 및 판매와 관련하여 필요한 경우 상품내용 및 금리등록 등 업무처리 방법과 상품판매 추진에 관한 사항을 지도할 수 있다.

③ 회원은 제2항에 불구하고 부득이한 사유로 인하여 상품을 판매할 수 없는 때에는 소관부서에 고지하여야 한다.

④ 제3항에 의한 상품 미판매 회원이 있는 경우 소관부서장은 회원 이용자의 편의를 제고하기 위하여 미판매 내용을 '인터넷뱅킹'관리 담당 부서로 하여금 인터넷 홈페이지 등에 게시하도록 하여야 한다.

제11조(금융거래조건의 공시 및 설명 등)

① 소관부서장은 회원 이용자를 보호하고 금융분쟁의 발생을 방지하기 위하여 금리, 계약해지 및 예금자보호에 관한 사항 등 고객이 유의하여야 할 사항을 〈별표4〉서식에 의해 미리 정하여 인터넷 홈페이지 등에 공시하고 그 내용을 회원에게 제공하여야 한다.

② 회원은 저축상품(입출금이 자유로운 예탁금은 제외한다), 대출상품 및 복합금융상품 관련 계약을 체결하거나 체결을 권유하는 경우 제1항의 공시사항을 이용자에게 제공하고 그 내용을 설명하여야 한다.

제12조(상품의 판매중단)

① 소관부서장은 회원의 상품판매 실적에 대한 분석 및 상품성 유지 여부 검토 등을 통해 상품성이 약화되거나 상품의 갱신, 대체상품의 출시 등이 필요한 경우 상품위원회의 심의를 거쳐 회원으로 하여금 판매를 중단하도록 할 수 있다.

② 회원이 상품에 대한 판매를 임의로 중단하고자 하는 때에는 별지 제1호 서식에 의하여 소관부서에 판매중단 사실을 고지하여야 한다.

③ 소관부서장은 회원으로부터 상품판매 중단사실을 고지받은 경우 인터넷 홈페이지의 공시사항 변경조치 등 필요한 사항을 확인하여 합당한 조치를 취하여야 한다.

03 **다음 중 위 규정에 대한 설명으로 옳지 않은 것은?**

① 회원의 상품판매를 위해 홍보하는 활동은 중앙회의 상품관리 업무에 포함되지 않는다.
② 중앙회는 지도기준을 정하여 회원으로 하여금 해당사항을 이행하게 할 수 있다.
③ 중앙회는 모든 회원을 대신하여 상품을 기획할 수 있다.
④ 금융거래와 관련하여 소관부서장은 고객유의사항을 인터넷 홈페이지에 공시하여야 한다.

04 **위 규정에 따라 판단할 때, 상품의 출시 및 판매중단에 대한 〈보기〉의 설명 중 옳은 것을 모두 고르면?**

〈보기〉

㉠ 중앙회장은 합당한 사유가 없는 한 모든 회원의 상품출시를 차별 없이 지원하여야 한다.
㉡ 상품판매가 불가능한 경우, 소관부서장은 미판매 내용을 인터넷 홈페이지 등에 게시하여야 한다.
㉢ 소관부서장은 상품성이 약화된 상품에 대하여 상품위원회의 심의를 거쳐 판매를 중단하도록 할 수 있다.

① ㉡
② ㉢
③ ㉠, ㉢
④ ㉡, ㉢

※ 다음은 국가별 외래 방문객 수와 국외 여행객 수에 대한 자료이다. 이어지는 질문에 답하시오. **[5~6]**

〈국가별 외래 방문객 및 국외 여행객 수〉

(단위 : 천 명)

구분	외래 방문객			국외 여행객		
	2024년	2023년	2022년	2024년	2023년	2022년
한국	14,202	12,176	11,140	16,081	14,846	13,737
중국	55,622	55,686	57,725	116,590	98,185	83,183
인도	7,679	6,968	6,578	18,330	16,626	14,920
인도네시아	9,435	8,802	8,044	8,770	7,973	7,454
일본	13,413	10,364	8,358	16,903	17,473	18,491
튀르키예	39,811	37,795	35,698	7,982	7,526	5,803
캐나다	16,537	16,059	16,344	33,518	32,971	32,276
멕시코	29,346	24,151	23,403	18,261	15,911	15,581
미국	75,011	69,995	66,657	68,303	61,874	60,697
아르헨티나	5,931	5,246	5,587	6,517	6,746	7,266
브라질	6,430	5,813	5,677	9,048	8,983	8,522
프랑스	83,767	83,634	81,980	28,180	26,243	25,450
독일	32,999	31,545	30,411	83,008	87,456	82,729
이탈리아	48,576	47,704	46,360	28,460	27,798	28,810
러시아	32,421	30,792	28,177	45,889	54,069	47,813
영국	34,377	32,692	31,084	60,082	57,792	56,538
남아프리카공화국	9,549	9,537	9,188	㉠	5,168	5,031
오스트레일리아	6,868	6,382	6,032	9,114	8,768	8,212

05 **다음 중 위 자료에 대한 설명으로 옳지 않은 것은?**

① 2024년에 외래 방문객 수가 가장 많은 국가는 2023년에도 외래 방문객 수가 가장 많다.

② 2023년 대비 2024년 튀르키예의 국외 여행객 증가율은 5% 미만이다.

③ 전체 국외 여행객 수는 2023년이 2022년보다 더 많다.

④ 북아메리카(캐나다・멕시코・미국)의 국외 여행객의 수는 해마다 증가하였다.

06 **남아프리카공화국의 2024년 국외 여행객의 전년 대비 증가율이 3%라고 할 때, 다음 중 ㉠에 들어갈 알맞은 수는?(단, 소수점 이하는 버림한다)**

① 5,313 ② 5,318

③ 5,320 ④ 5,323

※ I은행 ㅁㅁ지점 직원인 귀하는 창구에서 고객 A씨에게 A씨의 고객 등급과 혜택에 대해 설명하려고 한다. 이어지는 질문에 답하시오. **[7~8]**

〈I은행 고객 등급 선정기준〉

1. 고객 등급

구분	다이아몬드	골드	실버	브론즈		해피
평가 점수	1,000점 이상	500점 이상	300점 이상	150점 이상	300점 이상	80점 이상
금융자산	3,000만 원 이상	1,000만 원 이상	300만 원 이상	200만 원 이상	–	–

※ 금융자산 : 수신(입출식예금, 기타예금, 수익증권) 3개월 평균 잔액

※ 브론즈 고객은 2가지 기준 중 1개, 해피 고객은 평가 점수만 해당되면 해당 등급으로 선정

2. 대상 거래 및 배점

구분	기준	배점
수신	입출식 예금 직전 3개월 평균 잔액	10만 원당 7점
	거치·적립식 예금 직전 3개월 평균 잔액	10만 원당 1점
	수익증권 직전 3개월 평균 잔액	10만 원당 5점
여신	가계대출 직전 3개월간 1천만 원 이상	10점, 이후 100만 원당 1점
외환	직전 3개월 환전	$100당 2점
	직전 3개월 송금	
급여이체	3개월 누계 100만 원 이상	급여액 평균 200만 원 미만 100점, 300만 원 미만 150점, 300만 원 이상 200점
결제계좌	신용카드 자동이체 당행 결제계좌 등록	신용카드 40점, 자동이체 건당 10점 (최대 50점 한도)
고객정보	8개 고객정보 등록 (휴대폰번호, 이메일, 자택 주소, 자택 전화번호, 직장명, 직장 주소, 직장 전화번호, 주거유형)	정보 1개당 2점
세대등록 정보	세대주로 등록 시(단독세대주 제외)	20점
거래기간	고객 등록일 기준	1년당 5점

〈고객 A씨의 실적 정보〉

- 2008년 6월부터 2025년 8월 현재까지 거래 중
- 최근 3개월 입출식 예금 평균 잔액은 152만 원, 적립식 예금 평균 잔액은 200만 원
- 최근 3개월 연속 급여이체, 급여액은 평균 320만 원
- 5개월 전 가계대출 2,500만 원
- 신용카드 2개 결제대금 자동이체 등록
- 휴대폰번호, 이메일, 자택 주소, 직장명, 직장 주소, 직장 전화번호 등록
- 지난달 해외여행으로 $500 환전

07 위 자료를 참고했을 때, A씨의 고객 등급은 무엇인가?

① 다이아몬드　　② 골드
③ 실버　　④ 브론즈

08 귀하는 고객 A씨에게 다음과 같이 고객 등급에 따른 혜택을 안내하려고 한다. 다음 중 A씨에게 혜택으로 안내할 수 있는 항목으로만 바르게 짝지은 것은?

〈I은행 고객 등급별 혜택〉

구분	다이아몬드	골드	실버	브론즈	해피
무보증 대출	최대 6천만 원	최대 3천만 원	최대 2천만 원	–	–
예금 금리 우대 (입출식·정기)	+0.15%p 이내	+0.1%p 이내	–	–	–
수수료 면제 및 할인	모든 수수료 면제	모든 수수료 면제	송금 수수료 면제	모든 수수료 50% 할인	–
신용카드 연회비	면제	면제	면제	–	–
외환 환전·송금 환율 우대	50%	50%	50%	30%	10%

① 환율 우대 50%, 무보증 대출 최대 6천만 원
② 예금 금리 0.1%p 이내 우대, 모든 수수료 면제
③ 신용카드 연회비 면제, 예금 금리 0.1%p 이내 우대
④ 환율 우대 50%, 송금 수수료 면제

※ 다음은 A대학교의 한 재학생 장학제도 안내문이다. 이어지는 질문에 답하시오. [9~10]

〈A대학교 재학생 장학제도(매 학기 기준)〉

구분	선발기준 및 자격	장학금 지급내역
수석 장학금	학과, 학년별 성적 순위에 의해 선발	등록금 전액
참빛 장학금		등록금의 50%
비마 장학금		등록금의 25%
한울 장학금	가정형편 곤란자로서 품행이 타의 모범이 되며 학구열이 높은 학생	• A등급 : 등록금의 50% • B등급 : 등록금의 25%
프론티어 장학금	봉사정신이 투철하며 타의 모범이 되는 학생	등록금의 25%
보훈 장학금	보훈대상자 본인 및 (손)자녀	등록금 전액
새터민 장학금	북한이탈주민 본인 또는 자녀	등록금 전액
외국인 장학금	외국 국적을 갖고 본교에 입학한 학생	해당금액
체육특기자 장학금	체육특기자 전형 입학자로서 본교 체육위원회에서 추천한 자	등록금 전액
로봇게임단 장학금	본교 로봇게임단에서 활동 중인 자	등록금 전액
국가고시 장학금	국가고시 장학금(1종) : 행정고등고시, 외무고등고시 및 공인회계사, 변리사, 기타 이에 준하는 시험의 합격자	• 1차 합격자 : 합격일 후 다음 학기부터 2개 학기까지 등록금 전액 지급 • 최종 합격자 : 합격일 후 다음 학기부터 졸업학기까지 등록금 전액 지급
	국가고시 장학금(2종) : 세무사, 관세사, 공인노무사, 감정평가사, 기타 이에 준하는 시험의 합격자	• 1차 합격자 : 합격일 후 다음 학기부터 2개 학기까지 등록금의 25% 지급 • 최종 합격자 : 합격일 후 다음 학기부터 졸업학기까지 등록금의 50% 지급
가족 장학금	우리 대학교에 가족(직계 2대, 형제자매, 부부)이 복수 이상으로 재학 중인 학생	• 2명 : 신청자 등록금의 1/3 • 3명 이상 : 신청자 등록금 전액
봉사 장학금	학생회 및 교내 자치단체 활동에 공로가 있는 학생	등록금의 50%
영어성적우수자 장학금	정규토익 성적 850점 이상자 (단, 영어특기자 입학생 제외, 졸업 시까지 1회에 한정, 토플 및 텝스는 환산점수 적용)	• 850점 이상 : 50만 원 • 900점 이상 : 100만 원 (성적 제출 시 바로 지급)
근로아르바이트 장학금	가계곤란자 및 학내 행정부서에서 근로하는 자	등록금 전액

09 **다음 중 A대학교 재학생 장학제도를 이해한 내용으로 옳지 않은 것은?**

① 세무사 최종 합격자는 합격일 후 다음 학기부터 졸업학기까지 등록금의 50%를 지급받을 수 있다.

② 보훈대상자와 북한이탈주민의 자녀 모두 등록금 전액을 지급받을 수 있다.

③ 행정고등고시 1차 합격자는 합격일 후 다음 학기부터 졸업학기까지 등록금 전액을 지급받을 수 있다.

④ 부부가 A대학교에 같이 입학했다면 가족 장학금 신청자는 등록금의 1/3을 지급받는다.

10 **A대학교에 재학 중인 철수는 졸업까지 학기마다 다음과 같이 장학금 선발기준을 충족하였다. 철수가 졸업까지 받은 장학금의 총 금액은?(단, 매 학기 A대학교의 등록금은 400만 원이며, 복수의 장학금 선발기준 충족 시 큰 금액의 장학금만 지급된다)**

〈철수의 학기별 장학금 선발기준 충족 내역〉

1학년 1학기	1학년 2학기	2학년 1학기	2학년 2학기
로봇게임단 활동	• 로봇게임단 탈퇴 • 감정평가사 1차 합격	정규토익 성적 860점 제출	학내 행정부서에서 근로
3학년 1학기	**3학년 2학기**	**4학년 1학기**	**4학년 2학기**
참빛 장학금 선발	정규토익 성적 920점 제출	• 감정평가사 최종 합격 • 참빛 장학금 선발	비마 장학금 선발

① 1,600만 원
② 1,800만 원
③ 2,000만 원
④ 2,200만 원

※ 다음 순서도에 의해 출력되는 값을 구하시오. [11~12]

11

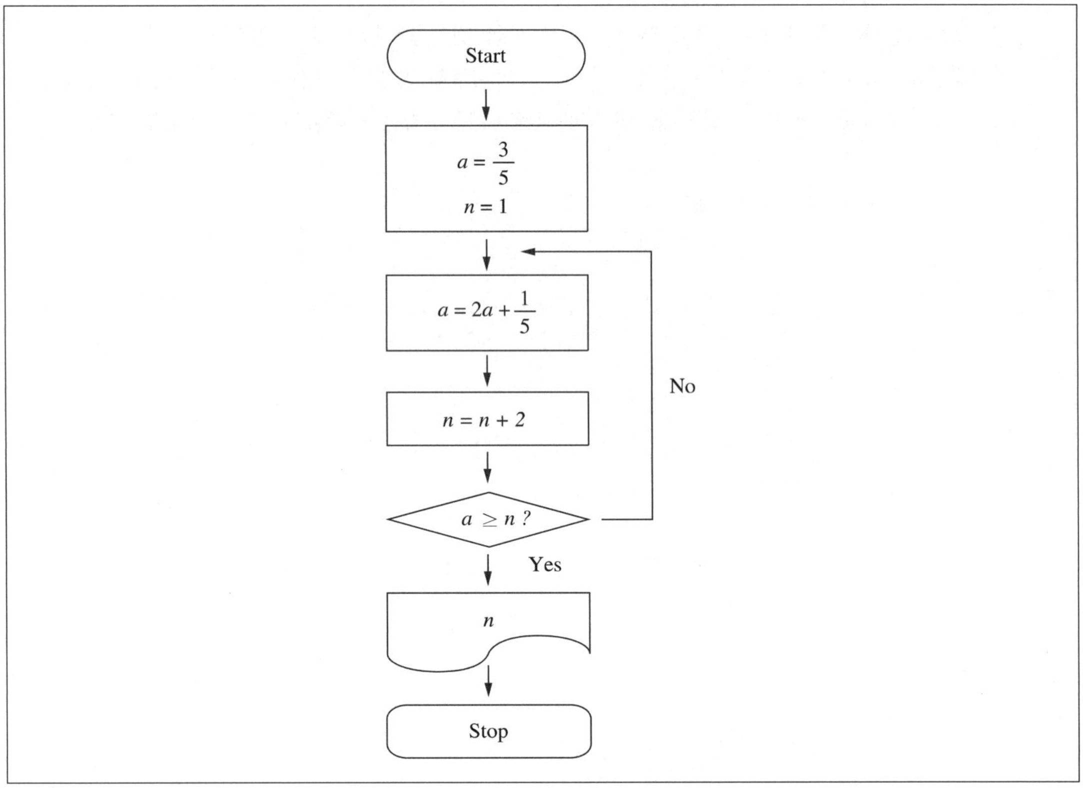

① 5
② 7
③ 9
④ 11

12

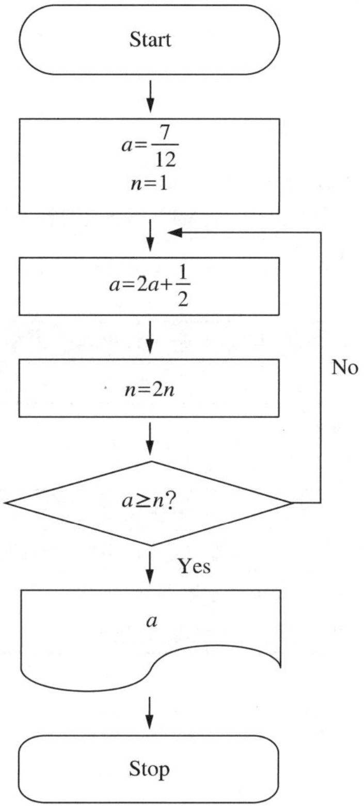

① $\frac{13}{6}$　　② $\frac{25}{6}$

③ $\frac{49}{6}$　　④ $\frac{97}{6}$

※ A주임은 차량 구입을 위한 목돈을 마련하기 위해 I은행의 적금 상품에 가입하고자 한다. 이어지는 질문에 답하시오. [13~14]

- 상품명 : 밝은미래적금
- 가입대상 : 실명의 개인
- 계약기간 : 18개월 이상 48개월 이하(월 단위)
- 정액적립식 : 신규 약정 시 약정한 월 1만 원 이상의 저축금액을 매월 약정일에 동일하게 저축
- 이자지급방식 : 만기일시지급식, 단리식
- 기본금리

구분	18개월 이상 24개월 미만	24개월 이상 36개월 미만	36개월 이상 48개월 미만	48개월
금리	연 1.4%	연 1.7%	연 2.1%	연 2.3%

※ 만기 전 해지 시 1.2%의 금리가 적용됨

- 우대금리

구분	우대조건	우대이율
우량고객	이 적금의 신규 가입 시에 예금주의 I은행 거래기간이 4년 이상인 경우	연 0.5%p
스마트뱅킹	I은행 모바일 앱을 통해 적금에 신규 가입한 경우	연 0.2%p
주택청약	이 적금의 신규일로부터 2개월이 속한 달 말일을 기준으로 주택청약종합저축을 가입한 경우	연 0.4%p

※ 본 적금 상품은 비과세상품임

13 A주임의 정보와 적금가입 계획이 다음과 같을 때, A주임이 만기 시 수령할 금액은?

- A주임은 2025년 8월 1일 자신의 스마트폰의 I은행 모바일 앱을 통해 I은행의 밝은미래적금에 가입하고자 한다.
- A주임이 계획한 가입기간은 36개월이다.
- 매월 1일 20만 원을 적금계좌로 이체한다.
- A주임은 2022년 1월 1일부터 I은행 계좌를 개설해 거래하고 있다.
- A주임은 2019년 8월 1일에 B은행의 주택청약종합저축에 가입하여 현재 보유하고 있다.

① 7,272,000원　② 7,455,300원
③ 7,580,000원　④ 7,624,000원

14 A주임은 차량 구입을 위해 더 큰 목돈을 마련하고자 적금 가입계획을 다음과 같이 수정하여 I은행의 밝은미래적금에 가입하였다. A주임이 만기 시 수령할 이자액은?

- A주임은 2025년 8월 12일 자신의 스마트폰의 I은행 모바일 앱을 통해 I은행의 밝은미래적금에 가입하였다.
- A주임의 가입기간은 40개월이다.
- 매월 1일 25만 원을 적금계좌로 이체한다.
- A주임은 사정상 2025년 8월 9일에 B은행의 주택청약종합저축을 해지하고, 2025년 9월 5일에 I은행 주택청약종합저축에 가입하였다.

① 408,720원　② 425,250원
③ 442,100원　④ 461,250원

※ 다음은 I사가 2015년부터 2024년까지 생산한 배터리의 일련번호 체계에 대한 자료이다. 이어지는 질문에 답하시오. **[15~16]**

〈배터리 일련번호 체계〉

KM3A02	K	제조공장(K=강원)
	M	제조라인(M=M라인)
	3	제조년도의 끝자리(3=2023년)
	A	제조월(A=1월)
	02	제조일자(2일)

• 제조공장

I	K	P	B	C	U
인천	강원	평택	부산	창원	울산

• 시간대별 제조라인

M	A	N
오전(09:00 ~ 12:00)	오후(13:00 ~ 18:00)	심야(20:00 ~ 01:00)

• 제조월

1월	2월	3월	4월	5월	6월	7월	8월	9월	10월	11월	12월
A	B	C	D	E	F	G	H	I	J	K	L

15 다음 중 일련번호가 'BA0I03'인 배터리에 대한 설명으로 옳은 것은?

① 2010년 부산공장에서 생산되었다.
② 'BM0I03'의 배터리보다 먼저 생산되었다.
③ 9월 3일 오후에 생산되었다.
④ 월요일 오후에 생산되었다.

16 I사의 창원공장에서는 오전, 오후, 심야의 3개조로 나뉜 직원들이 격주로 교대 근무를 한다. 2020년 5월 창원공장에 입사한 신입사원이 5월 셋째 주 월요일인 18일부터 심야시간에 근무했다고 할 때, 다음 중 신입사원이 5월 셋째 주에 생산한 배터리의 일련번호로 옳지 않은 것은?(단, 주말에는 생산라인이 가동되지 않는다)

① CN0E19
② CN0E20
③ CN0E21
④ CN0E23

※ 다음은 I사의 회의록이다. 이어지는 질문에 답하시오. [17~18]

〈회의록〉

회의일시	2025년 7월 14일	부서	생산팀, 연구팀, 마케팅팀	작성자	이○○
참석자	생산팀 팀장·차장, 연구팀 팀장·차장, 마케팅팀 팀장·차장				
회의안건	제품에서 악취가 난다는 고객 불만에 따른 원인 조사 및 대책방안				
회의내용	주문폭주로 인한 물량증가로 잉크가 덜 마른 포장상자를 사용해 냄새가 제품에 스며든 것으로 추측				
결정사항	[생산팀] 내부 비닐 포장, 외부 종이상자 포장이었던 기존 방식에서 내부 2중 비닐 포장, 외부 종이상자 포장으로 교체 [마케팅팀] 1. 주문량이 급격히 증가했던 일주일 동안 생산된 제품 전격 회수 2. 제품을 공급한 매장에 사과문 발송 및 100% 환불·보상 공지 [연구팀] 포장 재질 및 인쇄된 잉크의 유해성분 조사				

17 다음 중 회의록을 통해 알 수 있는 내용으로 옳은 것은?

① 이 조직은 6명으로 이루어져 있다.
② 회의 참석자는 총 3명이다.
③ 연구팀에서 제품을 전격 회수해 포장 재질 및 인쇄된 잉크의 유해성분을 조사하기로 했다.
④ 주문량이 많아 잉크가 덜 마른 포장상자를 사용한 것이 문제 발생의 원인으로 추측된다.

18 회의록을 참고할 때, 다음 중 회의 후 가장 먼저 해야 할 일로 가장 적절한 것은?

① 해당 브랜드의 전 제품 회수
② 포장 재질 및 인쇄된 잉크 유해성분 조사
③ 새로 도입하는 포장방식 홍보
④ 주문량이 급격히 증가한 일주일 동안 생산된 제품 파악

※ I은행은 최근 체크카드와 신용카드를 결합하는 새로운 카드 상품을 출시하였고, 다음은 새로운 카드 상품에 대한 설명서이다. 이어지는 질문에 답하시오. [19~20]

〈I은행 체크 & 신용카드〉

• 결제 Type(둘 중 하나 선택 가능)
  - 결제 잔고형
    ○ 체크카드 연결계좌에 잔고가 있는 경우에는 모든 거래는 연결계좌에서 결제
    ○ 체크카드 연결계좌에 잔고가 부족한 경우에는 해당 전체 거래금액은 신용카드로 결제
  - 체크한도 지정형
    ○ 고객님께서 체크카드 결제한도를 지정하면, 개별거래금액이 지정한도 이내의 거래이면 연결계좌에서 즉시 결제(최소 5만 원 최대 300만 원 범위 내에서 1만 원 단위로 선택 가능)
    ○ 고객의 건별 이용금액이 고객이 지정한 체크카드 결제한도를 초과하는 경우에는 전체 거래금액이 신용카드 기능으로 결제
• 체크카드 이용
  - 결제 잔고형의 경우 체크카드 이용한도(아래 이용한도 참조) 내에서만 체크카드로 결제가 가능하며, 이용한도(1회, 1일, 1개월)를 초과하는 경우 이용 불가
• 발급 자격(체크 전용의 경우)
  - 만 14세 이상의 I은행 입출금 계좌를 소유한 국민인 거주자 및 외국인 거주자
  - 만 14세 이상 만 19세 미만 미성년자인 경우 법정대리인의 동의서 필요
    ○ 법정대리인(부모님) 1인이 방문하여 신청(준비서류 : 법정대리인 신분증 및 가족 관계 확인 서류)
  - 신용기능이 부여되지 않은 체크전용카드에 교통기능을 추가하는 경우 : 만 19세 미만은 발급 불가
• 해외 구매 시(신용카드로 사용하는 경우)
  - 해외 VISA 가맹점에서 국내에서 사용하는 것과 같은 방식으로 사용 가능
  - 해외 구매 시에는 국제카드사 브랜드 수수료 1%를 포함하여 매입 일자의 전신환 매도율 적용 후 해외이용수수료(사용금액의 0.25%)가 포함된 금액이 인출되며, 제3국 통화(KRW거래 포함)는 미국 달러로 환산되어 제공됨
  - 해외 구매 건의 경우, 카드 승인 시점에 승인금액의 104%가 계좌에서 인출되며 그 후, 은행에서 전표를 매입하는 시점에 정확한 사용금액이 계좌에서 인출되므로 지급정지 금액과 실제 인출금액은 차이가 있을 수 있으며, 승인 시 인출되는 금액 104%는 브랜드 수수료(1%), 해외이용수수료(0.25%) 및 환율 변동 등을 반영하여 산정됨
  - 카드 검증을 위하여 승인만을 발생시키는 해외 호텔, 렌터카, 항공사, 주유소 등의 해외 가맹점에서는 체크카드 거래가 불가하며, 신용기능이 부여되어 있는 경우 신용카드로 결제가 될 수도 있음
  - 해외 일부 가맹점에서는 국내와 달리 카드의 승인절차를 거치지 않고 결제될 수 있으며, 이 경우 계좌의 잔액 확인 없이 결제가 이루어질 수 있음
• 해외 현금인출 시
  - 해외 현금인출 기능 추가 시 해외 I은행 자동화기기 및 전 세계 제휴 자동화기기에서 현금인출이 가능함

〈ATM 이용 시 현금인출수수료〉

구분	해외 주요 20여 개국 I은행 ATM	전 세계 VISA 제휴 ATM	중국 CUP ATM
인출 수수료	1,000원	2,000원	2,000원
네트워크 수수료	인출액의 0.1%	인출액의 0.3%	인출액의 0.2%
ATM 사용 수수료	-	5,000원	10,000원
미국	- I은행 로고가 부착된 편의점 ATM : 인출수수료 1,000원+인출금액의 0.2% - NYCE, STAR ATM : 인출수수료 2,000원+인출금액의 0.2%		

• 이용한도

– 회원의 예금계좌 잔액 범위 내에서 다음의 한도 내에 이용이 가능함

구분	1회 한도	1일 한도	1개월 한도
국내외 합산	4백만 원	7백만 원	9백만 원
해외 현금 인출 (미국 달러 기준)	–	4,000달러	25,000달러

19 **다음 중 위 카드에 대한 설명으로 옳은 것은?**

① 만 15세 이상인 A씨는 체크카드 기능만 되는 카드를 만들기 위해 본인 신분증 및 가족 관계 확인 서류를 들고 부모님을 동반하여 만들었다.

② B씨는 결제 잔고형으로 만든 카드로 720만 원짜리 명품백을 구매할 수 있었다. 당시 B씨의 연동계좌에는 천만 원의 금액이 있었다.

③ 독일에서 C씨는 하루에 2,000달러(미국 달러 기준)를 인출하였다. 당시 C씨의 계좌에는 충분한 금액이 들어 있었다.

④ D씨가 체크카드 결제한도를 40만 원으로 정한 상태로 카드를 만들어 60만 원짜리 상품을 샀다면 D씨는 체크한도 지정형 카드를 통해 40만 원은 체크카드, 20만 원은 신용카드로 결제가 된 셈이다.

20 **다음은 4명의 사람들이 I은행 카드를 가지고 해외에서 현금을 인출한 내역이다. 현금인출수수료가 세 번째로 많은 사람은 누구인가?**

- 갑 : 미국 STAR ATM에서 20만 원을 인출하였다.
- 을 : 영국 I은행 ATM에서 30만 원을 인출하였다.
- 병 : 중국 CUP ATM에서 40만 원을 인출하였다.
- 정 : 일본 VISA 제휴 ATM에서 30만 원을 인출하였다.

① 갑　　② 을

③ 병　　④ 정

※ 다음 글을 읽고 이어지는 질문에 답하시오. [21~22]

언택트(Untact)란 접촉을 뜻하는 '콘택트(Contact)'에 부정을 뜻하는 '언(Un)'을 붙여 만든 신조어로서, 고객과 대면하지 않고 서비스나 상품을 판매하는 기술이 생활 속에서 확산되는 현상을 가리킨다. 쉽게 말해 키오스크(Kiosk), 드론, VR(가상현실) 쇼핑, 챗봇 등으로 대표되는 첨단기술을 통해 사람 간의 대면 없이 상품이나 서비스를 주고받을 수 있게 된 것을 두고 '언택트'라고 하는 것이다. 최근 많은 기업과 기관에서 언택트를 핵심으로 한, 이른바 언택트 마케팅을 펼치고 있는데, 그 영역이 대면 접촉이 불가피했던 유통업계로까지 확장되면서 사람들의 관심을 모으고 있다.
어느새 우리 일상에 자리한 ㉠ 언택트 마케팅의 대표적인 예로 들 수 있는 것이 앞서 언급한 키오스크 무인주문 시스템이다. 특히 패스트푸드 업계에서 키오스크가 대폭 확산 중인데, A업체는 2014년 처음 키오스크를 도입한 후 꾸준히 늘려가고 있고, B업체도 올해까지 전체 매장의 50% 이상인 250개 곳에 키오스크를 확대할 예정이다. 이러한 흐름은 패스푸드점에만 국한되는 것이 아니며, 더 진화한 형태로 다양한 업계에서 나타나고 있다. 최근 커피전문점에서는 스마트폰 앱을 통해 주문과 결제를 완료한 후 매장에서 제품을 수령하기만 하면 되는 시스템을 구축해 나가고 있고, 마트나 백화점은 무인시스템 도입을 가속화하는 것에서 한발 더 나아가 일찌감치 '쇼핑 도우미 로봇' 경쟁을 펼치고 있다
이처럼 언택트 마케팅의 봇물이 터지는 이유는 무엇일까? 소비자들이 더 간편하고 편리한 것을 추구하는 데 따른 결과이기도 하지만, 판매 직원의 과도한 관심에 불편을 느끼는 소비자들이 늘고 있는 것도 한 요인으로 볼 수 있다. 특히 젊은 층에서 대면 접촉에 부담을 느끼는 경향이 두드러지는데, 이를 반영하듯 '관계'와 '권태기'를 합성한 신조어인 '관태기', 그리고 모바일 기기에 길들여진 젊은 층이 메신저나 문자는 익숙한 반면 전화 통화를 두려워한다는 뜻의 '콜포비아'란 신조어가 화제가 되기도 했다. 언택트 마케팅의 확산을 주도한 또 다른 요인으로는 인공지능(AI)과 빅데이터, 사물인터넷(IoT) 등 이른바 '4차 산업혁명'을 상징하는 기술의 진화를 꼽을 수 있다. 하지만 우리는 기술의 진화보다 소비자들이 언택트 기술에 익숙해지고, 나아가 편안하게 느끼기 시작했다는 것에 더 주목할 필요가 있다. 언택트 마케팅을 이해하고 전망하는 데 있어 결코 간과해선 안 될 것이 언택트 기술을 더 이상 낯설게 여기지 않는 인식이라는 이야기다.
언택트 기술의 보편화는 구매의 편의성을 높이고 소비자가 원하는 '조용한 소비'를 가능하게 한다는 점에서 긍정적으로도 볼 수 있으나, 일자리 감소와 같은 노동시장의 변화와 디지털 환경에 익숙하지 않은 고령층을 소외시키는 '언택트 디바이드(Untact Divide)'를 낳을 수 있다는 경고도 무시할 수 없다. 이와 관련해서 한 소비트렌드 분석센터는 '비대면 접촉도 궁극적으로는 인간이 중심이 되어야 한다.'며 '굳이 인력이 필요하지 않은 곳은 기술로 대체하고, 보다 대면 접촉이 필요한 곳에는 인력을 재배치하는 기술과 방법이 병행되어야 하며, 그에 따라 그동안 무료로 인식됐던 인적 서비스가 프리미엄화되면서 차별화의 핵심 요소로 등장하게 될 것'이라는 전망을 내놓고 있다.

21 **다음 중 윗글의 내용으로 적절하지 않은 것은?**

① 언택트 기술은 소비자가 원하는 '조용한 소비'를 가능하게 한다.
② 키오스크 무인주문 시스템은 다양한 업계에서 더 진화한 형태로 나타나고 있다.
③ 될 수 있는 한 인력을 언택트 기술로 대체하여 인력 낭비를 줄여야 한다.
④ 소비자들은 언택트 기술을 더 이상 낯설게 여기지 않는다.

22 **다음 중 윗글의 밑줄 친 ㉠의 사례로 보기 어려운 것은?**

① 화장품 매장의 '혼자 볼게요.' 쇼핑바구니
② 24시간 상담원과 통화연결이 가능한 고객 상담 센터
③ 매장 내 상품의 정보를 알려주는 바코드 인식기
④ 무인 편의점의 지문을 통한 결제 시스템

※ 유진이는 연금상품을 알아보기 위해 다음과 같은 정보를 찾았고, 기존에는 개인연금저축이 있던 상품이 연금저축계좌로 바뀐 것을 파악하였다. 이어지는 질문에 답하시오. **[23~24]**

〈개인연금저축 VS 연금저축계좌 비교〉

구분	개인연금저축	연금저축계좌
판매기간	2004년 6월 ~ 2010년 12월	2023년 3월 ~ 현재
가입대상	만 20세 이상 개인	제한 없음
불입금액	분기별 300만 원	연간 1,800만 원
불입기간	10년 이상	5년 이상
소득(세액) 공제 혜택	연간 납입액의 40%, 72만 원 한도에서 소득공제	연간 납입액*의 12% 세액공제 * 연 400만 원(총 급여 1.2억 초과자 300만 원)
만기 후 지급조건	만 55세 이후 5년 이상 분할수령	55세 이후 연금수령 연차별 수령한도 내에서 수령(최소 10년)
연금수령 시 과세	비과세	이자 포함 최종예상수령액의 5% 과세
중도해지 시 과세	이자소득(14%)으로 과세	기타소득(15%)으로 과세
계좌이체 가능 여부	개인연금저축으로 이체가능	연금저축계좌, 개인형 IRP로 이체가능
근거법률	조세특례제한법 제86조	소득세법 제20조 제3항

〈연금저축 상품 정보〉

구분	상품명	상품 유형	중도 인출 가능 여부	직전 3년 연간 수익률(%)			판매 이후 연평균 수익률(%)	적립률(%)		
				2025년	2026년	2027년		과거 1년	과거 5년	과거 10년
A은행	trust 연금저축신탁	투자형	가능	11.31	−5.02	8.01	4.33	100.85	120.37	143.69
B은행	연금신탁(채권형)	채권형	가능	1.75	1.07	1.90	2.92	101.06	103.77	110.20
C은행	연금저축신탁 안정형 제1호	안정형	가능	2.16	3.22	2.14	2.83	101.00	111.38	131.19

• 직전 3년 연간 수익률
최초 판매일에 가입하여 20년간 매월 일정 금액(50만 원)을 납입했다고 가정한 경우, 각 해당연도의 1월 1일부터 12월 31일까지 수익률(연 기준, 납입원금 대비)
예 2023년 9월 말 기준 직전 3년 연간 수익률 : 2020 ~ 2022년 연간(1. 1. ~ 12. 31.) 수익률(연기준, 납입원금 대비)임

• 판매 이후 연평균 수익률
최초 판매일에 가입하여 20년간 매월 일정 금액(50만 원)을 납입했다고 가정한 경우, 최초 판매일로부터 조회시점까지의 평균 수익률(연 기준, 평잔 원금 대비).
※ 평잔원금 : 적립금 형성에 기여한 수준을 고려하기 위해 납입원금에 기간별 가중치를 반영하여 평균한 금액
예 20XX년 1 ~ 12월까지 매월 납입한 원금(30만 원)의 평잔원금(연말 기준)
: $\{30(=1\text{월분})\times\frac{12}{12}+30(=2\text{월분})\times\frac{11}{12}+\cdots+30(=12\text{월분})\times\frac{1}{12}\}$만 원

• 적립률

조회시점으로부터 과거 1, 3, 5, 7, 10년 전에 가입했다고 가정한 경우, 조회시점 현재 총 납입원금 대비 적립금의 비율

예 2022년 9월 말 기준 과거 10년 적립률 : 10년 전(2012. 10. 1.)에 가입했다고 가정한 경우, 2022년 9월 말 기준까지의 총 납입원금 대비 적립금(=원금+이자 등)의 비율

• 기타 사항

※ 수익률 및 적립률은 고객이 부담하는 일체의 수수료를 차감 후 계산함

※ 상기 수익률 및 적립률에서 수익률은 일정한 가정에 따라 산출되었기 때문에 고객별 실제 수익률 및 적립률과 상이할 수 있음

23 **다음 중 위 자료에 대한 설명으로 옳지 않은 것은?**

① 개편안에 따라 연금 수령 시 세금을 더 내는 방향으로 바뀌었다.

② 기존에는 나이제한이 있었는데 새롭게 개편된 이후에는 제한이 없다.

③ 단리이자계산에서 이자율을 $r\%$, $n=12$, 월납입금은 30만 원이라고 했을 때, 평잔원금의 계산식은 "단리이자계산식÷$12r$"로 표현할 수 있다. 여기서 n은 개월 수이다.

④ 납입금액은 개편안에서 더 불입할 수 있게 되었다.

24 **유진이는 A～C은행 상품 중에서 2가지 상품에 가입하였고 다음 〈조건〉에 따라 퇴직연금을 각각 들었다. 연금 저축 상품 정보를 참고하여 2040년이 되었을 때, 두 상품에서 각각 얻는 총 금액의 차이는 얼마인가?**

〈가입 상품 세부사항〉

• 상품 1 : 연 수익률이 5% 이상인 연도가 존재하며, 가입 시기는 2008년, 10년 동안 원금 2,000만 원을 납입하였다.

• 상품 2 : 연 수익률이 마이너스가 생기는 연도가 존재하지 않고 연평균 수익률이 높은 상품이며, 가입 시기는 2024년, 10년 동안 원금 2,000만 원을 납입하였다.

〈조건〉

• 최종 계산은 적립률을 바탕으로 계산하며 적립률은 소수점에서 반올림한다.

• 연금수령 시 과세조건을 참고하여 계산하며, 기타 세금은 고려하지 않는다.

• 총 금액이란 분할수령을 하지 않고 2040년에 일시로 받을 시 얻는 금액을 말한다.

• 유진이는 2040년에 만 55세가 된다.

• 물가상승률 및 상품 1, 상품 2가 만료된 후 2040년이 될 때까지 얻는 이자수익률은 모두 고려하지 않는다.

① 790만 원 ② 800만 원

③ 810만 원 ④ 820만 원

※ 다음 글을 읽고 이어지는 질문에 답하시오. [25~26]

사람들은 은퇴 이후 소득이 급격하게 줄어드는 위험에 처할 수 있다. 이러한 위험이 발생할 경우 일정 수준의 생활(소득)을 보장해 주기 위한 제도가 공적연금제도이다. 우리나라의 공적연금제도에는 대표적으로 국민의 노후 생계를 보장해 주는 국민연금이 있다.

공적연금제도는 강제가입을 원칙으로 한다. 연금은 가입자가 비용은 현재 지불하지만 그 편익은 나중에 얻게 된다. 그러나 사람들은 현재의 욕구를 더 긴박하고 절실하게 느끼기 때문에 불확실한 미래의 편익을 위해서 당장은 비용을 지불하지 않으려는 경향이 있다. 또한 국가는 사회보장제도를 통하여 젊은 시절에 노후를 대비하지 않은 사람들에게도 최저생계를 보장해 준다. 이 경우 젊었을 때 연금에 가입하여 성실하게 납부한 사람들이 방만하게 생활한 사람들의 노후생계를 위해 세금을 추가로 부담해야 하는 문제가 생긴다. 그러므로 국가가 나서서 강제로 연금에 가입하도록 하는 것이다.

공적연금제도의 재원을 충당하는 방식은 연금 관리자의 입장과 연금 가입자의 입장에서 각기 다르게 나누어 볼 수 있다. 연금 관리자의 입장에는 '적립방식'과 '부과방식'의 두 가지가 있다.

'적립방식'은 가입자가 낸 보험료를 적립해 기금을 만들고 이 기금에서 나오는 수익으로 가입자가 납부한 금액에 비례하여 연금을 지급하지만, 연금액은 확정되지 않는다. '적립방식'은 인구 구조가 변하더라도 국가는 재정을 투입할 필요가 없고, 받을 연금과 내는 보험료의 비율이 누구나 일정하므로 보험료 부담이 공평하다. 하지만 일정한 기금이 형성되기 전까지는 연금을 지급할 재원이 부족하므로, 제도 도입 초기에는 연금 지급이 어렵다. '부과방식'은 현재 일하고 있는 사람들에게서 거둔 보험료로 은퇴자에게 사전에 정해진 금액만큼 연금을 지급하는 것이다. 이는 '적립방식'과 달리 세대 간 소득 재분배 효과가 있으며, 제도 도입과 동시에 연금 지급을 개시할 수 있다는 장점이 있다. 다만 인구 변동에 따른 불확실성이 있다. 노인 인구가 늘어나 역삼각형의 인구구조가 만들어질 때는 젊은 세대의 부담이 증가되어 연금 제도를 유지하기가 어려워질 수 있다.

연금 가입자의 입장에서는 납부하는 금액과 지급 받을 연금액의 관계에 따라 '확정기여방식'과 '확정급여방식'으로 나눌 수 있다. 확정기여방식은 가입자가 일정한 액수나 비율로 보험료를 낼 것만 정하고 나중에 받을 연금의 액수는 정하지 않는 방식이다. 이는 연금 관리자의 입장에서 보면 '적립방식'으로 연금 재정을 운용하는 것이다. 그래서 이 방식은 이자율이 낮아지거나 연금 관리자가 효율적으로 기금을 관리하지 못하는 경우에 개인이 손실 위험을 떠안게 된다. 또한 물가가 인상되는 경우 확정기여에 따른 적립금의 화폐가치가 감소되는 위험도 가입자가 감수해야 한다.

확정급여방식은 가입자가 얼마의 연금을 받을지를 미리 정해 놓고, 그에 따라 개인이 납부할 보험료를 정하는 방식이다. 이는 연금 관리자의 입장에서는 '부과방식'으로 연금 재정을 운용하는 것이다. 나중에 받을 연금을 미리 정하면 기금 운용 과정에서 발생하는 투자의 실패는 연금 관리자가 부담하게 된다. 그러나 이 경우에도 물가상승에 따른 손해는 가입자가 부담해야 하는 단점이 있다.

25 윗글을 읽고 공적연금의 재원 충당 방식 중 '적립방식'과 '부과방식'을 비교한 내용으로 적절하지 않은 것은?

	항목	적립방식	부과방식
①	연금 지급 재원	가입자가 적립한 기금	현재 일하는 세대의 보험료
②	연금 지급 가능 시기	일정한 기금이 형성된 이후	제도 시작 즉시
③	세대 간 부담의 공평성	세대 간 공평성 미흡	세대 간 공평성 확보
④	소득 재분배 효과	소득 재분배 어려움	소득 재분배 가능

26 윗글을 읽고 다음 상황에 대해 보일 반응으로 적절하지 않은 것은?

> ○○회사는 이번에 공적연금방식을 준용하여 퇴직연금제도를 새로 도입하기로 하였다. 이에 회사는 직원들이 퇴직연금방식을 확정기여방식과 확정급여방식 중에서 선택할 수 있도록 하였다.

① 확정기여방식은 부담금이 공평하게 나눠지는 측면에서 장점이 있어.
② 확정기여방식은 기금을 운용할 회사의 능력에 따라 나중에 받을 연금액이 달라질 수 있어.
③ 확정급여방식은 물가가 많이 상승하면 연금액의 실질적 가치가 하락할 수 있어.
④ 확정급여방식은 투자 수익이 부실할 경우 가입자가 보험료를 추가로 납부해야 하는 문제가 있어.

※ 다음은 I공사의 성과급 지급기준 및 경영지원팀 A팀장, B대리, C주임, D주임, E사원에 대한 성과평가 결과에 대한 자료이다. 이어지는 질문에 답하시오. **[27~28]**

〈성과급 지급 기준〉

• 직원들의 성과급은 평정점수에 따라 지급한다.
• 평정점수는 성과평가 결과에 따라 다음 5등급으로 나눈 평가항목별 기준점수에 해당하는 각 점수의 총합으로 계산한다.

〈평가항목별 기준점수〉

(단위 : 점)

구분	업무량	업무수행 효율성	업무협조성	업무처리 적시성	업무결과 정확성
탁월	10	25	25	20	20
우수	8	20	20	16	16
보통	6	15	15	12	12
부족	4	10	10	8	8
열등	2	5	5	4	4

〈평정점수 구간에 따른 직책별 성과급 지급액〉

구분	80점 이상	80점 미만 75점 이상	75점 미만 70점 이상	70점 미만
팀장	120만 원	100만 원	75만 원	40만 원
팀원	90만 원	80만 원	70만 원	45만 원

〈경영지원팀 성과평가 결과〉

구분	업무량	업무수행 효율성	업무협조성	업무처리 적시성	업무결과 정확성
A팀장	탁월	부족	우수	보통	탁월
B대리	우수	열등	보통	우수	탁월
C주임	우수	탁월	탁월	열등	우수
D주임	탁월	부족	우수	보통	부족
E사원	우수	탁월	보통	우수	탁월

27 경영지원팀 팀원들의 성과급 지급액은 성과급 지급 기준에 따라 결정된다. 다음 〈보기〉 중 경영지원팀의 각 팀원에게 지급될 성과급에 대한 설명으로 옳은 것을 모두 고르면?

〈보기〉

㉠ 평정점수가 높은 직원일수록 더 많은 성과급을 지급받는다.
㉡ 동일한 금액의 성과급을 지급받는 직원이 2명 이상 있다.
㉢ A팀장이 지급받을 성과급은 D주임이 지급받을 성과급의 2배 이상이다.
㉣ E사원이 가장 많은 성과급을 지급받는다.

① ㉠, ㉡
② ㉠, ㉢
③ ㉡, ㉣
④ ㉢, ㉣

28 성과급 지급액을 산정하던 중 성과평가 과정에서 오류가 발견되어, 다시 성과평가를 실시하였다. 성과평가를 다시 실시한 결과 다음과 같이 평가 결과가 수정되었다고 할 때, 두 번째로 많은 성과급을 지급받는 직원은?

- B대리의 업무량 평가 : 우수 → 보통
- C주임의 업무처리 적시성 평가 : 열등 → 우수
- D주임의 업무수행 효율성 평가 : 부족 → 열등
- E사원의 업무결과 정확성 평가 : 탁월 → 보통

① A팀장
② C주임
③ D주임
④ E사원

※ 다음은 우리나라의 13대 수출 주력 품목에 대한 자료이다. 이어지는 질문에 답하시오. **[29~30]**

〈전체 수출액 대비 13대 수출 주력 품목의 수출액 비중〉

(단위 : %)

품목 \ 연도	2022년	2023년	2024년
가전	1.83	2.35	2.12
무선통신기기	6.49	6.42	7.28
반도체	8.31	10.04	11.01
석유제품	9.31	8.88	6.09
석유화학	8.15	8.35	7.11
선박류	10.29	7.09	7.75
섬유류	2.86	2.81	2.74
일반기계	8.31	8.49	8.89
자동차	8.16	8.54	8.69
자동차부품	4.09	4.5	4.68
철강제품	6.94	6.22	5.74
컴퓨터	2.25	2.12	2.28
평판디스플레이	5.22	4.59	4.24
합계	82.21	80.4	78.62

〈13대 수출 주력 품목별 세계수출시장 점유율〉

(단위 : %)

품목 \ 연도	2022년	2023년	2024년
가전	2.95	3.63	2.94
무선통신기기	6.77	5.68	5.82
반도체	8.33	9.39	8.84
석유제품	5.6	5.2	5.18
석유화학	8.63	9.12	8.42
선박류	24.55	22.45	21.21
섬유류	2.12	1.96	1.89
일반기계	3.19	3.25	3.27
자동차	5.34	5.21	4.82
자동차부품	5.55	5.75	5.5
철강제품	5.47	5.44	5.33
컴퓨터	2.23	2.11	2.25
평판디스플레이	23.23	21.49	18.5

29 위 자료에서 13대 수출 주력 품목 중 2022 ~ 2024년까지 수출액이 매년 가장 컸던 품목들이 전체 수출액에서 차지하는 비중을 모두 더한 값은?

① 31.34%
② 31.44%
③ 32.34%
④ 32.44%

30 다음 〈보기〉 중 위 자료에 대한 설명으로 옳은 것을 모두 고르면?

> ㉠ 13대 수출 주력 품목 중 2023년 수출액이 큰 품목부터 차례대로 나열하면 반도체, 석유제품, 자동차, 일반기계, 석유화학, 선박류 등의 순이다.
> ㉡ 13대 수출 주력 품목 중 2022년에 비해 2024년에 전체 수출액 대비 수출액 비중이 상승한 품목은 총 7개이다.
> ㉢ 13대 수출 주력 품목 중 세계수출시장 점유율 상위 5개 품목의 순위는 2022년과 2023년이 동일하다.

① ㉠
② ㉡
③ ㉠, ㉡
④ ㉠, ㉡, ㉢

※ 다음 상황을 보고 이어지는 질문에 답하시오. [31~32]

해외배송 대행 기업의 사원인 I는 고객이 M국 온라인 쇼핑몰에서 구매하는 물품의 국내 배송 과정과 관련한 전반적인 지원업무를 맡고 있다.

〈배송대행 절차〉

회원가입 후 센터별 개인 고유주소 발급 → M국 온라인 쇼핑몰에서 원하는 상품 결제 → 배송신청서 작성 → 배송지로 지정한 센터로 배송완료 확인 후 1시간 이내 무게 측정 → 마이페이지에서 배송대행요금 결제 → 국내 배송완료까지 2 ~ 5일 추가 소요(센터 안내 참조)

〈배송비용 안내〉

무게	요금
2lbs 미만	$11
4lbs 미만	$16
6lbs 미만	$21
8lbs 미만	$26
10lbs 미만	$31
10lbs 이상	$32+0.5lbs당 $2 추가

※ 센터별 규정과 내용물의 부피에 따라 실측무게가 아닌 부피무게에 따라 계산될 수 있음(센터 안내 참조)
※ 부피무게(lbs)=가로(인치)×세로(인치)×높이(인치)÷166
※ 10lbs 이상일 때, 0.5lbs당 $2 요금 추가 시 추가 무게는 소수점을 버림하고 계산함

〈센터 안내〉

저희 ENJOY M에서는 다음과 같이 M국 내에 3개의 배송대행 센터를 운영하고 있사오니, M국 내 배송 시 다음을 참조하기 바랍니다.

1. C센터
   - 면세구역으로 세금이 붙지 않습니다.
   - 오후 2시 이전 결제 기준으로 국내배송까지 5일 내로 소요됩니다.
   - 실무게와 부피무게 중 더 큰 쪽으로 배송요금이 적용됩니다.
2. D센터
   - 상품 금액의 10% 부가세가 있습니다(배송요금 결제 시 추가결제).
   - 오후 2시 이전 결제 기준으로 국내배송까지 2일 내로 소요됩니다.
   - 부피무게가 실무게의 3배가 넘지 않으면 실무게를 적용합니다.
3. G센터
   - 상품 금액의 5% 부가세가 있습니다(배송요금 결제 시 추가결제).
   - 오후 2시 이전 결제 기준으로 국내배송까지 3일 내로 소요됩니다.
   - 실무게와 부피무게 중 더 큰 쪽으로 배송요금이 적용됩니다.

※ 한국과의 시차는 C센터와 G센터가 +5:00, D센터가 +7:00이므로 배송 시일 계산 시 참고 바람

31 다음 고객의 문의 내용에 따라 고객이 이용해야 할 배송지와 예상 배송요금을 바르게 연결한 것은?

> 비용과 배송날짜 문의드립니다.(12/19 14:49)
>
> 안녕하세요. 쇼핑몰에서 물품 1개를 주문하려고 합니다. 물품의 가격은 $75입니다. 쇼핑몰에 문의해 보니 무게는 7.5lbs이고, 부피는 겉포장을 포함하여 가로가 12인치, 세로가 10인치, 높이가 15인치라고 합니다. 그리고 당일발송이 가능하며 배송완료까지 C와 D지역까지는 1일, G지역까지는 2일이 걸린다고 합니다(배송시간은 세 지역 동일하게 오후 2시 이전에 가능하다고 합니다). 부모님께 드리는 크리스마스 선물이기 때문에 꼭 5일 안에 받고 싶고, 되도록 가장 저렴한 가격이었으면 좋겠습니다. 배송지역으로 어떤 센터를 이용해야 할까요? 또, 총 견적은 얼마나 나올까요?

	이용할 센터	배송요금
①	C	$33.5
②	D	$33.5
③	D	$35.0
④	G	$33.5

32 I는 C센터 현지 출장을 갔다가 C센터 물류팀 직원들의 합포장 업무를 돕게 되었다. 다음은 C센터가 보유하고 있는 합포장 상자의 종류 및 무게와 I가 처리해야 할 상품의 목록이다. 김○○, 손□□, 박△△ 세 고객의 배송요금의 합을 구하면?(단, 합포장된 상품의 무게는 소수점 둘째 자리에서 올림한다)

〈합포장 상자 종류 및 상자의 무게〉

- 15×15×15(인치) – 0.15lbs
- 18×18×18(인치) – 0.31lbs
- 21×21×21(인치) – 0.84lbs
- 25×25×25(인치) – 1.2lbs
- 27×27×27(인치) – 1.7lbs
- 30×30×30(인치) – 2.3lbs

고객명	구분 \ 상품	상품 1	상품 2	상품 3	상품 4
김○○	무게	12.5lbs	33.3lbs	10.2lbs	–
	부피	3×1×2.5(인치)	15×10×5(인치)	10×2.5×20(인치)	–
손□□	무게	4.5lbs	2.7lbs	0.5lbs	4.2lbs
	부피	8×5×3.8	5×5.4×3	6×6.5×8	4.1×7×6.6
박△△	무게	24.3lbs	15.1lbs	–	–
	부피	10.5×5×8	15×13×10	–	–

※ 고객 1명의 상품은 하나의 상자에 합포장해야 하며, 실무게 측정 및 부피무게 측정은 최종 합포장된 결과물을 기준으로 함

① $392
② $402
③ $436
④ $464

※ 다음은 ISA상품의 내용 및 절세효과에 대한 설명이다. 이어지는 질문에 답하시오. **[33~34]**

• ISA(개인종합자산관리계좌)
가입자가 예금, 펀드, ELS 등 다양한 금융상품을 선택하여 통합관리 가능한 계좌

• 상품내용

구분	일반형	서민형	청년형
가입대상	• 근로소득자 • 사업소득자 • 농어민	• 총급여액 : 5천만 원 이하 근로자 • 소득금액 : 3천 5백만 원 이하 사업자 • 농어민(단, 소득이 일반형 기준(근로소득 5천만 원, 사업소득 3천 5백만 원)을 초과 시 일반형 적용)	• 일반형 요건 충족자 중 – 15세 이상 29세 이하인 자 – 자산형성지원금 수령자
가입금액	연간 2천만 원 한도(5년간 총 1억 원) ※ 재형저축, 소득공제장기펀드 보유고객은 2천만 원에서 해당 상품의 연간한도 차감 ※ 연간 가입한도를 초과하는 금액은 개별상품 투자 시 세율 적용		
판매기한	2025.12.31까지(일임형 / 신탁형 ISA 동일)		
최소 가입금액	일임형 ISA : 10,000원 / 신탁형 ISA : 원 단위		
비과세 한도	200만 원	400만 원	200만 원
가입기간	5년	5년	5년
의무기간	5년	3년	3년

• 세율

구분	세금 계산방식	적용세율
개별상품 투자 시	순이익×세율	15.4%(이자소득세 14%+지방소득세 1.4%)
ISA계좌 손익통산 시	순이익×세율	9.9%(이자소득세 9%+지방소득세 0.9%)

※ (순이익)=(투자이익)−(투자손익)

33 김대리는 ISA계좌를 개설하고자 한다. 김대리의 상황이 다음과 같을 때, 김대리가 ISA계좌 개설을 통해 얻을 수 있는 절세금액은?

- 김대리의 현재 투자현황 및 연이윤은 다음과 같다.

구분	A펀드	B펀드	C채권	D채권
순이익	205만 원	170만 원	220만 원	315만 원

- 김대리의 연간 총급여액은 5,500만 원이다.
- 김대리의 나이는 30세이다.
- 김대리는 연간한도 500만 원의 재형저축을 보유하고 있다.
- 김대리는 일임형 ISA계좌를 개설하고자 한다.

① 280,500원
② 405,900원
③ 500,500원
④ 698,500원

34 다음 중 ISA계좌 개설 후 순이익에 대한 세액이 가장 적은 사람부터 순서대로 나열한 것은?

- 연간 펀드투자 순이익이 275만 원, 채권 순이익이 210만 원이고 연간 총소득이 3,200만 원인 45세 사업자 A
- 연간 펀드투자 순이익이 25만 원, 채권 순이익이 40만 원이며 연간 총소득이 250만 원인 22세 대학생 B
- 연간 펀드투자 순이익이 110만 원, 채권 순이익이 210만 원이고 연간 총소득이 5,250만 원인 32세 근로자 C
- 연간 펀드투자 순이익이 970만 원, 채권 순이익이 860만 원이며, 연간한도 500만 원의 소득공제장기펀드를 보유 중이고 연간 총소득이 8,900만 원인 40세 사업자 D

※ 서민형 ISA계좌가 개설가능한 경우 일반형 ISA계좌가 아닌 서민형 ISA계좌를, 청년형 ISA계좌가 개설가능한 경우 일반형 혹은 서민형 ISA계좌가 아닌 청년형 ISA계좌를 개설함

① A－B－C－D
② A－C－B－D
③ B－A－C－D
④ B－C－A－D

※ 다음은 A대리의 출근 경로에 대한 자료이다. 이어지는 질문에 답하시오. **[35~36]**

- A대리는 자녀의 학교까지 함께 이동하며 자녀를 바래다준 후, 자신의 직장으로 이동한다. 이를 나타내는 경로는 다음과 같다.

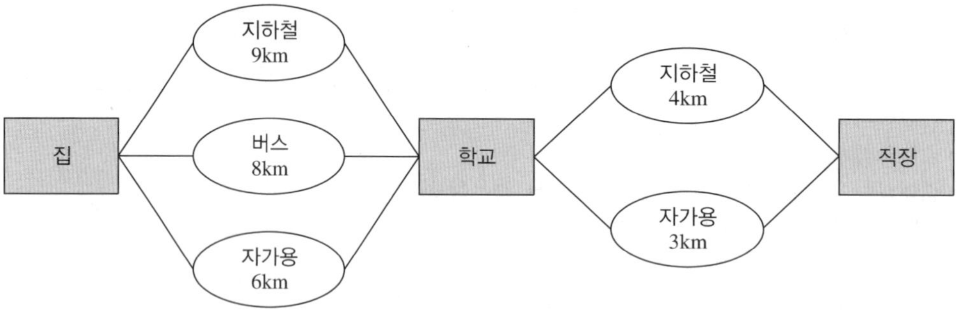

- 각 교통수단의 속도는 다음과 같으며, 수단별로 모든 구간에서의 속도는 동일하다.

구분	지하철	버스	자가용
속도	50km/h	40km/h	30km/h

35 다음 중 A대리가 집에서 출발하여 자녀를 학교에 데려다준 후 직장에 도착하기까지 소요되는 시간이 가장 짧은 것은?

① 지하철 – 지하철
② 지하철 – 자가용
③ 버스 – 지하철
④ 자가용 – 자가용

36 인근 지하철 역사 공사 및 도심 교통 통제로 인해 다음과 같이 교통수단별 속도가 변하였다. 이를 고려할 때, 다음 중 A대리가 집에서 출발하여 자녀를 학교에 데려다준 후 직장에 도착하기까지 소요되는 시간이 가장 짧은 것은?

구분	지하철	버스	자가용
속도	30km/h	30km/h	25km/h

① 지하철 – 자가용
② 버스 – 지하철
③ 자가용 – 지하철
④ 자가용 – 자가용

※ 귀하는 회사 내 직원복지제도 중 하나인 온라인 강의 및 도서 제공 서비스를 담당하고 있으며, 다음은 귀하가 제작한 자료이다. 이어지는 질문에 답하시오. **[37~38]**

〈FAQ〉

Q1. 도서 환불 규정
Q2. 동영상 프로그램 재설치 방법
Q3. 스트리밍서버에 접근 오류 대처방법
Q4. 플레이어 업데이트를 실패하였을 때 대처방법
Q5. 동영상 강좌 수강신청 방법
Q6. 수강 중인 강의의 수강 잔여일 또는 수강 종료일은 어디서 확인하나요?
Q7. 수강기간은 어떻게 되나요?
Q8. 동영상 환불 규정
Q9. 강좌의 수강 횟수가 정해져 있나요?
Q10. 동영상 플레이어 끊김 또는 화면이 안 나올 때 대처 방법

37 귀하는 인트라넷 개편에 따라 기존 정보를 분류하여 다음과 같이 정리하려고 한다. ㉠, ㉡에 들어갈 수 있는 질문이 바르게 연결된 것은?

Best FAQ		
환불	수강방법	동영상 오류
㉠	㉡	Q2, Q3, Q4

① ㉠ : Q1, Q5
② ㉠ : Q6, Q8
③ ㉡ : Q5, Q10
④ ㉡ : Q6, Q9

38 총무팀에 근무하는 B씨는 지난달 중국어 강의를 신청했지만, 새로운 프로젝트를 진행하게 되면서 강의를 거의 듣지 못했다. 프로젝트가 마무리 단계에 접어들자 저번에 신청했던 중국어 강의가 생각이 난 B씨는 직원복지팀의 귀하에게 아직 남은 수강일이 며칠인지, 수강기간이 얼마 남지 않았다면 강의를 취소하고 도서와 함께 환불받을 수 있는지 문의했다. 귀하가 B씨에게 참고하라고 알려줄 수 있는 경로로 가장 적절한 것은?

① [인트라넷] – [직원복지제도] – [온라인 강의] – [FAQ] – [Q1, Q6, Q8]
② [인트라넷] – [직원복지제도] – [온라인 강의] – [FAQ] – [Q2, Q4, Q5]
③ [인트라넷] – [직원복지제도] – [온라인 강의] – [FAQ] – [Q3, Q7, Q8]
④ [인트라넷] – [직원복지제도] – [온라인 강의] – [FAQ] – [Q6, Q8, Q10]

※ 다음 순서도 기호를 참고하여 이어지는 질문에 답하시오. [39~40]

〈순서도 기호〉

기호	설명	기호	설명
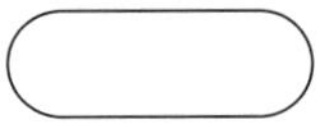	시작과 끝을 나타낸다.	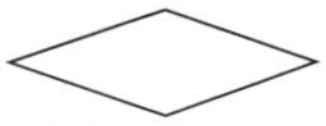	어느 것을 택할 것인지를 판단한다.
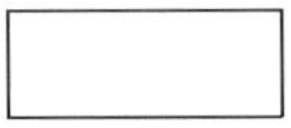	데이터를 입력하거나 계산하는 등의 처리를 한다.		선택한 값을 인쇄한다.

39 다음은 온라인에서 진행하는 S사 포인트 교환 행사의 과정에 대한 순서도이다. H씨가 이 행사에 참여하려 했지만, [4번 알림창]이 출력되며 참여할 수 없었다. 이때, H씨가 확인해야 할 것은?

〈순서도〉

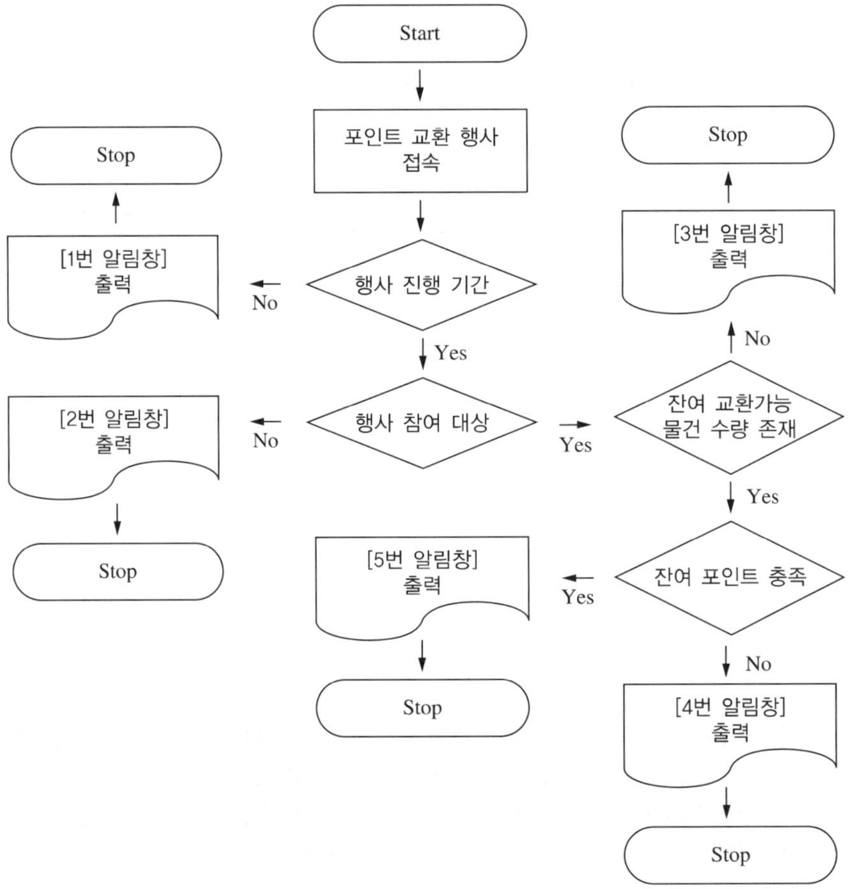

① 행사 진행 기간
② 행사 참여 대상 여부
③ 잔여 교환가능 물건 수량
④ 잔여 포인트 확인

40 다음은 S대학교의 수강신청 과정에 대한 순서도이다. B씨가 수강신청을 하였으나, [5번 알림창]이 출력되었을 때, 그 이유로 가장 적절한 것은?

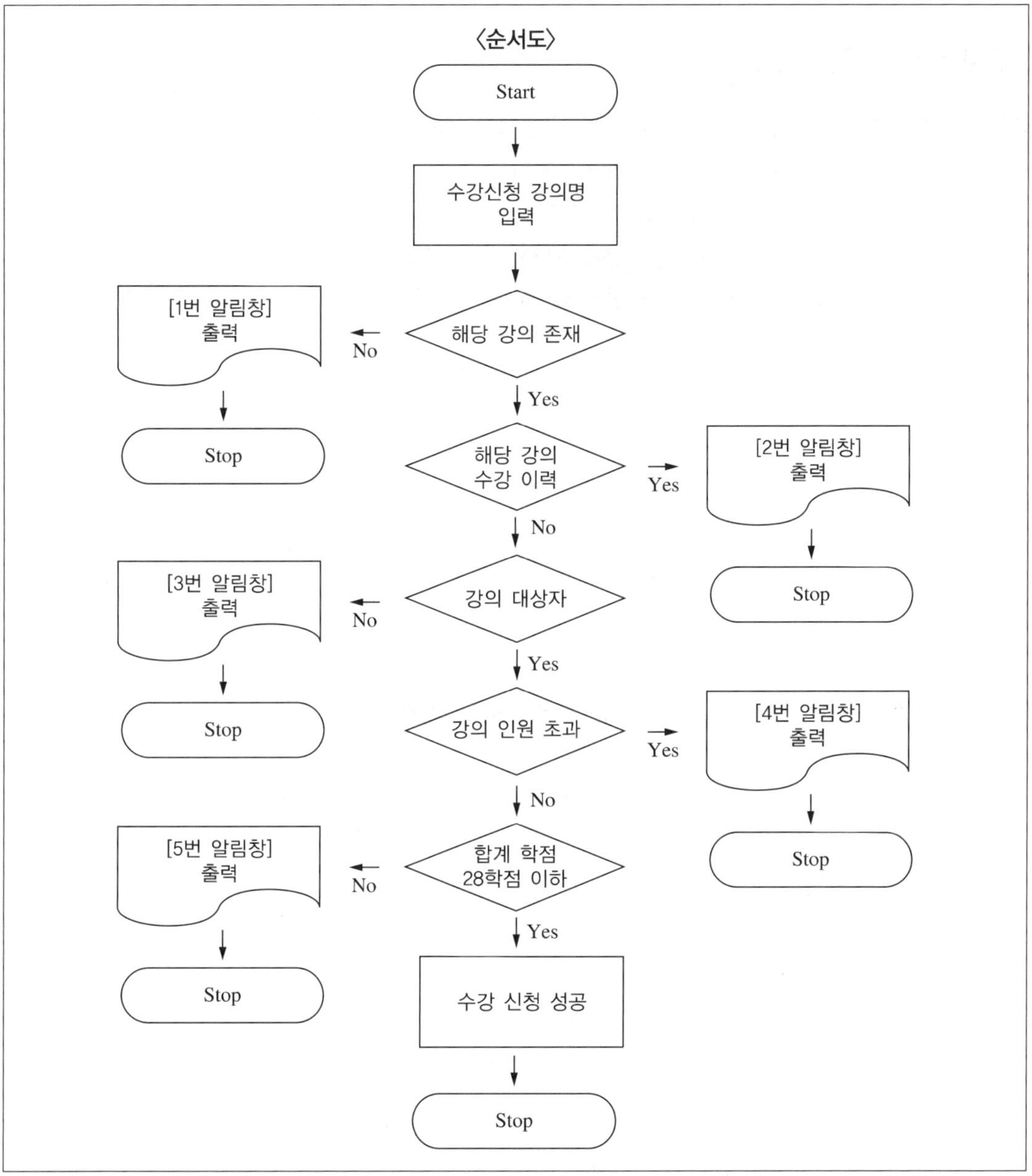

① 이미 수강 이력이 있는 강의이다.
② 해당 강의 수강신청 대상자가 아니다.
③ 수강신청을 성공하였다.
④ 합계 학점이 28학점을 초과하였다.

| 금융일반 - 객관식 |

01 다음 중 수요－공급 가격탄력성에 대한 설명으로 옳지 않은 것은?

① 기업은 공급의 가격탄력성을 고려하여 가격정책을 결정한다.
② 수요의 가격탄력성은 수요량의 변화율을 가격의 변화율로 나누어 구한다.
③ 사치재의 경우 수요의 가격탄력성이 크다고 할 수 있다.
④ 농산물의 경우 공급의 가격탄력성이 작다고 할 수 있다.

02 다음 중 자산과 자본이 모두 감소하는 경우로 옳은 것은?

① 기업이 감자를 실시하는 경우
② 영업손실이 누적되어 자본잠식이 발생하는 경우
③ 기업의 이익잉여금이 증가하는 경우
④ 기업이 부채를 상환할 경우

03 다음 중 자기주식 처분이익에 대한 설명으로 옳지 않은 것은?

① 회사가 자기주식을 매입한 뒤 이를 처분하여 발생한 이익을 의미한다.
② 자기주식 처분이익은 자본잉여금 항목으로 처리한다.
③ 자기주식 처분손실은 자본조정 항목으로 처리한다.
④ 자기주식 처분이익은 법인세 과세대상이다.

04 **다음 중 구매력평가설에 대한 설명으로 옳지 않은 것은?**

① 서로 다른 나라 간 환율은 각국의 물가수준 차이를 반영해서 결정된다.
② 환율은 두 나라의 물가수준을 같게 만든다.
③ 일물일가의 법칙을 적용하는 이론이다.
④ 투자가치가 높은 나라의 통화가치를 높여 자본유입을 유도한다.

05 **다음 중 적응적 기대와 합리적 기대에 대한 설명으로 옳지 않은 것은?**

① 합리적 기대는 고전학파가 주장한 내용이다.
② 적응적 기대는 통화주의학파가 주장한 내용이다.
③ 합리적 기대는 단기적인 재정, 통화 정책을 통해 실업률 등을 통제할 수 있다고 본다.
④ 적응적 기대는 과거의 수치를 통해 미래의 수치를 예측할 수 있다고 본다.

06 **다음 중 자산의 유동성을 가장 잘 설명하는 것은?**

① 자산의 현금화 용이성
② 자산가격의 변동성
③ 자산가격의 예측가능성
④ 자산가격의 불변성

07 다음 〈보기〉의 내용을 참고하여 구한 해당 대출의 금리는?

〈보기〉

- A는 은행에서 1,800만 원을 대출기간 3년, 원금균등상환 방식으로 대출받았다.
- A가 은행에 1회 차 납부한 상환금은 590,000원이며, 매월 납부할 계획이다.

① 5.6%
② 6.0%
③ 6.3%
④ 7.5%

08 다음 중 IS－LM분석이론에서 IS곡선의 기울기에 영향을 미치는 요인은?

① 통화량의 변동
② 정부지출의 증감
③ 독립투자의 증감
④ 한계소비성향의 증감

09 다음 〈보기〉의 내용과 같이 수요공급곡선이 이동하는 원인으로 옳은 것은?

〈보기〉

수요곡선이 오른쪽으로 이동하고, 공급곡선이 왼쪽으로 이동하여 균형거래량은 감소하고, 균형가격은 증가하였다.

① A기업의 제품에 하자가 발생하여 소비자들의 불신이 깊어져 제품생산이 중단되었다.
② B기업 제품의 원재료 가격이 하락하여 제품가격이 하락하였고, 이에 B기업은 제품가격 하락을 방어하기 위해 제품생산을 10% 줄였다.
③ C기업의 경쟁사 부도로 C기업 제품이 시장을 독점하게 되어 C기업은 제품생산을 기존보다 획기적으로 늘렸다.
④ D기업이 기존 제품보다 훨씬 뛰어난 신제품을 개발하여 소비자들의 많은 관심을 받았으나, 원재료 가격 상승으로 인해 생산량을 부득이하게 줄이게 되었다.

10 **다음 중 사회적 후생에 대한 설명으로 옳지 않은 것은?**

① 사회적 후생손실은 사적비용에서 다른 구성원에게 미치는 손실을 제외한 것을 의미한다.
② 사회후생은 구성원 개인의 효용수준에 의해 결정된다.
③ 동일한 수준의 사회후생을 주는 점을 연결한 선을 사회무차별곡선이라 한다.
④ 파레토 기준에 따르면 다른 구성원에게 손실을 주지 않고 구성원의 후생을 증가시키면 사회후생은 증가한다.

11 **다음 중 듀레이션에 대한 설명으로 옳지 않은 것은?**

① 채권가격이 이자율 변동에 얼마나 민감하게 반응하는지 나타내는 지표이다.
② 듀레이션이 길수록 채권가격은 금리변동에 더 탄력적으로 반응한다.
③ 만기가 멀수록 듀레이션도 길어진다.
④ 금리상승기에는 듀레이션이 긴 채권일수록 가격 하락폭이 작아진다.

12 **다음 중 완전경쟁과 독점의 경제적 효과에 대한 설명으로 옳지 않은 것은?**

① 완전경쟁은 자원의 최적배분을 가능하게 한다.
② 독점의 경우에는 생산비가 그 재화에 대한 사회적 한계비용의 중요성보다 높다.
③ 독점은 사회의 희소한 자원을 비효율적으로 사용하게 한다.
④ 독점은 장기에도 초과이윤을 얻으므로 불공평한 소득분배를 초래하기 쉽다.

13 어떤 재화의 가격이 2,000원일 때의 수요량은 20단위였다. 이 재화의 가격이 3,000원일 때 수요량은 15단위로 감소하였다. 다음 중 옳은 것은?

① 이 재화는 사치재이다.
② 이 재화의 수요는 가격탄력적이다.
③ 이 재화의 대체재는 많다.
④ 이 재화의 경우 가격을 하락시키면 기업의 판매수입도 감소할 것이다.

14 노동의 한계생산물이 자본의 한계생산물의 4배이고, 임금이 자본임대료의 5배라면 다음 중 생산자의 가장 합리적인 선택은?

① 노동고용량을 감소시키고, 자본고용량을 증가시킨다.
② 노동고용량을 감소시키고, 자본고용량도 감소시킨다.
③ 노동고용량을 증가시키고, 자본고용량도 증가시킨다.
④ 노동고용량을 증가시키고, 자본고용량을 감소시킨다.

15 소득분배의 상태를 평가하기 위한 척도로서 지니계수가 널리 사용되고 있다. 어떤 사회의 소득이 어느 한 사람에게 집중되어 있다면 지니계수의 값은?

① 1
② 0.5
③ 0
④ ∞

16 다음 중 한계생산력에 따라 생산물을 분배하게 될 경우 나타나는 현상은?

① 소득의 공평한 분배를 가져온다.
② 자원의 공평한 배분을 가져온다.
③ 빈부의 격차를 심화시킨다.
④ 분배국민소득이 증가한다.

17 다음 중 경제지대에 대한 설명으로 옳은 것은?

① 토지의 사용에 대한 대가를 말하는 것으로 토지 이외의 생산요소에는 적용되지 않는 개념이다.
② 경제 외적 요인이 비슷한 상황에서 한 요소가 다른 용도로 사용되지 않도록 하는 데 필요한 최소한의 지출이다.
③ 다른 용도로 사용되지 않도록 하는 데 필요한 최소한의 지출을 초과하여 한 요소에게 지불된 요소소득이다.
④ 토지의 생산력에 관계없이 토지를 소유하고 있다는 그 사실만으로 토지소유자가 얻게 되는 지대를 말한다.

18 다음 중 수요견인 인플레이션에 대한 설명으로 옳지 않은 것은?

① 임금, 원자재 값, 금리 등 생산비용 상승이 원인이 된다.
② 경기호조에 따라 총수요가 증가하여 물가가 상승하는 현상을 의미한다.
③ 고전학파는 과도한 통화량 증가가 수요견인 인플레이션의 원인으로 보았다.
④ 초과수요가 발생하여야 나타나는 현상이다.

19 다음 중 대국의 관세효과에 대한 설명으로 옳지 않은 것은?

① 관세를 부과하면 소비자의 소비가 줄어들고 생산자는 가격을 내리게 된다.
② 소비자와 생산자 모두 관세부담을 갖게 된다.
③ 사회적 후생손실은 소국보다 작다.
④ 관세부과를 통해 국내생산이 늘어나고 관세수입을 얻는다.

20 **다음 중 내부수익률(IRR)에 대한 설명으로 옳지 않은 것은?**

① 투자의 우선순위를 정할 때 순현재가치보다 IRR을 더 많이 사용한다.
② 내부수익률이 이자율보다 높으면 투자가치가 있다고 볼 수 있다.
③ 투자에 따른 미래 현금유입액과 현재 투자가치가 같아지도록 하는 할인율이다.
④ 내부수익률법은 재투자에 대한 할인율로 내부수익률을 사용한다.

21 **다음 중 이익준비금 사용에 대한 설명으로 옳은 것은?**

① 회사청산 시에만 사용할 수 있다.
② 이사회의 결의에 따라 제한 없이 사용할 수 있다.
③ 결손보전에만 사용할 수 있다.
④ 결손보전과 자본전입에만 사용할 수 있다.

22 **다음 〈보기〉의 내용을 참고하여 계산한 원/달러 명목환율은?(단, 소수점 셋째 자리에서 버림한다)**

〈보기〉

• 미국에서 판매하는 맥도날드 버거 : 4.9달러
• 한국에서 판매하는 맥도날드 버거 : 6,600원
• 구매력 평가환율 대비 원화가치 20% 저평가

① 1,346.93원/달러
② 1,616.31원/달러
③ 1,708.25원/달러
④ 1,816.25원/달러

23 **다음 중 IPO(기업공개) 진행 절차가 바르게 나열된 것은?**

① 주관사 선정 → 기업실사 → 증권신고서 제출 → 상장예비심사 청구 → 청약 및 납입 → 상장 및 매매
② 주관사 선정 → 기업실사 → 상장예비심사 청구 → 증권신고서 제출 → 청약 및 납입 → 상장 및 매매
③ 기업실사 → 주관사 선정 → 상장예비심사 청구 → 청약 및 납입 → 증권신고서 제출 → 상장 및 매매
④ 기업실사 → 주관사 선정 → 증권신고서 제출 → 청약 및 납입 → 상장예비심사 청구 → 상장 및 매매

24 **다음 중 원화가치에 대한 설명으로 옳지 않은 것은?**

① 원화가치가 과소평가된 경우, 상대국가 제품의 수입이 증가한다.
② 원화가치가 과대평가된 경우, 수입품에 대한 선호도가 높아진다.
③ 원화가치가 과소평가된 경우, 환율 하락압력을 받게 된다.
④ 원화가치가 과대평가된 경우, 국산품의 수출이 감소한다.

25 **다음 중 기말재고에 포함하는 유형자산에 해당하지 않는 것은?**

① 구매자가 구매의사를 표시하기 전인 시송품
② 선적지 인도조건으로 선적한 미착상품
③ 수탁자가 제3자에게 제품을 판매하기 전인 적송품
④ 상품이 구매자에게 인도된 할부상품

26 해당 분기에 A사가 거래처인 B사로부터 기존에 외상매출금 5,000,000원을 보통예금으로 계좌이체 받았다면, 다음 중 차변과 대변에 들어갈 거래가 바르게 연결된 것은?

	차변	대변
①	자산의 증가	부채의 증가
②	자산의 증가	자산의 감소
③	자본의 감소	부채의 증가
④	부채의 감소	자산의 감소

27 다음 중 수정분개 유형에 해당하지 않는 것은?

① 미수수익
② 선급비용
③ 소모품비
④ 대손충당금

28 다음 중 최고가격제를 도입할 때, 예상되는 잉여 변화에 대한 설명으로 옳은 것은?

① 소비자 잉여, 생산자 잉여 모두 증가한다.
② 소비자 잉여는 증가하며, 생산자 잉여는 늘어날 수도 있고 줄어들 수도 있다.
③ 소비자 잉여는 늘어날 수도 있고 줄어들 수도 있으며, 생산자 잉여는 감소한다.
④ 소비자 잉여, 생산자 잉여 모두 감소한다.

29 다음 중 전자 금융거래에 사용되는 단말디 정보, 접속정보, 거래내용 등을 종합적으로 분석해 의심 거래를 탐지하고, 이상금융거래를 차단하는 시스템은?

① FIDO
② FDS
③ 재식별화
④ 양자암호

30 다음 중 수입품에 대해 관세를 부과할 때, 예상되는 사회적 잉여에 대한 설명으로 옳은 것은?

① 소비자 잉여는 감소하고, 생산자 잉여도 감소하며, 사회적 잉여도 감소한다.
② 소비자 잉여는 증가하고, 생산자 잉여는 감소하며, 사회적 잉여는 증가한다.
③ 소비자 잉여는 감소하고, 생산자 잉여는 증가하며, 사회적 잉여는 감소한다.
④ 소비자 잉여는 증가하고, 생산자 잉여도 증가하며, 사회적 잉여도 증가한다.

| 금융일반 - 주관식 |

01 어느 기업의 생산함수가 $Q = L^{0.5}K^{0.5}$이고, 노동 투입량(L)이 4, 자본 투입량(K)이 16일 때, 노동을 자본으로 대체할 때의 한계기술대체율(MRTS)은?

(   )

02 M&A는 경영환경의 변화에 대응하기 위하여 기업의 업무 재구축의 유효한 수단으로 행하여지는 기업의 매수 및 합병을 말한다. 둘 이상의 기업이 하나로 통합되어 단일기업이 되는 (A), 특정 기업이 다른 기업의 주식이나 자산을 취득해 경영권을 획득하는 (B)이/가 결합된 개념으로, 외부적인 경영자원을 활용하여 기업의 성장을 도모하는 가장 적극적인 경영전략이다. 다음 〈보기〉에서 A, B에 들어갈 영어 단어를 순서대로 고르면?

〈보기〉

㉠ Measure	㉡ Marshal	㉢ Merger	㉣ Melange
㉤ Manage	㉥ Abuse	㉦ Accept	㉧ Adjudge
㉨ Adopt	㉩ Acquisition		

(A :   , B :   )

03 다음은 A기업의 기초와 기말 재무상태표에 계상되어 있는 미수임대료와 선수임대료 잔액이다.

구분	기초	기말
미수임대료	₩500	₩0
선수임대료	₩600	₩200

당기 포괄손익계산서의 임대료가 ₩700일 경우, 현금주의에 의한 임대료 수취액의 각 자릿수의 합은?

(　　　　　　　　　　)

04 주식회사 F기업은 제품 1단위에 4kg의 원재료를 사용하고 있으며, 원재료 1kg당 가격은 20원이다. 각 분기 말 원재료 재고량은 다음 분기 원재료 예상사용량의 10%를 유지하고 있다. F기업이 1분기 초에 보유하고 있는 원재료는 440kg이다. 분기별 실제생산량이 다음과 같을 때, 1분기의 원재료 예산구입액은?(단, 재공품 및 제품 재고는 없다)

구분	1분기	2분기
실제생산량(=목표생산량)	1,100개	1,600개

(　　　　　　　　천 원)

05 주식회사 A기업의 2024년 재무상태 및 영업성과 관련 자료가 다음과 같을 때 기말부채는?

○ 기초자산	400원	○ 총수익	200원
○ 기초부채	300원	○ 총비용	150원
○ 기말자산	600원	○ 유상증자	40원
○ 기말부채	?	○ 주주에 대한 현금배당	60원

(　　　　　　　　　원)

| 디지털 - 객관식 |

01 **다음 중 기존 관계형 데이터베이스의 한계를 벗어난 데이터베이스 NoSQL의 특징으로 옳지 않은 것은?**

① 기존에 정의된 스키마 없이 데이터를 상대적으로 자유롭게 저장할 수 있다.

② 기존 관계형 데이터베이스의 SQL과 같은 질의 언어를 제공한다.

③ 데이터 항목을 클러스터 환경에 자동적으로 분할하여 적재한다.

④ PC 수준의 상용 하드웨어를 활용하여 데이터를 복제 또는 분산 저장할 수 있다.

02 **다음 중 하나의 프로세스가 작업 수행 과정 중 수행하는 기억장치 접근에서 지나치게 페이지 폴트가 발생하여 프로세스 수행에 소요되는 시간보다 페이지 이동에 소요되는 시간이 더 커지는 현상은?**

① 스래싱(Thrashing)

② 워킹 셋(Working Set)

③ 세마포어(Semaphore)

④ 교환(Swapping)

03 **다음 중 DBMS(Data Base Management System)에 대한 설명으로 옳지 않은 것은?**

① 현실 세계의 자료 구조를 컴퓨터 세계의 자료 구조로 기술하는 시스템이다.

② 기존 파일 시스템이 갖는 데이터의 종속성과 중복성 문제를 해결하기 위해 제안된 시스템이다.

③ 응용 프로그램과 데이터의 중재자로서 모든 응용 프로그램들이 데이터베이스를 공유할 수 있도록 관리한다.

④ 데이터베이스의 구성, 접근 방법, 유지 관리에 대한 모든 책임을 진다.

04 **다음 중 데이터 통신의 특징으로 옳지 않은 것은?**

① 거리와 시간상의 제약을 극복할 수 있다.

② 대형 시스템과 대용량 파일의 공동 이용이 가능하다.

③ 광대역 전송과 다방향 전달 체계를 갖는다.

④ 시간과 횟수에 제한을 받으며, 같은 내용을 한 번만 전송할 수 있다.

05 **다음 중 운영체제(OS)의 역할에 대한 설명으로 옳지 않은 것은?**

① 컴퓨터와 사용자 사이에서 시스템을 효율적으로 운영할 수 있도록 인터페이스 역할을 담당한다.

② 사용자가 시스템에 있는 응용 프로그램을 편리하게 사용할 수 있다.

③ 하드웨어의 성능을 최적화할 수 있도록 한다.

④ 운영체제의 기능에는 제어 기능, 기억 기능, 연산 기능 등이 있다.

06 **학적 테이블에서 전화번호가 NULL 값이 아닌 학생명을 모두 검색할 때, SQL 구문으로 옳은 것은?**

① SELECT 학생명 FROM 학적 WHERE 전화번호 DON'T NULL;

② SELECT 학생명 FROM 학적 WHERE 전화번호 ! NULL;

③ SELECT 학생명 FROM 학적 WHERE 전화번호 IS NOT NULL;

④ SELECT 학생명 FROM 학적 WHERE 전화번호 IS 0;

07 **다음 중 메모리 반도체에 대한 설명으로 옳지 않은 것은?**

① STT램(Spin-Transfer Torque RAM) : 전원이 끊겨도 저장된 데이터가 보존되는 플래시 메모리의 특성과 읽고 쓰는 속도가 빠른 D램의 장점을 겸비했다.

② M램(Magnetic RAM) : 정보 저장을 위해 자기(磁氣)를 사용하는 메모리로 기존 메모리의 전기신호를 자기신호로 바꾼다.

③ 원낸드(One NAND) : 다양한 형태의 메모리와 로직을 하나의 칩에 집적하고 시스템 규격에 적합한 소프트웨어까지 제공하는 퓨전 메모리로 주로 대용량 정보를 처리하는 슈퍼 컴퓨터에 사용된다.

④ P램(Phase change RAM) : 삼성전자에서 2004년에 세계 최초로 64MB P램을 개발했으며, 비휘발성이고 고속 집적화가 쉬운 것이 장점이다.

08 제품명과 단가로 이루어진 제품 테이블에서 단가에 대한 내림차순으로 검색하고자 한다. (가)와 (나) 안에 들어갈 알맞은 SQL 명령이 바르게 연결된 것은?

```
SElECT 제품명, 단가
FROM 제품 (가) 단가 (나);
```

	(가)	(나)
①	ORDER	DESC
②	ORDER	DOWN
③	ORDER TO	DESC
④	ORDER BY	DESC

09 다음 중 논리적인 데이터 모델에서 데이터 간의 관계를 기본키와 이를 참조하는 외래키로 표현하는 데이터 모델은?

① 관계형 데이터 모델
② 네트워크 데이터 모델
③ 계층적 모델
④ 객체지향 데이터 모델

10 다음 중 관계대수와 관계해석에 대한 설명으로 옳지 않은 것은?

① 관계대수는 원하는 정보가 무엇이라는 것만 정의하는 비절차적 특징을 가지고 있다.
② 기본적으로 관계대수와 관계해석은 관계 데이터베이스를 처리하는 기능과 능력면에서 동등하다.
③ 관계해석에는 튜플 관계해석과 도메인 관계해석이 있다.
④ 관계해석은 수학의 프레디킷 해석에 기반을 두고 있다.

11 다음 중 정규화의 목적으로 옳지 않은 것은?

① 어떤 릴레이션이라도 데이터베이스 내에서 표현이 가능하게 만든다.
② 데이터 구조의 안정성보다 효율성을 최대화한다.
③ 중복을 배제하여 삽입, 삭제, 갱신 이상의 발생을 방지한다.
④ 데이터 삽입 시 릴레이션을 재구성할 필요성을 줄인다.

12 다음 중 데이터베이스 설계 단계를 순서대로 바르게 나열한 것은?

① 요구조건 분석 → 개념적 설계 → 물리적 설계 → 논리적 설계 → 구현
② 요구조건 분석 → 물리적 설계 → 개념적 설계 → 논리적 설계 → 구현
③ 개념적 설계 → 물리적 설계 → 논리적 설계 → 요구조건 분석 → 구현
④ 요구조건 분석 → 개념적 설계 → 논리적 설계 → 물리적 설계 → 구현

13 어떤 릴레이션 R이 2NF를 만족하면서 키에 속하지 않는 모든 애트리뷰트가 기본키에 대하여 이행적 함수 종속이 아니면 어떤 정규형에 해당하는가?

① 제1정규형
② 제2정규형
③ 제3정규형
④ 제2, 3정규형

14 다음 질의를 SQL문으로 바르게 표기한 것은?

〈질의〉
상품 테이블에서 단가가 50000 이상인 자료의 상품명, 단가, 수량을 검색하시오.

① SELECT 상품 FROM 상품명, 단가, 수량 WHERE 단가 >=50000;
② SELECT 상품명, 단가, 수량 FROM 상품 WHERE 수량 >=50000;
③ SELECT 상품명, 단가, 수량 FROM 상품 WHERE 단가 >=50000;
④ SELECT 상품명, 단가, 수량 FROM 상품 IF 단가 >=50000;

15 다음 중 DBMS의 필수 기능으로 거리가 먼 것은?

① 제어 기능
② 조작 기능
③ 연산 기능
④ 정의 기능

16 다음 중 데이터베이스 개체(Entity)의 속성에서 하나의 속성이 가질 수 있는 모든 값의 집합을 가리키는 용어는?

① 속성(Attribute)
② 카디널리티(Cardinality)
③ 도메인(Domain)
④ 객체(Object)

17 다음 중 로더(Loader)가 수행하는 기능으로 옳지 않은 것은?

① 로드 모듈은 주기억장치로 읽어 들인다.
② 프로그램의 수행 순서를 결정한다.
③ 프로그램을 적재할 주기억장치 내의 공간을 할당한다.
④ 재배치가 가능한 주소들을 할당된 기억장치에 맞게 변환한다.

18 다음 중 중앙처리장치(CPU)의 기능에 대한 설명으로 옳지 않은 것은?

① 산술연산, 논리연산 수행
② 원시프로그램을 목적프로그램으로 변환하는 기능 수행
③ 프로그램과 데이터를 저장하는 기능 수행
④ 작업을 감독하는 기능 수행

19 다음 중 기억장소인 스택(Stack)에 데이터를 저장하기 위해 사용되는 것은?

① POP
② PUSH
③ PULL
④ MOVE

20 다음 중 입·출력장치의 동작속도와 전자계산기 내부의 동작속도를 맞추는 데 사용되는 레지스터는?

① 명령 레지스터
② 시퀀스 레지스터
③ 버퍼 레지스터
④ 어드레스 레지스터

21 다음 중 동시에 여러 개의 입출력장치가 작동되도록 설계된 것은?

① Multiplexer Channel
② Selector Channel
③ Register Channel
④ Simplex Channel

22 다음 중 딥러닝 기술로 적대관계생성신경망(GAN)을 이용하여 어떤 영상에 어떤 인물의 모습을 합성한 편집물은?

① 딥페이크
② 혼합현실
③ 메타버스
④ 디지털 트윈

23 다음 중 프로세서 레지스터에 대한 설명으로 옳은 것은?

① 하드디스크의 부트 레코드에 위치한다.
② 하드웨어 입출력을 전담하는 장치로 속도가 빠르다.
③ 주기억장치보다 큰 프로그램을 실행시켜야 할 때 유용한 메모리이다.
④ 중앙처리장치에서 사용하는 임시기억장치로 메모리 중 가장 빠른 속도로 접근 가능하다.

24 다음 중 디지털 매체에서 여러 개의 시안이 있을 때, 이에 대한 소비자의 선호도를 파악하기 위해 실제 해당 매체를 사용하는 소비자들로 구성된 두 집단을 나누어 진행하는 선호도 조사는?

① 배럴 테스팅(Barrel Tasting)
② 퍼즈 테스팅(Fuzz Testing)
③ 에이비 테스팅(A/B Testing)
④ 크라우드 테스팅(Crowd Testing)

25 다음 중 하나의 시스템을 여러 사용자가 공유하여 동시에 대화식으로 작업을 수행할 수 있으며, 시스템은 일정 시간 단위로 CPU 사용을 한 사용자에서 다음 사용자로 신속하게 전환함으로써 각 사용자는 자신만이 컴퓨터를 사용하고 있는 것처럼 보이는 처리 방식의 시스템은?

① 오프라인 시스템(Off – Line System)
② 일괄 처리 시스템(Batch Processing System)
③ 시분할 시스템(Time Sharing System)
④ 분산 시스템(Distributed System)

26 다음 중 IoT(Internet of Things)의 특징으로 옳지 않은 것은?

① 사물에 부착된 센서를 통해 실시간으로 데이터를 주고받는다.
② 사용자가 언제 어디서나 컴퓨터 자원을 활용할 수 있도록 정보 환경을 제공한다.
③ 인터넷에 연결된 기기는 인간의 개입 없이도 서로 알아서 정보를 주고받는다.
④ 유형의 사물 외에 공간이나 결제 프로세스 등의 무형의 사물도 연결할 수 있다.

27 다음 중 최초 한 번만 시스템 사용자임을 인식시키면, 이후 시스템이 자동적으로 사용자 인증을 진행하여 별도의 사용자 인증이 필요하지 않게 되는 기능은?

① SSH(Secure Shell)
② OTP(One Time Password)
③ USN(Ubiquitous Sensor Network)
④ SSO(Single Sign On)

28 다음 중 블록체인에 기록된 데이터 전체에 대해 암호화 기술을 적용하여 해시값을 생성한 후, 이를 나무 형태로 묘사한 것은?

① 머클 트리(Merkle Tree)
② AVL 트리(AVL Tree)
③ 이진 트리(Binary Tree)
④ 신장 트리(Spanning Tree)

29 다음에서 설명하는 디렉터리 구조는?

• 트리 구조에서 링크를 추가하여 순환을 허용하는 그래프 구조이다.
• 디렉터리와 파일 공유에 융통성이 있다.
• 탐색 알고리즘이 간단하여 파일, 디렉터리에 접근하기 쉽다.
• 불필요한 파일을 제거하여 사용 공간을 늘이기 위해 참조 계수기가 필요하다.

① 일반적 그래프 디렉터리 구조
② 1단계 디렉터리 구조
③ 2단계 디렉터리 구조
④ 트리 디렉터리 구조

30 다음 중 현재 프로그램으로부터 데이터, 아키텍처 그리고 절차에 대한 분석 및 설계 정보를 추출하는 과정은?

① 재공학(Re – Engineering)
② 역공학(Reverse Engineering)
③ 순공학(Forward Engineering)
④ 재사용(Reuse)

| 디지털 - 주관식 |

01 다음 파이썬 프로그램의 실행 결과는?

```
a=0
for i in range(1, 11, 2):
    a+=i
print (a)
```

(　　　　　　　　　　　　)

02 다음 〈보기〉 중 SQL 언어의 질의 기능에 대한 설명으로 옳은 것의 개수는?

〈보기〉

㉠ Select절은 질의 결과에 포함될 데이터 행들을 기술하며, 이는 데이터베이스로부터 데이터 행 또는 계산 행이 될 수 있다.
㉡ From절은 질의에 의해 검색될 데이터들을 포함하는 테이블을 기술한다.
㉢ 복잡한 탐색 조건을 구성하기 위하여 단순 탐색 조건들을 And, Or, Not으로 결합할 수 있다.
㉣ Order By절은 질의 결과가 한 개 또는 그 이상의 열 값을 기준으로 오름차순 또는 내림차순으로 정렬될 수 있도록 기술된다.

(　　　　　　　　　　　　개)

03 다음 〈보기〉 중 객체 지향 분석(OOA)에 대한 설명으로 옳은 것의 개수는?

〈보기〉

㉠ 모델링의 구성 요소인 클래스, 객체, 속성, 연산 등을 이용하여 문제를 모형화시킨다.
㉡ 모형화 표기법 관계에서 속성의 분류, 인스턴스의 상속, 메시지의 통신 등을 결합한다.
㉢ 객체를 클래스로부터 인스턴스화하거나 클래스를 식별하는 것이 주요 목적이다.
㉣ 분석 과정에는 객체 관계 / 행위 모형의 생성, 객체와 연관된 자료 구조의 표현 등이 있다.
㉤ 기능 중심이 아니라 정보 중심, 데이터 중심으로 시스템 개발이 이루어진다.

(개)

04 다음 프로그램의 실행 결과는?(단, 일의 자리만 적으시오)

```
#include <stdio.h>
#define PI 3.14

int main(void)
{

    printf("%.2f", PI+5);

    return 0;

}
```

( )

05 다음 빈칸에 공통으로 들어갈 용어로 옳은 것을 〈보기〉에서 고르면?

> 영국 기업인 나노코 테크놀로지는 2020년 삼성전자가 자사의 ________ 특허 총 5건을 침해했고, 해당 기술을 통해 제조한 QLED TV로 판매 실적을 올렸다고 주장하면서 소송을 제기하였다. 삼성전자가 2010년 액정표시장치(LCD) 모듈 소재 기술과 관련해 자사와 협력했을 당시 자사가 삼성에 ________ 샘플을 제공했고 이 과정에서 삼성이 기술을 베꼈다고 주장한 것이다.
> ________은 전기·광학적 성질을 띤 나노미터(nm) 크기의 반도체 입자로, 빛 에너지를 받으면 스스로 색을 내 에너지 효율 및 화질을 동시에 개선할 수 있는 소재이다. 이 소송은 2023년 2월 나노코와 삼성전자가 라이선스 계약과 특정 특허를 이전하는 합의를 마쳐 중단됐으며, 삼성전자가 1억 5,000만 달러(약 1,880억 원)를 지급하기로 합의했다고 밝혔다.

〈보기〉

- ㉠ 트랜지스터(Transistor)
- ㉡ 퀀텀닷(Quantum Dot)
- ㉢ 도체(Conductor)
- ㉣ N형 반도체(N – type Semiconductor)
- ㉤ 다이오드(Diode)
- ㉥ P형 반도체(P – type Semiconductor)
- ㉦ 진성반도체(Intrinsic Semiconductor)

(   )

4권

제3회
IBK기업은행 필기시험

제1영역 NCS 직업기초능력

제2영역 직무수행능력

〈문항 수 및 시험시간〉

<table>
<tr><th colspan="2">영역</th><th>문항 수</th><th>시험시간</th><th colspan="2">모바일 OMR 답안채점 / 성적분석</th></tr>
<tr><td colspan="2">NCS 직업기초능력</td><td>객관식 40문항</td><td rowspan="3">120분</td><td rowspan="3">금융일반</td><td rowspan="3">디지털</td></tr>
<tr><td rowspan="2">직무수행능력</td><td>금융일반</td><td rowspan="2">객관식 30문항
주관식 5문항</td></tr>
<tr><td>디지털</td></tr>
</table>

IBK기업은행 필기시험

제3회 모의고사

문항 수 : 75문항
시험시간 : 120분

제 1 영역 NCS 직업기초능력

※ 다음 글을 읽고 이어지는 질문에 답하시오. [1~2]

국가기술 자격증은 자격 취득을 위해 힘쓰는 과정에서 해당 분야가 요구하는 지식을 체득하도록 할 뿐만 아니라, 합격 후에는 진로의 ㉠ 나침판이 되어 취업준비의 좌표를 설정해 주기까지 한다. ○○공단은 이러한 국가기술자격시험의 역사와 현황을 빠짐없이 수록한 '국가기술자격통계연보'를 발간했다.
국가기술자격통계연보는 최초 시행연도인 1975년부터 2016년까지 시행된 종목별 국가기술자격과 관련된 역대 통계 정보를 담고 있으며, 대한상공회의소, 한국인터넷진흥원, 광해관리공단 등 8개 기관에서 시행하는 527개(2016년 기준) 종목과 자격취득자 현황을 종합하여 체계적으로 분석한 결과를 제시한다. 또한 검정형과 과정평가형으로 나누어 각 평가유형에 따른 국가기술자격 취득자 현황은 물론 연령별 취득자 현황, 등급별 접수 상위종목 등 우리나라 국가기술자격의 변화를 ㉡ 일목요연하게 확인할 수 있다. 국가자격의 지난 역사와 현주소를 동시에 보여주고, 이를 바탕으로 장차 국가자격시험의 미래를 ㉢ 가름하게 해주는 것이다.
이번 통계연보에서 나타난 의미 있는 변화 가운데, 2014년을 제외하고는 국가기술자격 취득자 수가 매년 증가하고 있다는 점이 가장 먼저 눈에 들어온다. 2012년 530,200명에서 2016년 670,178명으로 5년 동안 26.4%가 늘어난 것으로 10대 24.5%, 20대 40.9%, 30대 15.1%, 40대 12.1%, 50대 6.3%, 60대 이상 1.2%로 모든 연령대에서 증가하는 경향을 보였다. 특히 고용시장에 처음 진입하는 10대와 20대 취득자의 비율이 높은 것을 보아 취업준비에 자격증이 중요하게 작용하고 있음을 유추할 수 있다. 50~60대의 자격증 취득률이 2015년부터 10% 이상씩 증가하고 있다는 사실도 주목할 만하다. 55세 이상 취득자는 2012년 13,026명에서 2016년 25,489명으로 2배 가까이 늘어났다. 이는 은퇴 후 시니어들의 재취업이 활발하게 이루어지고 있는 사회 현상을 반영하는 것은 물론, 국가기술자격 취득이 인생 이모작의 ㉣ 스타트라인에 위치하고 있음을 증명해준다.
가장 많이 응시한 종목별 현황을 보면 기술사는 토목시공기술사, 기능장은 전기기능장, 기사・산업기사는 정보처리기사와 전기산업기사로 각각 나타났다. 전기, 토목・건축 종목의 경우 자격등급이 올라갈수록 접수 상위를 차지하고 있기도 하다. 이를 통해 이와 관련된 분야에 종사하는 근로자들이 능력 개발을 위해 지속적으로 노력하고 있다는 사실을 알 수 있다. 실제로 많은 기업들이 해당 직무 관련 자격증을 취득할 경우 인사고과에 반영하거나 성과급을 지급하는 등 자격 취득에 동기를 부여하고 있다.
통계연보가 일러주는 또 다른 시사점은 2015년부터 새롭게 도입한 과정평가형 자격의 취득자 수가 대폭 증가했다는 사실이다. '과정평가형 자격(Course Based Qualification)'이란 국가직무능력표준(NCS)에 따라 편성・운영되는 지정 교육・훈련과정을 충실히 이수하고, 내부・외부평가를 통해 합격기준을 충족하여 취득하는 국가기술자격을 뜻한다. 기존의 검정형 자격시험과 달리 별다른 응시자격이 요구되지 않고, '무엇을 알고 있는가?'가 아닌 '무엇을 할 수 있는가.'에 초점을 두고 있다. 시행 첫해 7개 종목 51명에서 2016년 19개 종목 671명으로 크게 늘어났다.

01 **다음 중 윗글의 내용으로 적절하지 않은 것은?**

① 국가기술자격통계연보는 8개 기관에서 시행하는 527개 종목과 자격취득자 현황을 종합하여 체계적으로 분석한 결과를 제시한다.

② 국가기술자격 취득자 수는 2012년부터 2016년 5년 동안 매년 증가하고 있으며, 모든 연령대에서 증가하는 경향을 보인다.

③ 은퇴 후 시니어들의 재취업이 활발하게 이루어짐에 따라 2016년 55세 이상 취득자 수가 2012년에 비해 2배 가까이 늘어났다.

④ 기업의 직무 관련 자격증 취득 시 지급되는 성과급 제도는 근로자들의 자격 취득에 동기를 부여한다.

02 **다음 중 윗글의 밑줄 친 ㉠ ~ ㉣의 수정사항으로 적절하지 않은 것은?**

① ㉠ : '나침판'은 표준어가 아니므로 '나침반'으로 수정한다.

② ㉡ : 비슷한 의미를 가진 '분명하게'로 바꾸어 쓸 수 있다.

③ ㉢ : 문맥상 적절한 단어인 '가늠하게'로 수정한다.

④ ㉣ : '출발선'으로 순화하여 불필요한 외래어 사용을 줄인다.

※ 다음은 I은행의 '지속가능경영 시스템'에 대한 내용이다. 이어지는 질문에 답하시오. [3~4]

'지속가능경영'이란 당행이 경영활동 전 과정에서 경제적 이익과 더불어 환경적 책임과 사회적 책임을 다함으로써 장기적으로 지속적인 성장을 추구하는 경영을 말한다.
이에 지속가능경영 규정을 마련하였고, 이 규정은 당행의 윤리경영, 고객만족경영, 품질경영, 환경경영 및 리스크 관리를 위한 기준과 절차를 규정하여 장기적으로 지속적인 성장을 위한 기반을 확립하는 데 이바지함을 목적으로 하고 있다.
주요 골자로는 윤리경영과 관련하여 임직원의 기본윤리, 윤리헌장 및 행동강령, 윤리경영위원회, 그 밖에 윤리경영 체계 등을 규정함으로써 청렴하고 투명한 금융기업으로 성장하기 위한 기반을 마련함과 동시에 고객만족경영과 관련하여 임직원의 의무, 고객헌장, 상품 및 서비스 기준, 고객의 소리 수집·분석·활용, 고객만족경영위원회, 고객만족경영 성과관리 등을 규정함으로써 고객과 시장가치를 지향하는 경영시스템을 구축한다. 또한 품질경영과 관련하여 품질방침, 품질목표, 품질경영대리인, 자원의 관리, 상품의 기획·설계·개발, 모니터링 및 측정, 내·외부 심사, 시정 및 예방조치 등을 규정함으로써 상품 및 서비스의 품질 향상을 도모하며, 환경경영과 관련하여 환경방침, 환경경영계획, 환경목표, 환경경영 대리인, 환경경영의 운영, 측정, 부적합 시정 및 예방조치 등을 규정함으로써 모든 업무과정상 환경에 미치는 악영향을 최소화할 수 있는 경영시스템을 구축한다. 리스크 관리와 관련해서는 리스크 관리의 체계와 리스크 관리, 위기관리 등의 규정을 통해 경영계획 이행 및 목표달성을 통하여, 가치창출을 극대화하도록 한다.
당행은 이해관계자와의 원활한 의사소통으로 지속가능경영이 정착될 수 있도록 매년 지속가능성 보고서를 발간하여야 한다. 이에 당행은 인권, 노동규칙, 환경, 반부패에 관한 UNGC(UN Global Compact)의 10대 원칙에 대한 성과를 보고하는 지속가능경영 보고서를 발간하고 있다. UNGC 10대 원칙은 세계적인 협의 과정과 더불어 세계 인권 선언, 노동에서의 권리와 기본 원칙에 관한 ILO 선언, 환경과 개발에 관한 리우 선언, 국제연합 부패방지 협약에서 유래하고 있다.

〈UN Global Compact의 10대 원칙〉

(가) 아동노동을 효율적으로 철폐하여야 한다.
(나) 환경적 책임을 증진하는 조치를 수행하여야 한다.
(다) 기업은 국제적으로 선언된 인권 보호를 지지하고 존중하여야 한다.
(라) 고용 및 업무에서 차별을 철폐한다.
(마) 환경친화적 기술의 개발과 확산을 촉진한다.
(바) 기업은 인권 침해에 연루되지 않도록 적극 노력한다.
(사) 기업은 결사의 자유와 단체교섭권의 실질적인 인정을 지지한다.
(아) 기업은 부당취득 및 뇌물 등을 포함하는 모든 형태의 부패에 반대한다.
(자) 기업은 환경문제에 대한 예방적 접근을 지지하여야 한다.
(차) 모든 형태의 강제노동을 배제하여야 한다.

03 다음 중 윗글의 내용으로 적절하지 않은 것은?

① I은행은 경영활동 전 과정에서 경제적 이익과 더불어 환경적 책임과 사회적 책임을 다함으로써 장기적으로 지속적인 성장을 추구한다.

② 품질방침, 품질목표, 품질경영대리인, 자원의 관리 등을 규정함으로써 환경에 미치는 악영향을 최소화하고자 한다.

③ 매년 UNGC 10대 원칙에 대한 성과를 보고하는 지속가능경영 보고서의 발간은 지속가능경영이 정착될 수 있도록 하기 위함이다.

④ I은행은 지속가능경영을 위해 윤리경영, 고객만족경영, 품질경영, 환경경영, 리스크 관리에 관한 기준과 절차를 규정하고 있다.

04 다음 중 인권, 노동규칙, 환경, 반부패에 관한 UNGC의 10대 원칙 (가) ~ (차) 중 노동규칙에 관한 원칙에 해당하는 것을 모두 고르면?

① (가), (다), (라), (차)

② (가), (라), (사), (차)

③ (다), (라), (사), (아)

④ (라), (사), (아), (차)

※ 다음은 2022 ~ 2024년 도로유형 및 관할구역별 도로현황에 대한 자료이다. 이어지는 질문에 답하시오. **[5~6]**

〈2022 ~ 2024년 도로유형별 도로현황〉

(단위 : 개)

구분	항목	2022년	2023년	2024년
	전체	107,526,581	108,779,551	110,091,284
전체	개통 소계	99,024,297	100,428,008	101,869,532
	개통 포장	91,195,368	92,826,049	94,548,800
	개통 포장률(%)	92.1	92.4	92.8
	개통 미포장	7,828,929	7,601,959	7,320,732
	미개통	8,502,284	8,351,543	8,221,752
고속국도	고속국도	4,193,300	4,437,570	4,717,440
	포장	4,193,300	4,437,570	4,717,440
일반국도	개통 소계	13,726,776	13,813,496	13,847,497
	개통 포장	13,670,233	13,757,953	13,810,404
	개통 포장률(%)	99.6	99.6	99.7
	개통 미포장	56,543	55,543	37,093
	미개통	221,169	163,109	135,049
	일반국도	13,947,945	13,976,605	13,982,546

〈2022 ~ 2024년 관할구역별 도로현황〉

(단위 : 개)

구분	항목	2022년	2023년	2024년
특별광역시도	개통 소계	4,726,633	4,761,176	4,885,573
	개통 포장	4,726,633	4,761,176	4,885,573
	개통 포장률(%)	100.0	100.0	100.0
	개통 미포장	–	–	0
	미개통	0	0	0
	특별광역시도	4,726,633	4,761,176	4,885,573
지방도	개통 소계	16,777,993	16,844,934	16,809,438
	개통 포장	15,305,085	15,412,886	15,410,097
	개통 포장률(%)	91.2	91.5	91.7
	개통 미포장	1,472,908	1,432,048	1,399,341
	미개통	1,309,073	1,276,429	1,245,887
	지방도	18,087,066	18,121,363	18,055,325

시군도	개통 소계	23,250,452	23,762,997	24,346,181
	개통 포장	22,337,057	22,888,097	23,512,353
	개통 포장률(%)	96.1	96.3	96.6
	개통 미포장	913,395	874,900	833,828
	미개통	5,097,890	5,104,454	5,094,366
	시군도	28,348,342	28,867,451	29,440,547
구도	개통 소계	15,585,735	15,818,308	16,020,290
	개통 포장	15,525,271	15,760,984	15,963,603
	개통 포장률(%)	99.6	99.6	99.6
	개통 미포장	60,464	57,324	56,687
	미개통	1,031	1,361	102
	구도	15,586,766	15,819,669	16,020,392

05 다음 〈보기〉 중 도로현황에 대한 설명으로 옳지 않은 것을 모두 고르면?

〈보기〉

㉠ 2022년 일반국도의 개통 포장률은 개통률보다 높다.
㉡ 일반국도의 개통 미포장 도로는 2022년 대비 2024년에 40% 이상 감소했다.
㉢ 2023년 특별광역시도 관할의 도로는 모두 고속국도이다.
㉣ 지방도의 개통 포장률과 시군도의 개통 포장률의 전년 대비 증감 추이는 매년 동일하다.

① ㉠, ㉡　　② ㉠, ㉢
③ ㉡, ㉢　　④ ㉡, ㉣

06 다음은 위 자료에 근거해 작성한 보고서이다. 밑줄 친 ㉠~㉣ 중 옳지 않은 것은?

2022년부터 2024년까지 전체 도로의 수는 꾸준히 증가하고 있다. ㉠ 전체 도로의 개통률이 증가하고 있으며, 개통 포장률도 증가하고 있다. 고속국도의 경우 모든 도로가 포장 완료된 상태이며, ㉡ 일반국도는 개통 미포장 도로가 감소하고 있고, 개통 포장률은 2022년 대비 2024년에 증가하였다. 일반국도의 특성상 계량적으로 100%의 포장률을 달성하는 것은 어렵겠지만, 빠른 연도 내에 일반국도도 실질적으로 100%에 가까운 포장률을 달성할 수 있을 거라 예상된다.
관할구역별 도로현황을 살펴보면, ㉢ 특별광역시도 관할의 개통도로는 모두 포장이 완료된 상태이며, 미개통 도로도 없는 상태이다. 반면 지방도의 경우 개통 포장률은 90%를 약간 상회하고 있는 수준으로, 지속적인 개통추진이 필요해 보인다. 그러나 ㉣ 2022년부터 2024년까지 미개통 지방도의 연이은 감소와 지방도의 꾸준한 증가세에 힘입어 도로개통 상황이 점차 개선될 것으로 보인다. 시군도의 경우, 개통 미포장 도로가 2022년 대비 2024년에 5% 이상 감소하였지만, 여전히 미개통 구간 개통 및 포장사업 추진이 필요하다.

① ㉠　　② ㉡
③ ㉢　　④ ㉣

※ 다음은 I은행의 행복UP정기예금에 대한 설명이다. 이어지는 질문에 답하시오. **[7~8]**

〈행복UP정기예금〉

1개월 단위로 이율이 상승하는 계단식 금리구조 및 일부인출 서비스를 통해 거래편의성을 높이고 I은행 및 I은행 카드 상품 거래 시 우대이율을 제공하는 월복리 정기예금

구분	내용
가입대상	제한없음(단, 금융기관 제외)
상품유형	거치식
저축금액	• 3백만 원 이상(개인 / 개인사업자) • 3천만 원 이상(법인)
거래방법	신규 및 해지 : i-ONE Bank, 인터넷뱅킹, 은행창구방문, 고객센터 ※ 고객센터 해지 시 만기해지만 가능하며 미성년자 예금 해지 불가
계약기간	12개월
이자지급시기	만기일시지급식 : 만기(후) 또는 중도해지 요청 시 이자를 지급
기본이율	적용기간별(1개월 단위) 약정이율을 구분 적용 – 기본이율은 시장금리의 변동과 관계없이 신규시점에 확정 ※ 신규시점에 고시된 월단위 약정이율 적용 – 고시된 이율은 해당기간(1개월) 동안만 적용되는 이율로 이전 예치기간으로 소급 적용되지 않음 – 이자는 월단위로 복리계산 (2023.08.04. 기준, 세금공제 전, 단위 : 연 %)

적용기간	1개월	1개월 초과 2개월 이하	2개월 초과 3개월 이하	3개월 초과 4개월 이하
기본이율	1.50	1.50	1.50	1.80
누적평균	1.50	1.50	1.50	1.58
적용기간	**4개월 초과 5개월 이하**	**5개월 초과 6개월 이하**	**6개월 초과 7개월 이하**	**7개월 초과 8개월 이하**
기본이율	1.80	1.80	3.00	3.00
누적평균	1.62	1.66	1.85	2.00
적용기간	**8개월 초과 9개월 이하**	**9개월 초과 10개월 이하**	**10개월 초과 11개월 이하**	**11개월 초과 12개월 이하**
기본이율	3.00	3.00	3.00	3.60
누적평균	2.11	2.21	2.28	2.40

* 누적평균 : 해당 예치기간 동안 적용되는 실질수익률로 기본이율의 평균금리(월복리 효과 포함)

우대이율

신규가입일 당시 영업점 및 I은행 홈페이지에 게시한 항목별 우대이율 적용(최고 연 0.2%p)

구분	적용이율	적용대상 및 조건
[1]	연 0.1%p	• 대상 : 3개월 이상 경과 후 해지 또는 일부인출 계좌 • 조건 : 이 예금 신규일의 다음 달 말일 기준으로 적립식예금[1] 잔액이 30만 원 이상이거나, 외화예금 원화환산 잔액[2] 잔액이 10만 원 이상인 경우
[2]	연 0.1%p	• 대상 : 3개월 이상 경과 후 해지 또는 일부인출 계좌 • 조건 : 이 예금 신규일의 다음 달 초일부터 말일까지 I카드[3] 이용금액[4]이 30만 원 이상인 경우
[3]	연 0.2%p	• 대상 : 1개월 이상 경과 후 해지 또는 일부인출 계좌 • 조건 : 이 예금 신규일의 전월 달 초일부터 이 예금 신규일 당일까지 I은행재형저축(고정금리형 포함)을 해지한 이력이 있는 경우

	주1) 주택청약종합저축 포함, 기타 주택청약관련예금 및 장기주택마련저축 제외 다계좌 보유 시 잔액 합산 주2) (원화환산잔액)=(외화예금잔액)×(실정인정 기준일)의 해당 통화 1회 차 기준환율(단, 실적인정기준일이 은행영업일이 아닌 경우 직전 영업일 1회 차 기준환율 적용), 다계좌 보유 시 잔액 합산 주3) 체크카드 및 I비씨카드 포함, 선불카드 및 기업카드 제외 주4) I카드 이용실적은 전표 매입일 기준으로 산정(단, 교통카드 이용실적은 청구일 기준) – 금리우대쿠폰 : 이 예금의 신규 시 금리우대쿠폰을 적용한 경우 쿠폰 우대금리를 기본이율에 가산 ※ 금리우대쿠폰 우대금리는 신규 당시 적용한 쿠폰의 우대금리를 따르며, 세부사항(적용방법, 유의사항 등)은 금리우대쿠폰에서 확인 가능 ※ 금리우대쿠폰은 신규 시에만 사용 가능하며 중도해지 시 미적용
일부인출	• 대상계좌 : 예치기간 1개월 이상 경과된 계좌 • 인출횟수 : 만기(또는 중도)해지 포함 총 3회 • 인출금액 : 10만 원 이상 원단위(일부인출 후 최소유지잔액 1백만 원 이상)
중도해지이율	• 월단위 예치기간 – 1개월 이상 3개월 미만 : '기본이율' 적용 – 3개월 이상 : '(기본이율)+(우대이율)' 적용[우대이율은 개인(개인사업자 포함)고객에 한하여 제공] • 월단위 미만 예치기간 – 연 0.1%(세금공제 전, 조회일 기준)

07 다음 중 행복UP정기예금에 대한 설명으로 옳은 것은?

① 만기 이전에 중도인출을 3번까지 할 수 있는 상품입니다.

② 중도해지를 하면 기본금리보다 낮은 금리를 받게 됩니다.

③ 가입 첫째 달보다 둘째 달에 발생하는 이자가 더 많습니다.

④ I은행재형저축에 가입한 적이 없는 사람은 이 예금에 가입해도 처음 두 달간 우대금리를 받을 수 없습니다.

08 가게를 운영하는 A씨는 점포 확장을 위해 모아둔 돈으로 행복UP정기예금에 가입하려고 문의하였다. 다음 중 A씨가 안내받은 내용으로 옳지 않은 것은?

① 사업체를 운영하고 있으므로 3천만 원 이상의 금액으로 가입 가능합니다.

② 다음 달 안에 외화예금에 가입하면 우대금리를 받을 수 있습니다.

③ 가입 기간 동안의 월단위 이율은 가입 이후에는 변동되지 않습니다.

④ 3개월 이상 예치하더라도 중도해지를 하면 이자를 모두 받을 수 있는 것은 아닙니다.

※ 다음은 I사의 성과급 기준 규정이다. 이어지는 질문에 답하시오. **[9~10]**

〈성과급 지급 규정〉

제1조(성과급의 정의)

성과급이란 조직원의 사기진작과 합리적인 임금 체계 구축을 위해 평가된 결과에 따라 차등 지급되는 보수를 말한다.

제2조(지급대상)

① 성과연봉의 지급대상자는 성과평가 대상기간 중 1개월 이상의 기간 동안 I사에 직원으로 근무한 자로 한다.

② 제1항의 근무기간에 휴직기간, 징계기간, 지위해제기간, 결근기간은 포함하지 않는다.

③ 1개월 이상 I사 직원으로 근무하였음에도 성과평가 결과를 부여받지 못한 경우에는 최하등급 기준으로 성과연봉을 지급한다.

제3조(평가시기)

평가는 분기별로 1회씩 이루어진다.

제4조(평가기준)

평가항목과 가중치에 따라 다음과 같은 기준을 제시한다.

구분	전문성	유용성	수익성
가중치	0.3	0.2	0.5

제5조(점수별 등급)

성과평가 점수에 따른 평가등급을 다음과 같이 제시한다.

구분	9.0점 이상	8.0점 이상 9.0점 미만	7.0점 이상 8.0점 미만	6.0점 이상 7.0점 미만	5.0점 이상 6.0점 미만
평가등급	S등급	A등급	B등급	C등급	D등급

제6조(지급기준)

평가등급에 따라 다음과 같이 지급한다.

구분	S등급	A등급	B등급	C등급	D등급
지급액	100만 원	80만 원	60만 원	40만 원	20만 원

09 **다음 중 I사의 성과급 지급 규정에 대해 제대로 이해하지 못하고 있는 사람은 누구인가?**

① A사원 : 성과연봉을 받기 위해서는 성과평가 대상기간 중 1개월 이상의 기간은 직원으로 I사에서 근무해야 해.

② B사원 : 맞아. 1개월 이상 I사 직원으로 근무하였음에도 성과평가 결과를 부여받지 못한 경우에는 성과연봉이 하나도 지급되지 않아.

③ C사원 : 성과급 평가기준은 전문성, 유용성, 수익성으로 나뉘는데, 수익성> 전문성> 유용성 순으로 가중치가 커.

④ D사원 : 성과평가는 분기별로 한 번씩 이루어져.

10 **I사에 근무하는 O대리의 평가점수가 다음과 같을 때 O대리는 1년 동안 총 얼마의 성과급을 받는가?**

〈O대리의 평가점수〉

(단위 : 점)

구분	전문성	유용성	수익성
1분기	6	8	7
2분기	7	7	6
3분기	8	6	7
4분기	7	8	9

① 200만 원　② 210만 원

③ 220만 원　④ 230만 원

※ 다음 순서도에 의해 출력되는 값을 구하시오. [11~12]

11

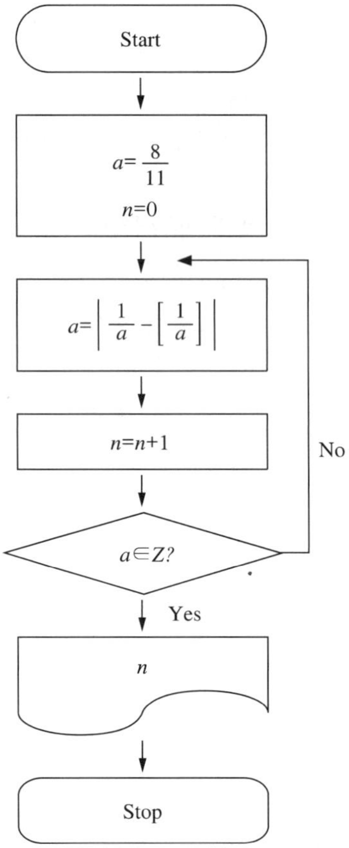

※ Z는 정수를 의미하고, $[a]$란 a보다 크지 않은(작거나 같은) 정수 중 최대의 정수를 의미함

① 1
② 2
③ 3
④ 4

12

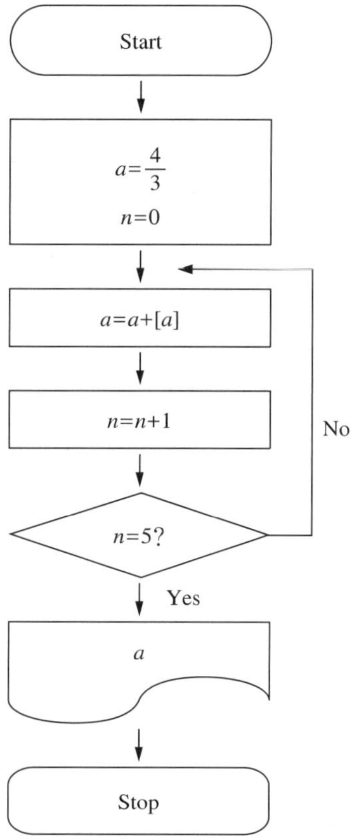

※ $[a]$란 a보다 크지 않은(작거나 같은) 정수 중 최대의 정수를 의미함

① $\frac{97}{3}$　　② $\frac{98}{3}$

③ $\frac{101}{3}$　　④ $\frac{103}{3}$

※ 다음은 I은행의 주택연금대출에 대한 자료이다. 이어지는 질문에 답하시오. **[13~14]**

〈주택연금대출〉

■ **상품특징**

• 만 60세 이상의 고령자가 소유주택을 담보로 매월 연금방식으로 노후생활자금을 지급받는 국가 보증의 금융상품(역모기지론)

• 한국주택금융공사에서 연금 가입자를 위해 발급한 보증서를 통해 본 은행이 가입자에게 연금을 지급

■ **가입요건**

(1) 가입가능연령 : 주택소유자가 만 60세 이상

• 부부 공동으로 주택 소유 시 연장자가 만 60세 이상

(2) 주택보유 수 : 아래 중 하나에 해당(부부 기준)

• 1주택을 소유하신 분

• 보유주택 합산가격이 9억 원 이하인 다주택자
(상기 외 2주택자는 3년 이내 1주택 처분조건으로 가능)

※ 주택으로 보지 않는 주택

– 문화재로 지정된 주택, 전용면적 $20m^2$ 이하의 주택(아파트 제외)은 주택으로 보지 않음

※ 보유주택 수 판단 시 유의사항

– 아파트분양권, 재건축 및 재개발 조합원 입주권은 1주택으로 보지 않음

– 복합 용도 주택, 임대사업자가 임대 목적으로 보유한 주택은 보유주택 수에 포함

– 공동상속주택의 경우 지분이 가장 큰 상속인이 소유한 것으로 봄

– 부부공동소유 주택은 각 지분에 관계없이 1주택으로 봄

(3) 대상주택 : 시가 9억 원 이하의 주택

• 상가 등 복합 용도 주택은 전체 면적 중 주택이 차지하는 면적이 1/2 이상인 경우 가입 가능

• 권리침해(가압류 등) 사실이 없는 주택만 가능(이용 중 권리변경 불가)

■ **지급방법**

(1) 월 지급금 지급방식 : 종신방식(월 지급금을 종신토록 지급받는 방식)

• 종신지급방식 : 인출 한도 설정 없이 월 지급금을 종신토록 받는 방식

• 종신혼합방식 : 인출 한도 설정 후 나머지 부분을 월 지급금으로 종신토록 지급받는 방식

(2) 월 지급금 지급유형

• 정액형 : 월 지급금을 평생 동안 일정한 금액으로 고정하는 방식

• 증가형 : 처음에 적게 받다가 12개월마다 최초 지급금의 3%씩 증가하는 방식

• 감소형 : 처음에 많이 받다가 12개월마다 최초 지급금의 3%씩 감소하는 방식

• 전후후박형 : 초기 10년간은 정액형보다 많이 받다가 11년째부터는 초기 월 지급금의 70% 수준으로 받는 방식

※ 이용기간 중 지급방식 변경 가능(3년 내 1회에 한하여 가능)

■ **대출금리**

본 상품은 『3개월 변동 시장금리 및 6개월 변동 신규취급액기준 COFIX』에 따라 적용금리가 변동됨

13 I은행에 근무 중인 귀하에게 다음과 같은 고객 문의가 접수되었다. 이에 대한 답변으로 적절하지 않은 것은?

> 고객 : 안녕하세요. 은퇴 후에 생활자금으로 주택연금을 이용해 볼까 고민하고 있어요. I은행 홈페이지에 가서 살펴봤는데도 이해가 잘 안 되네요. 주택연금에 대해서 설명해 주세요.

① 주택연금대출은 시가 9억 원 이하의 주택을 보유하고 있는 만 60세 이상의 고령자를 대상으로 하는 상품입니다.

② 주택소유자가 만 60세 이상이어야 하지만 부부 공동소유 시에는 부부 중 연장자가 만 60세 이상이면 가입 가능합니다.

③ 2주택의 합산가액이 9억 원 이하이더라도 3년 이내에 1주택을 처분하는 조건으로 했을 경우에만 가입이 가능합니다.

④ 연금지급방식은 종신방식으로 취급하고 있으며 평생 일정한 금액을 받는 정액형과 초기 10년간은 정액형보다 많이 받다가 11년째부터는 적게 받는 전후후박형 등이 있습니다.

14 귀하는 5명의 고객으로부터 주택연금대출 가입신청 상담을 요청받았으며, 다음은 5명의 고객과 상담한 내용을 정리한 것이다. 주택연금대출에 가입할 수 없는 고객은 모두 몇 명인가?

〈가입신청 상담 명단〉

구분	신청자 연령 (배우자 연령)	주택소유형태 (신청자 기준)	보유주택 수 (주택유형)	주택가액	기타
A	만 62세 (만 58세)	단독소유	1 (아파트)	3억 원	−
B	만 57세 (만 63세)	단독소유	1 (단독주택)	5억 원	−
C	만 59세 (만 62세)	부부공동소유	2 (아파트)	8억 원	1년 후 1주택 처분 예정
D	만 68세 (만 55세)	부부공동소유	1 (아파트)	4억 원	이외 임대사업으로 4주택 보유 (가액 : 10억 원)
E	만 67세 (만 64세)	단독소유	2 (전원주택, 아파트)	9억 원	이외 전용면적 $18m^2$ 아파트 보유 (가액 : 1억 원)

① 1명　　② 2명

③ 3명　　④ 4명

※ A씨는 매달 30만 원씩 납입하는 적금 상품에 가입하고자 하며, A씨가 현재 가입 가능한 은행별 적금 상품에 대한 정보는 다음과 같다. 이어지는 질문에 답하시오. **[15~16]**

〈적금 상품〉

구분	기간	상품	기본금리	우대사항	우대금리
K은행	5년	단리 상품	연 5.0%	App 가입 시	연 2.0%p
		복리 상품	연 2.0%		연 4.0%p
C은행		단리 상품	연 6.0%	적금 가입 시	연 1.5%p
		복리 상품	연 3.0%		연 2.0%p
W은행		단리 상품	연 6.5%	보험 가입 시	연 0.5%p

〈조건〉

- $1.02^{\frac{1}{12}}=1.002$, $1.03^{\frac{1}{12}}=1.003$, $1.05^{\frac{1}{12}}=1.004$, $1.06^{\frac{1}{12}}=1.005$
- $1.02^{\frac{61}{12}}=1.106$, $1.03^{\frac{61}{12}}=1.162$, $1.05^{\frac{61}{12}}=1.281$, $1.06^{\frac{61}{12}}=1.345$

15 A씨가 우대사항에 해당하는 별도의 상품 가입 없이 예금한다고 할 때, 만기환급금이 가장 많은 적금 상품은?(단, 십 원 단위에서 반올림하며, 이자 소득에 대한 세금은 고려하지 않는다)

① K은행 단리 상품　　② K은행 복리 상품
③ C은행 단리 상품　　④ W은행 단리 상품

16 A씨가 우대사항에 해당하는 모든 상품 가입까지 고민하여 예금한다고 할 때, 만기환급금이 가장 많은 적금 상품과 적은 금액의 차이는?(단, 십 원 단위에서 반올림하며, 이자 소득에 대한 세금은 고려하지 않는다)

① 921,100원　　② 942,500원
③ 1,031,300원　　④ 1,200,500원

※ 다음은 A～D사원의 5월 근태 현황 중 일부를 나타낸 것이다. 이어지는 질문에 답하시오. **[17~18]**

〈5월 근태 현황〉

(단위 : 회)

구분	A사원	B사원	C사원	D사원
지각	1			1
결근				
야근				2
근태 총 점수(점)	0	−4	−2	0

〈5월 근태 정보〉

- 근태는 지각(−1점), 결근(−1점), 야근(+1점)으로 이루어져 있다.
- A, B, C, D사원의 근태 총 점수는 각각 0점, −4점, −2점, 0점이다.
- A, B, C사원은 지각, 결근, 야근을 각각 최소 1회, 최대 3회 하였고 각 근태 횟수는 모두 달랐다.
- A사원은 지각을 1회 하였다.
- 근태 중 야근은 A사원이 가장 많이 했다.
- 지각은 B사원이 C사원보다 적게 했다.

17 다음 중 항상 옳은 것은?

① 지각을 제일 많이 한 사람은 C사원이다.
② B사원은 결근을 2회 했다.
③ C사원은 야근을 1회 했다.
④ A사원은 결근을 3회 했다.

18 다음 중 지각보다 결근을 많이 한 사람끼리 바르게 연결된 것은?

① A사원, B사원
② A사원, C사원
③ B사원, C사원
④ B사원, D사원

※ 다음은 만 1세 이상의 남성과 여성을 대상으로 한 영양소별 1일 섭취량 추이를 나타낸 자료이다. 이어지는 질문에 답하시오. **[19~20]**

〈영양소별 1일 섭취량 추이(남성)〉

구분	2022년		2023년		2024년	
	평균	표준오차	평균	표준오차	평균	표준오차
단백질(g)	83.3	1.1	86.2	1.5	85.1	1.2
지방(g)	55.8	0.9	57.3	1.1	59.1	1.0
콜레스테롤(mg)	301.9	6.7	316.8	8.5	329.0	8.1
탄수화물(g)	341.7	3.3	348.5	3.6	326.6	3.2
식이섬유(g)	24.6	0.4	24.5	0.4	23.0	0.3
칼슘(mg)	538.7	7.7	555.5	8.5	529.4	8.0
인(mg)	1,232.8	13.4	1,250.9	17.6	1,208.7	14.6
나트륨(mg)	4,370.3	65.3	4,619.7	102.2	4,355.9	66.6
칼륨(mg)	3,231.2	41.5	3,268.3	46.0	3,150.8	44.7
철(mg)	19.6	0.9	19.1	0.3	18.5	0.3
티아민(mg)	2,305.8	28.7	2,305.6	28.4	2,248.1	28.1
리보플라빈(mg)	1,580.5	24.4	1,593.4	25.5	1,572.7	23.2
나이아신(mg)	18.8	0.3	19.2	0.4	18.5	0.3
비타민 C(mg)	95.0	2.9	93.6	3.2	93.5	2.8

〈영양소별 1일 섭취량 추이(여성)〉

구분	2022년		2023년		2024년	
	평균	표준오차	평균	표준오차	평균	표준오차
단백질(g)	59.9	0.7	60.2	0.8	58.4	0.7
지방(g)	39.8	0.6	40.5	0.7	39.7	0.6
콜레스테롤(mg)	210.6	4.5	229.5	5.1	232.1	4.4
탄수화물(g)	275.4	2.6	275.7	2.4	259.0	2.4
식이섬유(g)	21.2	0.3	20.9	0.3	19.6	0.2
칼슘(mg)	438.6	5.4	439.6	5.4	410.4	5.1
인(mg)	936.5	9.5	937.7	9.7	893.0	8.6
나트륨(mg)	3,138.7	42.5	3,160.2	48.5	2,978.3	44.0
칼륨(mg)	2,716.3	31.5	2,678.9	33.1	2,555.1	28.7
철(mg)	14.9	0.2	14.7	0.2	14.1	0.2
티아민(mg)	1,720.0	18.9	1,723.8	20.4	1,632.2	15.6
리보플라빈(mg)	1,195.1	15.0	1,116.2	16.7	1,177.3	13.7
나이아신(mg)	13.9	0.2	13.9	0.2	13.3	0.2
비타민 C(mg)	102.5	3.6	100.7	3.5	100.0	2.9

19 **다음 중 위 자료에 대한 설명으로 옳지 않은 것은?**

① 여성의 탄수화물 평균 섭취량은 2022년 대비 2024년에 10% 이상 감소하였다.

② 비타민 C 평균 섭취량은 매년 여성이 남성보다 높다.

③ 2024년 나트륨 평균 섭취량은 여성이 남성의 60% 이상이다.

④ 남성은 평균적으로 매년 칼륨을 티아민보다 30% 이상 더 섭취하였다.

20 **다음 〈보기〉 중 여성의 영양소별 1일 섭취량 추이에 대한 설명으로 옳은 것을 모두 고르면?**

〈보기〉

㉠ 콜레스테롤 평균 섭취량의 전년 대비 증가율은 2023년에 비해 2024년에 증가하였다.
㉡ 2023년 평균 섭취량 및 표준오차를 보면, 표준오차가 큰 영양소일수록 평균 섭취량이 많은 것을 알 수 있다.
㉢ 2022년에 세 번째로 평균 섭취량이 많은 영양소는 2024년에도 세 번째로 평균 섭취량이 많다.
㉣ 리보플라빈 평균 섭취량 대비 인 평균 섭취량의 비율은 2023년보다 2022년에 높다.

① ㉠
② ㉢
③ ㉡, ㉢
④ ㉢, ㉣

※ 다음 글을 읽고 이어지는 질문에 답하시오. [21~22]

자본 구조가 기업의 가치와 무관하다는 명제로 표현되는 ㉠ 모딜리아니 – 밀러 이론은 완전 자본시장 가정, 곧 자본시장에 불완전성을 가져올 수 있는 모든 마찰 요인이 전혀 없다는 가정에 기초한 자본 구조 이론이다. 이 이론에 따르면, 기업의 영업 이익에 대한 법인세 등의 세금이 없고 거래 비용이 없으며 모든 기업이 완전히 동일한 정도로 위험에 처해 있다면, 기업의 가치는 기업 내부 여유 자금이나 주식 같은 자기 자본을 활용하든지 부채 같은 타인 자본을 활용하든지 간에 어떤 영향도 받지 않는다.

모딜리아니 – 밀러 이론이 제시된 이후, 완전 자본 시장 가정의 비현실성에 주안점을 두어 세금, 기업의 파산에 따른 처리 비용(파산 비용), 경영자와 투자자, 채권자 같은 경제 주체들 사이의 정보량의 차이(정보 비대칭) 등을 감안하는 자본 구조 이론들이 발전해 왔다. 불완전 자본 시장을 가정하는 이러한 이론들 중에는 상충 이론과 자본 조달 순서 이론이 있다.

상충 이론이란 부채의 사용에 따른 편익과 비용을 비교하여 기업의 최적 자본 구조를 결정하는 이론이다. 이러한 편익과 비용을 구성하는 요인들에는 여러 가지가 있지만, 그중 편익으로는 법인세 감세 효과만을, 비용으로는 파산 비용만 있는 경우를 가정하여 이 이론을 설명해 볼 수 있다.

여기서 법인세 감세 효과란 부채에 대한 이자가 비용으로 처리됨으로써 얻게 되는 세금 이득을 가리킨다. 이렇게 가정할 경우 상충 이론은 부채의 사용이 증가함에 따라 법인세 감세 효과에 의해 기업의 가치가 증가하는 반면, 기대 파산 비용도 증가함으로써 기업의 가치가 감소하는 효과도 나타난다고 본다. 이 상반된 효과를 계산하여 기업의 가치를 가장 크게 하는 부채 비율, 곧 최적 부채 비율이 결정되는 것이다.

이와는 달리 자본 조달 순서 이론은 정보 비대칭의 정도가 작은 순서에 따라 자본 조달이 순차적으로 이루어진다고 설명한다. 이 이론에 따르면, 기업들은 투자가 필요할 경우 내부 여유 자금을 우선적으로 쓰며, 그 자금이 투자액에 미달될 경우에 외부 자금을 조달하게 되고, 외부 자금을 조달해야 할 때에도 정보 비대칭의 문제로 주식의 발행보다 부채의 사용을 선호한다는 것이다.

상충 이론과 자본 조달 순서 이론은 기업들의 부채 비율 결정과 관련된 이론적 예측을 제공한다. 기업 규모와 관련하여 상충 이론은 기업 규모가 클 경우 부채 비율이 높을 것이라고 예측한다. 그러나 자본 조달 순서 이론은 기업 규모가 클 경우 부채 비율이 낮을 것이라고 예측한다. 성장성이 높은 기업들에 대하여, 상충 이론은 법인세 감세 효과보다는 기대 파산 비용이 더 크기 때문에 부채 비율이 낮을 것이라고 예측하는 반면, 자본 조달 순서 이론은 성장성이 높을수록 더 많은 투자가 필요할 것이므로 부채 비율이 높을 것이라고 예측한다.

밀러는 모딜리아니 – 밀러 이론을 수정 보완하는 자신의 이론을 제시하였다. 그는 자본 구조의 설명에 있어 파산 비용이 미치는 영향이 미약하여 이를 고려할 필요가 없다고 보았다. 이와 함께 법인세의 감세 효과가 기업의 자본 구조 결정에 크게 반영되지는 않는다는 점에 착안하여 자본 구조 결정에 세금이 미치는 효과에 대한 재정립을 시도하였다. 현실에서는 법인세뿐만 아니라 기업에 투자한 채권자들이 받는 이자 소득에 대해서도 소득세가 부과되는데, 이러한 소득세는 채권자의 자산 투자에 영향을 미침으로써 기업의 자금 조달에도 영향을 미칠 수 있다. 밀러는 이러한 현실을 반영하여 경제 전체의 최적 자본 구조 결정 이론을 제시하였다. ㉡ 밀러의 이론에 의하면, 경제 전체의 자본 구조가 최적일 경우에는 법인세율과 이자 소득세율이 정확히 일치함으로써 개별 기업의 입장에서 보면 타인 자본의 사용으로 인한 기업 가치의 변화는 없다. 결국 기업의 최적 자본 구조는 결정될 수 없고 자본 구조와 기업의 가치는 무관하다는 것이다.

21 윗글을 읽고 ㉠과 ㉡의 관계를 설명한 내용으로 가장 적절한 것은?

① 파산 비용이 없다고 가정한 ㉠의 한계를 극복하기 위해 ㉡은 파산 비용을 반영하였다.
② 개별 기업을 분석 단위로 삼은 ㉠과 같은 입장에서 ㉡은 기업의 최적 자본 구조를 분석하였다.
③ 기업의 가치 산정에 법인세만을 고려한 ㉠의 한계를 극복하기 위해 ㉡은 법인세 외에 소득세도 고려하였다.
④ 자본 시장의 마찰 요인을 고려한 ㉡은 자본 구조와 기업의 가치가 무관하다는 ㉠의 명제를 재확인하였다.

22 윗글을 읽고 〈보기〉의 상황을 설명할 때 가장 적절한 것은?

〈보기〉

기업 평가 전문가 A씨는 상충 이론에 따라 B기업의 재무 구조를 평가해 주려고 한다. B기업은 자기 자본 대비 타인 자본 비율이 높으며 기업 규모는 작으나 성장성이 높은 기업이다. 최근에 B기업은 신기술을 개발하여 생산 시설을 늘려야 하는 상황이다.

① A씨는 B기업의 규모가 작기 때문에 부채 비율이 높은 것이라고 평가할 것이다.
② A씨는 B기업의 이자 비용에 따른 법인세 감세 효과가 클 것이라고 평가할 것이다.
③ A씨는 B기업의 높은 자기 자본 대비 타인 자본 비율이 그 기업의 가치에 영향을 미칠 것이라고 평가할 것이다.
④ A씨는 B기업이 기대 파산 비용은 낮고 투자로부터 기대되는 수익은 매우 높기 때문에 투자 가치가 높다고 평가할 것이다.

※ 다음은 국민임대 분양 가이드의 일부이다. 이어지는 질문에 답하시오. [23~24]

■ 입주자 선정순서 : 순위 → 배점 → 추첨

■ 입주자 선정순위

구분	선정기준
전용면적 $50m^2$ 미만	• 제1순위 : 당해 주택이 건설되는 시군자치구에 거주하는 자 • 제2순위 : 당해 주택이 건설되는 시군자치구의 연접 시군자치구 중 사업주체가 지정하는 시군자치구에 거주하는 자 • 제3순위 : 제1, 2순위 이외의 자 ※ 최초 입주자모집 시에는 가구원 수별 가구당 월평균소득의 50% 이하인 세대에게 먼저 공급, 남은 주택이 있을 경우 가구원 수별 가구당 월평균소득의 50% 초과 70% 이하인 세대에게 공급
전용면적 $50m^2$ 이상 $60m^2$ 이하	• 제1순위 : 청약저축에 가입하여 24회 이상 납입한 자 • 제2순위 : 청약저축에 가입하여 6회 이상 납입한 자 • 제3순위 : 제1, 2순위 이외의 자 ※ 동일 순위에서는 당해 주택이 건설되는 시군자치구 거주자에게 우선공급 가능
신혼부부	• 제1순위 : 혼인기간 3년 이내 • 제2순위 : 혼인기간 3년 초과 5년 이내 ※ 1, 2순위 내 경쟁 시 아래 순서대로 입주자 선정 ① 당해 주택건설지역의 거주자 ② 자녀 수가 많은 자(재혼 시 공급신청자의 전혼 자녀 포함) ③ 자녀 수도 동일할 경우 추첨으로 입주자 선정 ※ 전용면적 $50m^2$ 이상 주택의 경우 청약저축(또는 주택청약종합저축)에 가입하여 6개월이 경과되고 매월 약정납입일에 월납입금을 6회 이상 납부한 자만 신청 가능

■ 동일 순위 경쟁 시 배점기준

구분	배점기준
① 세대주(신청인) 나이	• 50세 이상(3점) • 40세 이상(2점) • 30세 이상(1점)
② 부양가족 수(공급신청자 제외, 태아 포함)	• 3인 이상(3점) • 2인(2점) • 1인(1점)
③ 당해 주택건설지역 거주기간	• 5년 이상(3점) • 3년 이상 5년 미만(2점) • 1년 이상 3년 미만(1점)
④ 만 65세 이상 직계존속(배우자의 직계존속 포함) 1년 이상 부양자	• 3점
⑤ 미성년 자녀 수(태아를 포함한 만 19세 미만 자녀의 수)	• 3자녀 이상(3점) • 2자녀(2점)
⑥ 청약저축 납입횟수	• 60회 이상(3점) • 48회 이상 60회 미만(2점) • 36회 이상 48회 미만(1점)

23 **다음 중 위 자료에 대한 설명으로 옳지 않은 것은?**

① 전용면적 $50m^2$ 이상인 경우 동일 순위일 경우 당해 주택건설지역에 거주하는 자는 우선순위로 선정된다.

② 월평균소득이 낮을수록, 청약저축 납입회차가 많을수록 선정될 확률이 높다.

③ 동일면적을 신청한 혼인기간이 5년 이내인 신혼부부들은 신청일이 빠를수록 선정될 확률이 높다.

④ 전용면적이 가장 작은 곳의 경우, 최초 입주자모집 시 경제적으로 어려운 사람일수록 선정될 확률이 높다.

24 **위 자료의 입주자 선정기준을 근거로 할 때, 다음 중 가장 우선순위로 선정될 사람은?(단, 모두 전용면적 $50m^2$ 이상 $60m^2$ 이하의 주택에 입주 신청을 한다)**

① 어려서부터 해당 지역에 거주했으며, 청약을 50회 납입하였고 처음 내 집 마련을 하려는 29세의 미혼인 A씨

② 청약 납입횟수가 38회이며 65세 이상 노부모(1년 이상 부양)와 두 성인 자녀, 전업주부 배우자를 둔 외지 출신 49세 B씨

③ 청약 가입 기간 5년 차이며, 납입 23회인 지방에서 거주하다 해당 지역에 입주 신청을 한 3명의 초등학생을 둔 40세 C씨

④ 배점기준 ③, ⑥의 최고점자이며, 배우자와 성인 아들 1명을 부양하는 53세 D씨

※ 다음은 I공단의 일부 조직도와 부서별 수행 업무이다. 이어지는 질문에 답하시오. **[25~26]**

〈조직도〉

기획상임이사

기획조정실	경영지원실	인재경영실	고객홍보실	정보통신실
• 기획예산부 • 경영전략부 • 성과관리부 • 법규송무부	• 총무부 • 관재부 • 정보보호부	• 인재개발부 • 인사부 • 노사복지부	• 고객서비스부 • 홍보부 • 진료비확인부	• 정보기획부 • 정보화지원부 • 경영정보부 • 정보자원부

〈부서별 수행 업무〉

구분	업무
기획조정실	• 기획예산부 : 연간 사업계획 수립 및 예산 편성 • 경영전략부 : 미래전략위원회 운영, 경영혁신 관련 업무 • 성과관리부 : 내부 성과관리체계 운영 • 법규송무부 : 소송 및 행정심판 지원·법률 검토
경영지원실	• 총무부 : 물품의 제조구매 및 용역 계약 • 관재부 : 사옥의 유지보수 등 시설 및 위탁업체 관리 • 정보보호부 : 개인정보보호 및 정보보안 관리·운영
인재경영실	• 인재개발부 : 최고위자과정 운영, 대내외 교육 지원 • 인사부 : 직원 채용·승진·승급·전보 및 퇴직 등 임용 • 노사복지부 : 임직원 급여 및 보수 관리에 관한 사항
고객홍보실	• 고객서비스부 : 고객만족도 조사, 고객센터 운영 • 홍보부 : 언론 대응, 홍보자료 발간 • 진료비확인부 : 진료비 확인요청 업무 처리
정보통신실	• 정보기획부 : IT 전략 계획 수립 및 분석·평가 • 정보화지원부 : 요양기관 업무포털 시스템 개발 및 운영 • 경영정보부 : 기관운영시스템 개발 및 운영 • 정보자원부 : 정보통신시스템 관리 및 운영

25 다음은 I공단에서 낸 입찰공고 중 일부 내용이다. 이와 가장 관련이 높은 부서끼리 바르게 짝지어진 것은?

〈입찰 공고〉

'기관홍보 브로슈어 · 리플릿 제작 용역' 사업자 선정을 위한 제안서 제출 안내 사항을 아래와 같이 공고합니다.

1. 입찰에 부치는 사항
   - 사업명 : I공단 기관홍보 브로슈어 · 리플릿 제작 용역
   - 입찰 등록 마감 일시 및 장소
     - 일시 : 9월 25일(목) 14:00
     - 장소 : I공단 25층

     ※ 입찰공고일로부터 입찰 등록 마감 일시까지 상시 접수 가능함

2. 사업 개요
   - 목적
     - 설립목적, 주요 업무 등의 홍보를 통한 기관인지도 제고
     - 대내외 행사에 사용할 주요 업무 소개 간행물 제작
   - 사업 기간 : 계약체결일 ~ 11월

… (하략) …

① 총무부, 관재부　　② 총무부, 홍보부
③ 총무부, 고객서비스부　　④ 홍보부, 관재부

26 다음은 홍보부의 K대리가 작성 중인 보도자료이다. 보도자료를 작성하던 K대리는 이해가 부족한 부분이 있어 이를 수정 · 보완하고자 한다. K대리가 업무 지원을 요청해야 하는 부서는 어디인가?

□ I공단은 '국민참여 열린경영 위원회' 1차 회의를 개최했다.
　○ 국민참여 열린경영 위원회는 국민 중심의 현장 경영 실천을 위한 국민 참여 기구로서 소비자단체, 시민단체, 사회복지단체 등 16명으로 구성하여 2020년도에 출범했다.
　○ 국민참여 열린경영 위원회는 그동안 지역인재 양성을 위한 '산 · 학 · 관 연계 오픈 캠퍼스' 운영, 시민과 함께하는 '도시농부 아카데미 하우스' 협업사업 추진 등 지역사회 상생 · 협력, 일자리 창출 등 다양한 제안과 의견을 제시하며 I공단의 사회적 가치 실현을 위한 국민 채널로서 역할을 수행했다.
□ 이날 회의는 '2025년 I공단 혁신계획'에 대한 의견수렴 및 소통의 시간을 가졌다.
　○ 2025년 I공단 혁신계획은 국민안전과 지역사회 공헌사업이 확대 · 강화되었다.
□ 국민참여 열린경영 위원회 위원장은 "국민에게 유용한 I공단의 국민 서비스 및 정보를 좀 더 친숙한 방법으로 홍보하고, 지역주민과 함께하는 활동을 확대하여 I공단이 국가 대표 공공기관으로 자리매김할 것을 기대한다."고 밝혔다.

① 기획예산부　　② 경영전략부
③ 총무부　　④ 정보자원부

※ 다음은 I은행의 여신관련 수수료 비용이다. 이어지는 질문에 답하시오. **[27~28]**

〈여신관련 항목별 수수료 비용〉

구분	대상항목	징수시기	징수금액
제증명서 발급 수수료	부채 잔액증명서 (타 저축은행의 경우)	증명서 발급 시	건당 3,000원 (건당 6,000원)
	각종 거래 확인서		건당 4,000원
	회계 감사용		건당 60,000원
대출 기한 전 상환 수수료	대출기한 전 상환	기한 전 상환 시	상환금액의 3%
PF대출 수수료	프로젝트 파이낸싱 심사 및 여신을 신청하는 경우 관련 수수료 수취	대출금 취급 시	약정금액의 1.8%
주선 수수료	타 금융기관과 공동대출 시 주선 업무를 수행한 경우	주선업무 협약 시	전체 약정금액의 5%
대리은행 수수료	자금 입출금 및 집행 등의 자금관리 업무를 수행하는 경우	대출금 취급 시	전체 약정금액의 3%
기업 한도 거래 수수료	한도약정 수수료 또는 약정한도미사용 수수료 (중복 수취불가)	한도액 개시일	약정금액의 2.5%

27 B기업을 운영하는 기업인 A씨는 2024년에 I은행과 다음과 같은 업무를 진행하였다. 다음 중 A씨가 가장 나중에 내야 하는 수수료는?

〈업무 진행 현황〉

- 3월 7일 A씨는 I은행과 B기업에 대한 기업 한도액 3천만 원의 약정을 체결하고, 한도액의 개시일은 3개월 후로 결정하였다.
- 2월 11일 A씨는 회계 감사용 제증명서를 발급받기 위해 I은행을 찾았다.
- 5월 21일 A씨는 P은행과 I은행에 공동 대출을 신청하였으며 I은행에 주선 업무를 맡겼는데 I은행 측에서는 한 달 후에 협약을 맺자고 하였다.
- 1월 13일에 빌린 대출금 1억 원을 2024년 3월 23일 일시에 미리 완납하였다.
- 6월 18일 A씨는 부채 잔액을 증명하기 위하여 I은행을 찾았다.

① 제증명서 발급 수수료 중 부채 잔액증명서

② 기업 한도 거래 수수료

③ 주선 수수료

④ 제증명서 발급 수수료 중 회계 감사용

28 고객 갑 ~ 무 5명에게 발생한 수수료가 〈보기〉와 같을 때, I은행에 가장 많은 수수료를 낸 사람과 가장 적게 낸 사람의 금액 차이는?

〈보기〉

- 갑 : 자금 입출금 5백만 원을 I은행에 위탁하여 자금관리 업무를 수행하게끔 하였다.
- 을 : 기존에 I은행에서 빌렸던 1천만 원을 대출 기한 전에 상환하였다.
- 병 : K은행과 공동대출을 할 때 I은행이 주선 업무를 수행하였으며 5백만 원 대출금으로 하였다.
- 정 : K은행에 제출할 부채 잔액증명서 5백만 원을 I은행에 의뢰하였다.
- 무 : I은행에 3백만 원의 한도약정 수수료를 요청하였다.

① 300,000원　　② 298,000원

③ 296,000원　　④ 294,000원

※ 다음은 I공사의 2022 ~ 2024년까지의 지식재산권 현황을 나타낸 자료이다. 이어지는 질문에 답하시오. **[29~30]**

〈2024년 지식재산권 현황(누적)〉

(단위 : 건)

구분	계	산업재산권					SW권 (컴퓨터 프로그램)	저작권
		소계	특허권 (PCT 포함)	실용신안권	디자인권	상표권		
총계	385	100	66	0	24	10	71	214
출원	21	21	16	0	0	5	0	0
등록	364	79	50	0	24	5	71	214

〈2023년 지식재산권 현황(누적)〉

(단위 : 건)

구분	계	산업재산권					SW권 (컴퓨터 프로그램)	저작권
		소계	특허권 (PCT 포함)	실용신안권	디자인권	상표권		
총계	386	104	70	0	24	10	68	214
출원	32	32	27	0	0	5	0	0
등록	354	72	43	0	24	5	68	214

〈2022년 지식재산권 현황(누적)〉

(단위 : 건)

구분	계	산업재산권					SW권 (컴퓨터 프로그램)	저작권
		소계	특허권 (PCT 포함)	실용신안권	디자인권	상표권		
총계	361	90	52	0	28	10	57	214
출원	24	24	19	0	0	5	0	0
등록	337	66	33	0	28	5	57	214

29 **다음 〈보기〉 중 2024년 지식재산권 현황에 대한 설명으로 옳은 것을 모두 고르면?**

〈보기〉

㉠ 2024년까지 등록 및 출원된 산업재산권 수는 등록 및 출원된 SW권보다 40% 이상 많다.
㉡ 2024년까지 출원된 특허권 수는 산업재산권 전체 출원 수의 80% 이상을 차지한다.
㉢ 2024년까지 등록된 저작권 수는 등록된 SW권의 3배를 초과한다.
㉣ 2024년까지 출원된 특허권 수는 등록 및 출원된 특허권의 50% 이상이다.

① ㉠, ㉡
② ㉠, ㉢
③ ㉡, ㉣
④ ㉢, ㉣

30 **다음 중 2022년부터 2024년까지 지식재산권 현황에 대한 설명으로 옳지 않은 것은?**

① 등록된 지식재산권 중 2022년부터 2024년까지 건수에 변동이 없는 것은 2가지이다.
② 총 디자인권 수는 2022년 대비 2024년에 5% 이상 감소하였다.
③ 매년 모든 산업재산권에서 등록된 건수가 출원된 건수 이상이다.
④ 등록된 SW권 수는 2022년 대비 2024년에 20% 이상 증가하였다.

※ 다음 글을 읽고 이어지는 질문에 답하시오. [31~32]

오늘날 고기술 첨단 정보지식 중심 산업으로의 산업구조 변화는 많은 고용을 흡수했던 제조업의 축소를 가져왔다. 이로 인해 한국의 성장률은 둔화되고 기업에 의한 고용이 제한되어 대졸자 신규 취업 희망자들의 노동시장에서의 경쟁이 치열해졌을 뿐만 아니라 취업 자체도 어려워졌다. 그러나 한국 청년들에게 불행을 안겨주는 또 다른 요소는 취업의 위계구조를 향한 경쟁에서의 불공정성이다. 대학의 서열 구조 속에서 상위 대학 입학을 위한 경쟁력을 갖기 위해서는 좋은 고등학교에 가야 하고 이는 중학교와 초등학교부터 투자를 요한다. 그럼으로써 종국에는 가정환경 내지 배경의 문제까지 거슬러 올라가는 것이 오늘의 현실이다. 요컨대 경쟁으로 들어가는 출발선이 사전에 너무 일찍 결정된다는 점이다. 그것은 불평등하고 공정하지 못한 차별적 출발선을 뜻한다. 이러한 상황으로 청년실업은 청년들의 노동의욕을 상실케 할 뿐만 아니라 사회적으로 배제되었다는 좌절감을 주어 자존감에 커다란 상처를 입힐 수 있다. 또한 취업이 늦어지면서 결혼과 출산도 지연되어 고령화 사회 속 저출산 문제를 더욱 악화시킨다는 점에서도 사회적 재생산의 큰 장애가 된다. 미래세대인 청년실업 문제는 개인은 물론이고 사회적 차원에서도 미래의 전망을 어둡게 하는 것이다.

청년실업의 원인 중 가장 큰 문제를 지적한다면 바로 교육구조의 문제라고 할 수 있을 것이다. 심각한 만큼 해결방안도 다양하지만 관련 연구 대부분이 공통으로 지적하는 방안을 소개하면 다음과 같다. 우선 직업, 진로, 취업 및 창업 등에 관한 교과과정을 개선하는 대학에 대해 프로그램 개발과 강사진 등을 지원하고 졸업 및 취직시즌에는 대학에 취업전문 상담요원을 배치함으로써 취업알선과 기업체 추천업무 등을 지원해야 한다. 그리고 인력은행의 청소년층 직업상담기능을 강화하고, 인턴제 · 직업훈련 · 취업알선을 하나의 정책패키지로 만들어 청소년층의 자격, 능력 및 선호에 따라 지원하는 체계화된 시스템을 구축해야 하며, 청년층 실업자에 대한 심층적인 취업상담에 기초한 프로그램을 제공하고, 청년층 전담창구와 상담원 책임상담제를 실시해야 할 것이다.

다음으로 노동시장정보시스템의 구축과 제공이 이루어져야 한다. 우선 학교교육 · 노동시장 이행과정 파악을 위한 청년 조사자료 구축이 시급하다. 청년층 조사자료는 교육 · 훈련을 통한 인적자원의 축적과정, 학교에서 노동시장으로의 이행과정 등 청년층 인적자원 형성 및 수급 관련 정책의 기초자료를 제공함으로써 학교교육, 직업훈련, 노동시장 참여에서의 경험 등이 청년층 인적자본 형성과정과 노동시장 참여에 미치는 영향 및 정책효과를 분석 · 판단할 수 있도록 한다. 또 중장기 인력수급전망에 나타난 결과를 바탕으로 교육정책을 수립하는 한편, 직업세계와 노동시장에 관한 다양한 정보를 체계적으로 구축하고 청소년들이 이에 쉽게 접근할 수 있는 프로그램 등을 개발해야 한다.

또한 기업의 신규인력 채용확대도 요구된다. 공공부문에서도 청년 계약직 인턴채용을 통해 실업률을 낮출 수 있지만 민간부분의 경우에도 인턴사원 채용의 확대를 통한 고용유연성을 증대시켜야 한다. 한편에서는 청년 인턴사원의 확충을 반대하기도 한다. 정확히 말하면 인턴사원제의 악용을 반대하는 것이다. 인턴사원제가 임시적, 사후적 대책으로 조급하게 마련되었기 때문에 불안정한 임시 고용의 형태를 가지고 있음을 지적하고 있으며 합법적인 착취를 용인하는 반민중적인 고용문화를 강요하고 있다는 것이다. 월 40 ~ 50만 원의 월급으로 정상적인 근무를 요구하고 정식사원으로의 임용도 불투명한 인턴사원은 노동 착취를 제도적으로 용인하는 것에 지나지 않는다는 것이다. 나아가 몇몇 대기업의 경우 채용 내정자들을 인턴사원으로 전환하는 것을 추진하는 등 악용의 사례가 계속 드러나고 있음을 지적한다. 결국 인턴사원제 모집은 실제 문제 해결에는 전혀 도움이 되지 못하면서 고용 유연화 전략만을 사회적으로 용인시키기 위한 정책에 지나지 않는다는 것이다.

31 **다음 중 윗글을 읽고 판단한 내용으로 적절하지 않은 것은?**

① 인턴사원제에 대해서는 찬반 의견을 보이고 있다.

② 경쟁에서의 불공정성은 청년들에게 불행을 안겨주고 있다.

③ 청년실업의 가장 큰 문제점은 세대갈등이다.

④ 한국 사회에서 고용이 제한되는 원인 중 하나는 제조업의 축소이다.

32 **윗글을 읽고 청년실업 해결방안을 주제로 토론을 진행할 때 관련된 내용이 아닌 것은?**

① 인턴 채용 확대를 통한 고용의 유연성이 필요하다고 생각해. 이것은 기업체의 신규인력 채용 시 권장할 만한 사항이야.

② 인턴 채용이 가지는 문제점도 생각해야 할 거야. 이는 합법적인 착취로 이어질 수 있기 때문에 조심해야 해.

③ 대학에서 적극적으로 청년취업에 힘써줘야 해. 취업 관련 프로그램을 개발하고 적극적인 상담업무를 추진해야 한다고 봐.

④ 여성의 경제활동을 적극적으로 지원해서 청년실업률을 낮추는 것이 바람직해. 이를 위해서는 여성 전담 상담원을 양성해야 할 거야.

※ 다음은 I기업의 직원채용절차에 대한 자료이다. 이어지는 질문에 답하시오. **[33~34]**

〈직원채용절차〉

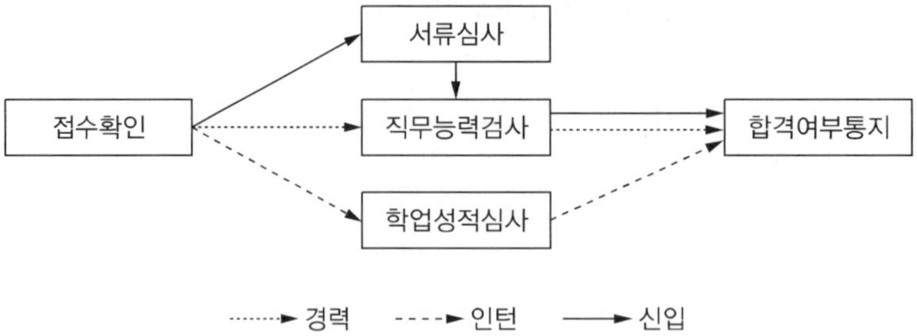

※ 직원채용절차에서 중도탈락자는 없음

〈지원유형별 접수건수〉

구분	접수(건)
신입	20
경력	18
인턴	16

※ 지원유형은 신입, 경력, 인턴의 세 가지 유형이 전부임

〈업무단계별 1건당 처리비용〉

구분	처리비용(원)
접수확인	500
서류심사	2,000
직무능력검사	1,000
학업성적심사	1,500
합격여부통지	400

※ 업무단계별 1건당 처리비용은 지원유형에 관계없이 동일함

33 다음 중 위 직원채용절차에 대한 설명으로 옳지 않은 것은?

① 모든 지원유형의 직원채용절차는 업무단계별 1건당 처리비용이 가장 낮은 단계로 시작된다.

② 접수건수가 두 번째로 많은 지원유형은 접수건수가 제일 많은 지원유형보다 직원채용절차의 처리비용이 낮다.

③ 1건당 처리비용이 두 번째로 많이 드는 업무단계는 인턴의 직원채용절차에만 포함되어 있다.

④ 신입의 직원채용절차에는 1건당 처리비용이 제일 많이 드는 업무단계와 제일 적게 드는 업무단계가 모두 포함되어 있다.

34 접수자 중 지원유형별로 신입직원 5명, 경력직원 3명, 인턴직원 2명을 선발한다고 할 때, 다음 중 옳지 않은 것은?

① 신입유형 지원자의 합격률은 25%이다.

② 인턴유형 지원자의 합격률은 신입유형 지원자 합격률의 절반이다.

③ 경력유형 지원자 중 불합격되는 사람의 비율은 6명 중 5명꼴이다.

④ 지원유형 중 가장 합격률이 낮은 유형은 경력유형이다.

※ 다음은 국내 공항 방문객 수를 나타낸 자료이다. 이어지는 질문에 답하시오. **[35~36]**

〈국내 공항 방문객 수〉

(단위 : 명)

구분		국내 도착 외국인 국적		내국인 해외 목적지	
		2024년 10월	2023년 10월	2024년 10월	2023년 10월
총계		574,690	475,442	757,538	648,385
아시아		428,368	346,303	553,875	454,102
	일본	256,813	179,212	122,777	126,283
	중국	59,730	58,477	232,885	164,603
	홍콩	11,337	12,276	28,068	20,576
	대만	29,415	26,881	10,975	8,137
	필리핀	19,098	19,148	30,789	28,554
	태국	10,398	8,978	68,309	55,416
	싱가포르	7,094	7,572	14,477	13,316
	말레이시아	7,847	10,356	5,449	5,204
	인도네시아	4,654	5,092	8,247	9,511
	인도	5,344	4,489	2,257	1,499
오세아니아		7,149	6,066	31,347	28,165
	호주	5,345	4,610	14,740	15,902
	뉴질랜드	1,445	1,137	7,169	5,865
북아메리카		59,133	50,285	52,372	54,973
	미국	49,225	42,159	42,392	45,332
	캐나다	7,404	6,253	8,620	8,383
유럽		49,320	43,376	46,460	42,160
아프리카		1,738	2,142	1,831	1,830
기타		28,982	27,270	71,653	67,155

※ 기타 : 교포, 승무원 등

35 **다음 중 위 자료에 대한 설명으로 옳지 않은 것은?**

① 전년 동월 대비 2024년 10월 외국인 국내 방문객 수가 감소한 아시아 국가는 5개국이다.

② 전년 동월 대비 유럽의 2024년 10월 국내 방문객 증가율은 내국인의 유럽 방문객 증가율보다 낮다.

③ 2024년 10월 뉴질랜드의 국내 방문객과 내국인의 뉴질랜드 방문객 수는 전년 동월 대비 모두 증가했다.

④ 아시아 국가 중 2023년 10월과 2024년 10월 내국인 해외 방문객 수가 많은 순으로 나열하면 상위 5개국의 순서는 동일하다.

36 **아시아, 오세아니아, 북아메리카, 유럽, 아프리카 중 내국인 해외 목적지로 전년 동월 대비 2024년 10월 가장 큰 증가율을 보인 대륙에서 내국인이 가장 많이 찾은 해외 목적지의 인원은?(단, 소수점 둘째 자리에서 반올림한다)**

① 232,885명

② 122,777명

③ 42,392명

④ 14,740명

※ 다음 글을 읽고 이어지는 질문에 답하시오. [37~38]

눈 뜨면 새롭게 등장하는 신기술, 철마다 다른 옷을 갈아입어야 하는 패션, 트렌디한 라이프스타일에 대한 강박 등이 조금 오래되고 유행에 뒤처진 물건을, 생활을 못 견디게 만들고 있는 것이다. 버리기 열풍은 바로 이 지점을 건드린다. 삶을 홀가분하게 바꾸어준다는 철학으로 포장하여 너도 나도 낡고 오래되고 눈에 익지 않은 것들을 정리하게 한다. 본질은 버린 후에야 발견된다. 실컷 버리고 나면 다시 요요현상이 일어난다. 나도 모르게 슬그머니 숨어있던 구매욕구가 재등장하게 되는 것이다. 이때는 가장 트렌디하고 나에게 꼭 필요한 것 같고 더 이상 방치해 두지만은 않을 것 같은 물건을 산다. 그러나 안타깝게도 모든 물건을 시간이 지나면 낡고 변색되고 더 이상 관심을 받지 못하게 된다. 2017년 트렌드 코리아에서 이런 현상을 바이바이 센세이션으로 명명했다. 갑작스럽게 이런 트렌드가 시작된 이유는 무엇일까? 태어나 한 번도 결핍을 경험해 보지 못했던 세대의 특성 때문이다.
일단 쌓아두고 쓰지 않았던, 있는지도 모르고 공간만을 차지했던 물건들을 치우기 시작했다. 어차피 유행에도 뒤떨어진 물건들이었으니 버리기도 쉬웠으리라. 그다음 행보는 사람마다 달랐다. 어떤 이는 빼낸 물건 자리를 아쉬워하며 새로운 구매 목록들을 찾았다. 대신 이번에는 쌓아두고 쓰지 않는 명품 말고 B급이라도 맛있게 쓰고 빨리 처리할 물건으로 구매했다. 이렇게 성장하게 된 것이 바로 인스턴트 소비 산업이다. 자라, H&M, 유니클로 등의 패스트패션, 이케아, 모던하우스, 자주 등의 패스트가구 및 생활용품들이 좋은 예이다. 또 한 무리는 공유 소비를 시작했다. 성공은 곧 소유였던 과거의 사고방식에서 벗어나 모든 것을 빌려 쓰고 나눠 쓰고 공유하는 쪽으로 소비 패턴을 바꾸었다. 동시에 시장에서는 공기청청기니 집이니 자동차니 하는 고가의 물건들을 렌탈, 리스, 공유해서 사용하는 서비스들도 늘어났다. 혹자는 이것을 삶의 클라우드화로 말하기도 한다. 마지막으로 등장한 부류는 물건의 소비를 경험의 소비로 바꾼 사람들이다. 물건을 버리고 정신을 사는 사람들. 이들은 물건을 비워낸 공간에 경험과 정신과 추억을 쌓기 위해 노력한다. 추구하는 것은 역시 정신적 만족이다. 새로운 것을 배운다거나 여행을 떠난다든가 하면서 삶의 경험치를 늘려가는 것을 최고의 선으로 생각한다.
무엇이 옳다 말할 수는 없다. 버리고 또 사든, 공유해서 쓰든, 경험으로 대체하든. 공통점은 무엇보다 잘 버리는 것이 선제되어야 한다는 것이다. 일단 버리는 기준을 잘 만들어보자. 곤도 마리에는 버리는 순서를 옷 → 책 → 서류 → 소품 → 추억의 물건으로 소개했다. 버리기를 시작하기 전에는 내가 가지고 있는 물건이 얼마나 있는지 파악해야 한다. 그 후 품목별로 늘어놓고 적절한 선택을 하는 것이 좋다. 물건을 잘 비워냈다면 다음은 잘 채우는 것이다. 비워둔 공간에 채울 물건들은 숙고를 거친 후 다시 사야 한다. 힘들게 버림으로써 얻어진 여유와 여백을 너무 쉽게 포기해서는 안 된다. 이 시점에서는 공유 소비와 경험 소비를 한번쯤 고려해보기 바란다. BYE와 BUY의 기묘한 샅바싸움이 벌어지는 2018년. 삶의 여백을 확보하느냐, 새로운 물건의 바다에 다시 빠지느냐는 결국 나의 선택이다.

37 다음 중 윗글의 전개 방식으로 적절하지 않은 것은?

① 질문을 던져 독자의 궁금증을 유발하였다.
② 행동별로 분류하여 각 집단의 특징을 설명하였다.
③ 한 집단을 기준으로 옳고 그름을 나누었다.
④ 동음이의어를 이용해 글의 핵심을 표현하였다.

38 다음 중 윗글의 내용으로 적절하지 않은 것은?

① 바이바이 센세이션은 결핍을 경험해 보지 못했던 세대의 특성으로 등장하였다.
② 물건의 소비를 경험의 소비로 바꾼 사람들은 육체적 만족을 통해 삶의 경험치를 늘리고자 한다.
③ 인스턴트 소비 산업은 적당한 질의 상품을 저렴한 가격으로 빠르게 판매하는 것이다.
④ 버린 후 새로운 물건을 구입하기 전에 공유 소비와 경험 소비를 고려해 보는 것이 좋다.

※ 다음 순서도 기호를 참고하여 이어지는 질문에 답하시오. **[39~40]**

〈순서도 기호〉

기호	설명	기호	설명
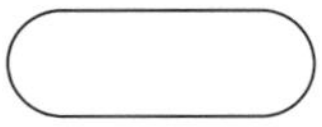	시작과 끝을 나타낸다.	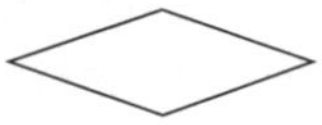	어느 것을 택할 것인지를 판단한다.
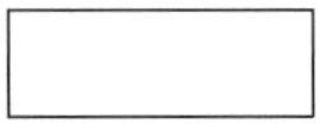	데이터를 입력하거나 계산하는 등의 처리를 한다.		선택한 값을 출력한다.
	각종 기호의 처리 흐름을 연결한다.	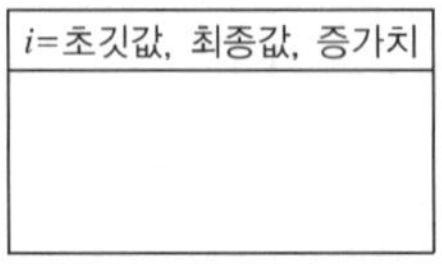	i가 초깃값부터 최종값까지 증가치만큼 증가하며, 기호 안의 명령문을 반복해서 수행한다.

39 비타민을 매일 먹는 민경이는 비타민 C와 B를 교차로 섭취한다. 예를 들어, 오늘 비타민 C를 먹으면 내일은 비타민 B를 먹는다. 다음은 민경이의 비타민 C 섭취횟수를 구하는 순서도이다. 10월 5일부터 25일까지 비타민 C 섭취횟수를 알아보려 할 때 ⓐ, ⓑ, ⓒ에 들어갈 내용이 바르게 짝지어진 것은?

〈순서도〉

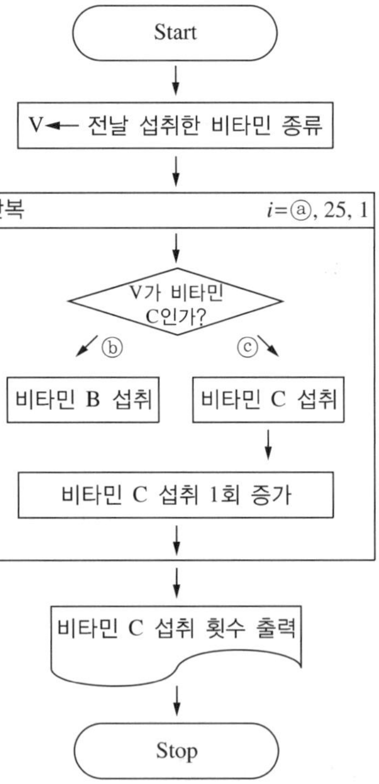

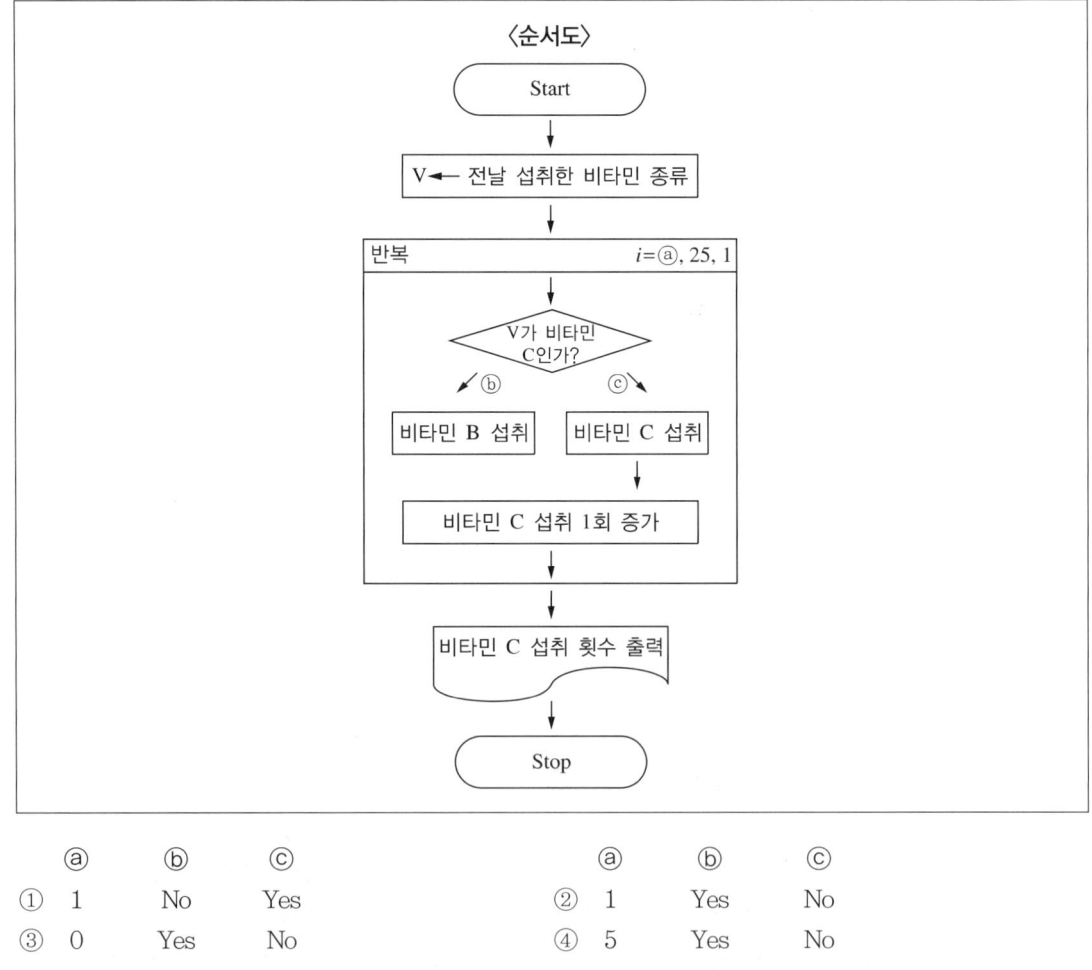

	ⓐ	ⓑ	ⓒ		ⓐ	ⓑ	ⓒ
①	1	No	Yes	②	1	Yes	No
③	0	Yes	No	④	5	Yes	No

40 I초등학교 과학시간에 리트머스 시험지를 이용하여 산성과 염기성을 판별하는 실험을 했다. 빨간 시험지는 염기성 물질에 반응하여 파란색으로, 파란 시험지는 산성 물질에 반응하여 빨간색으로 변한다. 홀수 조는 빨간색, 짝수 조는 파란색 시험지를 받았다. 4조인 민영이는 (산성, 염기성, 산성, 산성, 염기성) 물질로 실험했다. 이에 대한 순서도가 다음과 같을 때 ⓐ, ⓑ, ⓒ에 들어갈 내용이 바르게 짝지어진 것은?

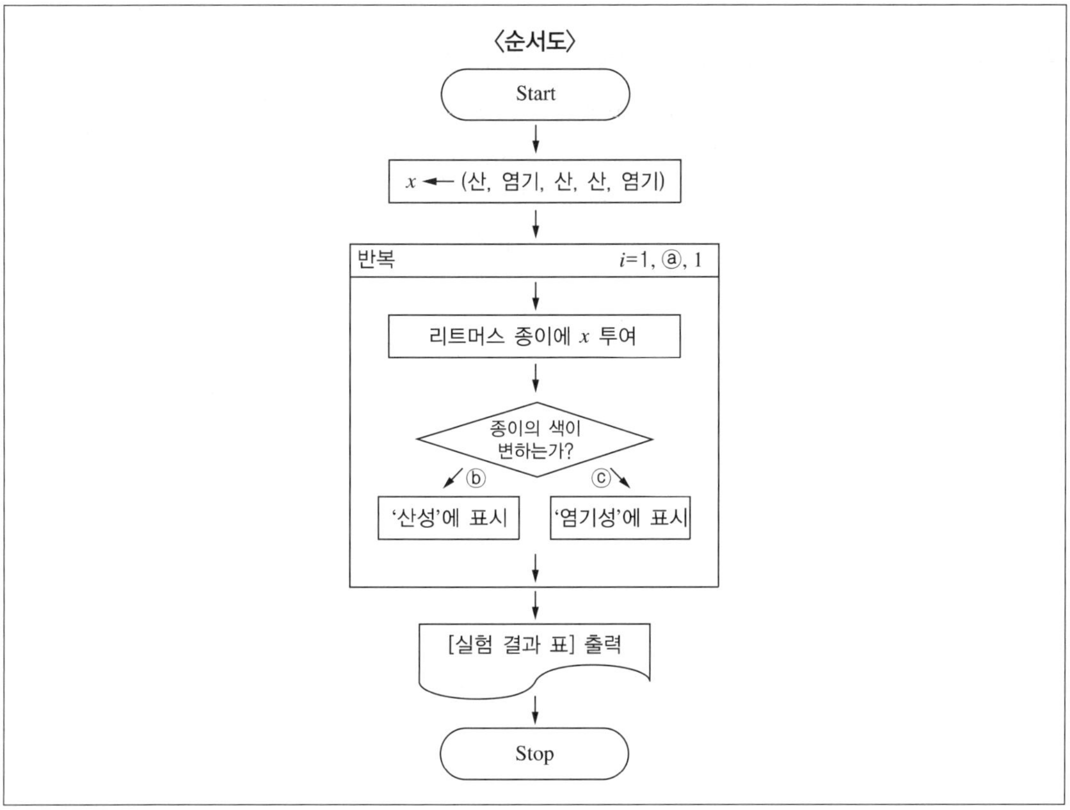

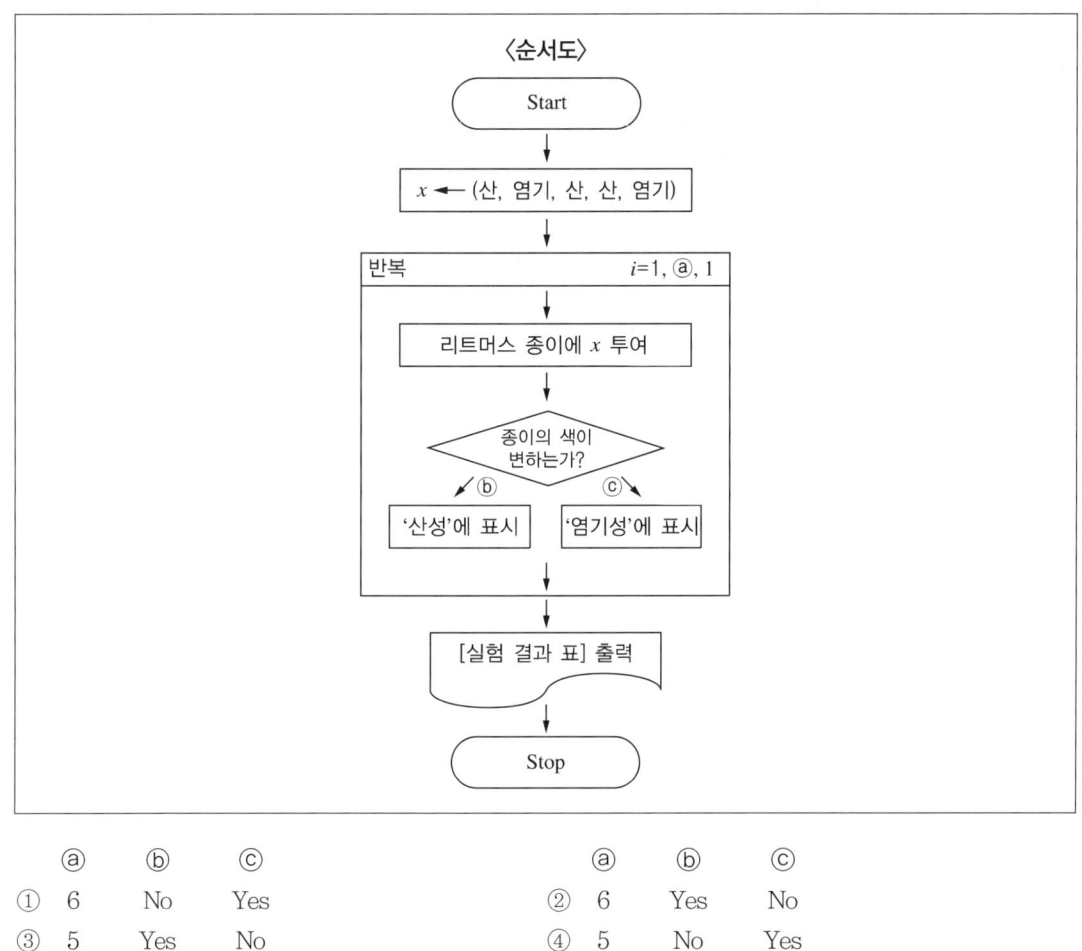

	ⓐ	ⓑ	ⓒ
①	6	No	Yes
②	6	Yes	No
③	5	Yes	No
④	5	No	Yes

제2영역 직무수행능력

| 금융일반 - 객관식 |

01 다음 중 기업의 이윤극대화에 대한 설명으로 옳지 않은 것은?

① MR은 한계수입으로 생산량을 한 단위 늘릴 때마다 추가로 얻는 수입을 의미한다.
② MC는 한계비용으로 생산량을 한 단위 늘릴 때마다 추가로 필요한 비용을 의미한다.
③ MR이 MC보다 큰 구간에서 이윤극대화가 결정된다.
④ 총비용과 총수입을 이용하여 한계비용과 한계수입을 구할 수 있다.

02 다음 중 생산자 잉여에 대한 설명으로 옳지 않은 것은?

① 생산자 잉여는 시장가격과 공급곡선 사이의 면적으로 나타낼 수 있다.
② 시장가격과 한계비용의 차이를 통해 생산자 잉여를 구할 수 있다.
③ 생산자 잉여는 생산자가 상품교환을 통해 얻는 이익을 나타내므로 시장의 효율성을 평가하는 척도로 활용할 수 있다.
④ 공급곡선이 수평일 경우 생산자 잉여는 1이 된다.

03 다음 중 결산수정분개에 대한 설명으로 옳지 않은 것은?

① 미지급비용은 현금을 미리 지불했지만 비용 발생은 이루어지지 않은 경우에 해당한다.
② 선수수익은 현금을 미리 받았지만 수익 실현이 이루어지지 않은 경우에 해당한다.
③ 미수수익은 수익이 발생했지만 현금 수령이 이루어지지 않은 경우에 해당한다.
④ 감가상각은 고정자산의 감가상각비를 인식하는 경우에 해당한다.

04 다음 중 단기금융상품이 아닌 것은?

① 양도성 예금증서
② 환매조건부채권
③ 표지어음
④ 노후생활연금신탁

05 다음 〈보기〉 중 가격차별 행위로 보기 어려운 것을 모두 고르면?

〈보기〉

㉠ 전월세 상한제
㉡ 학생과 노인에게 극장표 할인
㉢ 수출품 가격과 내수품 가격을 다르게 책정
㉣ 전력 사용량에 따라 단계적으로 다른 가격 적용
㉤ 대출 최고 이자율 제한

① ㉠, ㉡
② ㉠, ㉤
③ ㉡, ㉢, ㉣
④ ㉢, ㉣, ㉤

06 다음 중 채권시장의 유용성이 아닌 것은?

① 장기자금의 조달
② 경기예측 기능
③ 통화정책에 활용
④ 변동금리형 자산운용

07 다음 중 환율의 결정요인에 해당하지 않는 것은?

① 국가 간 물가수준
② 국가 간 금리수준
③ 기업의 해외진출
④ 정부의 시장개입

08 **다음이 설명하는 소득분배지표는?**

• 한 나라의 가계소득의 계층별 분배 상태를 측정하는 지표이다.
• 소득분배가 얼마나 균등하게 분배되고 있는지를 나타낸다.
• 0에 가까울수록 소득분배가 균등하고, 1에 가까울수록 빈부격차가 심한 것을 의미한다.

① 오분위분배율 ② 십분위분배율
③ 앳킨슨지수 ④ 지니계수

09 **다음 중 채권가격에 대한 설명으로 옳지 않은 것은?**

① 채권가격은 시장의 수요와 공급에 의해 결정된다.
② 채권가격이 상승하면 수익률은 하락한다.
③ 채권가격이 하락하면 시장수요는 감소한다.
④ 한국은행의 기준금리 인하는 채권가격을 상승시킨다.

10 **다음 중 금융기관의 방만한 운영으로 발생한 부실자산이나 부실채권만을 사들여 별도로 관리하면서 전문적으로 처리하는 구조조정 전문기관은?**

① 배드뱅크(Bad Bank) ② 헤지펀드(Hedge Fund)
③ 역외펀드(Off-shore Fund) ④ 페이퍼컴퍼니(Paper Company)

11 **다음 설명 중 옳지 않은 것은?**

① CMS 스왑의 금리민감도는 표준형 스왑보다 작다.
② CMS 스왑은 고정금리와 교환되는 변동금리 지표이다.
③ OIS는 변동금리의 지표에 1일의 Over-night 금리가 적용된다.
④ Libor in-arrear 스왑은 이자계산 기간 종료일의 2일 전에 결정되는 변동금리를 기준으로 변동금리 이자가 결정되는 스왑이다.

12 **다음 중 CAPM(자본자산가격결정모형)의 가정으로 옳지 않은 것은?**

① 완전시장 ② 미래수익률에 대한 동질적 예측
③ 위험자산 ④ 단일기간 투자

13 다음 중 IS－LM 곡선에 대한 설명으로 옳지 않은 것은?

① IS곡선은 우하향, LM곡선은 우상향하는 형태를 나타낸다.
② 거시경제에서 이자율과 소득과의 관계를 나타나는 곡선이다.
③ LM곡선은 투기적 수요를 제외한 화폐의 거래수요를 고려한다.
④ IS곡선은 생산물 시장의 균형을 달성하는 소득과 이자율의 조합을 의미한다.

14 다음 중 장기이자율이 하락한다고 예측하고 그 예측분이 기간 프리미엄과 동일하다고 할 때 나타나는 수익률곡선의 형태는?

① 우상향
② 우하향
③ 수평형
④ 낙타형

15 다음 〈보기〉의 내용을 참고하여 계산한 A의 지불용의금액은?

〈보기〉

- A의 수요함수 : $Q=20-2P$
- A가 구입하고자 하는 제품수량 : 4개
- A의 소비자 잉여 : 20

① 9
② 11
③ 13
④ 15

16 다음 중 금융투자업의 종류로 옳지 않은 것은?

① 투자매매업
② 신용협동기구
③ 투자일임업
④ 신탁업

17 다음 〈보기〉의 자료로 계산한 당기총포괄이익은?

〈보기〉

- 기초자산 : 5,500,000원
- 기초부채 : 3,000,000원
- 유상증자 : 500,000원
- 기말자산 : 7,500,000원
- 기말부채 : 3,000,000원

① 1,000,000원
② 1,500,000원
③ 2,000,000원
④ 2,500,000원

18 저축과 투자는 사후적으로 항상 일정하다. 다음 중 그 사유로 옳은 것은?

① 금리가 일정하기 때문이다.
② 저축자와 투자자가 같기 때문이다.
③ 재고의 증가 및 감소를 통하기 때문이다.
④ 저축과 투자는 사전적이든 사후적이든 언제나 동일하기 때문이다.

19 경기침체 시 경기회복을 위해 정부가 지출을 증대시키는 경우 정부지출 증가를 위한 재원조달 중 가장 경기가 팽창하는 결과를 초래하는 것은?

① 기업의 이윤에 대한 추가적인 세금 부과
② 공개시장 조작을 통한 민간으로부터의 차입
③ 중앙은행으로부터의 차입
④ 개인의 소득에 대한 추가적인 세금 부과

20 다음 중 정부지출 증대의 결과에 해당하지 않는 것은?

① 고용증가와 물가상승
② 이자율 상승과 조세수입의 증가
③ 민간투자의 증대와 국민소득의 증가
④ 소비지출과 저축의 증대

21 다음 중 가격상한제와 가격하한제를 비교한 내용으로 옳지 않은 것은?

구분	가격상한제	가격하한제
㉠ 대상	공급자	수요자
㉡ 가격	시장균형가격보다 낮음	시장균형가격보다 높음
㉢ 효과	초과수요 발생	초과공급 발생
㉣ 사례	실업률 증가	암시장 출현

① ㉠
② ㉡
③ ㉢
④ ㉣

22 다음 중 IS곡선이 분석대상으로 삼는 부문은?

① 노동시장의 균형
② 화폐시장의 균형
③ 실물시장의 균형
④ 증권시장의 균형

23 조세를 부과할 때는 이것이 국민경제에 어떤 영향을 미치는가를 고려해야 한다. 다음 중 조세원칙과 관련하여 가장 중요하게 고려되어야 할 것은?

① 소득재분배 효과와 자원배분 효과
② 소비억제 효과와 생산증대 효과
③ 소비억제 효과와 자원배분 효과
④ 세수증대 효과와 자원배분 효과

24 다음 중 엥겔계수에 대한 설명으로 옳지 않은 것은?

① 생활수준의 정도를 나타내기 위한 지표이다.
② 가계지출 중 식료품비가 차지하는 비율을 백분비로 나타낸 계수이다.
③ 소득이 어느 정도 균등하게 분배되는가를 나타내는 소득분배의 불균형 수치이다.
④ 소득수준이 높아질수록 식료품 관련 지출보다는 식료품 이외 지출이 급격히 늘어난다는 점에서 착안되었다.

25 다음 사례의 손익(EPS)을 계산하면?

자본금 100억 원, 1주당 액면금액 5천 원, 법인세 전 이익 20억 원, 법인세율이 40%일 때 1주당 손익(EPS)은 얼마인가?

① 300원
② 400원
③ 500원
④ 600원

26 다음 〈보기〉에서 설명하는 법칙은?

〈보기〉

- 통화한 사람 중 20%와의 통화시간이 총 통화시간의 80%를 차지한다.
- 전체 주가상승률의 80%는 상승기간의 20%의 기간에서 발생한다.
- 20%의 운전자가 전체 교통위반의 80% 정도를 차지한다.

① 파레토의 법칙
② 엥겔의 법칙
③ 그레셤의 법칙
④ 롱테일의 법칙

27 다음 중 미국이 기준금리를 인상할 때, 우리나라 경제에 미치는 영향으로 옳지 않은 것은?

① 국내 기업이 자금을 조달하는 데 어려움을 겪는다.
② 우리나라 부동산 시장에 부정적 영향을 미칠 수 있다.
③ 원달러 환율이 상승하여 수출비중이 높은 기업에 불리하게 작용한다.
④ 주식시장에서 외국인자본 유출이 심화되어 증시에 부정적 영향을 미칠 수 있다.

28 다음 중 ABS(자산유동화증권)에 대한 설명으로 옳지 않은 것은?

① 우리나라의 경우 자산유동화증권제도는 자산유동화에 관한 법률에 의해 도입되었다.

② 주택저당채권담보부채권(MBB)의 투자자는 대출금의 조기상환에 따른 위험을 부담한다.

③ 다계층저당증권은 하나의 저당집합에서 만기와 이자율을 다양화하여 발행한 여러 종류의 채권을 의미한다.

④ ABS 발행으로 인해 자산보유자의 경우 신용위험 및 금리위험에 따른 자산손실 등의 위험을 회피할 수 있는 이점이 있다.

29 다음 〈보기〉에서 설명하는 펀드는?

〈보기〉

- 제한된 인원을 고객으로 받아 운용한다.
- 위험을 감수하고 단기이익을 목적으로 채권, 실물자산 등에 투자해 이익을 얻는다.

① 사모펀드(Private Equity Fund)

② 모태펀드(Fund of Funds)

③ 헤지펀드(Hedge Fund)

④ ELS펀드(Equity Linked Securities Fund)

30 다음 중 일반적인 필립스 곡선의 모양으로 옳은 것은?(단, x축은 실업률, y축은 물가상승률을 뜻한다)

①
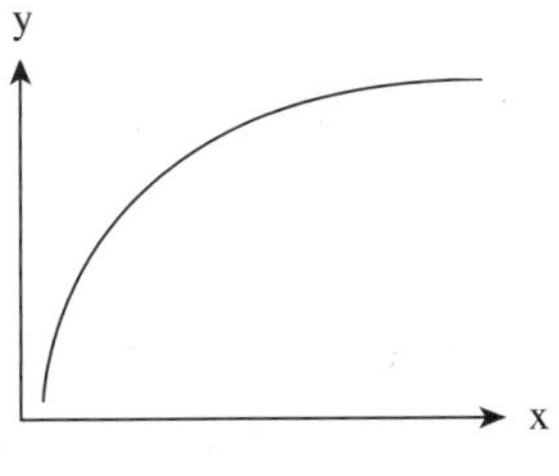

②
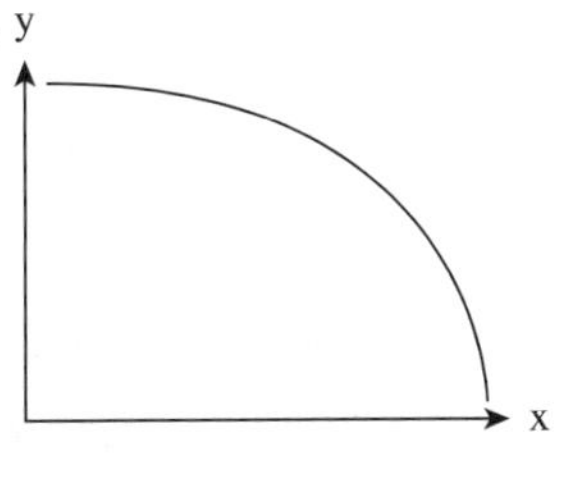

③
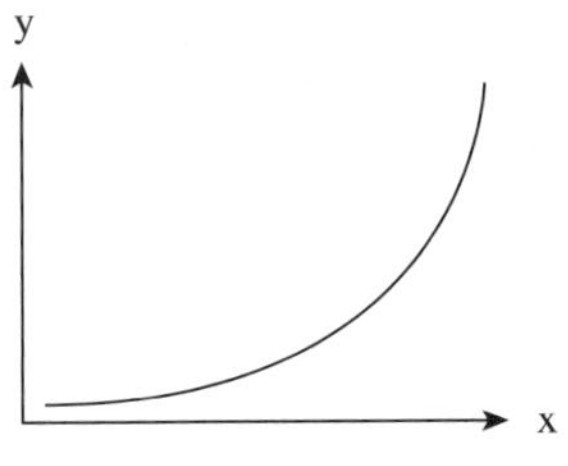

④
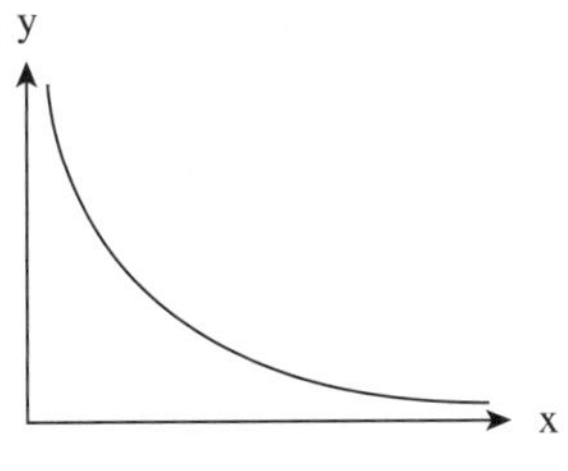

| 금융일반 - 주관식 |

01 다음 글의 빈칸에 들어갈 내용으로 옳은 것을 〈보기〉에서 고르면?

> 기업의 사회적 책임에 대한 긍정론의 입장은 기업 조직이 적극적이면서 자발적으로 이해관계자들의 요청을 받아들여 이에 대응하는 것이 기업 자체의 존속 및 성장에 필요하다는 것이다. 데이비스에 의한 긍정론의 주요 논거로는 ______________이/가 있다.

〈보기〉

㉠ 이윤 극대화	㉡ 사회 관여의 기업 비용
㉢ 사회적 책임의 사회비용	㉣ 사회기술의 결여
㉤ 국제수지의 악화	㉥ 변명 의무의 결여
㉦ 광범한 지지의 결여	㉧ 책임과 권력의 균형

(   )

02 어떤 나라의 경제활동인구는 1,000만 명으로 일정하다. 매월 취업자 중 2%가 실직하고, 실업자 중 14%가 취업에 성공한다면 이 나라의 자연실업률은 얼마인가?

(%)

03 다음과 같은 경제모형을 가정한 국가의 잠재총생산 수준이 Y*라고 할 때, 총생산갭을 제거하기 위해 통화당국이 설정해야 하는 이자율은?(단, Y는 국민소득, C는 소비, I는 투자, G는 정부지출, T는 조세, NX는 순수출, r은 이자율을 나타낸다)

• C=15,000+0.6(Y−T)−4,000r	• I=5,000−3,000r
• G=5,000	• NX=600
• T=7,000	• Y*=50,000

(%)

04 채권에 대한 다음 정보를 바탕으로 계산한 이 채권의 듀레이션은?

- 액면가 : 10,000원
- 만기 : 5년
- 표면이자율 : 0%

(년)

05 다음 자료를 이용하여 계산한 기말자본 금액은 얼마인가?

〈기초자본〉

자본금	20,000원
이익잉여금	500원
재평가잉여금	800원
합계	21,300원

- 당기중 액면금액 500원의 보통주 10주를 주당 1,000원에 발행
- 당기순손실 : 200원
- 당기 재평가잉여금 증가액 : 100원

(백 원)

| 디지털 - 객관식 |

※ 다음 프로그램을 보고 이어지는 질문에 답하시오. **[1~2]**

```
#include <stdio.h>
int main()
{
    [      ]
    int num=6;
    for (i=1, k=1; i<num;i++)
        k=k*i;
        {
            printf("%d", k);
        }
    return 0;
}
```

01 위 프로그램에서 정수를 출력하기 위해 빈칸에 들어갈 정의는?

① int i, k;
② float i, k;
③ double i, k;
④ long double i, k;

02 위 프로그램에서 i, k를 정수로 정의하고 실행하였을 때 출력되는 값으로 옳은 것은?

① kiiiii
② 120
③ 00000
④ kkkkk

03 다음 중 표준 SQL에서 레코드를 조합하는 방식으로 옳지 않은 것은?

① INNER JOIN
② LEFT JOIN
③ RIGHT JOIN
④ UNION JOIN

04 다음 중 일반적으로 많이 사용되는 파일 조직 방법 중에서 키 값에 따라 순차적으로 정렬된 데이터를 저장하는 데이터 지역(Data Area)과 이 지역에 대한 포인터를 가진 색인 지역(Index Area)으로 구성된 파일은?

① 링 파일(Ring File)
② 직접 파일(Direct File)
③ 순차 파일(Sequential File)
④ 색인 순차 파일(Indexed Sequential File)

05 다음 중 HIPO(Hierarchy Input Process Output)에 대한 설명으로 옳지 않은 것은?

① 상향식 소프트웨어 개발을 위한 문서화 도구이다.
② 구조도, 개요 도표 집합, 상세 도표 집합으로 구성된다.
③ 기능과 자료의 의존 관계를 동시에 표현할 수 있다.
④ 보기 쉽고 이해하기 쉽다.

06 다음 중 로보어드바이저(Robo-advisor)에 대한 설명으로 옳지 않은 것은?

① 로봇(Robot)과 투자전문가(Advisor)의 합성어다.
② 인간 프라이빗 뱅커(PB)를 대신하여 모바일 기기나 PC를 통해 포트폴리오 관리를 수행하는 온라인 자산관리 서비스를 말한다.
③ 인간의 판단을 확인하고 검수하는 역할을 한다.
④ 국내에서는 'DNA'라는 회사에서 최초로 로보어드바이저 기술을 개발했다.

07 다음 중 사람과 컴퓨터를 가려내기 위한 웹 보안기술은?

① 포트 포워딩
② 캡차
③ 튜링 테스트
④ 스테가노그래피

08 진리표가 다음과 같게 되는 논리회로는?

입력 A	입력 B	출력 F
0	0	1
0	1	1
1	0	1
1	1	0

① NAND 게이트
② NOR 게이트
③ AND 게이트
④ OR 게이트

09 다음 〈보기〉에 해당하는 검색 방법은?

〈보기〉

검색엔진에서 문장 형태의 질의어를 형태소 분석을 거쳐 언제(When), 어디서(Where), 누가(Who), 무엇을(What), 왜(Why), 어떻게(How), 얼마나(How much)에 해당하는 5W, 2H를 읽어내고 분석하여 각 질문에 답이 들어있는 사이트를 연결해 주는 검색엔진이다.

① 자연어 검색 방식
② 키워드 검색 방식
③ 주제별 검색 방식
④ 통합형 검색 방식

10 다음 〈보기〉 중 빅데이터에 대한 설명으로 옳은 것을 모두 고르면?

〈보기〉

㉠ 빅데이터는 정형화된 수치 자료뿐만 아니라 비정형의 문자, 영상, 위치 데이터도 포함한다.
㉡ 빅데이터는 클라우드 컴퓨팅 등 비용 효율적인 장비의 활용이 가능하다.
㉢ 빅데이터의 소프트웨어 분석 방법으로는 통계패키지(SAS), 데이터 마이닝 등이 대표적이다.
㉣ 빅데이터는 크기(Volume), 속도(Velocity), 다양성(Variety), 가치(Value), 복잡성(Complexity)의 특징을 가지고 있다.

① ㉠, ㉣
② ㉡, ㉢
③ ㉠, ㉡, ㉣
④ ㉡, ㉢, ㉣

11 다음 〈보기〉에서 소프트웨어 생명주기 모형 중 프로토타입(Prototype) 모형에 대한 설명으로 옳은 것을 모두 고르면?

〈보기〉

㉠ 프로토타입 모형의 마지막 단계는 설계이다.
㉡ 발주자가 목표 시스템의 모습을 미리 볼 수 있다.
㉢ 폭포수 모형보다 발주자의 요구사항을 반영하기가 용이하다.
㉣ 프로토타입별로 구현시스템에 대하여 베타테스트를 실시한다.

① ㉠, ㉡
② ㉠, ㉣
③ ㉡, ㉢
④ ㉢, ㉣

12 다음 중 엔드 포인트에서 행위기반으로 시스템을 탐지하여 대응하는 기술을 가리키는 말은?

① ADR
② EDR
③ GDR
④ ZDR

13 다음 주소 지정 방식 중 처리 속도가 가장 빠르며, 명령의 피연산자부에 피연산자의 주소가 있는 것이 아니라 피연산자의 값 그 자체를 포함하고 있는 주소 지정 방식은?

① 레지스터 지정(Register Addressing)
② 직접 주소 지정(Direct Addressing)
③ 즉시 주소 지정(Immediate Addressing)
④ 간접 주소 지정(Indirect Addressing)

14 다음 중 운영체제를 제어 프로그램(Control Program)과 처리 프로그램(Processing Program)으로 분류했을 때, 제어 프로그램에 해당하지 않는 것은?

① 데이터 관리 프로그램(Data Management Program)
② 문제 프로그램(Problem Program)
③ 작업 제어 프로그램(Job Control Program)
④ 감시 프로그램(Supervisor Program)

15 다음 중 가상자산 사업자가 가상자산을 전송할 때 관련 정보를 모두 수집하도록 한 규정은?

① 트래블룰
② 볼커룰
③ 업틱룰
④ 코인룰

16 다음 중 OSI 7계층에서 네트워크 경로배정, 중계기능, 네트워크 어드레싱 등을 담당하는 계층은?

① 네트워크 계층
② 데이터링크 계층
③ 전송 계층
④ 세션 계층

17 다음 중 CPU를 경유하지 않고 고속의 입출력장치와 기억장치가 직접 데이터를 주고받는 방식은?

① DMA(Direct Memory Access)
② 채널 제어기에 의한 입출력
③ 프로그램에 의한 입출력(Programmed I/O)
④ 인터럽트에 의한 입출력(Interrupt Driven I/O)

18 다음 중 OLED와 LCD에 대한 설명으로 옳은 것은?

① OLED란 수동형 액정표시장치로, 스스로 발광하지 않는다.
② OLED는 LCD에 비해 응답 속도가 빠르고 화면을 휠 수도 있다.
③ LCD는 자체적으로 빛을 내는 수 나노미터의 반도체이다.
④ LCD는 '양자점'이라고도 불린다.

19 프라이빗 블록체인은 퍼블릭 블록체인과 다르게 기업이나 특정 개인들만 참여할 수 있도록 시스템되어 있는 폐쇄형의 블록체인의 네트워크를 뜻한다. 프라이빗 블록체인은 운영과 참여의 주체가 분명하기 때문에 인센티브 제도인 코인을 사용하지 않아도 된다는 점이 특징이다. 다음 중 이러한 프라이빗 블록체인의 특징으로 옳지 않은 것은?

① 허가성
② 프라이버시
③ 개방성
④ 그룹화

20 다음 중 데이터베이스 설계 단계 중 응답시간, 저장 공간의 효율화, 트랜잭션 처리도와 가장 밀접한 관계가 있는 것은?

① 물리적 설계
② 논리적 설계
③ 개념적 설계
④ 요구 조건 분석

21 다음 중 사용자들이 정해진 PC 없이도 웹상에 자료를 저장하여 어디에서나 프로그램을 실행할 수 있는 분산형 IT 인프라서비스를 뜻하는 용어는?

① 클라우드 컴퓨팅(Cloud Computing)
② 유틸리티(Utility)
③ 블로트웨어(Bloatware)
④ 블루투스(Bluetooth)

22 다음 중 테이블 구조 변경 시 사용하는 SQL 명령은?

① ALTER TABLE
② CREATE INDEX
③ DROP TABLE
④ MODIFY TABLE

23 다음 중 UNIX에서 파일을 삭제할 때 사용되는 명령어는?

① ls
② rm
③ cp
④ pwd

24 다음 중 CPU 스케줄링 알고리즘에서 규정시간 또는 시간 조각(Slice)을 미리 정의하여 CPU 스케줄러가 준비상태 큐에서 정의된 시간만큼 각 프로세스에 CPU를 제공하는 시분할 시스템에 적절한 스케줄링 알고리즘은?

① SJF(Shortest Job First)
② RR(Round – Robin)
③ SRT(Shortest Remaining Time)
④ FCFS(First – Come – First – Served)

25 다음 중 운영체제에 대한 설명으로 옳은 것은?

① 컴퓨터를 관리하고 제어하는 시스템 소프트웨어이다.
② 컴퓨터의 ROM에 저장되는 프로그램이다.
③ 모든 응용 소프트웨어를 말한다.
④ 워드 프로세서는 운영체제에 속한다.

26 다음 중 도스(MS – DOS)에서 Attrib 명령어의 옵션에 대한 설명으로 옳지 않은 것은?

① 백업 파일 속성 : A
② 시스템 파일 속성 : S
③ 숨김 파일 속성 : H
④ 읽기 전용 파일 속성 : P

27 다음 중 UNIX에 대한 설명으로 옳지 않은 것은?

① 사용자의 명령으로 시스템이 수행되고 그에 따른 결과를 나타내 주는 대화식 운영체제이다.

② 표준 입출력을 통해 명령어와 명령어가 파이프라인으로 연결된다.

③ 여러 프로그램을 동시에 여러 개를 실행시킬 수 있다.

④ 파일 시스템이 배열 형태가 선형적 구조로 되어 있다.

28 다음 중 컴퓨터에서 ALU(Arithmetic Logic Unit)의 역할은?

① 제어버스 할당

② 산술연산과 논리연산 수행

③ 입출력 장치의 제어

④ 명령어 해독

29 다음 중 바이오스(Basic Input Output System)에 대한 설명으로 옳은 것은?

① 한번 기록한 데이터를 빠른 속도로 읽을 수 있지만, 다시 기록할 수 없는 메모리

② 컴퓨터에서 전원을 켜면 맨 처음 컴퓨터의 제어를 맡아 가장 기본적인 기능을 처리해 주는 프로그램

③ 기억된 정보를 읽어내기도 하고, 다른 정보를 기억시킬 수도 있는 메모리

④ 주변 장치와 컴퓨터 처리 장치 간에 데이터를 전송할 때 처리 지연을 단축하기 위해 보조 기억 장치를 완충 기억 장치로 사용하는 것

30 다음 설명에 해당하는 컴퓨터 시스템 구성요소는?

• CPU 가까이에 위치하며 반도체 기억장치 칩들로 고속 액세스가 가능하다. • 가격이 높고 면적을 많이 차지한다. • 저장 능력이 없으므로 프로그램 실행 중 일시적으로 사용한다.

① CPU

② 주기억장치

③ 보조저장장치

④ 입출력장치

| 디지털 - 주관식 |

01 다음 〈보기〉에서 프로그램의 실행 결과로 나타나는 값을 고르면?

```
#include <stdio.h>
int main() {
        char *p="HELLOWORLD";
        printf("%c ₩n", *(p+4));
}
```

〈보기〉

㉠ E	㉡ L
㉢ O	㉣ W
㉤ H	

( )

02 다음 〈보기〉에서 메타버스에 대한 설명으로 옳은 것을 모두 고르면?

〈보기〉

㉠ 가상세계(Meta)와 현실세계(Universe)의 합성어이다.
㉡ 가상세계가 현실세계에 끌려들어온 것을 말한다.
㉢ 메타버스로부터 발전한 개념이 가상현실(VR)이다.
㉣ 메타버스로 대표적인 플랫폼 서비스로 세컨드 라이프, 제페토가 있다.
㉤ 메타버스 내에서의 세계는 현실보다 더 발전한 형태이다.

( )

03 다음 내용에서 공통적으로 설명하고 있는 것을 〈보기〉에서 고르면?

- 사물이나 데이터를 군집화하거나 분류하는 데 사용하는 기술
- 스스로 학습하는 컴퓨터
- 다층구조 형태의 신경망을 기반으로 하는 머신 러닝의 한 분야

〈보기〉

㉠ 딥러닝(Deep Learning)	㉡ 사물통신(Machine to Machine)
㉢ 빅데이터(Big Data)	㉣ 유비쿼터스(Ubiquitous)
㉤ 블록체인(Block Chain)	㉥ 라우터(Router)
㉦ 데이터마이닝(Data Mining)	㉧ 사물인터넷(Internet of Things)

( )

04 다음 〈보기〉 중 CPM(Critical Path Method)에 대한 설명으로 옳지 않은 것의 개수는?

〈보기〉

㉠ 노드에서 작업을 표시하고, 간선은 작업 사이의 전후 의존 관계를 나타낸다.
㉡ 프로젝트의 완성에 필요한 작업을 나열하고, 작업에 필요한 소요 기간을 예측하는 데 사용한다.
㉢ 박스 노드는 프로젝트의 중간 점검을 뜻하는 이정표로 이 노드 위에서 예상 완료 시간을 표시한다.
㉣ 한 이정표에서 다른 이정표에 도달하기 전의 작업은 모두 완료되지 않아도 다음 작업을 진행할 수 있다.
㉤ 보통은 PERT / CPM이라 부르고 PERT 원리와 병용한다.

(개)

05 다음 프로그램의 실행 결과는?

```
#include <stdio.h>

int main()
{
    int num1=9;
    int num2=2;
    int A;

    A=num1 / num2;
    printf("%d₩n", A);

    return 0;
}
```

(   )

5권

IBK기업은행 필기시험 정답 및 해설

온라인 모의고사 무료쿠폰

금융일반(2회분) ATOG-00000-F7C52

디지털(2회분) ATOF-00000-86B6E

[쿠폰 사용 안내]

1. **합격시대 홈페이지**(www.sdedu.co.kr/pass_sidae_new)에 접속합니다.
2. 회원가입 후 로그인합니다.
3. 홈페이지 우측 상단 '쿠폰 입력하고 모의고사 받자' 배너를 클릭합니다.
4. 쿠폰번호를 등록합니다.
5. 내강의실 > 모의고사 > 합격시대 모의고사 클릭 후 응시합니다.

※ 본 쿠폰은 등록 후 30일 이내에 사용 가능합니다.
※ 쿠폰 등록 및 응시는 윈도우 기반 PC에서만 가능합니다.
※ 모바일 및 macOS 운영체제에서는 서비스되지 않습니다.

IBK기업은행 필기시험

기출복원 모의고사 정답 및 해설

제1영역 NCS 직업기초능력

01	02	03	04	05	06	07	08	09	10
③	②	④	③	④	④	①	②	②	②
11	12	13	14	15	16	17	18	19	20
③	③	①	②	③	④	③	④	④	④
21	22	23	24	25	26	27	28	29	30
②	②	③	②	③	①	④	③	④	④
31	32	33	34	35	36	37	38	39	40
④	②	①	①	④	①	③	②	④	②

01 정답 ③

중간가호가와 스톱지정가호가는 넥스트레이드가 제공하는 호가유형으로 넥스트레이드에서만 사용이 가능하며, 사용 가능한 시간도 프리·애프터마켓 운영시간이 아닌 기존 정규시장 운영시간 내에서만 가능하다.

오답분석

① 첫 번째 문단에서 기존에는 한국거래소 단일 체제로 운영되었음을 알 수 있으나, 이 체제가 투자자들에게 불리했다는 내용은 제시문에서 찾을 수 없다. 다만 복수 거래소 체제로의 전환으로 이전보다 투자자들에게 유리해질 것으로 기대되는 상황이다.
② 애프터마켓의 도입 전에도 해외 투자자는 우리나라 주식의 거래가 가능했다. 다만 애프터마켓의 도입으로 이전보다 거래시간이 확대되어 해외 투자가가 해당 국가의 낮 시간에 우리나라 주식을 거래할 수 있게 되어 접근이 용이해졌다.
④ 거래소 경쟁체제의 도입으로 넥스트레이드가 내놓은 정책이 거래유형에 따라 달리 수수료를 부과하는 방식일 뿐, 한국거래소는 기존과 동일하게 거래유형에 구분 없이 획일적인 수수료 부과방식을 유지한다.

02 정답 ②

보기의 문장은 주식거래 시간의 확대와 해외 투자자에 대한 내용이 모두 포함된 문단 뒤에 오는 것이 적절하다. (나) 문단에서 국내 주식시장 거래시간이 확대되었고, 이로 인해 해외 투자자들의 국내 주식시장 거래가 용이해졌다고 하였으므로 보기의 문장이 들어갈 위치로 가장 적절한 곳은 (나) 문단의 뒤이다.

03 정답 ④

제21조의2 제1항 제5호에 따르면 원칙적으로 소비자가 이미 선택한 내용에 대하여 변경을 요구하는 창을 반복하여 소비자에게 제시하는 것은 위법이지만, 만일 소비자가 일정 기간 동안 해당 요구를 받지 않겠다고 선택할 수 있게 한 경우는 제외된다.

오답분석

① 제13조 제6항에 따르면 통신판매업자는 무상으로 제공된 재화 등이 유료 정기결제로 전환되는 경우에는 결제가 이루어진 그 즉시가 아니라 증액이나 전환이 이루어지기 전에 소비자에게 고지하여야 한다.
② 제21조의2 제1항 제2호에 따르면 소비자가 특정 재화 등의 청약을 진행하는 중에 다른 재화 등에 대해 추가 선택항목을 제공하고 유인하는 것은 위법이 아니지만, 추가된 선택항목에 대하여 소비자가 청약 의사가 있다고 선택하기도 전에 미리 표시를 하여 소비자를 유인하는 행위는 위법에 해당한다.
③ 제21조의2 제1항 제4호에 따르면 회원가입과 재화 등의 구매방법과 탈퇴와 재화 등의 구매취소 방법을 달리하거나 후자를 어렵게 하는 것은 소비자를 방해하는 행위에 해당하나, 정당한 사유가 있는 경우라면 이는 가능하다.

04 정답 ③

㉠ 제21조의2 제1항 제1호에 따르면 소비자에게 재화 등의 가격을 알릴 때 필수적으로 지급하여야 하는 총금액 중 일부 금액만을 표시하는 것은 위법에 해당한다.
㉡ 제21조의2 제1항 제2호에 따르면 소비자가 재화의 구매가 진행되는 중에 다른 재화의 구매에 대한 의사가 있는지를 묻는 선택항목을 제공하는 경우, 소비자가 이에 대해 직접 선택하기 전에 미리 그러한 의사가 있다고 표시하여 선택항목을 제공하는 것은 위법에 해당한다.
㉢ 제21조의2 제1항 제3호에 따르면 회원가입 또는 회원탈퇴 등 선택항목들 사이에서 크기나 모양, 색깔 등 시각적인 차이를 두어 표시하는 것은 위법에 해당한다.

오답분석

㉣ 제21조의2 제1항 제5호에 따르면 소비자가 이미 선택한 내용에 대해서 그것을 변경할 것을 요구하는 팝업창을 반복적으로 요구하는 것은 위법이지만, 일회성 팝업창의 경우는 위법으로 볼 수 없다.

05

정답 ④

교육시스템 항목을 보면 부서자체교육은 분기별 1회, 집합교육은 반기별 1회를 받는다고 되어있으며, 그 외 교육은 수시로 진행된다고 하였다. 따라서 법위반 가능성이 높은 부서 임직원이 연간 받는 정기 교육 횟수는 부서자체교육 4회와 집합교육 2회로 총 6회이다.

오답분석

① 자사의 거래조건을 협력회사가 원하지 않을 경우 거래를 강제하지 않아야 할 뿐, 협력회사가 원하는 방향으로 거래조건을 수정할 필요는 없다.
② 고객 입장에서 혼란을 줄 수 있는 정보는 기재를 하지 않는 것이 아닌 바르게 전달할 수 있도록 기재하여야 한다.
③ 경쟁사 고객을 자사의 상품을 이용하도록 유인하는 것은 가능하나, 부당한 방법을 사용해서는 안 된다.

06

정답 ④

교육시스템에 따르면 실무 관련 의문점 발생 시에는 상담을 통해 처리방향을 지도받는 것이 적절하나, 공정거래 위반이 의심될 때에는 집합교육을 통해 처리방향을 지도받아야 한다.

오답분석

① 협력회사에 대한 원칙의 두 번째 항목에 따르면 협력회사에 부당하게 유리 또는 불리한 취급을 하거나 경제상 이익을 요구하지 않는다고 하였으므로 자료의 내용으로 적절하다.
② 협력회사에 대한 원칙의 네 번째 항목에 따르면 협력회사의 기술, 지적재산권을 부당하게 요구하거나 침해하지 않는다고 하였으므로 자료의 내용으로 적절하다.
③ 경쟁사에 대한 원칙의 세 번째 항목에 따르면 담합하지 않는다고 하였으므로 자료의 내용으로 적절하다.

07

정답 ①

기대 수익률은 실물이전 상품별 추정 수익률의 확률 가중 평균이므로 이를 계산하면 다음과 같다.

- 공모펀드 : $[(0.3\times0.3)+(0.2\times0.2)-(0.5\times0.1)]\times100=8\%$
- ETF : $[(0.15\times1)+(0.25\times0.5)-(0.55\times0.3)-(0.05\times0.5)]\times100=8.5\%$
- 예금 : $(1\times0.05)\times100=5\%$

따라서 ETF의 기대 수익률이 가장 높다.

오답분석

② 월 소득이 800만 원이라면 매월 소득의 10%를 납입하므로 월 납입금은 800,000원이다. I퇴직연금을 40세에 가입하였으므로 총 납입금액을 구하면 $800,000\times12\times(65-40)=240,000,000$원이다. 이는 2억 원 이상이므로 퇴직연금을 일시금으로 수령할 수 있다.
③ 월 소득이 600만 원이었다면 월 납입금은 600,000원이다. 이를 20년간 납입하였다면, 납입금액은 $600,000\times12\times20=144,000,000$원이다. 정년퇴직 후 수령하는 금액은 1,200,000원이며 이를 10년간 수령하였다면 $1,200,000\times12\times10=144,000,000$원이므로 납입금과 연금 수령액이 동일하다.
④ 사망하기까지 30개월간 연금을 받았으므로 연금 수령액은 $1,200,000\times30=36,000,000$원이다. 납입금이 50,000,000원이므로 $50,000,000-36,000,000=14,000,000$원이 상속 가능 금액이다. 이때 5%의 상속세가 부과되므로 상속 가능한 실제 금액은 $14,000,000\times(1-0.05)=13,300,000$원으로 1,330만 원이다.

08

정답 ②

A씨는 5년마다 연봉이 600만 원씩 상승하므로 월급은 $600\div12=50$만 원이 상승한다. 연령대별 월급, 월 납입액과 월 수령액을 계산하면 다음과 같다.

(단위 : 만 원)

구분	월급	월 납입액	월 수령액
26 ~ 30세	200	–	–
31 ~ 35세	250	–	–
36 ~ 40세	300	30	–
41 ~ 45세	350	35	–
46 ~ 50세	400	40	–
51 ~ 55세	450	45	–
56 ~ 60세	500	50	–
61 ~ 65세	550	55	–
66 ~ 70세	–	–	120
71 ~ 75세	–	–	120
76 ~ 80세	–	–	실물이전 수익금
81 ~ 85세	–	–	120

A씨의 총 납입액은 $(30+35+40+45+50+55)\times12\times5=1$억 5,300만 원이다. 76세에 실물이전을 하며, 최대 수익률을 가정하므로 추정 수익률이 100% 상승인 ETF를 선택한다. 이는 납입액의 50%에 대해 100% 투자 수익률이므로 1억 5,300만$\times0.5=$7,650만 원의 수익을 얻는다.

따라서 15년간 매월 120만 원씩 연금을 받고, 76 ~ 80세 5년 동안 7,650만 원의 수익을 얻었으므로 A씨가 정년퇴직 후 얻을 수 있는 최대 금액은 $(120\times12\times15)+7,650=2$억 9,250만 원이다.

09

정답 ②

경영 기술전략, 시제품 제작, 홍보 지원의 한도는 $15+30+20=65$백만 원(6천 5백만 원)이지만, 정부 지원금 최대 한도는 5천만 원으로 제한되어 있다.

오답분석

① 사업목적에 따르면 컨설팅, 기술지원, 마케팅 3가지 분야에서 분야당 최대 1개의 프로그램만 이용이 가능하다. 따라서 브랜드 지원 프로그램과 홍보지원 프로그램은 모두 마케팅 분야에 해당하므로 두 프로그램을 동시에 이용하는 것은 불가능하다.

③ 스마트공장화에 관심이 있는 제조 소기업은 스마트공장 진단 및 실용화를 지원하는 컨설팅 분야의 제조혁신 추진전략 프로그램과 스마트공장의 구축을 지원하는 기술지원 분야의 시스템 및 시설구축 프로그램을 이용하는 것이 유리하다.
④ 최근 3년 평균 매출액이 4억 원 이하인 제조 소기업의 정부지원 비율은 75%이고, 자가부담 비율은 25%이므로 자가부담 금액은 정부지원 금액의 3분의 1이다. 따라서 3천 만÷3=1천만 원이다.

10 정답 ②

국세 및 지방세 체납이 확인된 기업은 지원 제외 대상이다. 그러나 공공요금의 경우 국민이 수도, 전기 등 공공서비스를 이용한 대가로 지불하는 요금이므로 국세 및 지방세가 아니다. 따라서 B기업은 혁신바우처 사업 지원 제외 대상이 아니다.

오답분석

① 혁신바우처 사업은 제조 소기업을 대상으로 하는 사업으로 제조기업이란 제조업이 주업종인 기업이다. 따라서 제조업을 영위한다 하더라도 주업종이 소매업이라면 이는 제조기업이라 볼 수 없으므로 해당 사업 지원 대상에 해당하지 않는다.
③ 채권자와 채무를 조정 중인 기업이 아닌 조정이 완료되어 합의서를 체결한 기업에 한해 지원 제외 대상에서 제외된다.
④ 해당 사업 신청 시에 이미 같은 사업을 수행 중인 기업의 경우 지원 대상에서 제외된다.

11 정답 ③

C는 자녀가 없는 예비신혼부부이므로 신혼부부 Ⅰ · Ⅱ 유형에서 우선순위 2순위에 해당한다.

오답분석

① A는 만 6세 이하 자녀가 있는 한부모가정이므로 모든 유형에서 우선순위 1순위에 해당한다.
② B는 만 65세 이상의 고령자이므로 기존주택 유형에서 우선순위 1순위에 해당한다.
④ D는 만 6세 이하 자녀가 있는 혼인가구이므로 신혼부부 Ⅰ · Ⅱ 유형에서 우선순위 3순위에 해당한다.

12 정답 ③

제시된 정보에서 총자산가액은 자산기준인 2억 4,100만 원을 초과하였으므로 신청자격이 주어지지 않는다.

오답분석

① 한부모가정이 아니더라도 다양한 신청자격이 존재한다.
② 월평균소득은 4인 가구 월평균소득의 50% 기준인 4,124,234원 이하이므로 기존주택 유형의 2순위 기준은 갖추었다.
④ 자동차를 보유하지 않았다면 해당 항목은 자산 산정에서 제외한다고 하였다.

13 정답 ①

A～D의 2월 16일에 근무한 시간은 각각 다음과 같다.

• A : (40×2)−(7+10+9+8+10+6+5+8+7)=80−70 =10시간
• B : (40×2)−(5+6+7+7+9+12+10+10+9)=80−75 =5시간
• C : (40×2)−(8+7+7+7+11+10+9+10+5)=80−74 =6시간
• D : (40×2)−(6+6+10+9+8+7+8+6+9)=80−69 =11시간

따라서 2월 16일에 근무시간이 두 번째로 긴 사람은 A이다.

14 정답 ②

E의 근무시간은 9시간이므로 오전 11시부터 오후 1시까지, 오후 2시부터 오후 9시까지 근무해야 한다. 이때, 오후 6시를 초과하여 근무한 시간은 3시간이고, E의 통상시급은 [275+20+(144÷12)]÷209≒14,689원이다.
따라서 E가 받게 되는 초과근무수당은 14,689×1.5×3≒66,101원이다.

15 정답 ③

지로 / 공과금 자동이체 우대금리 조건을 보면 반드시 본인 명의의 입출금식 통장에서 지로 / 공과금 자동이체 실적이 3개월 이상이어야 한다.

오답분석

① 매월 납입한도는 100만 원 이하이고 계약기간은 1년제이므로 신규금액을 제외한 최대 납입 가능 금액은 100×12=1,200만 원이다.
② 에너지 절감 우대금리 적용을 위해 "아파트아이"에 회원가입을 해야 하며, 주소변경 시 아파트아이에서 주소변경을 완료해야 하므로 해당 사이트의 계정이 필요하다.
④ 최대 이율을 적용받는 사람의 금리는 약정이율에 우대금리를 더한 값인 3.0+4.0=7.0%이다. 하지만 중도해지 시에는 우대금리가 적용되지 않으므로 납입기간 50%를 경과하고 중도해지할 경우 적용받는 금리는 3.0×0.4=1.2%이다. 따라서 중도해지 시 적용받는 금리는 이전보다 7.0−1.2=5.8%p 적다.

16 정답 ④

먼저 A고객이 적용받는 우대금리를 계산하면 다음과 같다.

• 적금가입월(22.5)부터 10개월 동안(23.2 이내) 적금가입월의 전기사용량(kWh) 대비 월별 전기사용량(kWh)이 절감된 횟수는 22년 6월, 9월, 10월과 23년 2월로 총 4회이므로 적용되는 우대금리는 연 1.0%p이다.
• 최초거래고객 우대금리 조건을 만족하므로 적용되는 우대금리는 1.0%p이다.
• 지로 / 공과금 자동이체 우대금리 조건을 만족하므로 적용되는 우대금리는 1.0%p이다.

그러므로 A고객이 적용받는 우대금리는 총 3%p이고, A고객은 만기해지하였으므로 계약기간 동안 적용되는 금리는 약정이율에 우대금리를 더한 값인 3+3=6%이다. 가입금액에 따른 이자를 계산하면 다음과 같다.

- 최초 납입금액 : 30만×6%=18,000원
- 추가 납입금액 : 70만×6%×$\frac{6}{12}$=21,000원
- 만기 후 금리: 100만×3%×30%×$\frac{6}{12}$=4,500원(만기일 경과 6개월 이후 해지)

따라서 A고객이 지급받을 이자는 총 18,000+21,000+4,500=43,500원이다.

17 정답 ③

레저업종 카드사용 실적인정 기준 중 3번째 기준에 따르면 당일자, 당일 가맹점 사용실적 건수는 최대 1회, 금액은 최대금액 1건이 인정된다고 하였다. 그러므로 당일에 동일 가맹점에서 나눠서 결제하더라도 그 횟수는 1회만 반영되고, 그 금액도 가장 큰 금액 1건만 반영된다. 따라서 한 번에 결제하는 것이 우대금리 적용에 더 유리하다.

오답분석

① 제시된 상품에서 적용 가능한 최대금리는 계약기간이 최대이며 우대금리를 만족한 3.65+2.40=6.05%이고 최저금리는 계약기간이 최소이며 우대금리를 적용받지 못한 3.40%이다. 따라서 만기해지 시 상품에서 적용 가능한 최대금리와 최저금리의 차이는 6.05−3.40=2.65%p이다.

② '우대금리' 항목에 따르면 금액 조건은 온누리상품권 구매금액과 레저업종 카드사용금액 모두 포함되는 반면, 건수 조건에는 레저업종 카드사용건수만 포함된다. 따라서 우대금리 적용에 있어서는 온누리상품권을 구입하는 것보다는 레저업종에 카드를 사용하는 것이 더 유리하다.

④ 계약기간이 1년이므로 만기일 당시 IBK 적립식중금채의 계약기간별 고시금리는 만기 후 1개월 이내 해지 시나 만기 후 6개월 초과 후 해지 시에 같으므로 만기 후 1개월 이내 해지 시 적용되는 만기 후 금리는 만기 후 6개월 초과 후 해지 시 적용되는 만기 후 금리의 $\frac{50}{20}$=2.5배이다.

18 정답 ④

A고객의 계약기간은 2년이므로 적용되는 약정이율은 3.50%이다. 우대금리 적용을 위해 금액 조건을 계산하면 다음과 같다.

- 매 짝수 월 초 30만 원 헬스클럽 결제 : 30×12=360만 원
- 매월 초 20만 원 골프연습장 결제 : 20×24=480만 원
- 매 연말 본인 명의 온누리상품권 100만 원 구매 : 200만 원 인정
- 매 연초 가족 명의 온누리상품권 100만 원 구매 : 본인 명의가 아니므로 불인정
- 매년 3, 6, 9, 12월 월말 수영장 이용료 30만 원 결제 : 30×8=240만 원

총이용금액은 1,280만 원이고, 이를 평균하여 계산하면 월 결제금액은 1,280÷24≒53.3만 원이므로 우대금리는 1.70%p가 적용된다. 이에 대한 납입금액별 금리는 다음과 같다.

- 최초 납입금액 : 50만×(3.5+1.7)%×$\frac{24}{12}$=52,000원
- 추가 납입금액(21.8.1) : 100만×(3.5+1.7)%×$\frac{12}{12}$=52,000원
- 추가 납입금액(22.2.1) : 100만×(3.5+1.7)%×$\frac{6}{12}$=26,000원
- 만기 후 금리 : 250만×(3.5×0.3)%×$\frac{3}{12}$=6,562.5원

따라서 A고객이 지급받을 이자총액에서 10원 미만을 절사하면 136,560원이다.

19 정답 ④

고산지대에 근무하는 공무원이 한 분기에 23일 이내인 14일간 저지대에서 가족동반으로 요양을 할 때 8번 지급 사유에 따라 발생한 비용 전액을 국외여비로 지급받을 수 있다.

오답분석

① 4번 지급 사유에 따라 발생한 비용의 일부만 국외여비로 받을 수 있다.

② 2번 지급 사유에 따라 발생한 비용의 일부만 국외여비로 받을 수 있다.

③ 6번 지급 사유에 따라 발생한 비용의 일부만 국외여비로 받을 수 있다.

20 정답 ④

- K주임
  - 12세 이상 가족 구성원의 가족 국외여비
    : $\left[(700,000\times2+20,000\times2)\times\frac{2}{3}\right]$=960,000원
  - 12세 미만 가족 구성원의 가족 국외여비
    : $\left[(0\times2+20,000\times2)\times\frac{1}{3}\right]$≒13,333원≒20,000원

  ∴ 총 국외여비 : 960,000+20,000=980,000원

오답분석

- H부장
  - 12세 이상 가족 구성원의 가족 국외여비
    : (900,000+900,000+(900,000×0.8)+15,000+15,000]×$\frac{2}{3}$=1,700,000원
  - 12세 미만 가족 구성원의 가족 국외여비
    : [(900,000×0.8)+0]×$\frac{1}{3}$=240,000원

  ∴ 총 국외여비 : 1,700,000+240,000=1,940,000원
- J과장
  - 12세 이상 가족 구성원의 가족 국외여비
    : 1,200,000×4×$\frac{2}{3}$=3,200,000원

– 12세 미만 가족 구성원의 가족 국외여비 : 0원
∴ 총 국외여비 : 3,200,000원

• L대리

– 12세 이상 가족 구성원의 가족 국외여비

: $750,000\times2\times\frac{2}{3}=1,000,000$원

– 12세 미만 가족 구성원의 가족 국외여비 : 0원
∴ 총 국외여비 : 1,000,000원

21

정답 ②

i-ONE Bank를 통한 가입 시에는 국민건강보험공단의 재직정보를 통해 우대금리 적용대상 여부를 판단한다.

오답분석

① 납입금액의 상한이 월 20만 원으로 가입기간 동안 저축할 수 있는 최대 금액은 240만 원이다.
③ 가입기간 내내 동의를 유지하였더라도 만기일 전일까지 유지하지 않으면 우대금리 적용 자격이 소멸한다.
④ 만기 후 1개월 이내에는 만기일 기준 고시금리의 50%를 적용하지만, 1개월이 지나면 만기일 기준 고시금리의 30%를, 6개월이 지나면 만기일 기준 고시금리의 20%만을 적용한다.

22

정답 ②

제시된 상품의 기본금리는 연 3.2%이며, A씨는 직장인이므로 우대금리 0.3%p를 적용받는다. 급여이체 실적과 카드이용 실적이 모두 만족되므로 주거래 우대금리 0.7%p를 모두 적용받으나, 마이데이터 동의를 하지 않아 이에 대한 0.5%p의 우대금리는 받지 못한다. 그러므로 A씨에게 적용되는 최종 금리는 3.2+0.3+0.7=4.2%이다.

따라서 만기해지 시점에서 A씨가 받게 되는 이자는 10만 원$\times\frac{0.042}{12}\times\frac{12(12+1)}{2}=27,300$원이다.

23

정답 ③

조건에 맞는 기본금리, 고객별 우대금리, 주거래 우대금리가 적용된다.

오답분석

① 실명의 개인이면 가입이 가능하다.
② 가입기간은 1년, 2년, 3년으로 월단위 가입이 불가능하다.
④ 자녀의 경우 가족관계확인서류인 주민등록등본, 가족관계증명서도 제출해야 한다.

24

정답 ②

• 3년 만기이므로 기본금리는 2.7%이다.
• 장기거래 고객 및 재예치 고객에 해당하지만 고객별 우대금리는 최고 0.1p%이다.
• 6개의 주거래 실적조건 중 2개 이상 충족하지 못했다.

따라서 만기 시 A씨의 적용금리는 2.7+0.1=2.8%이다.

25

정답 ③

I은행 승진 규정에 따라 승진 대상자별 최종 평가 점수를 계산하면 다음과 같다.

(단위 : 점)

구분	업무실적	팀워크	전문성	성실성	최종 평가 점수
A주임	60×0.4 =24	90×0.15 =13.5	84×0.25 =21	98×0.2 =19.6	78.1
B주임	70×0.4 =28	86×0.15 =12.9	84×0.25 =21	96×0.2 =19.2	81.1
C주임	91×0.4 =36.4	76×0.15 =11.4	96×0.25 =24	53×0.2 =10.6	82.4
D주임	84×0.4 =33.6	92×0.15 =13.8	76×0.25 =19	80×0.2 =16	82.4

C주임과 D주임의 최종 평가 점수가 동일하므로 업무실적과 전문성 점수의 평균을 구해야 한다.

• C주임 : (91+96)÷2=93.5점
• D주임 : (84+76)÷2=80점

따라서 대리로 진급하는 사람은 C주임이다.

26

정답 ①

변경된 승진 규정에 따라 승진 대상자별 최종 평가 점수를 구하면 다음과 같다.

(단위 : 점)

구분	업무실적	팀워크	전문성	성실성	최종 평가 점수
A주임	60×0.15 =9	90×0.3 =27	84×0.4 =33.6	98×0.15 =14.7	84.3
B주임	70×0.15 =10.5	86×0.3 =25.8	84×0.4 =33.6	96×0.15 =14.4	84.3
C주임	91×0.15 =13.65	76×0.3 =22.8	96×0.4 =38.4	53×0.15 =7.95	82.8
D주임	84×0.15 =12.6	92×0.3 =27.6	76×0.4 =30.4	80×0.15 =12	82.6

A주임과 B주임의 최종 평가 점수가 동일하므로 팀워크와 전문성 점수의 평균을 구해야 한다.

• A주임 : (90+84)÷2=87점
• B주임 : (86+84)÷2=85점

따라서 팀장이 되는 사람은 A주임이다.

27

정답 ④

- FX플러–IC3L05NA : 외환(FX)은 계약 기간에 N00이 부여되어야 한다.
- OP더굴–CC0L10VR : OP는 없는 상품 종류이다.
- DP모아–IC2M48FR : 중기(M) 계약 기간은 최장 3년, 즉 36개월이므로 M36을 초과하는 개월 수는 표기할 수 없다.
- TR믿음–CC2M24FR : 법인(CC)의 경우 계약 연령층에 0이 부여되어야 한다.

따라서 성립할 수 없는 코드는 4개이다.

28

정답 ③

A씨의 조건에 따라 부여되는 코드는 다음과 같다.

- 대출 : LN
- 상품명 : 파워
- 개인 : IC
- 20대 : 2
- 10년(장기) : L10
- 고정 이율 : FR

따라서 올바른 코드는 LN파워–IC2L10FR이다.

29

정답 ④

기업 대표이지만 VIP이므로 고객 코드는 ㄷ, 대출신청을 하였으므로 업무는 Y, 업무내용은 B가 적절하며 접수창구는 VIP실인 00번이 된다. 따라서 기록 현황에 기재할 코드는 ㄷYB00이다.

30

정답 ④

- A, B → 대출상담과 대출신청을 나타내는 코드
- Y → 대부계 업무를 나타내는 코드
- ㄴ → 기업고객을 나타내는 코드
- 04 → 4번 창구를 나타내는 코드

따라서 해당 기록의 내용으로 옳은 것은 ④이다.

31

정답 ④

주요 국가별 수출액과 수입액의 차이는 다음과 같다.

- 미국 : |98,000−88,000|=10,000억 USD
- 캐나다 : |65,000−73,000|=8,000억 USD
- 멕시코 : |13,000−18,000|=5,000억 USD
- 중국 : |99,000−73,500|=25,500억 USD
- 러시아 : |20,500−24,500|=4,000억 USD
- 프랑스 : |60,700−12,400|=48,300억 USD
- 영국 : |44,500−31,300|=13,200억 USD
- 이집트 : |13,000−5,000|=8,000억 USD
- 호주 : |45,200−18,000|=27,200억 USD

따라서 수출액과 수입액의 차이가 세 번째로 큰 국가는 중국이며, 중국의 소비자물가 상승률은 5.2%로 5% 이상이다.

오답분석

① 제시된 자료에서 모든 국가의 소비자물가 상승률이 양의 값을 가지므로 2024년 세계 주요 국가들은 모두 소비자물가가 상승하였다.
② 국내총생산이 세 번째로 높은 나라는 캐나다이며, 경제성장률이 세 번째로 높은 나라도 캐나다이다.
③ 국민총소득 상위 3곳은 중국, 미국, 캐나다이며 이들의 국내총생산의 합은 151,000+175,000+140,000=466,000억 USD이다. 나머지 국가의 국내총생산의 합은 48,000+73,000+97,600+84,300+27,000+77,400=407,300억 USD이므로 옳다.

32

정답 ②

제시된 자료에서 국내총생산 상위 3개국은 미국, 중국, 캐나다이다. 각국의 무역의존도를 계산하면 다음과 같다.

- 미국 : (98,000+88,000)÷175,000×100≒106%
- 중국 : (99,000+73,500)÷151,000×100≒114%
- 캐나다 : (65,000+73,000)÷140,000×100≒99%

따라서 중국 – 미국 – 캐나다 순으로 무역의존도가 높다.

33

정답 ①

I기업 직원 6명의 5월 소득을 계산하면 다음과 같다.

- A : 2,230+(2×100)+50+0+0=2,480천 원
- B : 2,750+(4×100)+70+30+0=3,250천 원
- C : 3,125+(5×100)+70+30+250=3,975천 원
- D : 3,500+(6×100)+100+50+0=4,250천 원
- E : 3,780+(10×100)+150+50+0=4,980천 원
- F : 4,200+(14×100)+200+100+50=5,950천 원

따라서 I기업 직원들의 5월 소득 평균은 (2,480+3,250+3,975+4,250+4,980+5,950)÷6=4,147.5천 원(=414만 7천 5백 원)으로 450만 원 이하이다.

오답분석

② I기업 직원별 월 소득에서 월 지출을 뺀 금액을 계산하면 다음과 같다.
- A : 2,480−2,445=35천 원
- B : 3,250−2,665=585천 원
- C : 3,975−3,293=682천 원
- D : 4,250−4,278=−28천 원
- E : 4,980−4,942=38천 원
- F : 5,950−5,315=635천 원

따라서 그 금액이 가장 많은 사람은 C대리이다.

③ 근속연수가 가장 짧은 직원은 A사원이다. A사원의 월 소득은 248만 원(=2,480천 원)이며, 월 지출 또한 244.5만 원으로 모두 250만 원 이하이다.
④ I기업 직원들의 평균 월 지출을 만 원 단위로 계산하면 (244.5+266.5+329.3+427.8+494.2+531.5)÷6=382.3만 원이므로 350만 원 이상이다.

34

정답 ①

I기업 직원 6명의 총 금융상품 투자금액을 만 원 단위로 계산하면 20+25+40+15+30+70=200만 원이다. 전체 직원의 금융상품 투자금액에서 각 직원이 차지하는 비율은 다음과 같다.

- A : 20÷200×100=10%
- B : 25÷200×100=12.5%
- C : 40÷200×100=20%
- D : 15÷200×100=7.5%
- E : 30÷200×100=15%
- F : 70÷200×100=35%

따라서 바르게 나타낸 것은 ①이다.

35

정답 ④

국민총소득(GNI)은 명목 GDP와 국외 순수취 요소 소득의 합이므로 국외 순수취 요소 소득은 국민총소득(GNI)과 명목 GDP의 차이다.

- 2022년 1분기 : 515,495.5−509,565.8=5,929.7십억 원
- 2022년 2분기 : 542,408.3−540,700.8=1,707.5십억 원
- 2022년 3분기 : 555,165.9−546,304.5=8,861.4십억 원

따라서 국외 순수취 요소 소득은 감소하였다 증가하였다.

오답분석

① 모든 분기에서 서비스업의 명목 GDP가 가장 높다.
② 제조업의 명목 GDP는 증가 추세이고, 명목 GDP는 당해 생산된 재화의 단위 가격과 생산량의 곱이므로 생산량이 감소하였다면 재화의 단위 가격은 증가하여야 한다.
③ 건설업의 명목 GDP는 증가하였다 감소하였고, 명목 GDP는 당해 생산된 재화의 단위 가격과 생산량의 곱이므로 생산 단가가 일정하다면 생산량은 증가하였다 감소하여야 한다.

36

정답 ①

농림어업의 명목 GDP는 증가하였다 감소하였으나 그 폭은 증가폭이 더 크다. 따라서 2022년 2분기에서 3분기로 감소할 때의 기울기는 2022년 1분기에서 2분기로 증가할 때의 기울기보다 작아야 한다.

37

정답 ③

인증서 인증 과정을 거치지 못하였을 때, [4번 알림창]이 출력된다.

오답분석

① 수취 계좌가 존재하지 않을 때, [2번 알림창]이 출력된다.
② 이체 한도를 초과하였을 때, [3번 알림창]이 출력된다.
④ 은행 업무 시간이 아닐 때, [1번 알림창]이 출력된다.

38

정답 ②

4월의 마지막 날은 30일이기 때문에 ⓐ는 30이다. 지수는 짝수일마다 10,000원씩 저축하므로 홀수일에는 저축하지 않고, 다음 날로 넘어가야 한다. 따라서 ⓑ는 Yes, ⓒ는 No이다.

39

정답 ④

가장 앞 4자리 수가 '2024'이고 거래 정지 계좌가 아닌 출금 가능 계좌이다. 따라서 [4번 알림창]이 출력된다.

40

정답 ②

가장 앞 4자리수가 '2024'이고 휴면 계좌이다. 따라서 [2번 알림창]이 출력된다.

제2영역 직무수행능력

금융일반 – 객관식

01	02	03	04	05	06	07	08	09	10
④	④	③	②	③	②	①	③	④	③
11	12	13	14	15	16	17	18	19	20
①	③	①	①	②	①	④	①	③	②
21	22	23	24	25	26	27	28	29	30
②	②	④	④	③	①	①	③	③	③

01

정답 ④

신디케이트는 여러 기업이 출자하여 공동으로 판매조직을 만들고, 각 기업은 경영의 독립성을 유지하면서도 판매 활동만 공동으로 수행하는 기업집중 형태이다.

오답분석

① 콘체른 : 법률적으로 독립된 각각의 기업이 출자 등을 통해 지배, 종속 관계를 형성하는 기업집중 형태이다.
② 트러스트 : 시장독점을 위해 기업들이 독립성을 상실하고 합동하는 기업집중 형태이다.
③ 카르텔 : 같은 제품을 생산하는 기업들이 시장통제를 위해 서로 가격, 생산량 등을 담합하여 경쟁을 피하는 기업집중 형태이다.

02

정답 ④

배블런 효과는 소비자들이 상품의 효용가치를 고려하지 않고 단지 상품을 통해 자신을 표현하고 타인의 시선을 얻기 위한 심리적 욕구가 작용하는 것을 의미한다.

03

정답 ③

WACC가 높으면 미래현금흐름의 현재가치가 그만큼 낮아지므로 기업가치가 하락하게 된다.

04

정답 ②

당기순이익은 총수익에서 총비용을 빼서 계산하므로 20－10＝10억 원이다. 단, 당기 중에 사용된 선수수익과 선급금은 수익과 비용에 반영되어야 하므로, 당기 중에 사용된 선급금(연간 임차료 1억 원)을 총비용에 더하여야 한다. 따라서 A기업의 당기순이익은 20－11＝9억 원이다.

05

정답 ③

보수행렬은 2차원으로 표현되기 때문에 3인 이상의 게임에는 적용하기 어렵다.

06

정답 ②

피구세를 도입하면 사회 전체적으로 외부비용이 감소하게 되어 사회적 이익이 증대되는 효과를 얻을 수 있다.

07

정답 ①

주가배수모형은 기업의 가치를 평가하는 상대가치평가법의 일종으로 PER, PBR, PSR, PCR이 있다. 반면, 고든의 성장모형은 주식의 내재가치를 평가하는 방법으로 회사의 배당금이 미래에 일정한 비율로 증가할 것으로 가정한다.

오답분석

② 주가수익비율(PER; Price to Earning Ratio) : 주가를 주당순이익으로 나눈 값으로, 기업의 수익성과 주가의 관계를 나타낸다.
③ 주가순자산비율(PBR; Price to Book Ratio) : 주가를 주당순자산으로 나눈 값으로, 기업의 자산 가치 대비 주가 수준을 나타낸다.
④ 주가매출액비율(PSR; Price to Sales Ratio) : 주가를 주당매출액으로 나눈 값으로, 기업의 매출액 대비 주가 수준을 나타낸다.

08

정답 ③

C재화는 배제성은 있으나 경합성은 없는 재화로, 유료 인터넷 등과 같이 요금을 지불함으로써 배제성은 있으나 재화를 사용하여도 다른 사람의 소비에 영향을 미치지 않아 비경합성을 가진다.

오답분석

① A재화는 일상에서 소비하는 쌀, 과일 등 대부분의 재화가 해당한다.
② B재화는 무료도로와 같이 배제성은 없으나 이용자가 몰리면서 경합성을 나타낸다.
④ D재화는 국방 서비스, 막히지 않는 무료도로 등과 같은 공공재로써 비경합성, 비배제성을 나타낸다.

09

정답 ④

옵션 프리미엄은 내재가치와 시간가치를 합산한 값이다.

오답분석

② 금, 은, 원유, 곡물 등은 상품옵션의 기초자산이 된다.
③ 주식, 채권, 통화, 주가지수 등은 금융옵션의 기초자산이 된다.

10

정답 ③

인플레이션이 1%p 올랐을 경우 명목이자율은 1%p 이상으로 올려야 한다. 인플레이션이 오르면 인플레이션 압력을 줄이는 것이 필요하고, 이에 따라 명목이자율을 인플레이션 상승률보다 더 올려 실질이자율을 높이는 긴축적 통화정책을 시행하게 된다.

오답분석

① 테일러 준칙은 중앙은행이 설정하는 명목이자율의 기준이 되며, 정책금리를 변경하는 데 사용되는 이론적 근거를 제공한다.
④ 인플레이션과 산출량이 목표치보다 높은 수준인 경우 고금리 정책(긴축적 통화정책)을 권장한다.

11

정답 ①

정률법에 의한 감가상각비는 취득원가에서 기초감가상각누계액을 차감한 값에 상각률을 곱하여 구한다.

따라서 (1억 원−4,000만 원)×5%=300만 원이다.

12

정답 ③

우월전략 균형(내쉬균형)이 항상 파레토 최적의 상태를 나타내는 것은 아니다. 물론 우월전략 이외의 전략을 선택하는 것은 비합리적이기 때문에 선택하지 않는 것이 바람직하나, 죄수의 딜레마와 같이 파레토 비효율적인 상황에서 참가자가 서로 협력할 경우 최선의 이익을 가져다주는 경우도 존재한다.

13

정답 ①

매출원가는 기초재고액에 당기순매입액을 더한 값에서 기말재고액을 차감하여 구한다.

따라서 매출원가는 2,000+1,000−2,000=1,000만 원이다.

14

정답 ①

다각화전략은 신규시장에 신제품을 출시하여 시장을 개척하는 전략으로 가장 적극적인 성장지향 전략이라 할 수 있다.

오답분석

② 시장침투전략 : 기존 시장에서 기존 제품으로 매출액을 확대하는 전략으로 가장 보수적인 성장전략이다.
③ 신제품 개발전략 : 기존 시장에서 신제품을 출시하는 전략으로 기존 제품을 개량하거나 새로운 수요를 창출하는 성장전략이다.
④ 신시장 개척전략 : 신규시장에서 기존 제품을 출시하는 전략으로 판매시장을 다변화하여 새로운 고객수요를 확보하는 성장전략이다.

15

정답 ②

우리나라는 통계청이 CPI를 조사한다. 한국은행은 5년에 한 번씩 소비자물가지수 산출에 필요한 물품을 선정하는 역할을 한다.

오답분석

① 소비자물가지수(CPI)는 소비자가 구입하는 상품이나 서비스의 가격변동을 나타내는 지수로 변동률의 변화를 토대로 인플레이션을 측정할 수 있다.
③ 소비자들은 물가가 상승하면 상대적으로 가격이 상승한 재화의 소비를 줄이는데 CPI는 이를 반영하지 못하는 한계가 있어 물가상승을 과대평가하게 된다.
④ GDP디플레이터는 소비자물가지수와 함께 한국은행이 통화정책을 결정하는 기초지수가 되며, 명목 GDP를 실질 GDP로 나눈 후 100을 곱한 값으로 구한다.

16

정답 ①

투자의 이자율탄력성이 클수록 IS곡선의 기울기는 완만해지므로 구축효과로 인해 재정정책의 효과는 작아진다.

오답분석

② 투자의 이자율탄력성이 작으면 IS곡선의 기울기가 가팔라져 금융정책의 효과는 작아진다.
③ 화폐수요의 이자율탄력성이 클수록 LM곡선의 기울기가 완만해져 재정정책의 효과는 커진다.
④ 화폐수요의 이자율탄력성이 작을수록 LM곡선의 기울기가 가팔라져 금융정책의 효과는 커진다.

17

정답 ④

랜덤워크 이론이란 주식 가격의 변화는 서로 독립적이므로 과거의 주식 가격 변화 움직임이나 시장 전체의 변화로 미래의 가격 변화를 추측할 수 없음을 의미한다.

오답분석

① 기본적 분석에 대한 설명이다.
②·③ 기술적 분석에 대한 설명이다.

18

정답 ①

묶어팔기는 여러 가지 제품을 하나로 결합하여 판매하는 전략으로 제품 간 음의 상관관계로 인해 소비자의 지불의사금액 차이가 줄어들어 더 많은 제품을 판매할 수 있는 판매전략이다. 묶어팔기 판매전략은 고객의 수요가 상이하고, 고객의 수요에 대한 정보를 사전적으로 파악할 수 없다. 또한 기업이 다른 제품도 팔고 있는 것을 전제로 하지만 제품의 수량은 묶어팔기 판매전략의 전제조건과는 관계가 없다.

19

정답 ③

코즈의 정리에 따르면 외부성이 존재하더라도 재산권이 명확하면 누구에게 귀속되는지와 관계없이 협상을 통한 효율적인 자원배분이 가능하다.

오답분석

① 소유권 귀속에 따른 소득효과는 발생하지 않는 것으로 가정한다.
② 협상을 할 때 비용이 존재하지 않는 것으로 가정한다.
④ 자원에 대한 재산권이 확립된 경우 재산권이 누구에게 귀속되는지와 관계없이 가장 효율적인 방법으로 사용할 수 있다.

20

정답 ②

배당성향이 낮아지면 사내유보율이 높아지고 이로 인해 무상증자 등 자본금 확충 가능성이 증가한다.

오답분석

① 배당성향은 (배당금)÷(순이익) 또는 1−(사내유보율)로 구한다.
③ 지나친 배당으로 배당성향이 높아지면 기업 재무 상태에 부담이 될 수 있다.
④ 배당금은 순이익에서 지급되므로 당기순이익이 커질수록 배당성향은 높아지게 된다.

21

정답 ②

오답분석

① 국제회계기준은 회사별 상황에 따라 대손충당금 적립률을 합리적으로 결정하도록 하고 있다.
③·④ 대손상각비에 대한 설명이다.

22

정답 ②

주당 100원의 현금배당을 실시했으므로, 10,000,000주×100원=10억 원을 배당금으로 사용한다.
따라서 A기업의 배당 이후 PER은 20,000원÷200원(=20억 원÷10,000,000주)=100이다.

23

정답 ④

가장 효율적인 투자안은 가중평균자본비용(WACC)= $\frac{\text{자기자본비용}\times\text{자기자본}+\text{타인자본비용}\times\text{타인자본}\times(1-\text{법인세율})}{\text{자기자본}+\text{타인자본}}$이 가장 낮은 투자안이다. 법인세율은 동일하다고 하였으므로 $\frac{\text{자기자본비용}\times\text{자기자본}+\text{타인자본비용}\times\text{타인자본}}{\text{자기자본}+\text{타인자본}}$이 가장 낮은 투자안이 가장 효율적인 투자안이다.

- A투자안 : $\frac{100\times200+200\times200}{200+200}=\frac{60,000}{400}=150$
- B투자안 : $\frac{200\times300+100\times200}{300+200}=\frac{80,000}{500}=160$
- C투자안 : $\frac{200\times200+100\times300}{200+300}=\frac{70,000}{500}=140$
- D투자안 : $\frac{100\times300+100\times200}{300+200}=\frac{50,000}{500}=100$

따라서 D투자안이 가장 효율적이다.

24

정답 ④

포괄손익계산서에 특별손익 항목은 별도로 없다.

25

정답 ③

가중치를 장부가치 기준의 구성 비율이 아닌 시장가치 기준의 구성 비율로 하는 이유는 주주와 채권자의 현재 청구권에 대한 요구수익률을 측정하기 위해서이다.

26

정답 ①

먼저 2021년의 매출총이익을 구하기 위해 매출원가(기초재고+당기매입−기말재고)를 구할 때, 당기매입액은 매입에누리나 환출 등을 차감한 순금액으로 반영하므로 매출원가는 100,000+(280,000−0)−110,000=270,000원이다.
매출총이익(매출액−매출원가)을 계산함에 있어 매출액 역시 매출에누리나 환입 등을 차감한 순금액으로 반영하므로 2021년의 매출총이익은 (400,000−40,000)−270,000=90,000원이며, 매출총이익률(매출총이익÷매출액)은 90,000÷360,000×100=25%(매출원가율 75%)이다.
따라서 2021년의 매출총이익률이 2022년에도 동일한 경우 2022년의 매출원가는 2022년의 순매출액에 매출원가율 75%를 곱한 금액이므로 (500,000−20,000)×0.75=360,000원이며, 2022년의 기말재고 가액은 110,000+(400,000−10,000)−360,000=140,000원이다.

27

정답 ①

(유동비율)=[(유동자산)÷(유동부채)]×100
=(100÷50)×100=200%

오답분석

② (당좌비율)=[(당좌자산)÷(유동부채)]×100
=[(유동자산)−(재고자산)]÷(유동부채)×100
=80÷50×100=160%
③ (자기자본비율)=[(자기자본)÷(총자산)]×100
=(100÷200)×100=50%
④ [총자산순이익률(ROA)]=[(당기순이익)÷(총자산)]×100
=(10÷200)×100=5%

(부채비율)=[(부채)÷(자기자본)]×100=(100÷100)×100
=100%

28

정답 ③

제시된 두 사례는 이미 포진해 있는 수많은 경쟁자들과 치열한 경쟁을 해야 하는 레드오션 속에서 발상의 전환을 통하여 퍼플오션을 창출한 사례이다. 기존 인기 상품에 새로운 아이디어나 기술 등을 접목함으로써 경쟁자가 거의 없고 무한한 가능성을 지닌 미개척시장을 창출하였다.

오답분석

① 레드오션(Red Ocean) : 이미 잘 알려져 있어서 경쟁이 매우 치열한 특정 산업 내의 기존 시장을 의미한다. 산업의 경계가 이미 정의되어 있으며, 경쟁자의 수도 많으므로 같은 목표와 같은 고객을 두고 치열한 경쟁을 하게 된다.

② 블루오션(Blue Ocean) : 현재 존재하지 않거나 알려져 있지 않아 경쟁자가 없는 유망한 시장을 나타내는 말로, 시장 수요가 경쟁이 아니라 창조에 의해 얻어지며 아직 시도된 적이 없는 광범위하고 깊은 잠재력을 가진 시장을 비유하는 표현이다.

④ 그린오션(Green Ocean) : 최근 세계 각국이 환경 규제를 강화함에 따라 환경 분야에서 시장을 창출하자는 새로운 경영 패러다임에 의해 생겨났다. 친환경에 핵심 가치를 두고 환경・에너지・기후변화 문제 해결에 기여하는 '저탄소 녹색경영'을 통해 새로운 시장과 부가가치를 창출하는 기업들이 해당한다.

29

정답 ③

A ~ D증권의 포토폴리오 기대수익률을 구하는 식은 다음과 같다.

$(0.1\times0.2)+(0.2\times0.15)+(0.3\times0.1)+(0.4\times0.05)$
$=0.02+0.03+0.03+0.02=0.1$

따라서 기대수익률은 10%이다.

30

정답 ③

기초자산의 가격이 권리행사가격보다 높아질 가능성이 커질수록 콜옵션 가격이 높아진다. 따라서 콜옵션은 기초자산의 가격이 높을수록 유리하다.

금융일반 – 주관식

01	02	03	04	05
16	150	㉠, ㉡, ㉣	㉠, ㉡	㉡, ㉣

01

정답 16

PER은 주가를 주당순이익으로 나눈 값이다. A기업의 주당순이익은 20억 원÷400만 주=500원이므로 A기업의 PER은 8,000÷500=16이다.

02

정답 150

국내 GDP 증가액은 정부지출승수와 정부지출증가액의 곱으로 구할 수 있으며, 정부지출승수는 1÷(1−한계소비성향)으로 구할 수 있다. 따라서 정부지출승수는 1÷(1−0.8)=5, 정부지출증가액은 30조 원이므로 국내 GDP 증가액은 5×30=150조 원이다.

03

정답 ㉠, ㉡, ㉣

오답분석

㉢ 화폐수요는 이자율과 산출량에 의해 결정된다는 것은 유동성 선호이론에 대한 설명이다.

04

정답 ㉠, ㉡

- A : ㉠ '대손충당금'은 회수불능채권을 비용처리하기 위해 설정하는 회계 계정으로 대출부실 등 리스크에 대비하는 목적을 가진다.
- B : ㉡ '소비자물가지수(CPI)'는 소비자 관점에서의 상품 및 서비스 가격 변동을 측정하여 인플레이션 변동을 측정하는 지수로 기준금리 결정에 중요한 영향을 미친다.

05

정답 ㉡, ㉣

㉡ 초코기업이 1만 원을 인수 가격으로 제시하면 파이기업은 자사 가치가 0원이거나 1만 원일 경우에만 인수에 동의하고, 2만 원일 경우에는 동의하지 않는다. 따라서 초코기업이 제시한 인수 금액이 1만 원일 때 인수 확률은 $\frac{1}{3}+\frac{1}{3}=\frac{2}{3}$이다.

㉣ 초코기업이 제시한 인수 금액이 1만 원인 경우 초코기업의 기대이득은 다음과 같다.

$\frac{1}{3}\times(0\times1.5-1)+\frac{1}{3}\times(1\times1.5-1)=-\frac{1}{6}$만 원

그러므로 인수 금액이 1만 원인 경우 초코기업의 기대이득은 음(−)임을 알 수 있다.

이와 같은 방법으로 인수 금액이 2만 원인 경우 초코기업의 기대이득을 구하면 다음과 같다.

$\frac{1}{3}\times(0\times1.5-2)+\frac{1}{3}\times(1\times1.5-2)+\frac{1}{3}\times(2\times1.5-2)=$

$-\frac{1}{2}$만 원

마찬가지로 초코기업이 1만 원, 2만 원을 인수 금액으로 제시하는 경우 기대이득은 음(−)이 됨을 확인할 수 있다.

따라서 초코기업은 파이기업의 실제 가치와 상관없이 0원을 인수 금액으로 제시하는 것이 합리적이다.

오답분석

㉠ 파이기업은 초코기업이 제시한 인수 금액이 자사의 실제 가치보다 크거나 같을 때 인수에 동의한다. 초코기업이 제시한 인수 금액이 1만 원이라면 파이기업은 자사의 실제 가치보다 1만 원이 크거나 같을 때 인수에 동의할 것이므로 파이기업의 실제 가치가 2만 원이라면 인수는 성사되지 않는다.

㉢ ㉣의 해설에 따라 초코기업이 제시한 인수 금액이 1만 원인 경우 초코기업의 기대이득은 $-\frac{1}{6}$만 원이다.

디지털 - 객관식

01	02	03	04	05	06	07	08	09	10
④	①	③	①	①	④	①	④	①	③
11	12	13	14	15	16	17	18	19	20
①	②	①	①	④	③	③	④	③	②
21	22	23	24	25	26	27	28	29	30
④	①	④	②	②	②	③	①	④	①

01

정답 ④

K-Means 알고리즘은 각 군집을 중심점(Centroid)으로부터의 거리 기준(유클리드 거리 등)으로 할당하기 때문에 데이터의 군집이 원형(구형, Spherical)에 가까울수록 좋은 성능을 보인다. 중심점 기반이므로 반달 모양 등 복잡하게 휘어진 형태의 군집에서는 군집화 성능이 떨어질 수 있으며, 기본적으로 군집의 모양이 원형에 가까울 것을 전제로 한다.

02

정답 ①

모멘텀 값이 1에 가까우면 진동이 커질 수 있으므로, 일반적으로 0.9 정도로 설정한다.

오답분석

② 모멘텀은 진동을 줄이고, 평탄한 방향으로 더 빠르게 이동할 수 있게 하여 수렴 속도와 안정성을 높여준다.

③ 모멘텀 계수는 이전 단계의 기울기를 얼마나 반영할지 결정하는 하이퍼파라미터이다.

④ 모멘텀을 적용하면 관성 효과로 인해 작은 지역 최솟값(Local Minimum)을 탈출할 가능성이 높아진다.

03

정답 ③

FCFS는 가장 먼저 도착한 프로세스를 먼저 처리하는 비선점형 스케줄링이다.

04

정답 ①

LEFT JOIN은 왼쪽 테이블의 모든 행을 포함하고, 오른쪽 테이블에서 조건에 맞는 행을 결합한다. 오른쪽 테이블에 일치하는 행이 없으면 NULL로 채워진다.

05

정답 ①

C언어에서는 인자가 값으로 전달된다. main에서의 n은 5인데 func(n)을 호출하면 n의 값이 복사되어 x에 들어간다. 원본 n은 그대로 5이므로 5가 출력된다.

06

정답 ④

리눅스 권한 허가권 변경 명령어는 다음과 같다.

대상	권한 부여 여부	권한 기능
u : 소유자 g : 소유자 그룹 o : 기타 사용자 a : 전체 사용자	+ : 권한 추가 – : 권한 삭제 = : 권한 설정	r : 읽기 w : 쓰기 x : 실행

사용 예시	chmod o–w 파일 (※ 확장자까지 작성)	의미	기타 사용자에게 '파일'의 쓰기 권한을 삭제한다.

따라서 g는 사용자 허가권이 아닌 '소유자 그룹'을 나타낸다.

07

정답 ①

'chmod 755'는 소유자에게 읽기, 쓰기, 실행 권한을 주고 그룹 및 기타 사용자에게는 읽기와 실행 권한만 부여한다.

chmod의 의미

'chmod'는 chmod의 파일이나 디렉토리의 권한을 변경하는 데 사용하는 명령어로 기호 모드와 숫자 모드가 있다.
숫자 모드의 경우 뒤 세 자리 수의 각 자리에 대한 의미는 다음과 같다.

구분	첫째 자리			둘째 자리			셋째 자리		
대상	소유자			그룹			기타 사용자		
기능	r	w	x	r	w	x	r	w	x
	4	2	1	4	2	1	4	2	1
	4+2+1=7			4+1=5			1		

각 대상에게 부여하는 권한은 읽기(r), 쓰기(w), 실행(x)이며, 각각 4, 2, 1 숫자에 대응시켜 기능에 대응되는 숫자의 합으로 권한을 결정한다.
예컨대 'chomd 751'을 통해 소유자는 모든 권한이 있고, 그룹은 읽기, 실행 권한만 있고, 기타 사용자는 실행 권한만 있음을 알 수 있다.

08

정답 ④

a와 b의 값을 텍스트로 정리하고, 합 연산자 '+'로 더하여 출력하므로 두 텍스트를 붙인 '57'이 출력된다.

09

정답 ①

문자열은 변경할 수 없는 자료형이므로, string 변수는 변경되는 것 없이 초깃값 그대로 출력된다.

10

정답 ③

Java(자바)에서는 Queue(큐)를 LinkedList를 활용하여 생성하므로 'Queue<Integer> queue=new LinkedList<Integer>();'로 선언하여 큐를 구현할 수 있다.

11

정답 ①

HRN 스케줄링 방식은 비선점 방식으로 이루어진다.

12

정답 ②

우선순위가 높은 프로세스를 빠르게 처리할 수 있는 방식은 선점형 스케줄링 방식이다.

13

정답 ①

2NF를 만족해야 하는 것은 제3정규형으로, 제3정규형은 2NF를 만족하면서 이행 종속성을 제거하는 것이 목적이다.

14

정답 ①

자연어 이해(NLU; Natural Language Understanding)는 기계가 단어나 문장의 형태를 인식하여 분석하고 처리하는 자연어 처리(NLP; Natural Language Processing)를 넘어 자연어의 문맥과 의미를 인식하도록 하는 것으로 자연어 이해가 더욱 고차원적 처리 과정이다.

15

정답 ④

전체 모집단을 여러 군집으로 나눈 후 일부 군집을 무작위로 선택하고, 선택한 군집에서 다시 일부를 무작위로 선택하는 방법은 클러스터 샘플링이다. 유층 샘플링은 모집단을 속성에 따라 분류하고, 분류한 집단에서 임의로 고르는 방법이다.

16

정답 ③

대용량의 자료로부터 정보를 요약하고 미래에 대한 예측을 목표로 유용한 지식을 추출하는 방법은 데이터 마이닝이다. 통계분석은 어떤 현상을 종합적으로 한눈에 알아보기 쉽게 일정한 체계에 따라 숫자, 표, 그림의 형태로 나타낸 것이다.

17

정답 ③

블록체인에 일단 기록·저장된 정보를 수정하는 것은 매우 까다롭다. 또한 시간이 경과할수록 거래 기록이 계속 쌓이므로 블록체인 원장은 매우 방대한 규모의 저장 공간이 필요하게 된다. 최악의 경우에 저장 공간이 부족하다면 처리 속도가 느려지고 원장에 접근해 다운로드하는 일이 불가능해질 수도 있다.

오답분석

① 개방형 블록체인은 모든 거래 정보를 블록 단위로 기록해 모든 구성원(Peer)에게 전송하고, 블록의 유효성이 확보될 경우 이 새 블록을 기존의 블록에 추가 연결해 보관하는 방식의 알고리즘을 뜻한다. 즉, 거래 정보가 기록되는 원장(Ledger)을 모든 구성원이 각자 분산 보관하고, 신규 거래가 이루어질 때 암호 방식으로 장부를 똑같이 갱신(Update)함으로써 익명성과 함께 강력한 보안성을 갖춘 디지털 분산원장이라 할 수 있다.

② 퍼블릭 블록체인은 모두에게 개방돼 누구나 참여 가능한 개방형으로 통상적인 블록체인을 가리키고, 프라이빗 블록체인은 기관(기업)이 운영하며 사전에 허가받은 사람만 사용할 수 있는 폐쇄형이다. 퍼블릭 블록체인은 트랜잭션 내역이 모두에게 공개되어 네트워크에 참여한 모든 노드(Node)가 이를 검증하고 거래를 승인함으로써 신뢰도가 높지만, 모든 참여자의 거래 기록을 남기고 이를 공유하느라 처리 속도가 상대적으로 느리다. 반면에 프라이빗 블록체인은 승인받은 노드(Node)만 거래에 참여하고 다른 노드의 검증을 구할 필요가 없기에 처리 속도가 빠르지만, 서비스 제공자에게 의존해야 하기에 퍼블릭 블록체인에 비해 신뢰성에 한계가 있다.

④ 블록체인은 중앙기관이나 중개기관의 개입이 필요하지 않기 때문에 거래비용을 획기적으로 낮출 수 있다. 또한 디지털 환경에서 이루어지는 주식 거래, 각종 계약 체결, 송금, 자금이체 등 활용범위가 매우 넓고 잠재력 또한 크다. 따라서 디지털 전환(DT)을 추진하는 대부분의 금융기관들은 블록체인 기술을 적극 수용하고 있다.

18

정답 ④

ⓒ 속성(Attribute)은 개체가 갖는 세부 정보(개체를 구성하는 요소)로서, 개체의 성질을 나타내는 더 이상 쪼갤 수 없는 정보의 단위이자 의미 있는 데이터의 가장 작은 논리적 단위를 가리킨다. ERD에서의 속성은 파일 구조에서의 '필드(Field)'에 대응되고, 개체는 '레코드(Record)'에 대응된다.

ⓜ ERD에서 개체는 사각형으로, 속성은 타원으로, 관계는 마름모로 표현한다. 예컨대 어느 회사의 직원이 관리하는 서비스, 수행하는 과제를 ERD로 작성하면 다음과 같다.

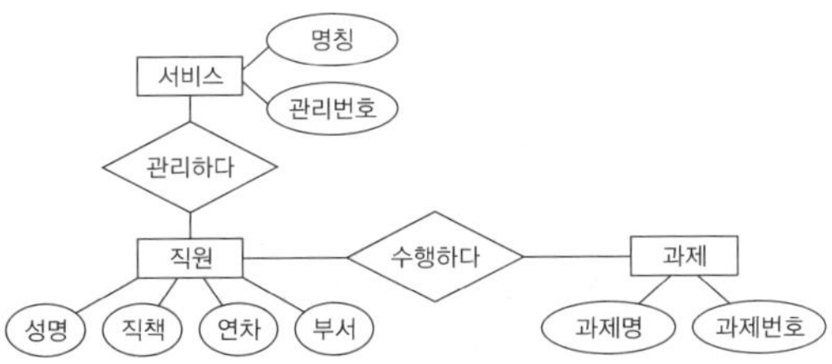

ⓗ ○는 0개, |는 1개, <는 여러 개를 뜻한다.

• 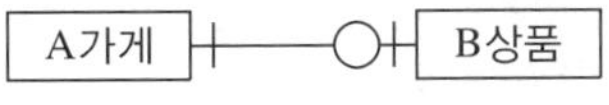

: A가게에는 B라는 상품이 1개 또는 없을 수도 있다.

• 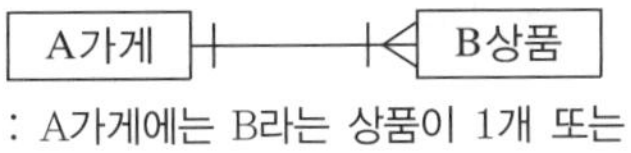

: A가게에는 B라는 상품이 1개 또는 여러 개가 있다.

오답분석

㉠ ERD는 데이터베이스 구조를 모델링할 때 이를 구성하는 고유한 특성을 갖는 개체(Entity)의 속성(Attribute)과 이들 사이의 논리 관계(Relationship)의 집합을 네트워크 형태의 시각적 구조로 나타낸 도식(Diagram)을 뜻한다. 이러한 RD를 통해 데이터베이스의 전체 구조를 계획하고, 개체·속성·관계를 규정함으로써 효과적인 데이터베이스를 설계할 수 있다. 또한 ERD를 통해 데이터베이스에 발생한 특정 문제와 관련된 개체와 관계를 확인하고 원인을 찾아 해결안을 마련할 수 있다. 아울러 ERD를 통해 데이터베이스의 구조와 기능을 문서화해 기록해 두면 향후 시스템을 유지·보수·업데이트할 때 참고할 수 있다.

㉡ 개체(Entity)는 의미 있는 정보의 단위로서, 파일 처리 시스템에서는 1건의 자료를 구성하는 레코드에 해당된다. 개체는 다른 개체와 구별되는 이름이 있고, 각 개체는 1개 이상의 속성(고유한 특성이나 상태)을 갖는다. 예컨대 '대학생'이라는 개체는 '이름, 전공, 학번' 등의 속성(Attribute)을 갖는다.

㉣ 관계(Relationship)는 개체 간의 의미 있는 연관성을 가리킨다. 예컨대 '학생'과 '과목'이라는 개체는 '수강'이라는 관계로 연결될 수 있다.

19

정답 ③

㉠ 비선점형 스케줄링은 프로세스에 이미 할당된 CPU를 강제로 빼앗을 수 없고 사용이 끝날 때까지 기다려야 한다. 정해진 순서대로 처리된다는 공평성이 있으며, 다음에 어떠한 프로세스가 있다 해도 응답 시간을 예상할 수 있다. 반면 선점형 스케줄링은 CPU를 할당받지 않은 프로세스가 CPU를 할당받은 프로세스를 강제로 중지함으로써 CPU를 빼앗을 수 있으며, 빠른 응답 시간을 요구하는 시스템에 주로 쓰인다.

㉣ HRN(Highest Response-ratio Next) 방식은 실행 시간이 긴 프로세스에 불리한 SJF 방식을 보완하기 위한 방식으로, 대기 시간과 실행 시간을 이용하는 방식이다. 즉, 대기 시간과 CPU 사용 시간(실행 시간)을 고려해 스케줄링한다. 우선순위를 계산해 그 숫자가 가장 높은 것부터 낮은 순서로 우선순위를 부여한다 $\left[\frac{\text{대기 시간}+\text{실행(서비스) 시간}}{\text{실행(서비스) 시간}}\right]$. SJF 방식에 비해 기아(Starvation) 현상이 완화되지만 여전히 공평성에 위배된다는 한계가 있다.

ⓜ SRT(Shortest Remaining Time) 방식은 SJF 방식과 RR 방식을 혼합해 선점 형태로 변경한 것으로, 현재 실행 중인 프로세스의 남은 시간과 준비 상태 큐에 새로 도착한 프로세스의 실행 시간을 비교해 가장 짧은 실행 시간을 요구하는 프로세스에 CPU를 할당한다. 남은 처리 시간이 더 짧은 프로세스가 준비 상태 큐에 들어오면 그 프로세스가 바로 선점된다. 그러나 남은 실행 시간을 주기적으로 계산해야 하고, 남은 시간이 적은 프로세스와 문맥 교환(Context Switch)을 해야 하기에 다소 효율적이지 못하며, 프로세스의 종료 시간을 예측하기 어렵다는 단점이 있다.

㉦ 다단계 큐(Multi-level Queue) 방식에 대한 설명이다. 다단계 큐 방식은 우선순위에 따라 다단계로 나뉘어 있어 프로세스

가 큐에 삽입되면 우선순위가 결정된다. 다만 우선순위가 높은 상위 큐 프로세스의 작업이 끝나기 전에는 하위 큐 프로세스의 작업이 불가능하다. 다단계 피드백 큐(MFQ; Multi-level Feedback Queue) 방식은 FCFS(FIFO) 방식과 RR 방식을 혼합한 것으로, 다단계 큐 방식과 달리 특정 그룹의 준비 상태 큐에 들어간 프로세스가 다른 준비 상태 큐로 이동할 수 있다. 우선순위를 가진 여러 단계의 준비 큐를 사용하며 새 프로세스가 큐잉 네트워크에 들어올 때는 CPU를 차지할 때까지 큐에서 FCFS(FIFO) 형태로 이동하고, 작업이 끝나거나 CPU를 넘겨주는 경우에는 그 작업이 큐잉 네트워크를 떠나게 된다. 새로운 프로세스는 높은 우선순위를 가지고 프로세스의 실행 시간이 길어질수록 점점 우선순위가 낮은 큐로 이동하고 마지막 단계의 큐에서는 프로세스가 완성될 때까지 RR 방식으로 순환된다.

오답분석

ⓛ FCFS(First Come First Service) 또는 FIFO(First In First Out) 방식은 모든 프로세스의 우선순위가 동일하며, 프로세스가 실행되면 그 프로세스가 끝나야 다음 프로세스를 실행할 수 있다. 다만 처리 시간이 긴 프로세스가 CPU를 차지하면 다른 프로세스는 기다려야 하기에 시스템의 효율성이 떨어질 수 있다.

ⓒ SJF(Shortest Job First) 방식은 프로세스가 준비 상태 큐에 도착하는 시점을 기준으로 프로세스들 중에서 실행 시간이 가장 짧은 프로세스에 먼저 CPU를 할당하는 방식이다. 그러나 작업 시간이 긴 프로세스가 계속 연기되며 실행되지 않는 기아(Starvation) 상태(무한 연기)가 발생할 수 있다.

ⓗ RR(Round Robin) 방식은 FCFS 알고리즘을 선점 형태로 변형한 방식이다. FCFS 방식처럼 준비 상태 큐에 먼저 들어온 프로세스에 먼저 CPU를 할당하지만, 각 프로세스는 시간 할당량(Time Slice, CPU를 사용할 수 있는 최대 시간) 동안만 실행한 후 실행이 완료되지 않으면 다음 프로세스에 CPU를 넘겨주고 준비 상태 큐의 가장 뒤로 배치되어 대기하게 된다. 각 프로세스는 같은 크기의 동일한 CPU 시간을 할당받고 선입 선출에 의해 수행된다. 다만 할당 시간이 짧아지면 문맥 교환으로 인한 오버헤드가 자주 발생되어 작업을 신속히 처리하기 어렵다.

20

정답 ②

분류 모델의 예측 정확성을 평가할 때 사용하는 혼동행렬은 둘 이상의 그룹으로 분류하는 알고리즘의 수행 능력을 평가하기 위해 분류 결과를 시각화한 표를 뜻한다. 혼동행렬을 통해 분류 모델이 어떤 클래스를 더 잘 예측하는지, 오류(Error)가 어느 클래스에서 더 많이 발생하는지 등을 파악할 수 있다. 이러한 정보를 토대로 분류 모델의 성능을 평가하고 개선할 수 있다. 제시된 자료는 위암 여부를 검사하는 자료이므로 '긍정(Positive, 양성)'은 위암 발병을, '부정(Negative, 음성)'은 위암이 아님(정상)을 의미한다. 문제에서 제시된 내용을 토대로 진양성(TP), 위음성(FN), 위양성(FP), 진음성(TN) 등과 합계를 나타내면 다음과 같다.

실젯값 \ 예측값	위암 환자가 맞을 것이다 (Positive)	위암 환자가 아닐 것이다 (Negative)	합계
위암 환자가 맞다 (Positive)	400명(TP)	100명(FN)	500명
위암 환자가 아니다 (Negative)	600명(FP)	900명(TN)	1,500명
합계	1,000명	1,000명	2,000명

㉠ 정확도는 예측한 전체 건수 중에서 사실에 적중한 것의 비율이므로 정확도를 계산하는 식은 '(진양성+진음성)÷(진양성+위양성+진음성+위음성) → (TP+TN)÷(TP+FP+TN+FN)'이다. 정확도가 높을수록 현실에 부합한 비율이 높은 것이므로 활용도가 높다고 평가할 수 있다. 따라서 정확도는 $\frac{400+900}{400+600+900+100}=\frac{1,300}{2,000}=0.65$이다.

ⓛ 정밀도는 양성이라고 예측한 것 중에서 적중한 비율이므로, 정밀도를 계산하는 식은 '진양성÷(진양성+위양성) → TP÷(TP+FP)'이다. 정밀도가 높을수록 긍정적인 예측이 적중한 비율이 높다는 뜻으로 안정성이 높다고 평가할 수 있다. 따라서 계산식에 따라 정밀도를 구하면 $\frac{400}{400+600}=\frac{400}{1,000}=0.4$이다.

ⓒ 재현율은 실제로 양성일 때 예측 결과도 양성인 비율이므로, 재현율을 계산하는 식은 '진양성÷(진양성+위음성) → TP÷(TP+FN)'이다. 재현율이 높을수록 현실이 긍정일 때 그 예측이 제대로 잘 이루어지고 있다고 평가할 수 있다. 따라서 계산식에 따라 재현율을 구하면 $\frac{400}{400+100}=\frac{400}{500}=0.8$이며, 실제 위암 환자를 위암 환자로 옳게 진단한 비율이 80%이므로 예측력을 신뢰할 수 있다고 평가할 수 있다.

ⓔ 특이도는 음성을 대상으로 예측한 것 중에서 적중한 비율이므로, 특이도를 계산하는 식은 '진음성÷(진음성+위양성) → TN÷(TN+FP)'이다. 특이도가 높을수록 현실이 부정일 때 그 예측이 제대로 잘 이루어지고 있다고 평가할 수 있다. 따라서 계산식에 따라 특이도를 구하면 $\frac{900}{900+600}=\frac{900}{1,500}=0.6$이다.

21

정답 ④

LRU 알고리즘은 최근에 가장 오랫동안 사용하지 않은 페이지를 교체하는 기법이다. 페이지마다 계수기나 스택을 두어 현시점에서 가장 오랫동안 사용하지 않은, 즉 가장 오래 전에 사용된 페이지를 교체한다. 가장 최근에 사용한 페이지가 스택(후입선출구조)의 top에 위치하게 되고 나머지는 bottom 쪽으로 이동한다. 내부적으로 삽입(push)과 삭제(pop) 동작이 이루어진다.

삽입	1	2	3	4	5	3	4	2	5	4	6	7	2	4
top				4	5	3	4	2	5	4	6	7	2	4
↑			3	3	4	5	3	4	2	5	4	6	7	2
		2	2	2	3	4	5	3	4	2	5	4	6	7
bottom	1	1	1	1	2	2	2	5	3	3	2	5	4	6

마지막으로 삽입된 데이터는 top에 위치하고 1 ~ 4까지는 그대로 입력되며 5를 삽입하기 위해서 가장 오래전에 사용한 1을 교체한다. 4까지 입력된 상태에서 4, 3, 2, 1을 순서대로 출력하고 2, 3, 4, 5를 입력한다. 스택 구조는 후입선출구조로 가장 마지막에 입력된 데이터가 가장 먼저 출력된다. top은 스택의 포인터로 삽입과 삭제가 이루어지는 곳을 말하며 초기상태는 top과 bottom이 동일한 위치(0에 위치)이다. top 포인터를 1 증가시킨 후 데이터를 삽입할 수 있다. 따라서 ④가 최종 스택의 내용으로 옳다.

22

정답 ①

제시된 알고리즘은 입력받은 수 N의 모든 약수를 출력하고 종료하는 순서도이다. '반복 L=1, N, 1'의 의미는 'L은 초깃값 1에서 시작하며 N이 될 때까지 반복된다.'이다.
예를 들어 N=10이라면, '반복 L=1, 10, 1'처럼 표현될 수 있고, 의미는 'L은 1에서 시작하여 10이 될 때까지 반복된다.'이다. 그러면 L=1, 2, 5, 10일 때 mod(N, L)=0이고, L=3, 4, 6, 7, 8, 9일 때 mod(N, L)≠0이므로 출력되는 L값은 1, 2, 5, 10이다. 따라서 알고리즘이 N회 반복되는 동안 L은 N의 약수일 때만 출력되므로 L이 출력되는 횟수는 N과 같거나 작다.

오답분석

② 1을 제외한 모든 양의 정수는 약수의 개수가 2개 이상이다. 따라서 N=1일 경우에는 '1'만 출력되고, 나머지 수는 최소 2개 이상 출력된다.
③ N이 1보다 클 때, 출력된 L 값의 합의 최솟값은 (N+1)이므로 항상 N보다 크다.
④ mod(N, L)는 N을 L로 나눴을 때의 나머지를 구하는 함수이다.

23

정답 ④

데이터베이스에서 알 수 없는 값, 할당할 수 없는 값, 적용할 수 없는 값 등을 표시할 때 널(Null)을 사용하며 0이나 공백과는 다른 의미이다.

24

정답 ②

DISTINCT는 중복행을 제외하고 검색하라는 명령이다.

25

정답 ②

출발지와 목적지의 IP 주소를 속여 공격하는 것은 Land 공격(Attack)에 대한 설명이다.

Exploit 공격
Exploit은 컴퓨터의 소프트웨어나 하드웨어 및 컴퓨터 관련 전자 제품의 버그, 보안 취약점 등 설계상 결함을 이용해 공격자의 의도된 동작을 수행하도록 만들어진 절차나 일련의 명령, 스크립트, 프로그램 또는 특정한 데이터 조각을 말하며, Exploit 공격은 이러한 것들을 사용한 공격 행위를 말한다.

26

정답 ②

인터럽트 사이클은 프로그램 계수 장치에 저장된 현재의 주소가 특정 영역에 보관되었다가 다시 장애가 발생했던 지점으로 되돌아가는 주기이다. 내・외적인 여러 요인에 의해 컴퓨터 시스템에 인터럽트가 발생하면, 실행 중인 프로그램을 특정 장소에 보관하고 인터럽트를 처리하기 위한 서비스 프로그램을 수행하게 되는데, 이러한 일련의 과정을 인터럽트 사이클이라고 하며 실행 사이클의 마지막에서 시작된다.

27

정답 ③

DMA에 대한 설명으로 DMA가 메모리 접근을 하기 위해서는 사이클 스틸(Cycle Steal)을 해야 한다.

사이클 스틸(Cycle Steal)
입출력 채널과 주기억 사이의 데이터 전송 방식의 하나로 보통은 중앙 처리 장치가 주기억을 사용하고 있는데, 입출력 시에는 채널로부터 주기억으로의 접근 요구가 있을 수 있다. 이때 양자의 접근이 경합하면 채널로부터의 요구를 우선으로 하여, 채널이 중앙 처리 장치의 기억 사이클을 빼앗는 형태로 처리하게 한다.

28

정답 ①

RAID는 여러 대의 하드디스크가 있을 때 동일한 데이터를 다른 위치에 중복해서 저장하는 기술로, 하드디스크의 모음뿐만 아니라 자동으로 복제해 백업 정책을 구현한다.

29

정답 ④

채널은 정보의 발생원으로부터 수요처에 이르는 선로와 장비들을 포함하는 기능적인 접속 회로로, CPU와는 독립적으로 작동하여 입출력을 완료한다.

30

정답 ①

캐시메모리는 CPU와 주기억장치 사이의 속도 차이를 줄이기 위한 고속 메모리로 주기억장치보다 소용량으로 구성되며, 주로 SRAM을 사용한다.

디지털 – 주관식				
01	02	03	04	05
10	33	㉠, ㉡, ㉤	㉡	0

01

정답 10

이중포인터 **pp는 포인터 *p의 주소를 저장하고, *p는 변수 a의 주소를 저장한다. 따라서 **pp는 a의 값을 참조하며, 출력 결과는 10이다.

02

정답 33

후입선출(Last In First Out)은 나중에 들어온 것이 먼저 나가는 형태이다. 제시된 일련번호 순서대로 물품을 입력하고 출력하는 과정을 정리하면 다음과 같다.

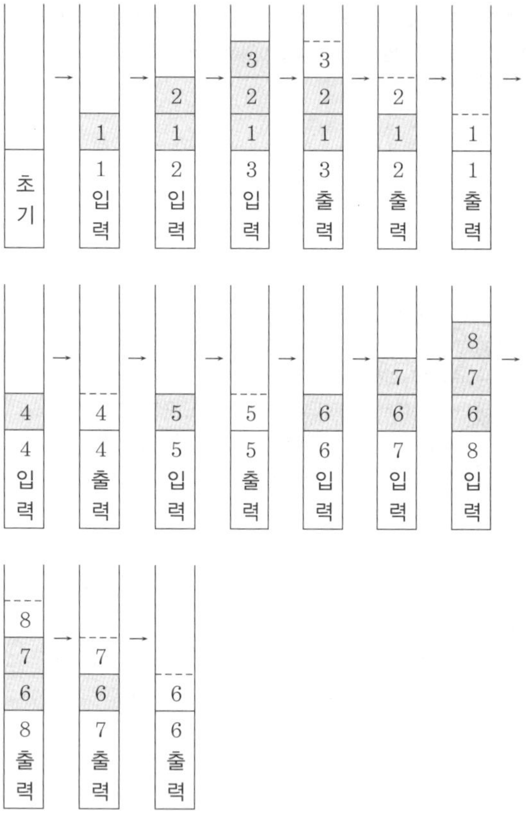

그러므로 A=3, B=4, C=4, D=6, E=8, F=8이다.
따라서 A+B+C+D+E+F=3+4+4+6+8+8=33이다.

03

정답 ㉠, ㉡, ㉤

㉠ 리눅스는 1991년 리누스 토르발스가 중대형 컴퓨터에서만 사용 가능하던 유닉스를 기반으로 어셈블리어로 개발해 개인용 컴퓨터에서도 사용 가능한 운영체제로서, 프로그램 소스 코드를 무료로 공개했기 때문에 사용자는 자신이 원하는 대로 특정 기능을 추가할 수 있다.

㉡ 전 세계적으로 수백만 명 이상의 프로그래머들이 리눅스 개발자 그룹에 참여하고 있으며, '다수를 위한 공개'라는 원칙에 따라 지속적인 개발과 향상이 이루어지고 있다.

㉤ 리눅스는 유닉스를 기반으로 만들어졌기에 유닉스와 대부분 호환이 가능하다. 리눅스는 인터넷 프로토콜(TCP/IP)을 적극 지원하는 등 네트워크 작업에 매우 유용하다. 또한 각종 주변기기에 따라, 사용하는 시스템의 특성에 따라 소스를 변경할 수 있으므로 다양한 변종이 등장하고 있다. 리눅스는 데스크톱의 용도 외에도 웹서버, 클라우드 컴퓨팅, 모바일 기기, 임베디드 기기, 사물인터넷 디바이스 등 다양한 분야에서 활용되고 있다.

오답분석

㉢ 커널은 리눅스 운영체제의 핵심으로, 하드웨어를 제어하는 기능을 한다. 다른 운영체제와 마찬가지로 운영체제가 제공하는 메모리나 하드디스크 등의 디바이스 관리 및 프로세스에 대한 제어, 네트워크 연결 및 설정 관리, 파일 시스템 할당 등의 역할을 한다. 또한 셸(Shell)은 커널과 사용자를 연결하는 인터페이스로서, 사용자 명령을 해석하고 실행하기 위한 도구이다.

㉣ 리눅스는 CLI뿐만 아니라 윈도우(Windows)처럼 GUI(Graphical User Interface)에서도 작동한다. 여기서 CLI는 도스나 명령 프롬프트처럼 사용자가 문자를 입력해 컴퓨터에 명령을 내리는 방식으로, 자원을 적게 차지하면서도 안정적이고 빠르다. 그러나 CLI를 능숙히 다루려면 명령어 암기, 스크립트 학습 등 오랜 교육이 필요하다는 점에서 숙련된 기술을 갖추어야 한다는 단점이 있다.

04

정답 ㉡

비선점형 스케줄링은 이미 사용되고 있는 CPU의 사용이 끝날 때까지 기다리는 스케줄링 기법으로, 응답시간을 예측할 수 있고 일괄처리방식이 적합하며 모든 프로세스의 요구에 대해서 공정하다.

05

정답 0

C의 초깃값이 0이기 때문에 몇 번을 곱해도 C는 0이다.

IBK기업은행 필기시험

제1회 모의고사 정답 및 해설

제1영역 NCS 직업기초능력

01	02	03	04	05	06	07	08	09	10
①	③	③	④	④	④	②	②	②	②
11	12	13	14	15	16	17	18	19	20
③	④	③	③	①	②	④	④	③	④
21	22	23	24	25	26	27	28	29	30
③	④	①	②	④	④	②	③	①	④
31	32	33	34	35	36	37	38	39	40
③	④	③	④	③	①	①	①	④	③

01

정답 ①

제시문의 첫 번째, 두 번째 문단에서는 마이데이터가 어떠한 정책이고 어떻게 활용될 수 있는지에 대해 다루고 있다. 세 번째 문단에서는 이러한 정책이 현실적으로 활성화되지 않고 있다는 문제를 제기하고 있으며, 이어지는 네 번째, 다섯 번째 문단에서는 그 원인에 대해 설명하고 있다. 그리고 마지막 문단에서는 앞서 다뤘던 원인에 대해 다시 한번 정리하며 이후의 상황에 대해 예측하고 있다. 따라서 제시문의 제목으로 가장 적절한 것은 '마이데이터 활성화의 저해요인'이다.

02

정답 ③

마이데이터는 여러 분야에 흩어져 있는 개인 정보를 정보 제공자의 의사에 따라 본인이 원하는 서비스를 제공받기 위해 개인 정보를 이전할 수 있도록 하는 개인 정보 이동권에 기초한 것이므로 정보 주체인 본인의 동의가 필요하다.

오답분석

①·② 개인 정보는 정보를 제공한 주체인 본인에게 그 권한이 전적으로 있지만, 정보 주체가 제공한 개인 정보를 토대로 기업에 의해 새롭게 생성되거나 가공되어진 정보는 기업의 입장에서 필수적인 경쟁력 요소이기 때문에 영업 자산의 성격이 있다. 또한, 신용 평가와 같이 개인이 제공한 정보를 토대로 만들어졌기 때문에 전적으로 정보 주체에게 귀속된다고 보기는 어렵다.

④ 통신 업계에서 마이데이터로 이동통신사, 개통일, 서비스(요금제)명, 서비스 종류 등의 정보가 이전될 수 있다면 소비자 성향에 맞는 최적화된 정보를 제공받을 수 있겠지만, 마이데이터 사용이 제한된다면, 소비자는 본인에게 유리한 정보를 스스로 찾아봐야 한다.

03

정답 ③

1월부터 6월까지 순유입액(유입액－유출액)은 다음과 같다.

- 1월 : (51,300＋75,800＋75,700＋25,400＋85,700)－(45,500＋63,700＋42,400＋12,200＋10,700)＝139,400백만 원
- 2월 : (53,500＋81,200＋72,600＋80,700＋27,900)－(31,700＋48,200＋57,700＋9,800＋11,900)＝156,600백만 원
- 3월 : (55,700＋84,600＋85,700＋85,800＋11,500)－(34,800＋50,700＋55,500＋11,500＋14,800)＝156,000백만 원
- 4월 : (57,400＋81,700＋81,300＋78,400＋5,400)－(38,500＋51,200＋59,200＋10,800＋14,500)＝130,000백만 원
- 5월 : (59,500＋78,500＋87,500＋77,500＋6,400)－(35,900＋49,800＋58,700＋12,500＋13,900)＝138,600백만 원
- 6월 : (60,300＋80,400＋84,500＋81,000＋7,800)－(37,500＋50,800＋60,200＋11,700＋12,900)＝140,900백만 원

3월과 4월에 순유입액이 전월 대비 감소하였으므로 옳지 않은 설명이다.

오답분석

① I은행의 3월 순유입액은 156,000백만 원(＝1,560억 원)으로 1,500억 원 이상이다.

② I은행의 2월 순유입액은 156,600백만 원으로 상반기 중 가장 많다.

④ 상반기 동안 증권사에서의 유입액을 계산하면 487,300＋428,800＋144,700＝1,060,800백만 원이고, 타 은행에서의 유입액을 계산하면 337,700＋482,200＝819,900백만 원이다. 따라서 증권사로부터의 유입액이 타 은행으로부터의 유입액보다 많다.

04

정답 ④

상반기 I은행의 타 은행 및 증권사별 순유입액은 다음과 같다.

- A은행 : 337,700－223,900＝113,800백만 원
- B은행 : 482,200－314,400＝167,800백만 원
- C증권 : 487,300－333,700＝153,600백만 원
- D증권 : 428,800－68,500＝360,300백만 원
- E증권 : 144,700－78,700＝66,000백만 원

따라서 ④가 올바른 그래프이다.

05

정답 ④

제7조 제3항에 따르면 집단·반복적 발생우려가 있는 고객의 소리에 대해 전담자를 별도로 지정하여 처리할 수 있는 사람은 본사 총괄부서장이 아닌 처리부서장이다.

오답분석

① 제3조 제1항 제3호에 따르면 성명 등이 분명하지 않은 경우에는 '고객의 소리'에서 제외된다.
② 제4조 제1항에 따르면 처리기간이 남아있다고 하여 처리를 미루어선 안 된다.
③ 제5조 제3항에 따르면 고객의 소리를 접수한 경우 담당자 성명과 전화번호, 처리상황 등이 고객에게 알려지도록 하여야 한다.

06

정답 ④

㉡ 제4조 제2항에 따르면 처리기간을 5일 이하로 정한 고객의 소리의 경우 1일을 8시간으로 보고 접수 시를 기준으로 시간단위로 계산된다. 따라서 근무시간 40시간 경과 후인 27일 오전 11시까지 완료하면 된다.
㉢ 제6조 제1항에 따르면 접수된 고객의 소리가 산하 계열사 소관사항인 경우, 관리시스템을 이용하여 즉시 해당 계열사로 이송하여야 한다. 타 기관으로의 민원 이송을 위해 본사 총괄부서로 되돌려 보내는 것은 제6조 제3항에 해당하는 내용이다.
㉣ 제8조 제3항에 따르면 고객의 소리 처리기간은 부득이한 사유 등이 있는 경우 연장가능하며, 이 경우 처리부서장이 아닌 본사 총괄본부장의 승인이 필요하다.

오답분석

㉠ 제5조 제2항에 따르면 접수부서는 '정당한 사유'가 있으면 접수를 거부하거나 보류할 수 있다.

07

정답 ②

정주임은 신규고객이며, 특별우대금리 2를 적용받아 총 연 1.7+0.5=2.2%의 금리를 적용받을 수 있다.
정주임이 만기에 수령할 원리금을 계산하면 다음과 같다.

$$200,000\times\left\{\frac{(1.022)^{\frac{13}{12}}-(1.022)^{\frac{1}{12}}}{(1.022)^{\frac{1}{12}}-1}\right\}$$

$$=200,000\times\left(\frac{1.0239-1.0018}{0.0018}\right)\fallingdotseq 2,455,555\fallingdotseq 2,456,000$$

따라서 정주임이 만기에 수령할 원리금은 2,456,000원이다.

08

정답 ②

정주임은 I카드 기존 고객이며, 특별우대금리 1을 모두 적용받아 총 연 1.5+3.5=5.0%의 금리를 적용받는다.
정주임이 만기에 수령할 원리금을 계산하면 다음과 같다.

$$200,000\times\left\{\frac{(1.05)^{\frac{13}{12}}-(1.05)^{\frac{1}{12}}}{(1.05)^{\frac{1}{12}}-1}\right\}$$

$$=200,000\times\left(\frac{1.054-1.004}{0.004}\right)=2,500,000$$

따라서 정주임이 만기에 수령할 원리금은 2,500,000원이다.

09

정답 ②

제시문은 알파고, 인공지능, 3당 대표연설에 대한 전제를 시작으로 널리 일반화되어 있는 4차 산업혁명을 소개하고 있다. 그러나 이렇게 보편적으로 사용되는 4차 산업혁명에 대해 얼마나 알고 있는지 의문을 제시하였고, 클라우스 슈바프 회장의 의견을 통해 4차 산업혁명이 기존의 산업혁명들과 다른 이유를 설명하고 있다. 따라서 ②가 가장 적절한 제목이다.

10

정답 ②

제시문에서 사물인터넷을 통해 인터넷을 기반으로 사람과 사물, 사물과 사물 간에 정보를 상호 소통함을 설명하고 있다. 그러나 소셜미디어는 이용자 간의 상호작용적 참여와 커뮤니케이션으로 사람과 사람 사이의 소통이므로 사물인터넷 사례로 적절하지 않다.

오답분석

① 사용자의 정보를 통해 전기와 난방을 관리하게 함으로써 사람과 사물의 상호 소통으로 볼 수 있다.
③ 버스와 전광판의 정보 교환으로 사물과 사물의 상호 소통으로 볼 수 있다.
④ 차키와 차문의 정보 교환으로 사물과 사물의 상호 소통으로 볼 수 있다.

11

정답 ③

㉡ A은행의 전력차단 프로젝트로 인해 절감되는 총 전력량은 연간 35만 kWh이다. 컴퓨터는 총 22,000대이므로 절감되는 컴퓨터 1대당 전력량은 연간 $\frac{350,000}{22,000}\fallingdotseq 15.9$kWh/대이다.
㉣ 4명이 자동차 한 대로 출장을 가는 경우 이산화탄소 배출량은 $400\times\frac{1}{2}=200$kg이다. 반면, 같은 거리를 1명이 비행기로 출장하는 경우 400kg가 배출된다. 1인당 이산화탄소 평균 배출량은 전자가 $\frac{200}{4}=50$kg이고, 후자가 400kg이므로 전자는 후자의 $\frac{1}{8}$에 해당한다.

오답분석

㉠ A은행이 수행하는 전력차단 프로젝트는 컴퓨터가 일정 시간 사용되지 않으면 언제라도 컴퓨터와 모니터의 전원이 자동으로 꺼진다. 따라서 주간에도 전력 절감이 있을 것이다.
㉢ A은행이 연간 배출하는 이산화탄소 배출량을 계산하면, 매년 연인원 1,000명이 항공 출장을 가고 있으며, 항공 출장으로 배출하는 이산화탄소 양이 A은행의 연간 전체 이산화탄소 배출량의 $\frac{1}{5}$에 해당하는 수준이라고 하였으므로 전체 이산화탄소 배출량은 1,000×400×5=2,000,000kg이다.

• 화상회의시스템으로 절감할 수 있는 이산화탄소 양
: $1,000\times400\times0.3\times\frac{9}{10}=108,000$kg
• 전력차단 프로그램으로 절감할 수 있는 이산화탄소 양
: 652,000kg
따라서 절감량이 전체 이산화탄소 배출량과 같지 않으므로 넷 제로가 실현되지 않는다.

12

정답 ④

• 도입 진 전체 이산화탄소 배출량
: $1,000\times400\times5=2,000,000$kg(2,000t)
• 화상회의시스템으로 절감하는 양
: $1,000\times400\times0.3\times\frac{9}{10}=108,000$kg(108t)
• 전력차단 프로그램으로 절감하는 이산화탄소 양
: 652,000kg(652t)

따라서 760t이 절감되므로 도입 전과 비교하면 $\frac{760}{2,000}\times100=$ 38%가 감소한다.

13

정답 ③

• 2024년 7월 서울특별시의 소비심리지수 : 128.8
• 2024년 12월 서울특별시의 소비심리지수 : 102.8
• 2024년 7월 대비 2024년 12월의 소비심리지수 감소율
: $\frac{128.8-102.8}{128.8}\times100\fallingdotseq20.19\%$

따라서 2024년 7월 대비 2024년 12월 소비심리지수 감소율은 19% 이상이다.

오답분석

① 2024년 7월 소비심리지수가 100 미만인 지역은 대구광역시, 경상북도 두 곳이다.
② 2024년 8월 소비심리지수가 두 번째로 높은 지역은 서울특별시이며, 소비심리지수는 130.5이다. 소비심리지수가 두 번째로 낮은 지역은 경상북도이며, 소비심리지수는 100.2이다. 따라서 그 차이는 130.5−100.2=30.3이다.
④ 2024년 10월에 소비심리지수가 100을 넘지 않는 지역은 경상북도 한 곳이므로 9월에 비해 10월에 가격 상승 및 거래증가 응답자가 적었음을 알 수 있다.

14

정답 ③

• 경상북도의 2024년 9월 소비심리지수 : 100.0
• 2024년 10월 소비심리지수 : 96.4

∴ 소비심리지수 감소율 : $\frac{100-96.4}{100}\times100=3.6\%$

• 대전광역시의 2024년 9월 소비심리지수 : 120.0
• 2024년 12월 소비심리지수 : 113.0

∴ 소비심리지수 감소율 : $\frac{120.0-113.0}{120.0}\times100\fallingdotseq5.8\%$

따라서 구하고자 하는 값은 3.6+5.8=9.4%p이다.

15

정답 ①

초기 데이터 값은 $a=\frac{8}{81}$, $n=12$,이며, 시행을 반복하면 a와 n의 값이 다음과 같이 변화한다.

a	n
$\frac{8}{81}$	12
$3\times\frac{8}{81}+1=\frac{35}{27}$	10
$3\times\frac{35}{27}+1=\frac{44}{9}$	8
$3\times\frac{44}{9}+1=\frac{47}{3}$	6

따라서 출력되는 값은 $n+1=6+1=7$이다.

16

정답 ②

초기 데이터 값은 $a=\frac{38}{9}$, $n=0$이며, 시행을 반복하면 a와 n의 값이 다음과 같이 변화한다.

a	n
$\frac{38}{9}$	0
$4-\frac{1}{2}=\frac{7}{2}$	1
$3-\frac{1}{2}=\frac{5}{2}$	2
$2-\frac{1}{2}=\frac{3}{2}$	3
$1-\frac{1}{2}=\frac{1}{2}$	4

따라서 출력되는 값은 $n=4$이다.

17

정답 ④

입찰가격이 9억 원 이하인 업체는 A, C, D, E이고 이 업체들에 가중치를 적용한 점수를 나타내면 다음과 같다.

(단위 : 점)

입찰 기준 / 입찰 업체	운영 건전성 점수	시공실적 점수	공간효율성 점수	총합
A	6	6 (=3×2)	14 (=7×2)	26(=6+6+14)
C	5	12 (=6×2)	6 (=3×2)	23(=5+12+6)
D	8	16 (=8×2)	18 (=9×2)	42(=8+16+18)
E	9	10 (=5×2)	10 (=5×2)	29(=9+10+10)

합산한 점수가 높은 3개 업체가 중간 선정되므로 A, D, E가 선정된다. 이 중 디자인 점수가 가장 높은 업체는 E이므로 E가 최종 선정된다.

18

정답 ④

입찰가격이 11억 원 미만인 B를 제외한 A, C, D, E, F 업체들에 가중치를 적용한 점수를 나타내면 다음과 같다.

(단위 : 점)

입찰 기준 / 입찰 업체	운영 건전성 점수	환경친화 자재 점수	시공실적 점수	디자인 점수	총합
A	12 (=6×2)	7	9 (=3×3)	4	32(=12+7+9+4)
C	10 (=5×2)	9	18 (=6×3)	1	38(=10+9+18+1)
D	16 (=8×2)	2	24 (=8×3)	2	44(=16+2+24+2)
E	18 (=9×2)	6	15 (=5×3)	8	47(=18+6+15+8)
F	12 (=6×2)	4	18 (=6×3)	3	37(=12+4+18+3)

가중치를 적용한 시공실적 점수가 16점 미만인 A와 E는 탈락하며, 합산한 점수가 가장 높은 C, D가 중간 선정된다. 이 중 운영건전성 점수가 더 높은 업체는 D이므로 D가 최종 선정된다.

19

정답 ③

회의 목적은 신제품 홍보 방안 수립 및 제품명 개발이며 회의 이후 이러한 목적을 달성할 수 있도록 업무를 진행해야 한다. 기획팀의 D대리는 신제품의 특성에 적절하고 소비자의 흥미를 유발하는 제품명을 개발해야 하는 업무를 맡고 있으므로, 자사의 제품과 관계없는 타사 제품의 이름을 조사하는 것은 적절하지 않다.

20

정답 ④

D응답자의 반응은 오프라인에서의 제품 접근성에 대한 것으로, 온라인 홍보팀이 필요로 하는 온라인에서의 타사 여드름 화장품에 대한 소비자 반응으로 적절하지 않다.

21

정답 ③

선택지별 이동거리를 구하면 다음과 같다.

- A－B－H－G－F : 40+40+30+30=140km
- A－B－E－H－G－F : 40+25+20+30+30=145km
- A－C－E－H－G－F : 30+15+20+30+30=125km
- A－D－E－H－G－F : 30+20+20+30+30=130km

따라서 이동거리가 가장 짧은 경로는 'A－C－E－H－G－F'이다.

22

정답 ④

두 번째와 세 번째 조건에 따라 A에서 G로 이동하는 경로는 'A－F－G'이다. 이어서 첫 번째, 네 번째, 다섯 번째 조건에 따라 G에서 A로 돌아가는 경로는 'G－E－C－A' 또는 'G－D－C－A'이고 두 경로 모두 각 도시를 잇는 도로의 종류와 거리가 같다. 그러므로 연료소비량 또한 같으며, 전체 이동경로는 'A－F－G－D－C－A' 또는 'A－F－G－E－C－A'이다.

이 중 외곽순환도로를 이용한 거리는 40+30=70km, 국도를 이용한 거리는 30+30=60km, 일반도로는 15km을 이용하였으므로 연료소비량을 계산하면 다음과 같다.

$$\frac{70\times3.8}{100}+\frac{60\times4.2}{100}+\frac{15\times4.5}{100}$$

$=2.66+2.52+0.675=5.855$L

따라서 제시된 조건에 따라 이동했을 때 소비한 연료의 양은 5.855L이다.

23

정답 ①

수하물을 분실한 경우에는 화물인수증(Claim Tag)을 해당 항공사 직원에게 제시하고, 분실 신고서를 작성해야 한다. 이때 공항에서 짐을 찾을 수 없게 되면 항공사에서 책임지고 배상해 준다.

24

정답 ②

현지에서 잃어버린 물품은 현지 경찰서에서 도난 신고서를 발급받고 그 서류를 귀국 후 해당 보험회사에 청구해야 보험금을 받을 수 있다.

25

정답 ④

선택지의 내용대로 계산하면 대출금리의 평균은

$\frac{3.74+4.14+5.19+7.38+8.44}{5}$ ≒5.78%이 되어야 하지만 6.17%이므로 옳지 않다.

제시된 대출금리의 평균을 1～3등급, 7～10등급의 금리를 모두 동일하게 계산하면 다음과 같다.

$$\frac{(1\sim3등급)\times3+4등급+5등급+6등급+(7\sim10등급)\times4}{10}$$

$$=\frac{3.74\times3+4.14+5.19+7.38+8.44\times4}{10}\fallingdotseq6.17\%$$

따라서 평균금리는 신용등급별 금리를 모두 더해 10으로 나눈 값임을 알 수 있다.

오답분석

① A : 가산 금리는 최초 계약기간 또는 6개월 중 짧은 기간으로 정하기에 1년이라면 적어도 중간에 6개월이 경과한 후에는 금리가 조정된다.

② B : (최종금리)=(기준금리)+(가산금리)−(우대금리)임으로 기준금리가 상승하면 최종금리도 상승한다.

③ C : 신용등급별 금리에 대한 표에서 신용등급이 낮아질수록 대출금리와 가산금리 모두 증가함을 알 수 있다.

26

정답 ④

모두 대출금과 계약기간이 동일하고 같은 상환 방식으로 상환하므로 지불해야 할 상환액이 많은 순서는 최종금리가 높은 순서와 같다. 다음은 각자 적용될 수 있는 우대금리를 정리하여 최종금리를 계산한 표이다. 이때 대출금리는 기준금리와 가산금리의 합이다.

(단위 : %)

구분	신용등급	대출금리	우대금리	최종금리
갑	2	3.74	0.2%p	3.54
을	6	7.38	0.2+0.1+0.2=0.5%p	6.88
병	4	4.14	0.3+0.2+0.2=0.7%p	3.44
정	7	8.44	0.3+0.3=0.6%p	7.84
무	5	5.19	0.2+0.3+0.3+0.3 =1.1%p	4.09

따라서 최종금리가 가장 높은 '정'이 상환액을 가장 많이 내고, '병'이 가장 적게 내며 차례는 '정>을>무>갑>병' 순서이다.

27

정답 ②

마지막 문단에서 '미래의 어느 시점에 그 진술을 입증 또는 반증하는 증거가 나타날 여지가 있다면 그 진술은 유의미하다.'는 문장을 통해 반증할 수 있는 인과 진술 역시 유의미한 진술임을 알 수 있다.

오답분석

① 네 번째 문단에 따르면 관련 법칙과 자료를 모르거나 틀린 법칙을 썼다고 해서 인과 진술이 무의미하다고 주장해서는 안 된다.

③ 첫 번째 문단에 따르면 '사건 X는 사건 Y의 원인이다.'라는 진술은 '사건 X는 사건 Y보다 먼저 일어났고, X로부터 Y를 예측할 수 있다.'를 뜻한다. 즉, 먼저 일어난 사건이 항상 원인이 된다.

④ 마지막 문단에 따르면 미래의 어느 시점에 그 진술을 입증 또는 반증하는 증거가 나타날 여지가 있다면 그 진술은 유의미하다.

28

정답 ③

㉠ 'C는 D의 원인이다.'는 C로부터 D를 논리적으로 도출하기 위해 사용한 자료와 법칙이 모두 참이므로 유의미한 진술이다. 'A는 B의 원인이다.'의 경우 거짓 법칙과 자료를 사용하였지만, 거짓 법칙을 써서라도 A로부터 B를 논리적으로 도출할 수 있다면 이는 유의미한 진술이다.

㉢ 참인 법칙과 자료로부터 논리적으로 도출한 진술이므로 참된 진술로 입증될 수 있다.

오답분석

㉡ 진술이 참된 진술로 입증되려면 참인 법칙과 자료로부터 논리적으로 도출할 수 있어야 한다. 그러나 병호가 A로부터 B를 논리적으로 도출하기 위해 사용한 법칙과 자료는 거짓이므로 병호의 진술이 참인지 거짓인지는 현재 판단할 수 없다.

29

정답 ①

㉠ 2024년에 실업률이 가장 높은 국가는 동유럽지역은 폴란드로 19.6 → 19.0 → 17.7, 북유럽지역은 핀란드로 9.0 → 8.9 → 8.4, 북미지역은 캐나다로 7.6 → 7.2 → 6.8, 아시아·오세아니아지역은 호주로 6.1 → 5.5 → 5.1이며, 이들 모두 2023년과 2024년에 전년 대비 매년 감소했다. 서유럽지역은 프랑스가 가장 높으며, 실업률은 계속 증가하였다.

㉢ 매년 증가한 나라는 오스트리아, 프랑스, 포르투갈, 스위스 4개국이며, 매년 감소한 나라는 이탈리아, 스페인 2개국이다.

㉣ 서유럽지역은 스페인이 11.1%이고, 동유럽지역은 폴란드가 19.6%이다.

오답분석

㉡ 2022년 한국의 경제활동인구가 3,000만 명, 2024년은 3,500만 명이라고 할 경우, 2022년 대비 2024년 한국의 실업자 수는 3,500×0.037−3,000×0.036=129.5−108=21.5만 명 증가했다.

㉤ 2024년 프랑스와 영국의 경제활동인구가 4,000만 명으로 같다고 했으므로 두 나라의 실업자 수 차이는 비율 차에 경제활동인구를 곱하면 빠르게 구할 수 있다. 따라서 4,000×(0.099−0.048)=204만 명으로 200만 명 이상이다.

30

정답 ④

OECD 전체 평균의 증감 추이는 '감소 – 감소'이며, EU-15 평균의 증감 추이는 '증가 – 감소'이다. OECD 전체 평균과 증감 추이가 같은 국가는 이탈리아, 스페인, 폴란드, 핀란드, 미국, 캐나다, 호주, 일본, 뉴질랜드이며, EU-15와 증감 추이가 같은 국가는 덴마크, 룩셈부르크, 체코이다. 따라서 바르게 연결된 것은 ④이다.

31

정답 ③

㉢ 2023년 12월 주식옵션의 총 거래대금은 주식선물 계약금액의 $\frac{4,845+5,557}{24,138,554}\times100 \fallingdotseq 0.04$%이다.

㉣ 2024년 1 ~ 5월 중 주식풋옵션 거래대금이 가장 높은 달은 3월이다. 따라서 주식콜옵션 미결제약정 건수 대비 주식선물 미결제약정 건수의 값은 $\frac{4,556,923}{165,391} \fallingdotseq 27.6$이다.

오답분석

㉠ 2024년 1월 주식선물 거래량은 주식옵션 총 거래량의 $\frac{60,917,053}{1,345,326} \fallingdotseq 45$배이다.

㉡ 2024년 4월 주식콜옵션 거래량 중 미결제약정 건수의 비율은 $\frac{181,357}{1,123,637}\times100 \fallingdotseq 16.1$%이고, 주식풋옵션 거래량 중 미결제약정 건수의 비율은 $\frac{226,254}{1,129,457}\times100 \fallingdotseq 20$%이다. 따라서 20−16.1=3.9%p 낮다.

32

정답 ④

㉠ 2024년 5월에 주식선물의 거래량은 증가한 반면 계약금액은 감소했다.
㉡ 주식선물의 미결제약정 계약건수는 2024년 4월에 전월 대비 감소했다.
㉢ 주식풋옵션의 거래대금은 2024년 1월에 전월 대비 감소했다.
㉣ 2024년 3월에 주식선물의 거래량과 미결제약정 건수 모두 전월 대비 증가했다.

33

정답 ③

일회성 금융거래(무통장 송금)로 7일 합산거래가 2천만 원 이상인 경우에는 고객확인 대상거래에 해당한다. 7영업일간 하루 300만 원씩 총 2,100만 원을 무통장 송금거래 했으므로 고객확인이 필요하다.

34

정답 ④

고객의 기본정보 확인에 필요한 것은 인감도장이 아닌 인감증명서이다.

35

정답 ③

융자 신청기한을 참고하였을 때, 혼인신고일로부터 90일 이내에 신청하여야 하므로 4달 뒤인 약 120일 뒤에 신청한 정씨는 생활안정자금을 지원받을 수 없다.

36

정답 ①

강씨는 신용보증료 지원기간 내에 대출받았으므로 50%를 지원받는다. 따라서 강씨의 신용보증료는 900만 원×0.009÷2=81,000÷2=40,500원이다.

37

정답 ①

조기노령연금 지급정지 제도는 조기노령연금 수급자가 지급정지를 신청하고 연금보험료 납부를 재개하여 노령연금 수급액을 올릴 수 있도록 하는 제도이다. 이러한 제도가 실행되기 이전에는 생활고가 해소된 이후 보험료 납부를 재개하고 싶어도 방법이 없어 연금을 지속적으로 수령할 수밖에 없었다는 내용으로 빈칸에는 ①이 들어가는 것이 가장 적절하다.

38

정답 ①

조기노령연금 지급정지 제도를 소개하는 (다)가 첫 번째 문단으로 적절하며, 제도 시행 이전의 상황을 설명하는 (바)가 두 번째 문단으로 적절하다. 그리고 (바)의 문제점을 설명하는 (가)가 세 번째 문단으로, 이러한 문제점을 해결하는 (라)가 네 번째 문단으로 와야 한다. 다음으로 (라)의 예시를 설명하는 (마)가 다섯 번째 문단으로, 연금수급 지급정지 및 납부재개를 안내하는 (나)가 마지막 문단으로 와야 한다. 따라서 (다)－(바)－(가)－(라)－(마)－(나) 순으로 나열하는 것이 가장 적절하다.

39

정답 ④

출발지와 도착지 사이의 거리를 계산하였고(Yes →), 출발지와 도착지 사이의 거리는 3.5km이며(No →, No →), 차를 소유하고 있지 않지만(NO →), 택시호출 앱이 휴대폰에 설치되어 있다(Yes →). 따라서 추천 교통수단으로 택시가 출력된다.

40

정답 ③

입력키워드에 '신용 점수 조회'를 넣으면 첫 번째 분기인 신용 점수 조회에서 Yes가 나오므로 '데이터 기반 신용 점수 조회 서비스 메뉴'가 출력되고 색상은 빨강으로 표시된다.

제2영역 직무수행능력

금융일반 - 객관식

01	02	03	04	05	06	07	08	09	10
④	④	④	②	②	②	④	④	③	①
11	12	13	14	15	16	17	18	19	20
④	③	③	④	③	①	②	④	②	②
21	22	23	24	25	26	27	28	29	30
③	①	④	④	②	④	③	③	①	②

01

정답 ④

BCG매트릭스의 4가지 유형은 별 사업, 현금젖소 사업, 물음표 사업, 개 사업이다.

BCG매트릭스 4가지 유형
- 별 사업 : 시장점유율과 성장률이 모두 높은 사업
- 현금젖소 사업 : 성장률은 낮지만 높은 시장점유율을 통해 안정적인 현금흐름을 창출할 수 있는 사업
- 물음표 사업 : 성장률은 높을 것으로 기대되나 시장점유율은 상대적으로 낮아 추가투자 여부의 결정이 필요한 사업
- 개 사업 : 시장점유율과 성장률이 모두 낮은 사업으로 정리할 필요가 있는 사업

02

정답 ④

기대 인플레이션율은 명목이자율에서 실질이자율을 차감하여 구한다.

피셔 방정식

(명목이자율)=(실질이자율)+(기대 인플레이션율)로 나타내며, 인플레이션이 반영되지 않은 경제성장률과 같은 실물자산의 수익률(실질이자율)과 경제주체들이 예상하는 미래의 물가상승률(기대 인플레이션율)을 더하여 명목이자율을 구한다.

03

정답 ④

적정주가를 구할 때 사용하는 지표로는 EPS, BPS, PBR, PER 등이 있다. ROA는 총자산순이익률로 수익성을 구할 때 사용하는 지표이다.

오답분석

① 주당순이익(EPS)으로 당기순이익을 발행주식수로 나누어 구한다.
② 주당순자산(BPS)으로 기업순자산을 발행주식수로 나누어 구한다.
③ 주가순자산비율(PBR)로 주가를 주당순자산(BPS)로 나누어 구한다.

04

정답 ②

내생적 성장이론은 정부 정책이 경제 성장에 중요한 영향을 미친다고 본다.

05

정답 ②

토빈의 q가 1보다 크면 해당 기업의 시장가치가 자산가치보다 높다는 의미로 투자자들이 해당 기업에 대해 긍정적인 인식을 가지고 있다는 것을 의미한다.

오답분석

① 토빈의 q는 기업의 시장가치를 기업이 보유하고 있는 실물자본(공장, 기계, 설비 등)의 대체비용으로 나누어 구하며, q가 높게 나올수록 투자에 따른 수익성이 높다고 할 수 있다.
④ q가 1보다 작다는 것은 자산가치에 비해 시장가치가 낮다는 것을 의미하며 해당 기업이 과소평가되어있다고 볼 수 있다.

06

정답 ②

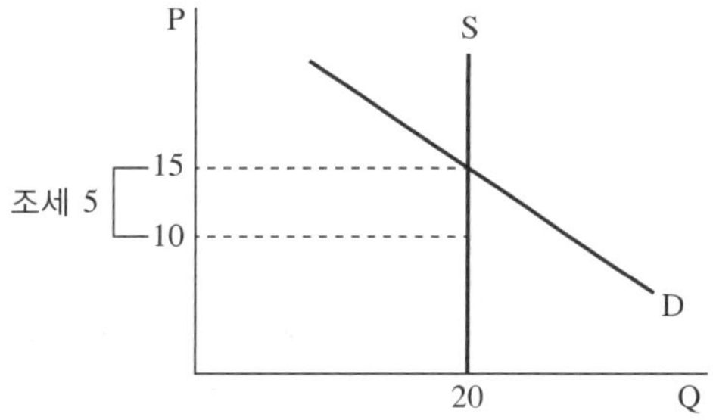

정부의 물품세 부과 시 조세부담의 귀착은 수요와 공급의 탄력성의 크기에 의해 결정된다. 즉, 탄력성과 조세부담의 크기는 반비례하는 성질이 있다. 특히 수요와 공급 중 어느 한쪽이 완전비탄력적일 경우, 완전비탄력적인 쪽이 조세를 100% 부담하게 된다.
제시된 상황에서는 공급곡선의 기울기가 수직이므로, 공급탄력성이 0(완전비탄력)인 상황이다. 따라서 단위당 5만큼의 조세를 생산자가 전부 부담하게 되고, 소비자에게는 조세가 전가되지 않는다. 생산자잉여는 현재 15×20=300인 사각형 면적이지만, 5만큼의 조세부과로 인하여 10×20=200으로 감소하게 된다.

오답분석

①·③ 조세가 100% 생산자에게 귀착되므로 소비자가 느끼는 조세부담은 없다. 즉, 소비자 가격의 변화는 없다.
④ 정부의 조세수입 면적은 5×20=100의 사각형에 해당한다.

07

정답 ④

사전적으로 보험금을 지급받을 가능성이 높은 사람만 보험에 가입하려고 하는 것은 역선택의 한 사례이다.

08
정답 ④

적립금 운용의 책임이 기업에 있는 경우는 확정급여형(DB; Defined Benefit)에 해당한다.

> **DC확정기여형(Defined Contribution)**
> - 근로자는 자기책임의 투자기회, 사용자는 예측 가능한 기업을 운영할 수 있다.
> - 사용자가 매년 근로자의 연간 임금총액의 1/12 이상을 근로자의 퇴직연금 계좌에 적립하면 근로자가 적립금을 운용하고, 퇴직 시 기업이 부담한 금액과 운용결과를 합한 금액을 일시금 또는 연금형태로 받을 수 있다.
> - 확정기여형 제도는 근로자의 운용실적에 따라 퇴직급여가 변동될 수 있다.

09
정답 ③

자기자본이익률(ROE)은 당기순이익을 자본총액으로 나눈 값을 백분율로 표현한 것이다. 따라서 (20÷80)×100=25%이다.

10
정답 ①

애덤 스미스의 절대우위론에 대한 설명이다.

오답분석

②·③ 리카르도의 비교우위론에 대한 설명이다.

④ 제품생산에 따른 기회비용이 더 낮은 국가가 상대국에 비해 해당 제품생산에서 비교우위에 있다고 할 수 있다.

11
정답 ④

사채를 할인발행하면 사채의 장부금액이 매년 증가하여 액면가액에 수렴하게 된다.

오답분석

① 시장이자율이 사채의 표시 이자율보다 높은 경우 투자자에게 수익률을 보장하기 위해 채권가격을 할인하여 발행한다.

②·③ 사채의 액면금액과 발행금액의 차이인 사채할인발행차금은 상각하여 이자비용에 가산한다.

12
정답 ③

역선택이 존재하는 상황에서 정부가 공적인 보험제도를 도입하여 강제로 가입하도록 하면 역선택 문제가 해소될 수 있다. 따라서 모든 대상자의 가입을 의무화하는 공적인 보험제도가 도입되면 사회후생이 증가할 가능성이 높다.

13
정답 ③

벌처펀드(Vulture Fund)란 저평가된 부동산을 싼 가격으로 매입하기 위해 운용되는 투자기금으로 상대적으로 위험이 높지만 잠재적으로 큰 이익을 제공한다. 이것의 성과는 수익성 있는 투자안으로 바뀔 수 있는 저평가된 부동산을 가려내는 기금관리자의 능력에 달려 있다.

14
정답 ④

오답분석

① 랩 어카운트 : 증권사가 다양한 금융상품을 투자고객의 성향에 맞게 한 계좌에 담아 운용해주는 '종합자산관리계좌'를 말한다.

② 커버드 본드 : 주택담보대출 자산을 담보로 발행되는 채권의 일종으로, 발행회사에 문제가 생기더라도 담보자산에서 우선적으로 변제받을 수 있어 안전성이 보장되어 있다.

③ 신디케이트론 : 다수의 은행으로 구성된 차관단이 공통의 조건으로 차주에게 일정액을 융자하는 중장기 대출 방식을 말한다.

15
정답 ③

미소금융은 서민들에게 희망과 자활의 가능성을 심어주기 위해 2009년 12월에 시작된 친서민금융지원제도로, 개인신용등급 7등급 이하 금융소외계층을 그 대상으로 하며 창업 및 운영 자금 등을 무담보, 무보증으로 제공한다.

16
정답 ①

중앙은행이 시장에 개입하여 외환보유액을 늘리게 되면 외환의 수요가 증가하여 자국 통화의 가치가 하락하게 된다.

17
정답 ②

GDP 산출 방식에는 생산접근법, 분배접근법, 지출접근법이 있다.

오답분석

① 생산접근법 : (경제활동별 부가가치)+(순생산물세)

③ 분배접근법 : (피사용자보수)+(영업잉여)+(고정자본소모)+(순생산세 및 수입세)

④ 지출접근법 : (소비)+(투자)+(정부지출)+(순수출)

18
정답 ④

(매출원가)=(매출액)×[1−(매출총이익률)]

=50,000,000×0.8=40,000,000원

재고자산 평가손실, 정상적인 재고자산 감모손실 등은 매출원가에 더하므로 재고자산 평가손실(10,000,000원), 정상적인 재고자산 감모손실(10,000×2,000=20,000,000원)을 더하면 총 70,000,000원이다.

19

정답 ②

일반기업회계기준은 회계정책이 변경될 경우 소급법, 회계추정이 변경될 경우 전진법을 적용한다.

20

정답 ②

분산투자를 통해 체계적 위험을 포함한 전체 포트폴리오의 위험을 낮출 수 있다.

21

정답 ③

여신전문금융회사는 예금업무를 취급하지 않고 여신업무만을 취급하는 금융기관이다. 여신전문금융회사가 취급하는 여신업무는 다른 금융기관이 거의 취급하지 않는 소비자금융, 리스, 벤처금융 등이며, 재원은 채권발행, 금융기관 차입금으로 주로 조달한다. 이러한 여신전문금융회사에는 리스회사, 신용카드회사, 할부금융회사, 신기술사업금융회사 등이 있다.

22

정답 ①

이자보상비율은 영업이익을 이자비용으로 나눈 값으로, 기업이 벌어들이는 영업이익으로 이자를 얼마나 갚을 수 있는지 평가하는 지표이다.

23

정답 ④

재무활동 현금흐름은 자본을 만들고, 상환하는 과정에서 나타나는 현금의 유입 및 유출로 차입금의 차입 및 상환 등을 포함한다.

오답분석

① 이자수익은 영업활동이나 투자활동에 해당된다.

②·③ 투자활동에 해당된다.

24

정답 ④

제2금융권에는 보험회사, 종합금융사, 신용협동기구, 상호저축은행, 우체국이 있다. 한국은행은 우리나라의 중앙은행이며, 이외에 일반은행, 특수은행이 있다.

25

정답 ②

금융시장은 거래 금융상품의 만기를 기준으로 단기금융시장(화폐시장)과 장기금융시장(자본시장)으로 구분된다. 단기금융시장은 보통 만기 1년 이내의 금융자산이 거래되는 금융시장을 말하며, 장기금융시장은 만기 1년 이상의 장기채권이나 만기가 없는 주식이 거래되는 시장을 의미한다.

26

정답 ④

투자가 증가하게 되면 소득이 증가하는 효과를 측정한 것이 투자승수효과이다.

27

정답 ③

콥 – 더글라스 생산함수는 한계기술대체율이 체감함에 따라 등량곡선이 원점에 대하여 볼록하다.

28

정답 ③

내쉬균형은 게임이론에서 각 참여자가 상대방의 전략을 알고 있을 때 자신의 전략을 바꿔도 더 나은 결과를 얻을 수 없는 상태를 의미한다. 모든 참여자가 현재의 전략을 고수하는 것이 최선이기 때문에, 누구도 일방적으로 전략을 바꿀 유인이 없다. 따라서 상대방의 선택을 고려해 자신의 최적 전략을 선택한 결과, 모든 참여자가 더 이상 전략을 바꿀 필요가 없는 상태이다.

오답분석

① 게임이론 : 여러 경제주체가 참여하여 의사결정을 하는 상황을 의미한다.

② 죄수의 딜레마 : 비제로섬 게임의 하나로 서로 협력하여 가장 이익이 되는 상황에서 개인의 욕심으로 서로에게 불리한 상황을 선택하게 되는 것을 말한다.

④ 우월전략균형 : 상대방의 전략과 상관없이 자신에게 가장 유리한 전략의 조합을 의미한다.

29

정답 ①

BCG매트릭스에서 원의 크기는 해당 사업 단위의 매출액의 크기를 의미하며, 원의 위치는 해당 사업 단위의 상대적 시장점유율과 시장성장률 값을 의미한다.

BCG매트릭스

미국의 보스턴 컨설팅 그룹이 개발한 사업전략의 평가 기법으로 '성장 – 점유율 분석'이라고도 한다. 상대적 시장점유율과 시장성장률 2가지를 각각 X, Y축으로 하여 매트릭스(2차원 공간)에 해당 사업을 위치시켜 사업전략을 위한 분석과 판단에 이용한다.

30

정답 ②

CDP 평가방식에는 기후변화정보, 물정보, 생물다양성정보가 있다.

오답분석

① 온실가스 관련 정보 공개를 통해 온실가스 감축, 탄소중립 실현 등을 목표로 한다.

③ CDP 평가등급은 A ~ D등급까지 4단계가 있다.

④ CDP 정보를 활용해 다양한 곳에서 기후변화 대응책 등을 마련하고 있다.

금융일반 - 주관식

01	02	03	04	05
40	1	30	180	㉠, ㉣, ㉤, ㉧

01 정답 40

DSR은 연소득 대비 총부채의 원리금상환비율을 나타내는 것이다. 단, 분양오피스텔 중도금대출은 DSR 산정 시 제외되며 이를 계산하면 다음과 같다.

[(주택담보대출 연간상환액)+(은행신용대출 연간상환액)]÷(연소득)=(2,500+1,500)÷10,000=0.4

따라서 DSR은 40%이다.

02 정답 1

결합회계는 두 개 이상의 기업이 하나의 기업으로써 회계처리를 하는 것을 의미한다. 두 개 이상의 기업이 지배-종속 관계에 있는 경우, 하나의 기업이 다른 기업을 지배하는 경우 등에서 해당 기업들의 재무제표를 하나의 재무제표로 통합하여 작성한다. 그러므로 A기업이 B기업을 분할하여 B기업이 독립한 경우인 ㉢은 결합회계 사례에 해당하지 않는다.

03 정답 30

독점시장에서 사회 전체의 후생수준이 극대화되는 경우는 완전경쟁의 시장과 동일한 상황을 의미한다. 따라서 시장의 수요곡선과 한계비용곡선이 만나는 곳이 사회 전체의 후생수준이 극대화되는 생산량 수준이다. $Q_D=45-\frac{1}{4}P \rightarrow P=180-4Q$이고, $MC=2Q$에서 $P=MC$이므로 $Q=30$이 도출된다.

04 정답 180

(주당이익)=(보통주 귀속 당기순이익)÷(보통주 주식 수)

(보통주 귀속 당기순이익)=(전체 당기순이익)-(우선주 주주 배당금)=2,000,000,000-200,000,000=1,800,000,000원

∴ (주당이익)=1,800,000,000원÷10,000,000주=180원

05 정답 ㉠, ㉣, ㉤, ㉧

'㉠, ㉣, ㉤, ㉧'은 일정 기간 동안 측정되는 유량(Flow)변수이고, 나머지는 일정 시점에서 측정되는 저량(Stock)변수에 해당한다.

디지털 - 객관식

01	02	03	04	05	06	07	08	09	10
①	③	④	②	④	①	②	①	②	④
11	12	13	14	15	16	17	18	19	20
③	②	③	①	②	④	③	④	④	②
21	22	23	24	25	26	27	28	29	30
④	②	①	④	②	④	①	③	④	②

01 정답 ①

SQL에서 AND 조건을 사용하면 두 조건을 모두 만족하는 행만 조회한다. 또한 name LIKE '%민%' 구문은 이름에 '민'이 포함된 경우를 찾으므로 ①이 옳은 SQL 구문이다.

오답분석

② OR 조건을 사용하면 부서가 IT이거나 이름에 '민'이 포함된 모든 직원이 조회된다.

③ IN 절과 LIKE를 조합해서 사용하는 것은 문법적으로 옳지 않다.

④ LIKE 연산자에는 반드시 컬럼명이 들어가야 한다. name='%민%'을 사용하는 경우 name 값이 정확히 '%민%'인 행만 조회하므로 부분 문자열 검색이 되지 않는다.

02 정답 ③

공개키 기반구조(PKI)에서 공개키는 공개 저장소에 등록되어 누구나 접근할 수 있다. 인증기관(CA)은 각 사용자의 공개키와 신원을 인증하여, 해당 공개키가 신뢰할 수 있음을 인증서로 보증한다. 개인키는 사용자 본인이 안전하게 보관해야 하며 CA가 관리하지 않는다. 일반적으로 데이터 암호화에는 수신자의 공개키가, 복호화에는 수신자의 개인키가 사용된다. 또한 CA는 복호화와 직접적인 관련이 없다.

03 정답 ④

power함수는 거듭제곱에 대한 함수로 power(a, b)=a^b이다. 따라서 제시된 프로그램은 6^4를 계산하여 출력하는 프로그램이므로 $6^4=1,296$이며 6^4를 출력하려면 printf("%d^%d", a, b)를 입력해야 한다.

04 정답 ②

python에서 문자열을 변수로 저장할 때에는 큰따옴표나 작은따옴표를 사용해야 한다.

05 정답 ④

python에서 len함수는 문자열의 길이를 구하는 함수이다. 이때, 알파벳과 숫자, 공백은 1Byte이고 한글은 2Byte로 연산하므로 2×2+1+2×2+1+2×4+1+2×2+1+2×4=32Byte이다. 따라서 출력되는 값은 32이다.

06 정답 ①

부팅(Booting)은 컴퓨터를 시작할 때마다 디스크로부터 운영체제를 로드하는 과정을 수행하여 컴퓨터를 사용 가능한 상태로 만드는 것을 말한다.

오답분석

② 스케줄링(Scheduling) : 작업관리의 한 단계로서 순서계획에 의해 짜여진 순서대로 작업에 옮기기 위한 시간적 계획이다.

③ 업데이트(Update) : 갱신이라고 하며 마스터파일을 트랜잭션 파일을 이용하여 수정하는 작업이다.

④ 교착상태(Deadlock) : 둘 이상의 프로세스에서 다른 프로세스가 가지고 있는 자원을 요구하여 무한정 기다리게 되는 현상을 말한다.

07 정답 ②

C 프로그램으로 작성된 미니 컴퓨터 이상에서 사용되는 운영체제이다.

오답분석

① Pascal : 운영체제와 응용 프로그램을 함께 제공하는 시스템 소프트웨어의 한 종류이다.

③ Fortran : 프로그램 개발에 편리성을 제공하며 기기와 무관한 시스템 환경을 제공한다.

④ Basic : 편리한 통신 환경을 제공하여 서버용 운영체제로 많이 사용된다.

08 정답 ①

랜섬웨어(Ransomware)는 몸값(Ransom)과 소프트웨어(Software)의 합성어로 데이터를 암호화하여 사용할 수 없도록 하고, 이를 인질로 금전을 요구하는 악성 프로그램이다.

오답분석

② 다크 데이터(Dark Data) : 정보를 저장만 하고 분석을 하지 않은 데이터로, 보안위험이 있을 수 있다.

③ 셰어웨어(Shareware) : 모두가 사용할 수 있도록 공개하고 있는 소프트웨어이다.

④ 키로거(Key Logger) : 사용자의 키보드 움직임을 탐지해 개인정보를 빼가는 공격이다.

09 정답 ②

오답분석

③ DIVISION : B릴레이션의 속성 b와 공통되는 A릴레이션의 속성 a를 추출

④ JOIN : 두 개의 릴레이션 A, B에서 공통된 속성을 연결

10 정답 ④

디파이(Decentralized Finance)는 중앙이 통제하지 않고 블록체인 기술로 금융 서비스를 제공하는 것을 말하며, 디파이 서비스에서는 책임주체가 없어, 보안사고 등의 문제 발생 시 이에 대한 책임 문제가 발생하고 있다.

11 정답 ③

변수 i를 정의해 주어야 프로그램이 정상적으로 실행된다. 정수 i를 정의하므로 int를 사용하고 while 조건문에서 i가 0보다 클 때 1씩 더하므로 0 이하의 수를 선언해야 오류가 발생하지 않는다.

12 정답 ②

i를 0으로 정의하고 프로그램을 실행하면 0이 출력된다.

13 정답 ③

정규화는 테이블을 결합하는 것이 아니라 분해해 가면서 종속성을 제거해 가는 것이므로 ③은 옳지 않다.

14 정답 ①

S/N비(신호대 잡음비)는 수신된 신호와 원래의 신호 사이에 존재하는 잡음의 비율을 말하며, 단위는 dB을 사용한다.

15 정답 ②

디지털 트윈(Digital Twin)은 현실의 자산과 관련하여 발생할 수 있는 분명한 정보를 얻고자 할 때, 해당 자산을 디지털 환경 속에 가상화하여 실험하는 기술을 말한다.

오답분석

① 디지털 펜(Digital Pen) : 펜과 종이 등을 사용한 아날로그 정보를 디지털로 변환하는 장치이다.

③ 디지털 전환(Digital Transformation) : 정보통신기술을 우리 사회에 접목시켜 사회 구조를 변화시키는 것을 말한다.

④ 데이터 마이닝(Data Mining) : 미래의 의사결정에서 최선의 결정을 할 수 있도록 많은 양의 데이터 속에서 데이터 사이의 연관성을 찾아내는 기술이다.

16 정답 ④

금융회사로 하여금 내부 통제와 법규 준수를 용이하게 하는 정보기술인 '레그테크(Regtech)'는 저비용으로 규제 수준에 대한 신뢰도를 높이고 규제 변화에 유연하고 능동적으로 대처할 수 있도록 한다. 주로 데이터 관리, 위험 분석 및 예측 분야를 중심으로 활용되고 있다.

17 정답 ③

운영체제 성능평가 항목

- 처리능력(Throughput) 향상 : 단위시간 내에 최대한 많은 양의 일을 처리할 수 있게 하는 것
- 응답 시간(Turnaround Time) 단축 : 사용자가 컴퓨터에 어떤 일의 처리를 지시한 후 결과를 얻을 때까지의 시간
- 사용 가능도(Availability) 향상 : 시스템 자원이 요구하는 총 시간에 대해 실제 시스템 자원의 사용 가능한 시간
- 신뢰도(Reliability) 향상 : 시스템이 얼마만큼 고장없이 주어진 기능을 정확하게 수행하는 정도

18 정답 ④

트래픽(Traffic)은 서버 등 통신장치를 일정 시간 동안 오가는 데이터의 양을 말하는 것으로, 통신 장치와 시스템에 걸리는 부하를 뜻한다. 트래픽양의 단위는 얼랑(Erlang)이며, 'erl'이라고 표기한다. 또한 트래픽 전송량이 많으면 네트워크와 서버에 과부하가 걸려 데이터 송수신 장애를 일으킬 수 있다.

19 정답 ④

레지스터(Register)는 CPU 내에서 명령이나 연산결과 등을 임시로 기억하는 기억장치이다. 레지스터가 존재하지 않을 경우에는 연산 중 데이터나 연산 중간 결과 등을 주기억장치에 저장해야 하는데 이 경우 연산속도가 현저하게 느려지게 된다. 이를 해결하기 위해 주기억장치보다 더 빠른 기억장치를 이용하여 CPU 내에 임시기억장치를 마련하는데 이것이 레지스터이다.

20 정답 ②

트랜잭션(Transaction)은 하나의 작업을 수행하기 위해 필요한 데이터 연산을 모아놓은 것으로 논리적인 작업의 단위이다.

오답분석

① 도메인 : 숫자로 이루어진 인터넷상의 컴퓨터 주소를 알기 쉬운 영문으로 표현한 것이다.
③ 모듈 : 소프트웨어나 하드웨어의 일부로, 큰 전체 시스템 및 체계 중 다른 구성 요소와 독립적인 하나의 구성 요소이다.
④ 프로시저 : 프로그램에서 특정 동작을 수행하는 함수이다.

21 정답 ④

다크데이터(Dark Data)란 수집 후 단순 방치되어 있어 정보유출의 위험성을 가지고 있지만, 미래에 가치가 있을 것으로 판단되어 보관하는 데이터이다.

22 정답 ②

DROP TABLE 테이블명 [CASCADE / RESTRICT]는 테이블을 삭제하는 명령이며, 튜플 단위의 삭제 명령은 DELETE이고 'DELETE FROM 삭제할 자료의 테이블명 WHERE 조건'과 같은 형식으로 사용한다.

23 정답 ①

스프레드시트의 기본 기능

- 자동 계산 기능
- 문서 작성 기능
- 다양한 종류의 차트 작성 기능
- 데이터베이스 기능
- 매크로 기능

24 정답 ④

스테이킹(Staking)이란 가상화폐의 일정분을 가격 변동과 상관없이 예치하고 가상화폐 플랫폼 운영에 참여함으로써 대가를 얻는 것을 말한다.

오답분석

① 대시 : 가상화폐의 일종이다.
② 노드 : 스테이킹을 하기 위해 필요한 장치이다.
③ 마스터노드 : 익명성은 높이고 절차가정은 줄인 거래방법이다.

25 정답 ②

인포그래픽스(Infographics)란 정보(Information)를 분류하고 종합하여 시각화한 것을 말한다.

오답분석

㉠ 정보원이 아닌 정보(Information)와 그래픽(Graphics)의 합성어이다.
㉢ 하나의 페이지로 정보를 시각화한 것을 원페이지 인포그래픽스라고 칭한다.
㉣ 정보를 영상으로 나타낸 것을 모션그래픽스라고 칭한다.

26 정답 ④

데이터 랭글링(Data Wrangling)이란 정제되지 않은 데이터를 표준화함으로써 해당 데이터의 분석 및 처리 시간을 줄일 수 있도록 하는 기술을 말한다.

오답분석

① 옥토파스(Octoparse) : 웹상의 데이터 중 필요한 데이터만 뽑아내는 기술을 말한다.
② 스크래피(Scrapie) : 웹상의 데이터 중 필요한 데이터만 뽑아내는 기술을 말한다.
③ 스크린 스크래핑(Screen Scraping) : 화면에서 보이는 데이터 중 필요한 데이터만 뽑아내는 기술을 말한다.

27
정답 ①

- 초당 100만 개의 연산=MIPS(Million Instruction Per Second)
- 초당 100만 개의 부동소수점 연산=MFLOPS

28
정답 ③

디지털 컴퓨터와 아날로그 컴퓨터의 비교

구분	디지털 컴퓨터	아날로그 컴퓨터
입력형태	숫자, 문자	전류, 전압, 온도
출력형태	숫자, 문자	곡선, 그래프
연산형식	산술, 논리 연산	미적분 연산
구성회로	논리 회로	증폭 회로
연산속도	느림	빠름
정밀도	필요 한도까지	제한적임
기억기능	기억이 용이하며 반영구적	기억에 제약이 있음
사용분야	범용	특수 목적용

29
정답 ④

샘플링을 할 때 레벨을 어느 정도로 잘게 나누어 기록할지를 나타낸다. 예를 들면 16비트인 경우는 2^{16}=65,536단계로 레벨을 기록할 수 있다. 따라서 양자화 비트 수가 6비트일 때 양자화 계단 수는 2^6=64단계이다.

30
정답 ②

RSA(공개키)가 아닌 DES(대칭키)의 특징이다.

DES(대칭키)
- 암호키와 복호키 값이 서로 동일하며, 암호문 작성과 해독 과정에서 개인키를 사용한다.
- 여러 사람과 정보 교환 시 다수의 키를 유지하며, 사용자 증가에 따른 키의 수가 많다.
- 알고리즘이 간단하여 암호화 속도가 빠르고, 파일의 크기가 작아 경제적이다.

디지털 – 주관식

01	02	03	04	05
4	7	45	㉡	㉤

01
정답 4

오답분석

㉣ 프로젝트 작업 사이의 관계를 나타내며, 최장 경로를 파악할 수 있는 것은 CPM(Critical Path Method)에 대한 설명이다.

02
정답 7

프로그래밍 언어의 선정 기준
- 개발 담당자의 경험과 지식
- 대상 업무의 성격
- 과거의 개발 실적
- 프로그램 언어의 응용 영역
- 알고리즘의 계산상 난이도
- 소프트웨어가 실행되는 환경
- 자료 구조의 난이도

03
정답 45

i가 0부터 10 미만일 때까지 sum에 더하는 코드로, 1부터 9까지의 합은 45이다.

04
정답 ㉡

인터넷과 최첨단 정보통신기기를 통해 별도의 사무실 없이 새로운 가상 조직을 구성하며 살아가는 인간형을 디지털 노마드(Digital Nomad)라 한다.

오답분석

㉠ 디지털 부머(Digital Boomer) : 디지털시대의 소비 확산을 주도하는 디지털 신인류
㉢ 디지털 아카이브(Digital Archive) : 시간의 경과에 따라 질이 떨어지거나 없어질 우려가 있는 정보들을 디지털화하여 보관하는 일
㉣ 디지털 디바이드(Digital Divide) : 경제적, 사회적 여건 차에 의해 발생하는 정보격차
㉤ 디지털 컨버전스(Digital Convergence) : 하나의 기기와 서비스에 모든 정보통신기술을 묶은 새로운 융합 상품
㉥ 디지털 커뮤니쿠스족(Digital Communicus族) : 디지털 기술로 여러 의사소통을 하는 사람
㉦ 디지털 네이티브(Digital Natives) : 디지털 기기를 자유자재로 사용하는 새로운 세대를 지칭하는 용어
㉧ 디지털 코쿠닝(Digital Cocooning) : 디지털 기기를 통해 자신만의 여가를 즐기는 문화

05

정답 ⓔ

대입연산자는 변수에 값을 대입할 때 사용하는 이항 연산자이며, 피연산자들의 결합 방향은 오른쪽에서 왼쪽이다. 대입연산자 −=는 왼쪽의 피연산자에서 오른쪽의 피연산자를 뺀 후, 그 결괏값을 왼쪽의 피연산자에 대입한다. a는 3이고, 3−=5로 계산되므로 −2가 출력된다.

IBK기업은행 필기시험

제2회 모의고사 정답 및 해설

제1영역 NCS 직업기초능력

01	02	03	04	05	06	07	08	09	10
③	②	①	②	②	④	③	④	③	①
11	12	13	14	15	16	17	18	19	20
③	③	②	④	③	④	④	④	③	①
21	22	23	24	25	26	27	28	29	30
③	②	③	①	③	④	③	④	①	③
31	32	33	34	35	36	37	38	39	40
②	③	④	③	①	④	④	①	④	④

01

정답 ③

(라) 지난 9월 경주에 5.8 규모의 지진이 발생하였으나 신라시대 문화재들은 큰 피해를 보지 않았음 – (가) 경주는 과거에 여러 차례 지진이 발생하였음에도 불국사와 석굴암, 첨성대 등은 그랭이법과 동틀돌이라는 전통 건축 방식으로 현재까지 그 모습을 보존해 왔음 – (다) 그랭이법이란 자연석을 그대로 활용해 땅의 흔들림을 흡수하는 놀라운 기술임 – (나) 그랭이칼을 이용해 자연석의 요철을 그린 후 그 모양대로 다듬어 자연석 위에 세우고 그 틈을 동틀돌로 지지하는 것이 그랭이법임 순으로 나열하는 것이 가장 적절하다.

02

정답 ②

제시문은 경주는 언제든지 지진이 발생할 수 있는 양산단층에 속하는 지역이지만 신라시대에 지어진 문화재들은 현재까지도 굳건히 그 모습을 유지하고 있으며 이는 그랭이법이라는 건축기법 때문이라고 설명하고 있다. 따라서 제시문은 '경주 문화재는 왜 지진에 강할까?'라는 질문의 답이 될 수 있다.

03

정답 ①

제4조 제1항 제5호에 따르면 회원의 상품판매 촉진활동 지원도 포함되므로 옳지 않은 설명이다.

오답분석

② 제4조 제2항에 따르면 중앙회는 지도기준을 정하여 회원으로 하여금 해당사항을 이행하게 할 수 있다.
③ 제5조 제1항에 따르면 중앙회는 모든 회원을 대신하여 상품을 기획할 수 있다.
④ 제11조 제1항에 따르면 금융거래와 관련하여 소관부서장은 고객유의사항을 인터넷 홈페이지에 공시하여야 한다.

04

정답 ②

제12조 제1항에 따르면 소관부서장은 상품성이 약화된 상품에 대하여 상품위원회의 심의를 거쳐 판매를 중단하도록 할 수 있다.

오답분석

㉠ 제9조 제1항에 따르면 중앙회장이 아니라 소관부서장은 합당한 사유가 없는 한 모든 회원의 상품출시를 차별 없이 지원하여야 한다.
㉡ 제9조 제3항과 제4항에 따르면 상품판매가 불가능한 경우 소관부서장은 미판매 내용을 인터넷 홈페이지 등에 직접 게시하는 것이 아니라, 인터넷뱅킹 관리 담당 부서로 하여금 게시하도록 하여야 한다.

05

정답 ②

2023년 대비 2024년 튀르키예의 국외 여행객 증가율은 $\frac{7,982-7,526}{7,526}\times 100 ≒ 6.06\%$이므로 5% 이상이다.

오답분석

① 2024년에 외래 방문객 수가 가장 많은 국가는 프랑스로, 2023년에도 프랑스의 외래 방문객 수가 가장 많은 것을 확인할 수 있다.
③ 2023년에 일본, 아르헨티나, 이탈리아 국외 여행객 수는 전년 대비 감소하는 경향을 보이지만 다른 국가의 여행객 수가 그보다 많이 증가했기 때문에 전체 국외 여행객 수는 증가한 것을 알 수 있다.
④ 캐나다·멕시코·미국의 국외 여행객의 수는 해마다 증가하는 것을 확인할 수 있다.

06

정답 ④

2024년 남아프리카 공화국의 국외 여행객 수는 전년 대비 3% 증가하였으므로 $5,168 \times 1.03 \fallingdotseq 5,323$천 명이다. 따라서 ㉠에 들어갈 수는 5,323이다.

07

정답 ③

A씨의 평가 점수를 구해보면, 고객으로 등록한 2008년 6월부터 17년 2개월이 지났으므로 $17 \times 5 = 85$점, 입출식 예금 평균잔액이 152만 원이므로 $7 \times 15 = 105$점, 적립식 예금이 200만 원이므로 $1 \times 20 = 20$점, 최근 3개월 연속 급여가 이체되었고, 급여액 평균이 300만 원이 넘으므로 200점, 신용카드 자동이체는 1개당 40점이지만 최대 50점이므로 신용카드 2개 자동이체는 50점, 고객정보 중 6개를 등록했으므로 $2 \times 6 = 12$점, 지난달 $500를 환전했으므로 $2 \times 5 = 10$점이다. 가계대출은 최근 3개월에 포함되지 않으므로 제외한다.

따라서 평가 점수는 $85 + 105 + 20 + 200 + 50 + 12 + 10 = 482$점이고, 금융자산은 $152 + 200 = 352$만 원이므로, A씨는 실버 등급에 해당한다.

08

정답 ④

07번에 따르면 A씨의 등급은 실버이므로 최대 2천만 원의 무보증 대출과 송금 수수료 면제, 신용카드 연회비 면제, 환율 우대 50%를 혜택으로 받을 수 있다.

09

정답 ③

행정고등고시 1차 합격자는 합격일 후 다음 학기부터 2개 학기까지 등록금 전액이 지급된다.

10

정답 ①

- 1학년 1학기 : 로봇게임단 활동 → 400만 원
- 1학년 2학기 : 로봇게임단 탈퇴, 감정평가사 1차 합격(다음 학기부터 적용) → 장학금 없음
- 2학년 1학기 : 감정평가사 1차 합격(100만 원), 정규토익 성적 860점(50만 원) → 100만 원
- 2학년 2학기 : 감정평가사 1차 합격(100만 원), 학내 행정부서에서 근로(400만 원) → 400만 원
- 3학년 1학기 : 참빛 장학금 선발 → 200만 원
- 3학년 2학기 : 정규토익 성적 920점(100만 원) → 100만 원
- 4학년 1학기 : 참빛 장학금 선발(200만 원), 감정평가사 최종 합격(다음 학기부터 적용) → 200만 원
- 4학년 2학기 : 감정평가사 최종 합격(200만 원), 비마 장학금 선발(100만 원) → 200만 원

$\therefore$ $400 + 100 + 400 + 200 + 100 + 200 + 200 = 1,600$만 원

따라서 철수가 졸업까지 받은 장학금은 총 1,600만 원이다.

11

정답 ③

초기 데이터 값은 $a = \frac{3}{5}$, $n = 1$이며, 시행을 반복하면 a와 n의 값이 다음과 같이 변화한다.

a	n
$\frac{3}{5}$	1
$\frac{7}{5}$	3
3	5
$\frac{31}{5}$	7
$\frac{63}{5}$	9

따라서 출력되는 값은 9이다.

12

정답 ③

초기 데이터 값은 $a = \frac{7}{12}$, $n = 1$이며, 시행을 반복하면 a와 n의 값이 다음과 같이 변화한다.

a	n
$\frac{7}{12}$	1
$\frac{5}{3}$	2
$\frac{23}{6}$	4
$\frac{49}{6}$	8

따라서 출력되는 값은 $\frac{49}{6}$이다.

13

정답 ②

A주임의 계획에 따르면 A주임은 기본금리 연 2.1%와 스마트뱅킹 우대이율 연 0.2%p를 적용받아 총 연 2.3%의 금리를 적용받는다. 그러므로 A주임이 적금 만기 시 수령하는 이자액은 $200,000 \times \frac{36 \times 37}{2} \times \frac{0.023}{12} = 255,300$원이고, 가입기간 동안 납입한 적립원금은 $200,000 \times 36 = 7,200,000$원이다.

따라서 A주임이 만기 시 수령할 금액은 $7,200,000 + 255,300 = 7,455,300$원이다.

14 정답 ④

A주임이 수정한 계획에 따르면 A주임은 기본금리 연 2.1%와 스마트뱅킹 우대이율 연 0.2%p, 주택청약종합저축 가입 우대이율 연 0.4%p를 적용받아 총 연 2.7%의 금리를 적용받는다.

따라서 A주임이 만기 시 수령하는 이자액은 $250,000 \times \frac{40 \times 41}{2} \times \frac{0.027}{12} = 461,250$원이다.

15 정답 ③

- B : 부산공장
- A : A라인(오후)
- 0 : 2020년
- I : 9월
- 03 : 3일

오답분석

① 2015년부터 생산한 배터리에 부여되는 일련번호이므로 '0'을 통해 2020년에 생산되었음을 알 수 있다.

② 'BA0I03'은 'BM0I03'과 같은 공장에서 같은 날 생산되었으나, 오전의 M라인에서 생산된 'BM0I03'이 'BA0I03'보다 먼저 생산되었음을 알 수 있다.

④ 제시된 조건으로는 9월 3일의 요일을 알 수 없다.

16 정답 ④

5월 23일은 토요일이므로 생산라인이 가동되지 않는다.

17 정답 ④

문제 발생의 원인은 회의록의 회의내용에서 알 수 있는 내용이다.

오답분석

① 회의에 참가한 인원이 6명일 뿐 조직의 인원은 회의록에서 알 수 없다.

② 회의 참석자는 생산팀 2명, 연구팀 2명, 마케팅팀 2명으로 총 6명이다.

③ 마케팅팀에서 제품을 전격 회수하고 연구팀에서 유해성분을 조사하기로 했다.

18 정답 ④

회의 후 가장 먼저 해야 할 일은 '주문량이 급격히 증가한 일주일 동안 생산된 제품 파악'이다. 문제의 제품이 전부 회수돼야 포장 재질 및 인쇄된 잉크 유해성분을 조사한 뒤 적절한 조치가 가능해지기 때문이다.

19 정답 ③

이용한도에 따르면 해외현금 인출(미국 달러 기준)은 4,000달러까지 하루에 가능하다.

오답분석

① 발급자격에서 만 14세 이상 만 19세 미만 미성년자인 경우 법정대리인의 동의서가 필요하며, 법정대리인의 신분증이 필요한 것이지 본인의 신분증이 필요한 것이 아니다.

② 이용한도를 보면 7백만 원인 1일 한도가 초과되어 불가능하다.

④ 체크카드 결제한도가 있기 때문에 체크한도 지정형 카드임을 알 수 있다. 이 경우 개별거래금액이 지정한도 이내의 거래이면 연결계좌에서 즉시 결제되며, 체크카드 결제한도를 초과하는 경우에는 전체 거래금액이 신용카드 기능으로 결제된다. 따라서 D씨는 결제한도인 40만 원을 초과하는 60만 원짜리 상품을 구매했기 때문에 전액 신용카드 기능으로 결제된다.

20 정답 ①

갑 ~ 정 각각에 해당하는 ATM의 조건을 적용하여 현금인출수수료를 계산하면 다음과 같다.

구분	갑	을	병	정
인출 수수료	2,000원	1,000원	2,000원	2,000원
네트워크 수수료	400원(0.2%)	300원(0.1%)	800원(0.2%)	900원(0.3%)
ATM 사용 수수료	–	–	10,000원	5,000원
총수수료	2,400원	1,300원	12,800원	7,900원

총수수료가 높은 순서대로 나열하면 '병 – 정 – 갑 – 을'이므로 세 번째로 많은 수수료를 내는 사람은 '갑'이다.

21 정답 ③

언택트 기술이 낳을 수 있는 문제에 대응하기 위해서는 인간 중심의 비대면 접촉이 이루어져야 한다. 인력이 불필요한 곳은 기술로 대체하되, 보다 대면 접촉이 필요한 곳에 인력을 재배치해야 한다는 것이다. 따라서 될 수 있는 한 인력을 언택트 기술로 대체해야 한다는 ③은 제시문의 내용으로 적절하지 않다.

22 정답 ②

언택트 마케팅은 전화 통화나 대면 접촉에 부담을 느끼는 이들이 증가함에 따라 확산되고 있는 것으로, '24시간 상담원과의 통화연결'은 언택트 마케팅의 사례로 보기 어렵다. 오히려 채팅앱이나 메신저를 통한 24시간 상담 등을 언택트 마케팅의 사례로 볼 수 있다.

오답분석

①·③·④ 언택트 마케팅의 대표적인 사례이다.

23

정답 ③

단리이자계산에서 이자율을 r, $n=12$, 월납입금은 30만 원이라고 했을 때, 자료에서 단리이자 조건과 같은 평잔원금의 계산식을 정리하면 다음과 같은 공식을 얻을 수 있다.

$$(\text{평잔원금})=30\times\frac{12}{12}+30\times\frac{11}{12}+\cdots+30\times\frac{1}{12}$$

$$=30\times\frac{12\times13}{2}\times\frac{1}{12}$$

$$\rightarrow(\text{평잔원금})=(\text{월 납입액})\times\frac{n\times(n+1)}{2}\times\frac{1}{12}$$

$(\text{단리이자계산식})=(\text{월 납입액})\times\frac{n\times(n+1)}{2}\times\frac{r}{12}$ 이므로 평잔원금은 단리이자계산식을 이자율 r로 나눈 $\frac{(\text{단리이자계산식})}{r}$임을 알 수 있다.

오답분석

① 연금수령 시 비과세가 과세로 바뀌었으므로 적절하다.
② 만 20세 이상 개인에서 제한 없음으로 바뀌었다.
④ 분기별 300만 원이면 1년이면 1,200만 원이다. 개편안에서는 1,800만 원이기 때문에 더 납입할 수 있게 되었다.

24

정답 ①

• 상품 1
연 수익률이 5% 이상인 연도가 존재하는 것으로 보아 A은행 상품임을 알 수 있다. 적립률은 10년 납입으로 과거 10년 적립률을 적용하면 약 144%이다. 그러므로 원금 2,000만 원은 10년 후에 $2{,}000\times1.44=2{,}880$만 원이 된다. 또한 가입 시기가 2008년이므로 비과세 상품이기에 최종 금액은 2,880만 원이다.

• 상품 2
연 수익률이 마이너스가 생기는 연도가 존재하지 않는 상품은 B은행과 C은행이 있다. 둘 중 연평균 수익률이 높은 것은 B은행이므로 상품 2는 B은행 상품이다. 적립률은 과거 10년 적립률을 적용하면 약 110%이다. 그러므로 2,000만 원은 10년 후에 $2{,}000\times1.1=2{,}200$만 원이 된다. 가입 시기가 2024년이기 때문에 비교표의 연금저축계좌 '연금수령 시' 과세를 보면 이자포함 최종예상수령액의 5% 과세가 적용되므로 세금을 제외한 연금 실수령액은 $2{,}200\times0.95=2{,}090$만 원이다.

따라서 두 상품에서 얻는 금액의 차이는 $2{,}880-2{,}090=790$만 원이다.

25

정답 ③

'적립방식'은 받을 연금과 내는 보험료의 비율이 누구나 일정하므로 보험료 부담이 공평하지만, '부과방식'은 노인 인구가 늘어날 경우 젊은 세대의 부담이 증가한다. 따라서 '적립방식'은 세대 간 부담의 공평성이 확보되고, '부과방식'은 세대 간 부담의 공평성이 미흡하다고 할 수 있다.

26

정답 ④

마지막 문단에 따르면 확정급여방식은 근로자가 받게 될 퇴직급여를 사전에 확정하는 연금으로, 적립금의 운용을 회사가 직접하고, 기금의 운용 과정에서 발생하는 투자의 실패에 대한 책임은 회사가 부담한다고 서술하고 있다. 따라서 ④는 적절하지 않다.

27

정답 ③

성과급 지급기준에 따라 직원들의 평가항목별 점수와 평점점수 및 이에 따른 성과급 지급액을 계산하면 다음과 같다.

(단위 : 점)

구분	업무량	업무수행효율성	업무협조성	업무처리적시성	업무결과정확성	평점점수	성과급(만 원)
A팀장	10	10	20	12	20	72	75
B대리	8	5	15	16	20	64	45
C주임	8	25	25	4	16	78	80
D주임	10	10	20	12	8	60	45
E사원	8	25	15	16	20	84	90

ⓛ B대리와 D주임은 둘 다 45만 원의 성과급을 지급받는다.
ⓔ E사원은 90만 원으로 75만 원을 받는 A팀장보다 많은 성과급을 지급받는다.

오답분석

㉠ 성과급은 평정점수 자체가 아닌 그 구간에 따라 결정되므로 평정점수는 달라도 지급받는 성과급이 동일한 직원들이 있을 수 있다. B대리는 D주임보다 평정점수가 더 높지만 두 직원은 동일한 성과급을 지급받는다.
㉢ A팀장의 성과급은 75만 원으로, D주임이 지급받을 성과급의 2배인 45만 원$\times2=90$만 원 이하이다.

28

정답 ④

수정된 성과평가 결과에 따라 직원들의 평정점수와 성과급을 정리하면 다음과 같다.

(단위 : 점)

구분	업무량	업무수행효율성	업무협조성	업무처리적시성	업무결과정확성	평점점수	성과급(만 원)
A팀장	10	10	20	12	20	72	75
B대리	6	5	15	16	20	62	45
C주임	8	25	25	16	16	90	90
D주임	10	5	20	12	8	55	45
E사원	8	25	15	16	12	76	80

따라서 두 번째로 많은 성과급을 지급받을 직원은 80만 원을 지급받는 E사원이다.

29

정답 ①

2022년은 선박류(10.29%), 2023년과 2024년은 반도체(10.04%, 11.01%)의 비중이 가장 높았다.

따라서 모두 더하면 10.29+10.04+11.01=31.34%이다.

30

정답 ③

㉠ 2023년 수출액이 큰 품목부터 차례대로 나열하면 반도체 – 석유제품 – 자동차 – 일반기계 – 석유화학 – 선박류 – 무선통신기기 – 철강제품 – 평판디스플레이 – 자동차부품 – 섬유류 – 가전 – 컴퓨터 순이다.

㉡ 2022년 대비 2024년에 수출액 비중이 상승한 품목은 가전, 무선통신기기, 반도체, 일반기계, 자동차, 자동차부품, 컴퓨터로 총 7개이다.

오답분석

㉢ 2022년과 2023년의 1위와 2위 품목은 동일하나 3～5위 품목은 다르다.

31

정답 ②

고객이 5일 이내에 안전하게 배송을 받으려면 D센터 또는 G센터를 이용해야 한다. 또한, 물품의 부피무게는 10.84lbs, 실무게가 7.5lbs이다. 그러므로 D센터를 이용할 경우 배송요금은 부가세를 포함하여 26+7.5=$33.5, G센터를 이용할 경우 배송요금은 32+3.75=$35.75가 된다. 따라서 D센터를 이용하면 가장 저렴한 가격에 이용할 수 있다.

32

정답 ③

박스 안에 모든 상품이 들어갈 수 있는지 확인해야 한다. 먼저 각 상품을 통틀어 길이가 가장 긴 상품을 기준으로 박스를 선택하여 상품을 그 안에 배열해 보고, 공간이 부족하면 그보다 큰 박스를 고려해 본다. 이와 같은 방식을 통해 구하면 다음과 같다.

- 김○○ 고객의 합배송 상자의 크기 : 21×21×21(인치)
- 손□□ 고객의 합배송 상자의 크기 : 15×15×15(인치)
- 박△△ 고객의 합배송 상자의 크기 : 18×18×18(인치)

각각의 실무게를 구하면 다음과 같다.

- 김○○ 고객의 합배송 상품
  : 12.5+33.3+10.2+0.84=56.84≒56.9lbs
- 손□□ 고객의 합배송 상품
  : 4.5+2.7+0.5+4.2+0.15=12.05≒12.1lbs
- 박△△ 고객의 합배송 상품
  : 24.3+15.1+0.31=39.71≒39.8lbs

각각의 부피무게를 구하면 다음과 같다.

- 김○○ 고객의 합배송 상품
  : $21\times21\times\frac{21}{166}=55.78\cdots\fallingdotseq55.8$lbs
- 손□□ 고객의 합배송 상품
  : $15\times15\times\frac{15}{166}=20.33\cdots\fallingdotseq20.4$lbs
- 박△△ 고객의 합배송 상품
  : $18\times18\times\frac{18}{166}=35.13\cdots\fallingdotseq35.2$lbs

C센터 안내에 따라 실무게와 부피무게 중 더 큰 쪽으로 배송요금이 적용되므로 김○○・박△△ 고객의 상품은 실무게로, 부피무게가 더 높게 측정된 손□□ 고객의 상품은 부피무게로 요금을 계산해야 한다. 각각의 배송요금을 구하면 다음과 같다.

- 김○○ 고객의 배송요금 : 32+(46÷0.5)×2=$216
- 손□□ 고객의 배송요금 : 32+(10÷0.5)×2=$72
- 박△△ 고객의 배송요금 : 32+(29÷0.5)×2=$148

따라서 배송요금의 총합은 216+72+148=$436이다.

33

정답 ④

김대리는 연간 총급여액이 5천만 원을 초과하므로 서민형 ISA는 개설할 수 없다. 또한 나이 제한에 걸려 청년형 ISA도 개설할 수 없다. 그러므로 김대리가 개설할 수 있는 ISA는 일반형 ISA이고, 일반형 ISA계좌 개설 시 김대리의 총 투자순이익 중 비과세한도인 200만 원을 초과하는 7,100,000원만 과세 대상이다. 일반형 ISA계좌 개설에 따라 김대리의 현재 투자로 인한 세금과 ISA계좌 개설 시의 세금을 비교하면 다음과 같다.

총순이익	개별상품 투자 시 세금(A)	ISA계좌 세금(B)
205+170+220+315 =910만 원	9,100,000×0.154 =1,401,400원	(9,100,000−2,000,000)×0.099=702,900원

따라서 ISA계좌 개설로 인해 김대리가 누릴 절세금액을 계산하면 1,401,400−702,900= 698,500원이다.

34

정답 ③

D의 경우 가입금액은 연간 가입한도 2,000만 원에서 소득공제장기펀드의 연간한도인 500만 원을 제한 1,500만 원이다. 그러나 총 투자순이익이 1,830만 원이므로 이 중 1,500만 원만 ISA계좌의 세율혜택을 보고, 나머지 330만 원은 개별상품 투자세율의 적용을 받는다. 각 가입자가 가입할 ISA계좌 형태 및 세액을 계산하면 다음과 같다.

구분	ISA 계좌 형태	총 투자순이익	세액
A	서민형 ISA	4,850,000원	(4,850,000−4,000,000)×0.099=84,150원
B	청년형 ISA	650,000원	0원(∵ 비과세)
C	일반형 ISA	3,200,000원	(3,200,000−2,000,000)×0.099=118,800원
D	일반형 ISA	18,300,000원	(15,000,000−2,000,000)×0.099=1,287,000원

따라서 ISA계좌 개설 후 순이익에 대한 세액이 가장 적은 사람부터 순서대로 나열하면 B – A – C – D이다.

35

정답 ①

(시간)$=\frac{(거리)}{(속력)}$이므로 경로별 소요시간은 다음과 같다.

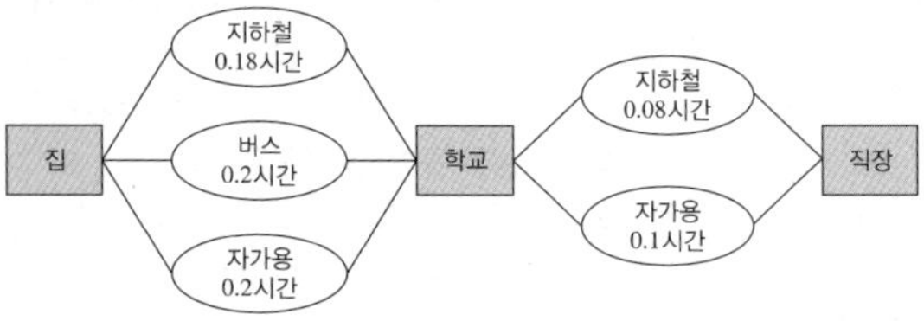

따라서 지하철을 이용해 자녀를 학교에 바래다주고, 자신은 이후에도 지하철을 이용해 출근하는 것이 최소시간이 소요되는 경우이다.

36

정답 ④

변한 속도에 따른 경로별 소요시간은 다음과 같다.

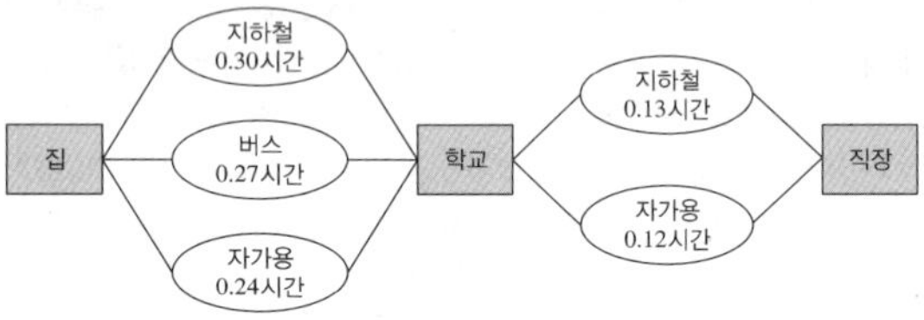

따라서 자가용을 이용해 자녀를 학교에 바래다주고, 자신은 이후에도 자가용을 이용해 출근하는 것이 최소시간이 소요되는 경우이다.

37

정답 ④

- ㉠ : Q1, Q8
- ㉡ : Q5, Q6, Q7, Q9

38

정답 ①

B씨는 남은 수강일과 동영상 강의 및 도서 환불에 대해 문의하고 있으므로 Q1, Q6, Q8을 통해 궁금증을 해결할 수 있다.

39

정답 ④

잔여 포인트가 부족하면 [4번 알림창]이 출력된다.

오답분석

① 행사 기간이 아닐 때 [1번 알림창]이 출력된다.
② 참여 대상이 아닐 때 [2번 알림창]이 출력된다.
③ 잔여 교환가능 물건 수량이 없을 때 [3번 알림창]이 출력된다.

40

정답 ④

합계 학점이 28학점을 초과할 때, [5번 알림창]이 출력된다.

오답분석

① 이미 수강 이력이 있는 강의를 신청할 때, [2번 알림창]이 출력된다.
② 수강신청 대상자가 아닌 학생이 강의를 신청할 때, [3번 알림창]이 출력된다.
③ 제시된 순서도로는 수강신청에 성공하였을 때 출력되는 메시지를 확인할 수 없다.

제2영역 직무수행능력

금융일반 - 객관식

01	02	03	04	05	06	07	08	09	10
①	②	④	④	③	①	②	④	④	①
11	12	13	14	15	16	17	18	19	20
④	②	④	①	①	②	③	①	④	①
21	22	23	24	25	26	27	28	29	30
④	②	②	①	④	②	④	③	②	③

01

정답 ①

기업은 가격이 변할 때 소비자 수요가 얼마나 변하는지(수요의 가격탄력성)에 따라 가격정책을 결정한다.

오답분석

② (수요의 가격탄력성)=(수요량의 변화율)÷(가격의 변화율)
③ 사치재의 경우 가격이 조금만 변동해도 수요가 크게 움직이므로 탄력적이다.
④ 농산물의 경우 가격변동에 비해 공급량이 크게 변하지 않기 때문에 비탄력적이다.

02

정답 ②

영업손실이 누적되어 자본잠식이 발생하는 경우 자본의 감소가 자산의 감소로 이어진다.

오답분석

① 기업이 감자를 실시하면 자본금이 줄어들지만, 그만큼 현금을 확보하거나 주주들에게 분배하여 자산은 증가할 수 있다.
③ 기업이 영업활동을 통해 이익이 발생하면 이익이 자본으로 계상되어 자본과 자신이 모두 증가한다.
④ 기업이 부채를 상환하면 부채가 감소한 만큼 자산이 줄어드나, 부채상환에 따른 이자부담 감소 등으로 자본은 증가할 수 있다.

03

정답 ④

자기주식 처분은 자본거래로 간주하기 때문에 법인세 과세대상이 아니며, 법인세 산출을 위한 소득 계산에서 제외된다.

오답분석

② 자기주식 처분이익은 처분가격이 취득원가보다 높은 경우에 발생하며, 자기주식 처분이익으로 자본잉여금 항목으로 처리한다.
③ 자기주식 처분손실은 처분가격이 취득원가보다 낮은 경우에 발생하며, 자기주식 처분손실로 자본조정 항목으로 처리한다.

04

정답 ④

투자가치가 높은 나라의 통화가치를 높여 자본유입을 유도하는 것은 이자율평가설에 대한 설명이다.

환율 결정 이론

- 구매력평가설 : 서로 다른 나라 간 환율은 각국의 물가 수준 차이를 반영해서 결정된다는 이론으로 일물일가의 법칙을 적용하여 동일한 상품이 각국에서 동일한 가격으로 거래된다고 가정한다.
- 이자율평가설 : 서로 다른 나라 간 환율 차이가 각국의 이자율 차이를 반영해서 결정된다는 이론으로 투자가치가 높은 나라의 통화가치를 높여 자본유입을 유도하고, 이를 통해 환율이 변동된다.
- 외환시장 수요와 공급 이론 : 외환시장에서 환율은 외환에 대한 수요와 공급에 의해 결정된다는 이론으로 외환 수요가 증가하면 환율이 상승하고, 외환 공급이 증가하면 환율이 하락한다.

05

정답 ③

합리적 기대는 사람들이 미래 인플레이션 등을 정확하게 예측하고 행동한다고 보기 때문에 단기적인 재정, 통화 정책 등이 필요 없이 균형이 달성된다.

오답분석

②・④ 적응적 기대는 통화주의학파가 주장한 내용으로 과거의 수치를 통해 미래의 수치를 예측할 수 있으며 고전학파가 주장한 합리적 기대와 상응되는 개념이다.

06

정답 ①

자산의 유동성이란 다른 자산으로 가치의 손실 없이 쉽게 교환할 수 있는 가능성을 의미하며, 가장 유동성이 높은 자산은 화폐이다.

07

정답 ②

- (매월 상환하는 원금)=1,800만 원÷36개월=50만 원
- (1회 차 납부금액)=50만 원+1,800만 원×(금리÷12)=59만 원

따라서 금리는 6%이다.

08

정답 ④

IS곡선 기울기의 결정요인으로는 투자의 이자율 탄력성, 한계소비성향, 한계저축성향, 한계수입성향 등이 있다.

09

정답 ④

D기업의 제품은 수요가 증가하여 수요곡선이 오른쪽으로 이동하고, 원재료 가격 상승으로 인해 공급이 감소하여 공급곡선은 왼쪽으로 이동한다. 이 경우 균형가격은 상승하나 균형거래량은 증가, 감소, 불변 모두 나타날 수 있다.

오답분석

① 수요곡선 왼쪽 이동, 공급곡선 왼쪽 이동
② 공급곡선 왼쪽 이동
③ 수요곡선 오른쪽 이동, 공급곡선 오른쪽 이동

10

정답 ①

사회적 후생손실은 사적비용과 다른 구성원에게 미치는 손실을 합한 것을 의미한다.

11

정답 ④

듀레이션(Duration)은 채권 투자에서 자금을 회수하는 데 걸리는 평균 기간을 의미하며, 이자와 원금의 현재가치를 반영해 계산하는 가중평균 만기이다. 이는 채권에 투자한 원금을 회수하는 데 걸리는 실질적인 기간을 나타내며, 이자율 변동에 따른 채권 가격의 민감도를 측정하는 대표적인 지표로 활용된다. 일반적으로 듀레이션이 길수록 채권 가격은 금리 변동에 더 민감하게 반응하므로 금리가 상승할 때 듀레이션이 긴 채권일수록 가격 하락폭이 더 커진다. 따라서 듀레이션이 길면 금리 상승 시 채권 가격이 더 많이 하락한다.

12

정답 ②

독점은 균형상태에서 P(가격)>MC(한계비용)이므로 생산비가 그 재화에 대한 사회적 한계비용의 중요성보다 더 높은 것이 아니라 더 낮다. 이 경우 가격이 기회비용을 정확히 반영하지 못하여 비효율성을 초래한다.

13

정답 ④

수요의 가격탄력성은 어떤 재화의 가격이 변화할 때 그 재화의 수요량의 변화정도를 나타내는 지표로 다음과 같이 계산한다.

$$E_d = \frac{\text{수요량의 변화율}}{\text{가격의 변화율}} = \frac{\frac{\triangle Q}{Q}}{\frac{\triangle P}{P}} = \frac{\triangle Q}{\triangle P} \times \frac{P}{Q}$$

$$= \frac{5}{1,000} \times \frac{2,000}{20} = 0.5$$

수요의 가격탄력성은 0.5로 1보다 작으므로 비탄력적이다. 따라서 수요가 가격변화에 둔감하게 반응하기 때문에 가격을 하락시켰을 때 수요량이 적은 폭으로 증가하여 가계의 지출액은 감소하고 기업의 판매수입도 감소한다.

14

정답 ①

$MP_L = 4MP_K$, $\omega = 5r$이므로 $\frac{MP_L}{\omega} = \frac{4MP_K}{5r} < \frac{MP_K}{r}$이다.

따라서 노동고용량을 감소시키고, 자본고용량을 증가시키는 것이 가장 합리적이다.

15

정답 ①

지니계수는 0에서 1까지의 값으로 표현되며, 그 값이 작을수록 소득분배가 평등하고 1이면 완전불평등하다. 소득이 어느 한 사람에게 집중되어 있는 것은 완전불평등한 상태를 의미하므로 지니계수의 값은 1이다.

16

정답 ②

한계생산력에 따라 생산물을 분배하게 되면 노동과 자본은 자신이 기여한 한계생산물 가치만큼 보수를 받게 된다. 이는 자원의 공평한 배분을 의미한다.

17

정답 ③

오답분석

② 전용수입에 대한 설명이다.
④ 마르크스의 절대지대에 대한 설명이다.

18

정답 ①

임금, 원자재 값, 금리 등 생산비용 상승이 원인이 되는 것은 비용상승 인플레이션에 대한 설명이다.

오답분석

②·③ 정부지출 증가, 기업투자 증가, 통화량 증가 등으로 인해 나타나는 현상이다.
④ 단순히 총수요 증가로 인플레이션이 발생하지 않으며, 총수요가 총공급보다 많아지는 초과수요가 나타나야 인플레이션이 발생한다.

19

정답 ④

국내생산이 늘어나고 관세수입을 얻는 것은 소국의 관세효과에 대한 설명이다.

오답분석

② 대국은 관세부과 시 세계 판매가격에 영향을 미치기 때문에 생산자도 관세부담을 가진다.
③ 관세부과에 따른 가격상승폭이 소국보다 작아 후생손실도 작다.

20
정답 ①

하나의 투자안에 대해 여러 가지 IRR이 나올 수 있기 때문에 우선순위를 정할 때는 일반적으로 순현재가치를 더 많이 사용한다.

21
정답 ④

자본잉여금과 이익잉여금 중 이익준비금과 기타 법정적립금은 결손보전이나 자본전입에만 사용할 수 있다.

22
정답 ②

빅맥지수를 활용한 구매력 평가환율은 6,600÷4.9=1,346.93원/달러이다. 구매력 평가환율 대비 원화가치가 20% 저평가되어 있으므로, 실제 명목환율은 1,346.93×1.2=1,616.31원/달러이다.

23
정답 ②

기업공개는 주관사를 선정하여 실사 – 상장심사 – 증권신고서 – 청약 업무 등의 순으로 진행한다.

24
정답 ①

원화가치가 과소평가된 경우, 수출이 증가하고 수입이 감소한다.

오답분석

②·④ 원화가치가 과대평가된 경우, 수입이 증가하고, 수출이 감소하며 소비자들의 수입품 선호도가 국산품보다 높아지게 된다.
③ 원화가치가 과소평가된 경우, 외환시장에서 달러를 원화로 바꾸려는 수요가 늘어나 환율 하락압력으로 작용한다.

25
정답 ④

할부상품은 상품이 구매자에게 인도된 시점부터 판매자의 재고자산에서 제외된다.

오답분석

① 고객이 먼저 제품을 사용하게 한 후 구매의사를 표시하기 전까지 재고자산에 포함한다.
② 운송이 진행 중인 상품으로 선적지 인도조건인 경우 선적 시 재고자산에 포함한다.
③ 수탁자가 제3자에게 제품을 판매하기 전까지 수탁자의 재고자산에 포함한다.

26
정답 ②

- 차 : 보통예금 5,000,000원(자산의 증가)
- 대 : 외상매출금 5,000,000원(자산의 감소)

27
정답 ④

수정분개 유형에는 미수수익, 미지급비용, 선수수익, 선급비용, 소모품비 총 5가지가 해당한다. 대손충당금은 대손상각비로 처리하며, 수정분개 유형에 해당하지 않는다.

28
정답 ③

최고가격제를 도입하면 초과수요가 발생하며, 소비자 잉여는 알 수 없으나 생산자 잉여는 공급감소 및 가격하락으로 인해 크게 감소한다.

29
정답 ②

오답분석

① FIDO(Fast IDentity Online) : 온라인 환경에서 바이오 인식기술을 활용한 인증방식에 대한 국제 인증 표준
③ 재식별화 : 개인을 식별할 수 없도록 변환하는 과정이나 방법인 비식별화를 다시 식별할 수 있도록 다른 정보와 조합, 분석, 처리하여 개인을 식별해내는 과정 또는 방법
④ 양자암호 : 수학적 복잡성을 기반으로 하는 기존의 암호체계와 달리 역학의 특성을 활용한 암호기술

30
정답 ③

관세를 부과하면 해당 제품의 가격이 상승하여 소비자 잉여 감소분 중 일부는 생산자 잉여 증가분 및 정부의 재정수입으로 흡수되나, 나머지 감소분은 사회적 잉여 감소로 나타난다.

금융일반 - 주관식				
01	02	03	04	05
4	㉢, ㉨	8	92	470

01

정답 4

한계기술대체율($MRTS_{LK}$)$=\frac{MP_L}{MP_K}$이므로 노동의 한계생산물과 자본의 한계생산물을 편미분하여 구해야 한다.

- $MP_L=\frac{\partial Q}{\partial L}=0.5L^{-0.5}K^{0.5}$
- $MP_K=\frac{\partial Q}{\partial K}=0.5L^{0.5}K^{-0.5}$

$\therefore\ MRTS_{LK}=\frac{0.5L^{-0.5}K^{0.5}}{0.5L^{0.5}K^{-0.5}}=\frac{K}{L}$

따라서 노동 투입량이 4, 자본 투입량이 16이므로 제시된 기업의 MRTS는 $\frac{16}{4}=4$이다.

02

정답 ㉢, ㉨

M&A는 둘 이상의 기업이 하나로 통합되어 단일기업이 되는 합병(Merger)과, 특정 기업이 다른 기업의 주식이나 자산을 취득해 경영권을 획득하는 기업매수(Acquisition)가 결합된 개념으로, 외부적인 경영자원을 활용하여 기업의 성장을 도모하는 가장 적극적인 경영전략이다. Merger는 기업합병을 뜻하며 기업의 소유권이 획득되면 매수한 기업을 해체하여 자사(自社)조직의 일부분으로 흡수하는 형태를, Acquisition은 종업원을 포함한 매수를 뜻하며 매수한 기업을 해체하지 않고 자회사 또는 관련회사로 두고 관리하는 형태를 말한다.

03

정답 8

(임대료 수취액)=(당기임대료수익)+(미수임대료 감소액)−(선수임대료 감소액)=700+500−(600−200)=₩800

당기임대료수익	₩700	임대료 수취액	₩800
미수임대료 감소액	₩500	선수임대료 감소액	₩400
합계	₩1,200	합계	₩1,200

따라서 8+0+0=8이다.

04

정답 92

- 당기매입액 : 110개+당기매입액=1,100개+160개

  ∴ 당기매입액=1,150개

따라서 1분기 예산구입액은 1,150(당기매입액)×4(kg)×20(원)=92,000원이다.

05

정답 470

- 기초자본 : 400(기초자산)−300(기초부채)=100원
- 자본증가 : 200(총수익)−150(총비용)+40(유상증자)−60(현금배당)=30원
- 기말자본 : 100(기초자본)+30(자본증가)=130원
- 기말부채 : 600(기말자산)−130(기말자본)=470원

따라서 기말부채는 470원이다.

디지털 – 객관식

01	02	03	04	05	06	07	08	09	10
②	①	①	④	④	③	③	④	①	①
11	12	13	14	15	16	17	18	19	20
②	④	③	③	③	③	②	②	②	③
21	22	23	24	25	26	27	28	29	30
①	①	④	③	③	②	④	①	①	②

01 정답 ②

NoSQL은 기존 관계형 데이터베이스의 SQL과 같은 질의 언어를 제공하지 않고, 간단한 API Call 또는 HTTP를 통한 단순한 접근 인터페이스의 CLI(Call Level Interface)를 제공한다.

NoSQL의 특징
- 유연한 스키마 사용
- 높은 가용성 제공
- 저렴한 클러스터 구성
- 대용량 데이터 처리

02 정답 ①

스래싱(Thrashing)이란 다중 프로그래밍이나 가상 메모리에서 페이지 교환이 자주 일어나는 현상으로, 너무 잦은 페이지 교체 현상이 있어 특정 프로세스에서 계속적으로 페이지 부재가 발생한다. 또한, 프로그램 수행의 소요 시간보다 페이지 이동(교체)의 소요 시간이 더 큰 경우 발생하며, 프로세스 간 메모리 경쟁으로 페이지 폴트가 발생하여 전체 시스템의 성능이 저하된다.

03 정답 ①

데이터 모델에 대한 설명이다. DBMS는 사용자와 데이터베이스 사이에서 사용자의 요구에 따라 정보를 생성해 주고, 데이터베이스를 관리해 주는 소프트웨어이다(데이터베이스를 운용하는 소프트웨어).

04 정답 ④

데이터 통신은 고도의 에러 제어 기능으로 신뢰성이 높고, 응용 범위가 넓다. 또한, 시간과 횟수에 관계없이 같은 내용을 여러 번 반복하여 전송할 수 있다.

05 정답 ④

운영체제의 기능에는 프로세스 관리, 메모리 관리, 기억장치 관리, 파일 관리, 입출력 관리, 리소스 관리 등이 있다.

06 정답 ③

NULL 값을 비교할때의 연산자는 IS NOT NULL을 사용한다.

07 정답 ③

원낸드(One NAND)는 메모리와 로직의 융합을 통해 기존 메모리 기능의 한계를 극복함으로써 모바일 기기에 주로 사용되고 있는 퓨전 메모리 반도체이다.

08 정답 ④

ORDER BY는 정렬을 위한 옵션에 대한 명령어이며, ASC는 오름차순 정렬을, DESC는 내림차순 정렬을 나타낸다.

09 정답 ①

관계형 데이터 모델은 가장 널리 사용되는 데이터 모델로, 계층 모델과 망 모델의 복잡한 구조를 단순화시킨 모델로 기본키와 이를 참조하는 외래키로 데이터 간의 관계를 표현한다. 대표적인 언어는 SQL이고, 1 : 1, 1 : N, M : N 관계를 자유롭게 표현 가능하다.

10 정답 ①

원하는 정보가 무엇이라는 것만 정의하는 비절차적 특징을 가지고 있는 것은 관계해석이고, 원하는 그 정보를 검색하기 위해서 어떻게 유도하는가를 기술하는 절차적인 언어가 관계대수이다.

11 정답 ②

정규화란 논리적 데이터 모델을 일관성이 있고 중복을 제거하여 보다 안정성을 갖는 바람직한 자료구조로 만들어 이상현상을 제거하는 무손실 분해과정으로, 데이터 구조의 안정성을 최대화하는 것을 목적으로 한다.

12 정답 ④

데이터베이스 설계 단계는 요구조건 분석 – 개념적 설계 – 논리적 설계 – 물리적 설계 – 구현 순이다.

13 정답 ③

어떤 릴레이션 R이 2NF이고, 키가 아닌 모든 속성들이 비이행적으로 기본키에 종속되어 있을 때 릴레이션은 제3정규형에 속한다(이행적 함수 종속이 제거).

14 정답 ③

SELECT 명령 형식은 ‘SELECT 표현할 열 목록 FROM 테이블명 WHERE 조건’이다.

15

정답 ③

데이터베이스 관리시스템의 필수 기능으로 정의 기능, 조작 기능, 제어 기능을 들 수 있다.

16

정답 ③

관계형 데이터베이스에서 도메인이란 하나의 애트리뷰트가 취할 수 있는 원자값의 집합을 말한다. 도메인을 이용하여 그 값이 합당한지의 여부를 검사할 수 있다.

17

정답 ②

로더(Loader)

- 보조기억장치에 있는 프로그램이나 자료를 주기억장치로 가져오는 프로그램
- 로더의 기능
  - 할당(Allocation) : 주기억 장치 안에 빈 공간을 할당한다.
  - 연결(Link) : 목적 모듈들 사이의 기호적 외부참조를 실제적 주소로 변환한다.
  - 재배치(Relocation) : 종속적인 모든 주소를 할당된 주기억 장치 주소와 일치하도록 조정한다.
  - 적재(Load) : 기계 명령어와 자료를 기억 장소에 물리적으로 배치한다.

18

정답 ②

중앙처리장치는 제어장치(CU), 연산장치(ALU), 주기억장치로 구성된다. 원시프로그램을 목적프로그램으로 변환하는 것은 컴파일러가 수행하는 기능이다.

19

정답 ②

스택에서 데이터를 꺼내는 것은 POP이라고 하며, 저장하는 것은 PUSH라고 한다.

20

정답 ③

버퍼 레지스터는 상이한 입출력 속도로 자료를 받거나 전송하는 중앙 처리 장치나 주변 장치의 임시 저장용 레지스터이다.

21

정답 ①

채널

- 입출력장치와 중앙처리장치(주기억장치) 사이의 속도 차이를 극복하기 위한 입출력 제어기이다.
- CPU로부터 입출력장치에 대한 제어권을 위임받아 입출력장치의 제어를 행하는 장치이다.
- 셀렉터(Selector) 채널은 고속의 장치를 1 : 1로 제어하는 채널이다.
- (Byte)멀티플렉서(Multiplexer) 채널은 저속의 장치를 1 : 다수로 제어하는 채널이다.

22

정답 ①

딥페이크(Deepfake)는 'Deep Learning'과 'Fake'의 합성어로, 인공지능 기술인 딥러닝의 적대관계생성신경망(GAN)을 기반으로 한 이미지 합성 기술을 말한다. 사람의 얼굴, 목소리, 행동 등을 실제처럼 보이도록 만든 합성 콘텐츠 자체를 의미하기도 한다. 최근 딥페이크를 악용한 범죄로 인해 피해자들이 생겨나면서 사회적인 문제가 되고 있다.

오답분석

② 혼합현실 : 증강현실(AR)과 가상현실(VR)의 장점을 이용한 기술로 현실세계와 가상의 정보를 결합하였다.
③ 메타버스 : 3차원에서 실제 생활과 법적으로 인정되는 활동인 직업, 금융, 학습 등이 연결된 가상 세계를 의미한다.
④ 디지털 트윈 : 현실세계의 사물 등을 가상세계에 구현한 기술이다.

23

정답 ④

레지스터

- 컴퓨터 기억장치 중 속도가 가장 빠르다(레지스터>캐시>주기억>보조기억).
- 레지스터는 중앙처리장치(CPU) 안에 들어있다.
- CPU의 속도향상이 목적이다.
- 연산장치에 속하는 레지스터
  → 누산기, 가산기, 보수기 등
- 제어장치에 속하는 레지스터
  → 프로그램 카운터(PC), 명령 레지스터, 명령해독기 등

24

정답 ③

에이비 테스팅(A/B Testing)이란 여러 시안에 대해 실제 사용자들을 대상으로 하는 선호도를 조사하는 방법을 말한다.

오답분석

① 배럴 테스팅(Barrel Tasting) : 병에 술을 담기 전에 품질을 평가하기 위해 시음하는 것을 말한다.
② 퍼즈 테스팅(Fuzz Testing) : 시스템의 보안을 평가하기 위해 조작하지 아니하고 임의로 데이터를 입력하는 행위를 말한다.
④ 크라우드 테스팅(Crowd Testing) : 정식판매에 앞서 신상품을 공개하여, 공개적으로 평가받는 것을 말한다.

25

정답 ③

오답분석

① 오프라인 시스템(Off – Line System) : 컴퓨터가 통신 회선 없이 사람을 통하여 자료를 처리하는 시스템이다.
② 일괄 처리 시스템(Batch Processing System) : 데이터를 일정량 또는 일정 기간 모아서 한꺼번에 처리하는 시스템이다.
④ 분산 시스템(Distributed System) : 여러 대의 컴퓨터를 통신망으로 연결하여 작업과 자원을 분산시켜 처리하는 시스템이다.

26

정답 ②

유비쿼터스(Ubiquitous)에 대한 설명이다. 유비쿼터스는 사용자를 중심으로 네트워크나 컴퓨터를 의식하지 않고 장소에 상관없이 자유롭게 네트워크에 접속할 수 있는 정보통신 환경을 말한다.

27

정답 ④

SSO(Single Sign On)는 최초 1회의 본인 인증을 통해 별도의 본인 인증 과정 없이 타 사이트를 이용할 수 있도록 하는 기술을 말한다.

오답분석

① SSH(Secure Shell) : 도청을 방지하기 위해 메시지를 암호화하여 전송하는 기술이다.
② OTP(One Time Password) : 임의로 발급된 임시 암호를 통해 사용자를 인증하는 기능이다.
③ USN(Ubiquitous Sensor Network) : 물체에 센서를 붙여 이를 통해 물체의 정보를 취득할 수 있게 하는 기술을 말한다.

28

정답 ①

블록체인에서의 거래 정보 전체 데이터에 대한 해시값을 도출한 후, 이를 나무 형태로 표시한 것은 개발자의 이름에서 따와 머클 트리(Merkle Tree)라 부른다.

오답분석

② AVL 트리(AVL Tree) : 데이터 트리를 구성하는 왼쪽과 오른쪽 노트의 높이 차이가 1 이하인 트리형태를 말한다.
③ 이진 트리(Binary Tree) : 각 노드의 자식 노드가 2개 이하로 구성된 나무 모양의 데이터 구조를 말한다.
④ 신장 트리(Spanning Tree) : 모든 노드의 하나 이상의 간선이 결합되어 있는 트리를 말한다.

29

정답 ①

오답분석

② 1단계 디렉터리 : 가장 간단하며, 모든 파일이 하나의 디렉터리에 위치하여 관리되는 구조이다.
③ 2단계 디렉터리 : 중앙에 마스터 파일 디렉터리가 있어 그 아래에 사용자별로 서로 다른 파일 디렉터리가 있는 구조이다.
④ 트리 디렉터리 : 하나의 루트 디렉터리와 여러 개의 서브 디렉터리로 구성된 구조이다.

30

정답 ②

소프트웨어 역공학(Reverse Engineering)은 현재 프로그램으로부터 데이터, 아키텍처, 절차에 대한 분석 및 설계 정보를 추출하는 과정으로 소프트웨어를 분석하여 소프트웨어 개발 과정과 데이터 처리 과정을 설명하는 분석 및 설계 정보를 재발견하거나 다시 만드는 작업이다.

디지털 – 주관식

01	02	03	04	05
25	3	4	8	㉡

01

정답 25

a라는 변수에 0을 저장한다. range 함수는 'range(start, stop, step)'로 표시되기 때문에 'range(1, 11, 2)'를 입력하면 1부터 10까지의 생성된 수를 2씩 증가시켜 합을 출력한다(range 함수의 2번째 파라미터는 출력되지 않는 값이다). 따라서 누적된 a의 값인 25가 출력된다.

02

정답 3

오답분석

㉠ SELECT절은 질의 결과에 포함될 데이터 열 또는 계산 열들을 기술한다.

03

정답 4

오답분석

㉡ 객체 지향 분석(OOA)은 고객의 요구 사항, 요구 사항별 객체와 클래스의 정의 및 분류, 각 객체에 대한 속성과 연산을 기술하며 모형화 표기법 관계에서 객체의 분류, 인스턴스의 상속, 메시지의 통신 등을 결합한다.

04

정답 8

#define 선행처리 지시자는 함수나 상수를 단순화해 주는 매크로를 정의할 때 사용한다. 매크로는 함수나 상수에 이름을 붙이며, 해당 매크로가 어떤 것을 가리키고 있는지를 명확하게 나타낸다. PI라는 매크로는 3.14로 단순 치환된다. PI값인 3.14에 5를 더해 8.14가 출력된다. 단, 제시된 조건에서 일의 자리만 적으라고 하였으므로 답은 8이다.

05

정답 ㉡

입자의 크기가 수 nm 수준으로 작아지게 되면 이들 입자의 전기·광학적 성질이 크게 변화하는데, 퀀텀닷(Quantum Dot)은 이러한 초미세 반도체 나노 입자를 지칭하는 용어로 양자점이라고도 한다.

오답분석

㉠ 트랜지스터(Transistor) : 반도체를 접합해 만든 전자회로 구성요소
㉢ 도체(Conductor) : 전기 또는 열에 대한 저항이 매우 작아 전기나 열을 잘 전달하는 물체
㉣ N형 반도체(N－type Semiconductor) : 전기 전도현상을 지배하는 주된 운반체가 전자인 반도체
㉤ 다이오드(Diode) : 전자 현상을 이용하는 2단자 소자
㉥ P형 반도체(P－type Semiconductor) : 순수한 반도체 물질에 불순물을 첨가하여 정공이 증가하게 만든 것
㉦ 진성반도체(Intrinsic Semiconductor) : 음극의 전자 개수와 양극의 양공 개수가 거의 비슷한 상태인 반도체

IBK기업은행 필기시험

제3회 모의고사 정답 및 해설

제 1 영역 NCS 직업기초능력

01	02	03	04	05	06	07	08	09	10
②	①	②	②	③	④	③	①	②	③
11	12	13	14	15	16	17	18	19	20
④	①	③	③	④	③	①	①	①	②
21	22	23	24	25	26	27	28	29	30
④	③	③	④	②	②	③	④	②	①
31	32	33	34	35	36	37	38	39	40
③	④	①	④	②	①	③	②	④	③

01 정답 ②

세 번째 문단에 따르면 국가기술자격 취득자 수는 2014년을 제외하고 그 수가 매년 증가하여 2012년 530,200명에서 2016년 670,178명으로 5년 동안 26.4%가 늘어났다. 즉, 2014년은 제외되므로 5년 동안 매년 증가하고 있다는 ②는 적절하지 않다.

02 정답 ①

'나침판'과 '나침반'은 모두 표준어이기 때문에 수정할 필요가 없다.

03 정답 ②

품질방침, 품질목표, 품질경영대리인, 자원의 관리, 상품의 기획·설계·개발, 모니터링 및 측정, 내·외부 심사, 시정 및 예방조치 등의 규정은 상품 및 서비스의 품질 향상을 도모하고자 하는 것이다.

04 정답 ②

UNGC의 10대 원칙을 인권, 노동규칙, 환경, 반부패에 관한 원칙과 연결하면 다음과 같다.

(가) 아동노동을 효율적으로 철폐하여야 한다. – 노동규칙
(나) 환경적 책임을 증진하는 조치를 수행하여야 한다. – 환경
(다) 기업은 국제적으로 선언된 인권 보호를 지지하고 존중하여야 한다. – 인권
(라) 고용 및 업무에서 차별을 철폐한다. – 노동규칙
(마) 환경친화적 기술의 개발과 확산을 촉진한다. – 환경
(바) 기업은 인권 침해에 연루되지 않도록 적극 노력한다. – 인권
(사) 기업은 결사의 자유와 단체교섭권의 실질적인 인정을 지지한다. – 노동규칙
(아) 기업은 부당취득 및 뇌물 등을 포함하는 모든 형태의 부패에 반대한다. – 반부패
(자) 기업은 환경문제에 대한 예방적 접근을 지지하여야 한다. – 환경
(차) 모든 형태의 강제노동을 배제하여야 한다. – 노동규칙

따라서 노동규칙에 관한 원칙에 해당하는 것은 (가), (라), (사), (차)이다.

05 정답 ③

ⓛ 일반국도의 개통 미포장 도로는 2022년 대비 2024년에 약 34% 감소하였으므로 옳지 않다.
ⓒ 특별광역시도 관할의 도로와 고속국도는 개통 포장률이 100%로 동일할 뿐, 둘 간의 포함관계 등의 관련성은 도출할 수 없다. 또한, 특별광역시 관할의 도로의 수가 고속국도의 수보다 많으므로 특별광역시 관할의 도로 중 고속국도 외의 도로도 있다는 것을 추론할 수 있다.

오답분석

㉠ 2022년 일반국도의 개통 포장률은 99.6%이다. 개통률은 $\frac{13,726,776}{13,947,945} \times 100 \fallingdotseq 98.4\%$이므로 개통 포장률이 더 높다.
㉣ 지방도의 개통 포장률과 시군도의 개통 포장률은 매년 증가하고 있으므로 증감 추이는 매년 동일하다.

06 정답 ④

2022 ~ 2024년 미개통 지방도는 꾸준히 감소하였지만, 지방도는 2023년에는 전년 대비 증가하였으며, 2024년에는 전년 대비 감소하였으므로 옳지 않다.

오답분석

㉠ 2022 ~ 2024년 전체 도로 수는 증가하고, 미개통 도로 수는 감소하고 있으므로 미개통률이 감소하고 있음을 알 수 있다. 따라서 개통률은 증가하고 있음을 알 수 있다.
ⓛ 2022 ~ 2024년 도로유형별 도로현황 자료를 통해 개통 미포장 일반국도가 감소하고 있음을 알 수 있으며, 2022년에 비해 2024년에 일반국도의 개통 포장률이 증가하였음을 알 수 있다.

㉢ 특별광역시도 관할의 개통도로는 모두 포장이 완료된 상태임을 확인할 수 있다.

07

정답 ③

1개월 차와 2개월 차의 이율은 동일하지만, 발생하는 이자는 2개월 차에 더 많다. 이 상품은 월 복리상품으로 1개월 차에 발생한 이자에 대해서도 2개월 차에 이자가 발생하기 때문이다.

오답분석

① 만기해지를 포함하여 3회에 걸쳐 분할인출을 할 수 있는 상품으로 만기 이전 중도인출은 2회까지만 가능하다.
② 1개월 이상을 유지할 경우 기본금리를 받을 수 있는 상품이다.
④ 우대금리 조건 [1] 또는 [2]에 해당하는 가입자의 경우에도 첫 두 달 동안 우대금리를 받을 수 있다. 다만, 3개월 이내 해지할 경우에는 우대금리가 무효화된다.

08

정답 ①

법인 명의 가입인 경우에 최소 가입금액 3천만 원이 적용되며, 개인사업자의 경우 개인과 동일하게 3백만 원부터 가입할 수 있다.

오답분석

② 외화예금 예치액을 기준으로 부여되는 우대금리를 적용받는 조건은 신규일의 다음 달 말일을 기준으로 한다. 따라서 신규일의 다음 달 안에만 가입하면 예치금액에 따라 우대금리를 받을 수 있게 된다.
③ 가입 기간 내 월단위 이율은 일정하지 않으나, 각 월의 예정 이율은 가입시점에 확정되어 변하지 않는다.
④ 월단위 예치기간에 대해서는 약정된 이자를 보장하나, 월단위 미만 예치기간에 대해서는 연 0.1%만을 적용하므로, 중도해지 시에는 일부가 차감된 이자를 수령한다.

09

정답 ②

제2조 제3항에 따르면 1개월 이상 I사 직원으로 근무하였음에도 성과평가 결과를 부여받지 못한 경우에는 최하등급 기준으로 성과연봉을 지급한다.

10

정답 ③

성과급 지급 규정의 평가기준 가중치에 따라 O대리의 평가점수를 변환해 보면 다음과 같다.

(단위 : 점)

구분	전문성	유용성	수익성	총합	등급
1분기	1.8	1.6	3.5	6.9	C
2분기	2.1	1.4	3.0	6.5	C
3분기	2.4	1.2	3.5	7.1	B
4분기	2.1	1.6	4.5	8.2	A

따라서 1 ~ 2분기에는 40만 원, 3분기에는 60만 원, 4분기에는 80만 원을 받아 1년 동안 총 220만 원을 받는다.

11

정답 ④

초기 데이터 값은 $a=\frac{8}{11}$, $n=0$이며, 시행을 반복하면 a와 n의 값이 다음과 같이 변화한다.

a	n
$\frac{8}{11}$	0
$\frac{11}{8}-1=\frac{3}{8}$	1
$\frac{8}{3}-2=\frac{2}{3}$	2
$\frac{3}{2}-1=\frac{1}{2}$	3
$\frac{2}{1}-2=0$	4

따라서 출력되는 값은 4이다.

12

정답 ①

초기 데이터 값은 $a=\frac{4}{3}$, $n=0$이며, 시행을 반복하면 a와 n의 값이 다음과 같이 변화한다.

a	n
$\frac{4}{3}$	0
$\frac{4}{3}+1=\frac{7}{3}$	1
$\frac{7}{3}+2=\frac{13}{3}$	2
$\frac{13}{3}+4=\frac{25}{3}$	3
$\frac{25}{3}+8=\frac{49}{3}$	4
$\frac{49}{3}+16=\frac{97}{3}$	5

따라서 출력되는 값은 $\frac{97}{3}$이다.

13 정답 ③

제시문의 '가입요건 – (2)'를 살펴보면, 다주택자인 경우에도 보유주택 합산가격이 9억 원 이하이면 가입요건이 충족됨을 확인할 수 있다.

14 정답 ③

- B : 단독소유일 경우 주택소유자가 만 60세 이상이어야 하나, 만 57세로 가입요건을 충족하지 못한다.
- D : 임대사업을 목적으로 보유한 주택은 보유주택 수에 포함되며, 총 주택가액은 14억 원으로 가입요건을 충족하지 못한다.
- E : 만 60세 이상이며, 2개 주택가액이 9억 원이므로 요건에 부합하나, $20m^2$ 이하의 아파트는 주택으로 보므로 총 주택가액이 9억 원을 초과하여 가입요건을 충족하지 못한다.

오답분석

- A : 만 60세 이상이며, 주택가액 9억 원 이하의 1주택을 보유하고 있으므로 가입대상이 된다.
- C : 부부 중 연장자가 만 60세 이상(부부공동소유)이며, 총 주택가액이 9억 원 미만이므로 가입대상이 된다.

15 정답 ④

문제의 조건에 따라 은행별 적금 상품의 만기환급금을 계산하면 다음과 같다.

구분	상품	만기환급금
K은행	단리 상품	$30\times60+30\times\frac{60\times61}{2}\times\frac{0.05}{12}$ $=2,028.75$만 원
	복리 상품	$30\times\frac{1.02^{\frac{61}{12}}-1.02^{\frac{1}{12}}}{1.02^{\frac{1}{12}}-1}$ $=30\times\frac{1.106-1.002}{0.002}=1,560$만 원
C은행	단리 상품	$30\times60+30\times\frac{60\times61}{2}\times\frac{0.06}{12}$ $=2,074.5$만 원
	복리 상품	$30\times\frac{1.03^{\frac{61}{12}}-1.03^{\frac{1}{12}}}{1.03^{\frac{1}{12}}-1}$ $=30\times\frac{1.162-1.003}{0.003}=1,590$만 원
W은행	단리 상품	$30\times60+30\times\frac{60\times61}{2}\times\frac{0.065}{12}$ $\fallingdotseq 2,097.38$만 원

따라서 만기환급금이 가장 많은 적금 상품은 W은행 단리 상품이다.

16 정답 ③

문제의 조건에 따라 우대금리를 적용한 은행별 적금 상품의 만기환급금을 계산하면 다음과 같다.

구분	상품	만기환급금
K은행	단리 상품	$30\times60+30\times\frac{60\times61}{2}\times\frac{0.07}{12}$ $=2,120.25$만 원
	복리 상품	$30\times\frac{1.06^{\frac{61}{12}}-1.06^{\frac{1}{12}}}{1.06^{\frac{1}{12}}-1}$ $=30\times\frac{1.345-1.005}{0.005}=2,040$만 원
C은행	단리 상품	$30\times60+30\times\frac{60\times61}{2}\times\frac{0.075}{12}$ $\fallingdotseq 2,143.13$만 원
	복리 상품	$30\times\frac{1.05^{\frac{61}{12}}-1.05^{\frac{1}{12}}}{1.05^{\frac{1}{12}}-1}$ $=30\times\frac{1.281-1.004}{0.004}=2,077.5$만 원
W은행	단리 상품	$30\times60+30\times\frac{60\times61}{2}\times\frac{0.07}{12}$ $=2,120.25$만 원

따라서 만기환급금이 가장 많은 적금 상품은 C은행 단리 상품이고 가장 적은 상품은 K은행 복리 상품으로 그 차액은 2,143.13−2,040=103.13만 원이다.

17 정답 ①

세 번째와 다섯 번째 조건으로부터 A사원은 야근을 3회, 결근을 2회 하였고, 네 번째와 여섯 번째 조건으로부터 B사원은 지각을 2회, C사원은 지각을 3회 하였다. C사원의 경우 지각을 3회 하였으므로 결근과 야근을 각각 1회 또는 2회 하였는데, 근태 총 점수가 −2점이므로 지각에서 −3점, 결근에서 −1점, 야근에서 +2점을 얻어야 한다. 마지막으로 B사원은 결근을 3회, 야근을 1회 하여 근태 총 점수가 −4점이 된다. 이를 정리하면 다음과 같다.

(단위 : 회)

구분	A사원	B사원	C사원	D사원
지각	1	2	3	1
결근	2	3	1	1
야근	3	1	2	2
근태 총 점수(점)	0	−4	−2	0

따라서 C사원이 지각을 가장 많이 하였다.

18

정답 ①

17번의 해설로부터 A사원과 B사원이 지각보다 결근을 많이 하였음을 알 수 있다.

19

정답 ①

여성의 탄수화물 평균 섭취량은 2022년 대비 2024년에 $\frac{259-275.4}{275.4}\times100 ≒ 6\%$ 감소하였다.

오답분석

② 비타민 C 평균 섭취량은 매년 여성이 남성보다 높은 것을 확인할 수 있다.

③ 2024년 나트륨 평균 섭취량은 여성이 남성의 $\frac{2,978.3}{4,355.9}\times100$ ≒68.4%이므로 옳은 설명이다.

④ 남성의 티아민 섭취량의 130%에 해당하는 양은 2022년에 2,997.54mg, 2023년에 2,997.28mg, 2024년에 2,922.53mg으로 매년 칼륨의 섭취량보다 적다.

20

정답 ②

지방은 2022년과 2024년에 모두 세 번째로 평균 섭취량이 많다. 이때 1g=1,000mg임에 유의한다.

오답분석

㉠ 2023년과 2024년의 전년 대비 콜레스테롤 평균 섭취량의 증가율을 계산하면 다음과 같다.

- 2023년 : $\frac{229.5-210.6}{210.6}\times100 ≒ 9\%$
- 2024년 : $\frac{232.1-229.5}{229.5}\times100 ≒ 1.1\%$

따라서 증가율은 2024년에 감소하였다.

㉡ 제시된 자료를 통해 옳지 않음을 확인할 수 있다.

㉣ 2022년과 2023년의 리보플라빈 평균 섭취량 대비 인 평균 섭취량의 비율을 계산하면 다음과 같다.

- 2022년 : $\frac{936.5}{1,195.1}\times100 ≒ 78.4\%$
- 2023년 : $\frac{937.7}{1,116.2}\times100 ≒ 84\%$

따라서 비율은 2023년이 더 높다.

21

정답 ④

모딜리아니 – 밀러 이론은 이상적 시장 상태를 가정했을 때 기업의 자본 구조와 가치는 연관이 없다는 이론이고, 이에 반대하여 현실적 요소들을 고려한 상충 이론과 자본 조달 순서 이론이 등장하였다. 반박에 직면하여 밀러는 다양한 현실적 요소들을 고려하였고, 그럼에도 불구하고 기업의 자본 구조와 가치는 연관이 없다는 결론을 도출하였다.

오답분석

①·③ 밀러의 기존 이론이 고려하지 않은 것을 고려하였다.

② 개량된 이론에서는 개별 기업을 고려하였지만, 기존 이론에서 밀러가 개별 기업을 분석 단위로 삼았다고 볼 근거가 없다.

22

정답 ③

상충 이론은 부채 발생 시의 편익 – 비용의 비율이 기업 가치에 영향을 끼친다고 주장하므로 이 의견을 다르게 표현하고 있는 ③이 바르게 판단한 것이다.

오답분석

①·②·④ 제시문에 나타난 내용을 요건에 따라 이론별로 부채와 요건 간의 관계를 어떻게 보고 있는지를 나타내면 다음과 같다.

구분	기업 규모	성장성
상충 이론	비례	반비례
자본 조달 순서 이론	반비례	비례

문제에서 A씨는 상충 이론에 따르므로 2행만 참조하면 된다. B기업은 성장성이 높은 작은 기업이므로, A씨는 B기업에 부채 비율을 낮출 것을 권고하는 것이 타당하다. 기업 규모가 작은 경우에는 법인세 감세 효과로 얻는 편익보다 기대 파산 비용이 높다고 판단되고, 성장성이 높은 경우에도 기대 파산 비용이 높다고 보이기 때문이다. 따라서 옳지 않다.

23

정답 ③

동일면적을 신청한 혼인기간이 5년 이내인 신혼부부는 혼인기간에 따라 1·2순위가 결정되며, 동순위일 경우 해당 지역 거주자 여부와 자녀 수를 기준으로 우선순위가 가려진다. 만약 자녀 수가 동일할 경우에는 다른 기준으로 판별하지 않고 추첨을 통하여 입주자를 선정하게 된다.

24

정답 ④

전용면적 50m^2 이상 60m^2 이하의 주택인 경우 가장 우선하는 선정기준은 청약 납입횟수이고 그다음은 주택건설지역 거주자이다. 이후 동순위일 경우에 배점기준을 적용한다.

그러므로 청약 납입은 C씨를 제외하고 모두 24회 이상이므로 해당 지역 거주자가 우선기준이 된다. 이 경우, B씨는 해당 지역에 거주하지 않으므로 우선공급 대상자에서 배제된다. 이후 동순위이므로 배점을 계산해 보면 다음과 같다.

(단위 : 점)

구분	신청인 나이	부양 가족 수	거주 기간	65세 부양	미성년 자녀 수	청약 납입 횟수	합계
A씨	0	0	3	0	0	2	5
D씨	3	2	3	0	0	3	11

따라서 D씨가 가장 높은 점수를 받아 우선순위로 선정된다.

25
정답 ②

I공단의 기관 홍보를 위한 홍보물 제작 용역에 대한 입찰 공고로, 홍보자료를 발간하는 업무를 담당하는 고객홍보실의 홍보부와 가장 관련이 높다. 또한 마감 이후 입찰된 용역에 대한 계약이 필요하므로 용역 계약 업무를 담당하는 총무부도 해당 공고문과 관련이 있다.

26
정답 ②

보도자료는 I공단이 국민참여 열린경영 위원회 1차 회의를 개최했다는 내용으로, 국민 중심의 현장 경영 실천을 위한 국민 참여 기구인 국민참여 열린경영 위원회는 I공단의 경영 과정에 다양한 제안과 의견을 제시하는 역할을 한다. 즉, 국민참여 열린경영 위원회는 I공단의 경영혁신과 관련되므로 홍보부의 K대리는 경영혁신 관련 업무를 담당하는 경영전략부에 업무 지원을 요청해야 한다.

27
정답 ③

- 3월 7일 A씨는 I은행과 B기업에 대한 기업 한도액 3천만 원의 약정을 체결하고, 한도액의 개시일은 3개월 후이므로 '기업 한도 거래 수수료'를 6월 7일에 납부한다.
- 2월 11일 A씨는 회계 감사용 제증명서를 발급받기 위해 I은행에서 '제증명서 발급 수수료'를 즉시 납부한다.
- 5월 21일 A씨는 P은행과 I은행에 공동 대출을 신청하였으며 I은행에게 주선 업무를 맡겼는데 I은행 측에서는 한 달 후에 협약을 맺으므로 6월 21일에 '주선 수수료'를 납부한다.
- 1월 13일에 빌린 대출금 1억 원을 2024년 3월 23일에 일시에 미리 완납하므로 완납 시에 '대출 기한 전 상환 수수료'를 납부한다.
- 6월 18일 A씨는 부채 잔액을 증명하기 위하여 I은행에서 '제증명서 발급 수수료'를 즉시 납부한다.

따라서 가장 늦게 납부하는 수수료는 '주선 수수료'이다.

28
정답 ④

- 갑 : 대리은행 수수료에 해당하며, 대출금 취급 시 전체 약정금액의 3%로 500만 원×0.03=15만 원을 냈다.
- 을 : 대출 기한 전 상환 수수료로 기한 전 상환 시 상환금액의 3%인 1,000만 원×0.03=30만 원을 냈다.
- 병 : 주선 수수료는 전체 약정금액의 5%이므로 500만 원×0.05=25만 원이다.
- 정 : 제증명서 발급 수수료 중 부채 잔액 타행증명서를 발급받았으므로 6천 원을 냈다.
- 무 : 기업 한도 거래 수수료에 해당하며, 약정금액의 2.5%인 300만 원×0.025=7.5만 원을 냈다.

따라서 수수료를 가장 많이 낸 '을'은 30만 원, 가장 적게 낸 '정'은 6천 원이므로 차이는 300,000−6,000=294,000원이다.

29
정답 ②

㉠ 2024년까지 산업재산권 총계는 100건으로 SW권 총계의 140%인 71×1.4=99.4건보다 크므로 옳다.

㉢ 2024년까지 등록된 저작권 수는 214건으로, SW권의 3배인 71×3=213건보다 크므로 옳다.

오답분석

㉡ 2024년까지 출원된 특허권 수는 16건으로, 산업재산권의 80%인 21×0.8=16.8건보다 적으므로 옳지 않다.

㉣ 2024년까지 출원된 특허권 수는 등록 및 출원된 특허권의 $\frac{16}{66}$ ×100≒24.2%로 50%에 못 미친다. 또한 등록 및 출원된 특허권은 등록된 특허권과 출원된 특허권을 더하여 산출하는데, 출원된 특허권 수보다 등록된 특허권 수가 더 많으므로 옳지 않음을 쉽게 알 수 있다.

30
정답 ①

등록된 지식재산권 중 2022년부터 2024년까지 건수에 변동이 없는 것은 상표권, 저작권, 실용신안권 3가지이다.

오답분석

② 디자인권 수는 2024년에 24건으로, 2022년 디자인권 수보다 $\frac{24-28}{28}$ ×100≒−14.3%이므로 5% 이상 감소하였다.

③ 자료를 보면 2022년부터 2024년까지 모든 산업재산권에서 등록된 건수가 출원된 건수 이상인 것을 알 수 있다.

④ 등록된 SW권 수는 2022년에 57건, 2024년에 71건으로, $\frac{71-57}{57}$ ×100≒24.6% 증가하였으므로 옳다.

31
정답 ③

제시문은 청년실업의 가장 큰 문제점으로 교육구조의 문제를 지적하고 있으므로 ③은 적절하지 않다.

32
정답 ④

청년실업의 해결방안 중 여성의 경제활동참가에 대한 내용은 포함되어 있지 않으므로 ④는 적절하지 않다.

33

정답 ①

업무단계별 1건당 처리비용이 가장 낮은 단계는 가장 마지막에 시행되는 '합격여부통지'이다.

오답분석

② 접수건수가 두 번째로 많은 지원유형은 경력유형(1,900원)으로, 접수건수가 제일 많은 신입유형(3,900원)보다 직원채용절차의 처리비용이 낮다.
③ 1건당 처리비용이 두 번째로 많은 업무단계는 학업성적심사로 인턴의 직원채용절차에만 포함되어 있다.
④ 신입의 직원채용절차에는 1건당 처리비용이 제일 많이 드는 업무단계인 서류심사와 제일 적게 드는 업무단계인 접수확인이 모두 포함되어 있다.

34

정답 ④

지원유형 중 가장 합격률이 낮은 유형은 인턴유형으로 합격률이 12.5%이다. 경력유형의 합격률은 약 16.67%이다.

오답분석

① 신입유형 합격률은 $5 \div 20 \times 100 = 25\%$이다.
② 인턴유형 합격률은 $2 \div 16 \times 100 = 12.5\%$이므로, 신입유형의 절반이다.
③ 경력유형 불합격률은 $15 \div 18 \times 100 \fallingdotseq 83.3\%$이므로, 6명 중 5명꼴이다.

35

정답 ②

• 유럽의 국내 방문객 증가율 : $\frac{49,320-43,376}{43,376} \times 100 \fallingdotseq 13.7\%$

• 내국인의 유럽 방문객 증가율 : $\frac{46,460-42,160}{42,160} \times 100 \fallingdotseq 10.2\%$

따라서 유럽의 국내 방문객 증가율이 더 높다.

오답분석

① 홍콩, 필리핀, 싱가포르, 말레이시아, 인도네시아 5개국이 해당한다.
③ 표를 통해 쉽게 확인할 수 있다.
④ 중국, 일본, 태국, 필리핀, 홍콩 순으로 동일하다.

36

정답 ①

전년 동월 대비 2024년 10월에 인원이 감소한 북아메리카를 제외하고 증가율을 계산하면 다음과 같다.

• 아시아 : $\frac{553,875-454,102}{454,102} \fallingdotseq 22.0\%$

• 오세아니아 : $\frac{31,347-28,165}{28,165} \fallingdotseq 11.3\%$

• 유럽 : $\frac{46,460-42,160}{42,160} \fallingdotseq 10.2\%$

• 아프리카 : $\frac{1,831-1,830}{1,830} \fallingdotseq 0.05\%$

내국인 해외 목적지로 가장 높은 증가율을 보인 대륙은 아시아임을 알 수 있다. 따라서 아시아에서 가장 많이 찾은 나라는 중국이므로 그 인원은 232,885명이다.

37

정답 ③

행동에 따라 세 집단으로 분류하기는 하였으나 마지막 문단에 따라 '무엇이 옳다 말할 수는 없다.'고 하였으므로 옳고 그름을 나누었다는 분석은 적절하지 않다.

오답분석

① 첫 번째 문단에서 '갑작스럽게 이런 트렌드가 시작된 이유는 무엇일까?'하는 질문을 던져 독자의 궁금증을 유발하였다.
② 두 번째 문단에서 버린 후의 행보를 기준으로 세 집단으로 나누고 집단별 특징을 설명하였다.
④ 마지막 문단에서 'BYE'와 'BUY'의 동음이의어를 사용하여 글의 핵심을 표현하였다.

38

정답 ②

두 번째 문단에 따르면 물건의 소비를 경험의 소비로 바꾼 사람들은 육체적 만족이 아닌 정신적 만족을 추구한다.

39

정답 ④

구하고자 하는 것은 10월 5일부터 25일까지의 비타민 C 섭취횟수이다. 최종값이 25이므로 초깃값 ⓐ는 5가 된다. V는 전날 섭취한 비타민 종류이며, 전날 섭취한 비타민이 C이면 당일은 B, B이면 당일은 C를 섭취해야 하므로 ⓑ는 Yes, ⓒ는 No이다.

40

정답 ③

실험할 물질은 총 5개이므로 ⓐ는 5이다. 4조인 민영이는 산성 물질에 반응하는 파란 리트머스지로 실험했기 때문에 ⓑ는 Yes, ⓒ는 No이다.

제2영역 직무수행능력

금융일반 - 객관식

01	02	03	04	05	06	07	08	09	10
③	④	①	④	②	④	③	④	③	①
11	12	13	14	15	16	17	18	19	20
①	③	③	③	③	②	②	③	③	③
21	22	23	24	25	26	27	28	29	30
④	③	①	③	④	①	③	②	③	④

01 정답 ③

MR이 MC보다 큰 구간에서는 생산량을 한 단위 늘릴 때마다 이윤이 계속 늘어나기 때문에 이윤극대화 지점을 결정할 수 없으며, MR=MC인 구간에서 이윤극대화 지점이 결정된다.

02 정답 ④

공급곡선이 수평일 경우 시장가격과 한계비용이 같아지기 때문에 생산자 잉여는 0이 된다.

03 정답 ①

현금을 미리 지불했지만 비용 발생은 이루어지지 않은 경우에 해당하는 것은 선급비용이다. 미지급비용은 비용이 발생했지만 현금 지급이 미루어진 경우에 해당한다.

04 정답 ④

단기금융상품으로는 양도성 예금증서, 환매조건부채권, 상업어음 일반매출, 무역어음 일반매출, 소액채권저축, 표지어음 등이 있다.

05 정답 ②

가격차별(Price Discrimination)은 동일한 상품에 대해 구입자 혹은 구입량에 따라 다른 가격을 받는 행위를 의미한다. 노인이나 청소년 할인, 수출품과 내수품의 다른 가격 책정 등은 구입자에 따라 가격을 차별하는 대표적인 사례이다. 한편, 물건 대량 구매 시 할인해 주거나 전력 사용량에 따른 다른 가격을 적용하는 것은 구입량에 따른 가격차별이다. 전월세 상한제도나 대출 최고 이자율을 제한하는 제도는 가격의 법정 최고치를 제한하는 가격상한제(Price Ceiling)에 해당하는 사례이다.

06 정답 ④

채권은 확정이자부증권이므로 만기일에는 확정금리의 이자를 받는다.

07 정답 ③

환율은 국가 간 물가수준(구매력평가설), 국가 간 금리수준(이자율평가설), 정부의 시장개입, 경기상황 등에 따라 결정된다. 반면 기업의 해외진출은 환율을 결정하는 요인이 아니라 환율에 따라 영향을 받는 것이다.

08 정답 ④

지니계수는 소득분배의 불평등 정도를 나타내는 지표로, 0에 가까울수록 평등하고 1에 가까울수록 불평등함을 의미한다. 지니계수는 로렌츠 곡선과 대각선 사이의 면적 비율로 계산되며, 주로 사회의 소득 불평등 정도를 비교하고 평가하는 데 사용된다.

오답분석

① 오분위분배율 : 한 나라의 가계소득을 소득의 크기에 따라 5등분한 지표
② 십분위분배율 : 한 나라의 가계소득을 소득의 크기에 따라 10등분한 지표
③ 앳킨슨지수 : 평가자의 주관적 판단을 고려하여 소득분배의 불평등 정도를 나타내는 지표

09 정답 ③

채권가격이 하락하면 더 높은 수익률을 기대할 수 있어 시장수요가 증가한다.

오답분석

② 채권가격과 수익률은 역의 관계이다.
④ 한국은행이 기준금리를 인하하면 시중 통화량이 증가하여 채권수요가 증가하고 가격이 상승한다.

10 정답 ①

배드뱅크(Bad Bank)는 금융기관의 부실자산을 정리하는 방법의 일종으로, 금융기관의 부실채권이나 부실자산만을 사들여 이를 전문적으로 처리하는 은행이다. 은행이 부동산이나 기계설비 등을 담보로 기업에 대출을 해주었다가 부도로 인해 기업의 대출자금이 부실채권이 되었을 때 이용한다.

11 정답 ①

CMS 금리의 듀레이션은 단기금리 지표보다 장기이므로 CMS 스왑의 금리민감도는 표준형 스왑보다 크다.

12

정답 ③

CAPM의 가정에는 완전시장, 효율적 분산투자, 무위험자산, 미래 수익률에 대한 동질적 예측, 단일기간 투자 등이 해당된다.

13

정답 ③

LM곡선에서 화폐의 수요는 거래수요 및 투기적 수요를 모두 고려한다.

오답분석

① · ② 이자율과 소득과의 관계를 나타내는 곡선으로 IS곡선은 우하향, LM곡선은 우상향하는 형태를 나타낸다.

④ IS곡선은 생산물 시장의 균형을 달성하는 소득과 이자율의 조합을 나타내고, LM곡선은 화폐 시장의 균형을 달성하는 소득과 이자율의 조합을 나타낸다.

14

정답 ③

제시된 조건의 경우 나타나는 수익률 곡선은 수평형이다.

오답분석

② 장기이자율의 하락 예측분이 기간 프리미엄보다 크다면 우하향으로 나타나게 되고, 이를 전도된 수익률곡선(우하향 형태)이라고 한다.

15

정답 ③

Q가 4일 때, A의 수요함수에 대입하면 제품가격 P는 8이다.

(소비자 잉여)=[(지불용의금액)−(제품가격)]×(구매량)

20=[(지불용의금액)−8]×4

∴ (지불용의금액)=13

따라서 A의 지불용의금액은 13이다.

16

정답 ②

자본시장과 금융투자업에 관한 법률에서는 금융투자업의 종류를 투자매매업, 투자중개업, 집합투자업, 투자자문업, 투자일임업, 신탁업으로 구분하고 있다. 신용협동기구는 제2금융권에 포함되며 신용협동조합, 새마을금고, 상호금융 등이 해당한다.

17

정답 ②

(당기총포괄이익)=[(기말자본)−(기초자본)]−(유상증자)

=[(기말자산)−(기말부채)]−[(기초자산)−(기초부채)]−유상증자

(7,500,000−3,000,000)−(5,500,000−3,000,000)−500,000

=4,500,000−2,500,000−500,000

=1,500,000원

18

정답 ③

재고의 증가나 감소는 투자이므로 사후적, 즉 소득형성 이후의 저축과 투자는 항상 일치한다.

19

정답 ③

한국은행 차입 방식에 의하면 통화량이 증가하면서 구축효과가 발생하지 않으므로 가장 팽창적인 방법이 된다.

20

정답 ③

정부지출을 증가시키면 실물부문에서 국민소득이 증가하나, 국민소득 증가에 따른 화폐수요가 증가하여 이자율을 상승시키고 민간의 투자수요를 감소시키는 구축효과가 발생하므로 국민소득의 증가를 상쇄시킨다.

21

정답 ④

암시장 출현은 가격상한제에 따른 사례이며, 실업률 증가는 최저임금제에 따른 노동시장 수요부족(실업)에 따른 사례이다.

오답분석

① 가격상한제는 공급자에 대한 가격규제이며, 가격하한제는 수요자에 대한 가격규제이다.

③ 가격상한제는 공급이 줄어들게 되어 초과수요가 발생하고, 가격하한제는 수요가 감소하여 초과공급이 발생한다.

22

정답 ③

IS곡선이란 투자와 저축의 약자로 생산물시장의 균형(투자=저축)을 나타내는 이자율과 국민소득과의 관계곡선이다.

23

정답 ①

조세부과 시 가장 고려해야 할 것에는 자원배분과 소득재분배 효과 등이 있다.

24

정답 ③

소득분배의 불균형 수치를 나타내는 것은 지니계수이다.

25

정답 ④

- (법인세 전 이익)×(법인세율)=(법인세)
  20억 원×0.4=8억 원
- (법인세 전 이익)−(법인세)=(당기순이익)
  20억 원−8억 원=12억 원
- (자본금)÷(1주당 액면금액)=(발행주식 수)
  $\frac{100\text{억 원}}{5{,}000\text{원}}$=200만 주

• (당기순이익)÷(주식 수)=[1주당 손익(EPS)]

$\frac{12억\ 원}{200만\ 주}=600원$

26

정답 ①

파레토의 법칙은 전체 결과의 80%가 전체 원인의 20%에서 일어나는 현상을 가리킨다.

오답분석

④ 롱테일의 법칙 : 전체 제품의 하위 80%에 해당하는 다수가 상위 20%보다 더 뛰어난 가치를 창출한다는 법칙이다.

27

정답 ③

원달러 환율이 하락하여 수출에 긍정적인 영향을 미친다.

오답분석

① 국내 기업대출 금리 인상으로 기업 자금조달에 어려움을 미친다.
② 미국 금리인상에 따라 우리나라 기준금리가 인상되면, 대출비용 부담 증가로 부동산 매물이 늘어나거나 매수수요가 줄어들게 된다.
④ 미국 기준금리가 오를수록 우리나라 등 해외 자본시장에서 외국인자본 유출이 확대될 수 있다.

28

정답 ②

주택저당채권담보부채권의 조기상환에 따른 위험을 부담하는 것은 투자자가 아니라 발행기관이다.

29

정답 ③

헤지펀드(Hedge Fund)는 제한된 인원을 고객으로 받아 단기이익을 목적으로 주식, 채권, 파생상품, 실물자산 등에 투자해 고위험 고수익을 달성하는 상품이다.

30

정답 ④

필립스 곡선은 실업률(x축)과 물가상승률(y축)의 상관관계를 나타내는 곡선으로 실업률이 높아지면 물가상승률은 낮아지는 역의 상관관계이다. 따라서 우하향하는 모습을 보인다.

금융일반 – 주관식

01	02	03	04	05
◎	12.5	20	5	312

01

정답 ◎

긍정론의 주요 논거에는 책임과 권력의 균형, 보다 좋은 기업 환경 조성, 기업의 공공성 기대, 정부에 의한 규제 회피, 사회관심을 구하는 시스템의 상호의존성, 주주의 관심 등이 있다.

오답분석

㉠~㉦은 기업의 사회적 책임에 대한 부정론의 주요 논거이다.

02

정답 12.5

자연실업률은 실직률을 실직률과 구직률의 합으로 나눈 값이다 $\left(u=\frac{s}{s+f}\right)$.

• 실직률$(s)=0.02$
• 구직률$(f)=0.14$
• 자연실업률$(u)=\frac{0.02}{0.02+0.14}=\frac{0.02}{0.16}=0.125$

따라서 이 나라의 자연실업률은 12.5%이다.

03

정답 20

균형국민소득을 구하기 위해 총지출(AE)을 정리하면 다음과 같다.

AE=C+I+G+NX
 =15,000+0.6(Y−7,000)−4,000r+5,000−3,000r
  +5,000+600
 =21,400+0.6Y−7,000r

국민소득의 삼면등가의 법칙(국내총생산=국내총소득=국내총지출)에 따라 Y=AE이므로 정리하면 다음과 같다.

Y=21,400+0.6Y−7,000r
→ 0.4Y=21,400−7,000r
→ 0.4×50,000=21,400−7,000r
→ 7,000r=21,400−0.4×50,000
→ 7,000r=1,400
∴ r=0.2

따라서 r=20%이다.

04

정답 5

순할인채의 듀레이션은 만기와 일치한다. 따라서 해당 채권의 듀레이션은 5년이다.

05

정답 312

(기말자본)
=(기초자본)+(재평가잉여금 증가액)+(추가출자액)-(당기순손실)
21,300+100+(10×1,000)-200=31,200원

디지털 – 객관식

01	02	03	04	05	06	07	08	09	10
①	②	④	④	①	③	②	①	①	③
11	12	13	14	15	16	17	18	19	20
③	②	③	②	①	①	①	②	③	①
21	22	23	24	25	26	27	28	29	30
①	①	②	②	①	④	④	②	②	②

01

정답 ①

i, k는 정수형으로 정의를 해줘야 한다.

오답분석

②・③・④ float, double, long double은 실수형으로 정의에 해당하는 변환지시자를 선언해야 한다.

02

정답 ②

제시된 프로그램은 i=1, k=1로 정의하고, i를 5까지 1씩 더한 값을 k에 곱한 k의 결괏값을 출력하는 프로그램이다. 따라서 출력되는 값은 1×2×3×4×5=120이다.

03

정답 ④

표준 SQL에서 레코드를 조합하는 방식은 INNER JOIN, LEFT JOIN, RIGHT JOIN이다. UNION은 여러 개의 결과를 하나의 테이블 또는 집합으로 표현할 때 사용한다.

04

정답 ④

색인 순차 파일은 순차 처리와 랜덤 처리가 모두 가능하도록 레코드들을 키 값 순서로 정렬시켜 기록하고, 레코드의 키 항목만을 모은 색인(Index)을 구성하여 편성한다.

05

정답 ①

HIPO는 하향식(Top-Down)으로 개발 과정에서 문서화와 목적에 맞은 자료를 확인할 수 있다.

06

정답 ③

로보어드바이저는 인간의 개입을 최소화하고, 개인투자성향에 따라 포트폴리오를 만들어 투자자에게 제공한다. 따라서 저렴한 수수료로 수익을 낼 수 있다.

07

정답 ②

캡차(CAPTCHA)는 'Completely Automated Public Turing test to tell Computers and Humans Apart'의 약자로, 정보 이용자가 사람인지 컴퓨터(프로그램)인지 구별해 주는 보안기술

이다. 일종의 테스트 기술인데 컴퓨터는 인식할 수 없도록 인위적으로 찌그러진 문자를 보여주고 그대로 입력하게 하는 식이다. 악의적 프로그램인 '봇(Bot)'의 접속과 활동을 막도록 개발되었다.

08 정답 ①

입력 A가 0이고 B가 0일 때 출력값이 1이 되는 경우는 NOT회로가 사용된 경우이다. 이런 경우 일단 출력값을 먼저 부정한 후 그 결과로 기본 회로의 출력값과 비교하는 것을 우선순위로 볼 수 있다. 제시된 진리표의 출력부정 회로의 결과는 AND회로와 같고, 논리식은 $C = \overline{A \cdot B} = \overline{A} + \overline{B}$ 가 된다. 따라서 출력값은 AND회로를 부정한 NAND회로임을 알 수 있다.

09 정답 ①

오답분석

② 키워드 검색 방식 : 찾고자 하는 정보와 관련된 핵심적인 언어인 키워드를 직접 입력하여 이를 검색 엔진에 보내어 검색 엔진이 키워드와 관련된 정보를 찾는 방식이다.
③ 주제별 검색 방식 : 인터넷상에 존재하는 웹 문서들을 주제별, 계층별로 정리하여 데이터베이스를 구축한 후 이용하는 방식이다.
④ 통합형 검색 방식 : 키워드 검색 방식과 매우 유사하다. 그러나 통합형 검색 방식은 키워드 검색 방식과 같이 검색 엔진 자신만의 데이터베이스를 구축하여 관리하는 방식이 아니라, 사용자가 입력하는 검색어들이 연계된 다른 검색 엔진에게 보내고, 이를 통하여 얻어진 검색 결과를 사용자에게 보여주는 방식을 사용한다.

10 정답 ③

오답분석

ⓒ 통계패키지(SAS), 데이터 마이닝, 관계형 데이터베이스 등은 기존 환경에서의 대표적인 소프트웨어 분석 방법이며, 빅데이터 환경의 소프트웨어 분석 방법에는 텍스트 마이닝, 온라인 버즈 분석, 감성 분석 등이 있다.

11 정답 ③

프로토타입(Prototype) 모형이란 사용자의 요구사항을 정확히 파악하기 위해 실제 개발될 소프트웨어에 대한 견본(시제품)을 만들어 최종 결과물을 예측하는 모형이다. 골격이 되는 코드인 폭포수 모형의 단점을 보완하며 유지보수 단계가 개발 단계 안에 포함되어 있어 요구사항을 충실히 반영한다.

오답분석

㉠ 프로토타입 모형의 단계는 요구 수집 – 빠른 설계 – 프로토타입 구축 – 고객 평가 – 프로토타입 조정 – 구현 순으로 이루어진다.

12 정답 ②

EDR(End-point Detection & Response) 기술은 랜섬웨어 등 고도화된 보안 위협에 대응할 수 있는 위협 탐지 대응 솔루션이다.

13 정답 ③

지정된 자료에 접근하는 방식에 따라 직접 주소 지정 방식, 간접 주소 지정 방식, 계산에 의한 주소 지정 방식, 즉시 주소 지정 방식 등으로 구분할 수 있다. 즉시 주소 지정(Immediate Addressing)은 명령어의 주소 부분에 데이터를 직접 넣어주는 방법이다.

오답분석

① 레지스터 지정(Register Addressing) : 명령어의 주소 부분의 값에 별도로 지정된 특정 레지스터에 기억된 값과 연산을 통해 실제 데이터가 기억된 기억 장소의 주소를 구하는 주소 지정 방식으로 프로그램 카운터(PC), 인덱스 레지스터(XR), 베이스 레지스터(BR) 등을 사용한다.
② 직접 주소 지정(Direct Addressing) : 명령어의 주소 부분에 연산에 필요한 데이터가 들어있는 주기억장치의 주소를 갖는 방식이다.
④ 간접 주소 지정(Indirect Addressing) : 명령어의 주소 부분에 있는 값으로 주기억장치에 접근하여 그 주소의 내용으로 다시 한번 주기억장치에 접근해서 연산에 필요한 데이터를 얻는 방식이다.

14 정답 ②

운영체제의 분류

- 제어 프로그램 : 감시(Supervisor), 데이터 관리(Data Management), 작업 제어(Job Control) 프로그램으로 구성
- 처리 프로그램 : 언어번역, 서비스, 사용자(문제) 프로그램 등으로 구성

15 정답 ①

트래블룰(Travel Rule)은 암호화폐 거래소 등 가상자산 사업자가 가상자산을 전송할 때 거래인의 실명 등 관련 정보를 모두 수집하도록 한 국제자금세탁방지기구(FATF) 규정으로, '코인거래 실명제'라는 이름으로도 불린다. 이 규정과 국내의 〈특정금융거래정보의 보고 및 이용 등에 관한 법률(특정금융정보법)〉 개정에 따라 가상자산거래소는 모두 가상자산사업자로 등록하고 실명 거래와 관련된 시스템을 갖추어야 한다.

16 정답 ①

네트워크 계층은 라우터가 대표적인 장치인데 경로배정, 트래픽 제어, 통신망 간의 전달 등을 담당한다.

17
정답 ①

DMA(Direct Memory Access)는 데이터 전송이 중앙 처리 장치(CPU)를 통하지 않고 메모리와 입출력 기기 사이에서 직접 행해지는 방식을 말한다.

18
정답 ②

- OLED(Organic Light Emitting Diode) : 유기발광 다이오드로, 형광성 유기 화합물에 전류가 흐르면 빛을 내는 자체발광현상을 이용하여 만든 디스플레이이다.
- LCD(Liquid Crystal Display) : 액정표시장치로 인가전압에 따른 액정 투과도의 변화를 이용하여 각종 장치에서 발생하는 여러 가지 전기적인 정보를 시각정보로 변화시켜 전달하는 전기소자를 말한다.
- 퀀텀닷(Quantum Dot) : 자체적으로 빛을 내는 수 나노미터(nm)의 반도체 결정으로 양자점이라고도 한다. 물질의 크기가 나노미터로 줄어들 경우 전기적·광학적 성질이 크게 변하는 반도체 나노 입자를 말한다.

오답분석

① LCD에 대한 설명이다.
③·④ 퀀텀닷에 대한 설명이다.

19
정답 ③

개방성은 프라이빗 블록체인의 특징과 거리가 멀다. 프라이빗 블록체인은 개방성과 반대인 폐쇄성을 띠는 블록체인으로, 보안성이 높다는 특징을 가지고 있다.

20
정답 ①

물리적 설계는 논리적 설계 단계에서 생성된 논리적 구조를 실제로 구축할 컴퓨터 시스템의 저장 장치와 운영체제의 특성을 고려하여 처리 능력을 향상시킬 수 있도록 설계하는 과정이다.

오답분석

② 논리적 설계 : 개발에 사용할 DBMS에 적합한 논리적 데이터 모델을 이용하여 개념적 설계 단계에서 생성한 구조를 기반으로 설계하는 과정이다.
③ 개념적 설계 : 요구 사항 분석 단계의 결과물을 개념적 데이터 모델을 통해 표현하는 과정이다.
④ 요구 조건 분석 : 데이터베이스를 사용하여 실제 업무를 처리하는 사용자에게 필요한 다양한 요구 사항을 수집하고 이를 분석한 결과를 명세서로 작성하는 과정이다.

21
정답 ①

오답분석

② 유틸리티(Utility) : 프로그램 작성에 도움이 되거나 컴퓨터 운영에 도움이 되는 소프트웨어이다.
③ 블로트웨어(Bloatware) : 반드시 필요한 기능 외에도 사용 빈도와 효용성이 낮은 기능까지 갖추다 보니 지나치게 많은 메모리를 요구하게 되어 저장 공간을 과다하게 차지하는 소프트웨어이다.
④ 블루투스(Bluetooth) : 근거리 무선 통신 규격의 하나이다.

22
정답 ①

데이터 정의어(DDL) 중 생성의 경우 CREATE TABLE, 제거의 경우 DROP TABLE, 구조 변경의 경우 ALTER TABLE이다.

23
정답 ②

rm 명령어는 파일을 삭제하는 명령어로 DOS의 Del 명령과 유사한 기능을 수행한다. 삭제하고자 하는 파일명이 존재하지 않을 경우 에러 메시지를 표시한다.

24
정답 ②

RR(Round－Robin) 알고리즘은 처리기 할당 시간을 주어 시간 안에 작업을 끝내지 못한 경우 처리기를 회수하고 준비상태로 돌아간 다음 할당시간을 기다리는 시분할 처리방식이다.

25
정답 ①

운영체제(OS; Operating System)란 하드웨어와 응용 프로그램 그리고 사용자 사이에 존재하면서 컴퓨터와 사용자 사이의 컴퓨터 시스템을 보다 편리하게 사용할 수 있도록 시스템을 제어, 관리하는 프로그램 집단을 말한다.

26
정답 ④

Attrib는 파일에 속성을 지정하거나 해제하는 명령이다.

- 파일 속성에는 읽기 전용(R), 숨김(H), 기록(A), 시스템 속성(S) 등이 있다.
- 사용법

+	속성 지정
−	속성 해제
R	읽기 전용 파일
A	기록 파일
S	시스템 파일
H	숨김 파일

27

정답 ④

UNIX의 파일시스템은 계층적 트리 구조이다.

28

정답 ②

연산장치(ALU; Arithmetic Logic Unit)

- 제어장치의 명령을 받아 실제로 사칙 및 논리연산을 수행하는 장치
- 반가산기(Half Adder), 전가산기(Full Adder), 누산기(Accumulator) 등으로 구성된다.

29

정답 ②

바이오스란 컴퓨터에서 전원을 켜면 맨 처음 컴퓨터의 제어를 맡아 가장 기본적인 기능을 처리해 주는 프로그램으로, 모든 소프트웨어는 바이오스를 기반으로 움직인다.

오답분석

① ROM(Read Only Memory)
③ RAM(Random Access Memory)
④ 스풀링(Spooling)

30

정답 ②

컴퓨터 시스템의 구성요소

- CPU : 일련의 기계어 명령어를 실행하는 하드웨어의 구성요소
- 주기억장치 : 프로그램이 실행될 때 보조기억장치로부터 프로그램이나 자료를 이동시켜 실행시킬 수 있는 기억장치
- 보조저장장치 : 2차 기억장치, 디스크나 CD-ROM과 같이 영구 저장 능력을 가진 기억장치
- 입출력장치 : 각 장치마다 별도의 제어기가 있어, CPU로부터 명령을 받아 장치의 동작을 제어하고 데이터를 이동시키는 일을 수행

디지털 - 주관식

01	02	03	04	05
㉢	㉠, ㉡, ㉣	㉠	1	4

01

정답 ㉢

포인터는 메모리의 주소 번지를 저장하는 변수이다. 문자열 포인터 p에 "HELLOWORLD"가 저장된 주소 번지를 저장한다. 문자열 포인터 p에 저장된 값에 4를 더한 후, 해당 값이 가리키고 있는 주소 영역에 접근하여 값을 가져와서 출력한다.
%c이기 때문에 그 자리의 char만 출력하므로, 결괏값은 O가 된다. 따라서 답은 ㉢이다.

02

정답 ㉠, ㉡, ㉣

메타버스(Metaverse)란 가상세계가 현실세계로 들어온 것으로 가상을 의미하는 '메타(Meta)'와 현실을 의미하는 '유니버스(Univerce)'가 합해진 단어로, 국내의 대표적인 메타버스로는 '제페토'가 있으며, 미국은 '세컨드 라이프'가 있다.

오답분석

㉢ 가상현실(VR)이 발전한 개념이 메타버스이다.
㉤ 메타버스 내의 세계는 현실과 동일한 형태를 띠고 있다.

03

정답 ㉠

딥러닝(Deep Learning)은 사물이나 데이터를 군집화하거나 분류하는 데 사용하는 기술로 컴퓨터가 마치 사람처럼 생각하고 학습하는 기술을 말한다.

오답분석

㉡ 사물통신(Machine to Machine) : 네트워크와 기기가 결합하여 사람과 사물, 사물과 사물 간 지능 통신이 가능한 서비스를 제공하는 미래형 통신망 기술
㉢ 빅데이터(Big Data) : 디지털 환경에서 생성되어 규모가 방대하고 생성 주기가 짧은 대규모 데이터
㉣ 유비쿼터스(Ubiquitous) : 언제 어디서나 네트워크에 접속할 수 있는 정보통신 환경
㉤ 블록체인(Block Chain) : 가상 화폐로 거래할 때 발생할 수 있는 해킹을 방지하기 위한 기술
㉥ 라우터(Router) : 서로 다른 네트워크를 중계해 주는 장치
㉦ 데이터마이닝(Data Mining) : 많은 데이터 가운데 숨겨져 있는 유용한 상관관계를 발견하여, 미래에 실행 가능한 정보를 추출하고 의사 결정에 이용하는 과정
㉧ 사물인터넷(Internet of Things) : 인터넷을 기반으로 모든 사물을 연결하여 정보를 상호 소통하는 지능형 기술 및 서비스

04 정답 1

CPM(Critical Path Method)은 주 공정(Critical Path)에 비중을 두기 때문에 주 공정을 나타내는 경로(굵은 화살표)의 흐름이 지연되면 다른 공정도 모두 지연되므로 주 공정이 완전히 해소될 때 진행한다. 따라서 ㉣은 옳지 않은 설명이다.

05 정답 4

A=num1 / num2; : num1인 9를 num2인 2로 나누었을 때 몫을 A에 대입한다.

printf("%d₩n", A); : 정수 A를 출력한다.

시대에듀 NCS 도서 구매자를 위한 특별한 혜택

NCS 기출풀이 특강 및 통합 온라인 모의고사

동영상 강의 이용 안내

1. 시대에듀 홈페이지 접속 (www.sdedu.co.kr)
2. 상단 카테고리 「회원혜택」 → 「이벤트존」 → 「NCS 도서구매 특별혜택 이벤트」 클릭
3. 쿠폰번호 입력 후 수강

모바일 OMR 답안채점 /성적분석 서비스

서비스 이용 안내

1. 회차별 모의고사 첫 번째 페이지의 QR 코드 찍고 '응시하기' 클릭
2. 나의 답안을 모바일 OMR에 입력
3. '성적분석&채점결과' 클릭하고 현재 내 실력 파악하기

※ 쿠폰 등록 후 30일 이내에 사용 가능합니다.

NCS 핵심이론 및 대표유형 분석자료

자료실 이용 안내

1. 시대에듀 도서 홈페이지 접속 (www.sdedu.co.kr/book)
2. 상단 카테고리 「도서업데이트」 클릭
3. '공기업/금융권 NCS 도서 무료 학습 자료' 검색 후 다운로드

※ 자료가 보이지 않을 때에는 '금융권'으로 검색하기 바랍니다.

무료제공 쿠폰

NCS 쿠폰번호

NCS 기출풀이 특강	DIF-12050-19071
NCS 통합 온라인 모의고사	ASXJ-00000-E246A

IBK기업은행 온라인 모의고사

금융일반(2회분)	ATOG-00000-F7C52
디지털(2회분)	ATOF-00000-86B6E

등록기간 : ~2026. 08. 31

❖ 쿠폰 등록 후 30일 이내에 사용 가능합니다.
❖ 쿠폰 등록 및 응시는 윈도우 기반 PC에서만 가능합니다.
❖ 모바일 및 macOS 운영체제에서는 서비스되지 않습니다.

INFORMATION

신입행원 채용 안내

◇ 지원방법

❶ IBK기업은행 홈페이지(www.ibk.co.kr)

❷ 채용 전용 홈페이지(ibk.incruit.com)

◇ 지원자격

❶ 해외여행에 결격사유가 없는 자로 남성의 경우 병역필 또는 면제자

❷ 당행 인사규정 「채용의 제한」 대상자 등이 아닌 자

※ 분야별 복수지원자는 일괄 불합격 처리 예 금융일반 ↔ 디지털 분야 복수지원

◇ 채용절차

◇ 필기시험

채용공고	접수기간	서류발표	필기시험	필기발표
2025.02.27	2025.02.27～03.17	2025.03.28	2025.04.12	2025.04.17
2024.08.28	2024.08.28～09.19	2024.10.04	2024.10.19	2024.10.24
2024.03.12	2024.03.12～03.27	2024.04.11	2024.04.27	2024.05.02
2023.09.05	2023.09.05～09.19	2023.10.06	2023.10.21	2023.10.31
2023.03.21	2023.03.21～04.04	2023.04.20	2023.05.13	2023.05.18

❖ 자세한 채용절차는 직무별 채용방침에 따라 변경될 수 있으니 반드시 채용공고를 확인하기 바랍니다.

IBK기업은행 기업분석

◇ 비전

최고의 서비스를 혁신적으로 제공하는

글로벌 초일류 금융그룹

◇ 경영방향

가치금융

관련된 모두의 가치를 높임

튼튼한 은행

시장선도
- 中企 성장지원 강화
- 미래성장동력 확보
- 기술 생태계 활성화
- 그룹 시너지 제고

내실경영
- 선제적 리스크 관리
- 지속적 균형성장
- 최고의 디지털 경쟁력
- 실질적 글로벌 성과

반듯한 금융

고객신뢰
- 고객 최우선 경영
- 금융소비자 보호
- 내부통제 고도화
- 금융사고 제로

사회책임
- 포용적 금융
- 금융접근 편의성 제고
- 기업시민 역할 수행
- 글로벌 ESG 실천

행복하고 보람 있는 조직

공정한 인사	균등한 기회	역량 있는 인재
일과 삶의 균형	신뢰와 화합	활기찬 조직

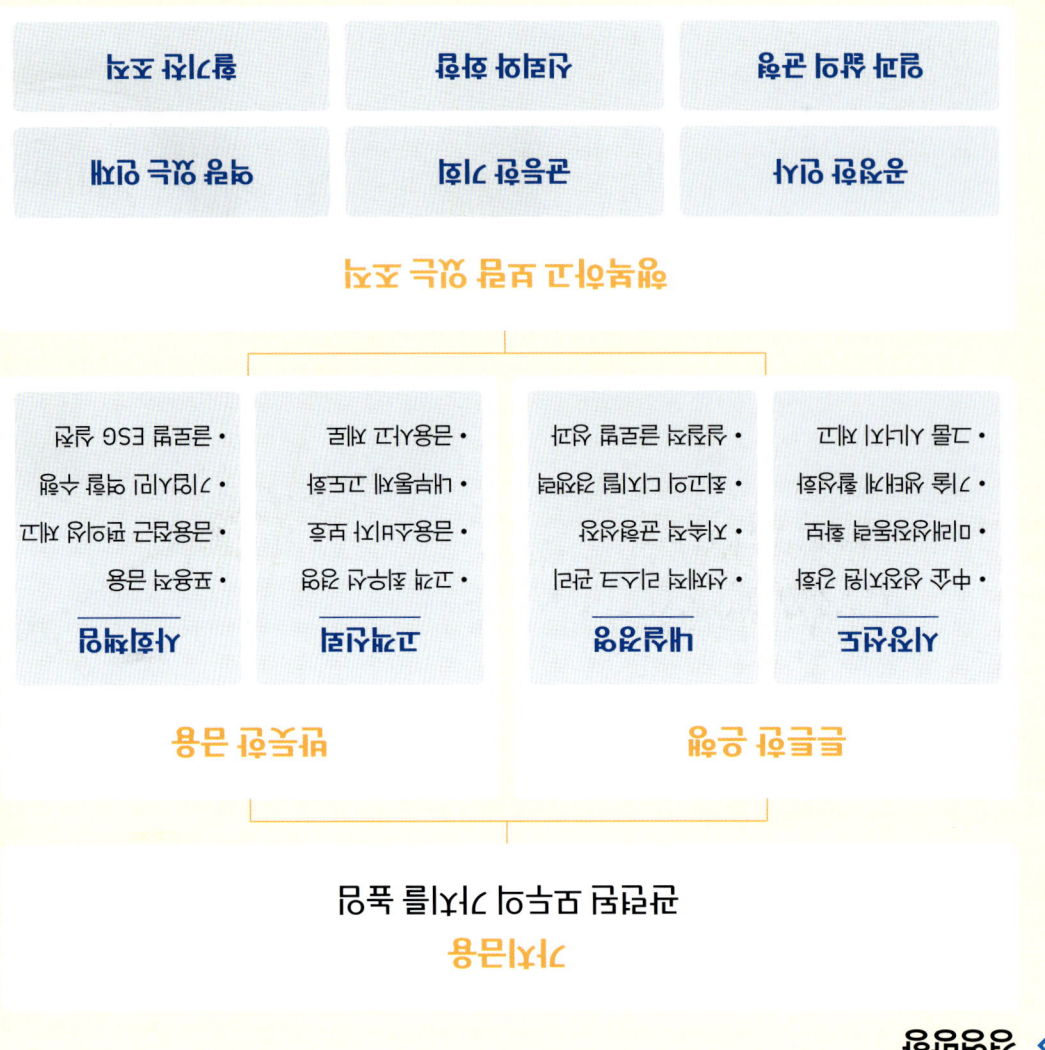

IBK기업은행 필기시험 금융일반 제3회 모의고사 주관식 답안카드

직무수행능력											
01	㉠	㉡	㉢	㉣	㉤	㉥	㉦	㉧			
02	십	⓪	①	②	③	④	⑤	⑥	⑦	⑧	⑨
	일	⓪	①	②	③	④	⑤	⑥	⑦	⑧	⑨
	소수점 첫째 자리	⓪	①	②	③	④	⑤	⑥	⑦	⑧	⑨
03	십	⓪	①	②	③	④	⑤	⑥	⑦	⑧	⑨
	일	⓪	①	②	③	④	⑤	⑥	⑦	⑧	⑨
04	일	⓪	①	②	③	④	⑤	⑥	⑦	⑧	⑨
05	백	⓪	①	②	③	④	⑤	⑥	⑦	⑧	⑨
	십	⓪	①	②	③	④	⑤	⑥	⑦	⑧	⑨
	일	⓪	①	②	③	④	⑤	⑥	⑦	⑧	⑨

※ 본 답안카드는 마킹연습용 모의 답안카드입니다.

IBK기업은행 필기시험 금융일반 제3회 모의고사 객관식 답안카드

고사장

성 명

수 험 번 호						
⓪	⓪	⓪	⓪	⓪	⓪	⓪
①	①	①	①	①	①	①
②	②	②	②	②	②	②
③	③	③	③	③	③	③
④	④	④	④	④	④	④
⑤	⑤	⑤	⑤	⑤	⑤	⑤
⑥	⑥	⑥	⑥	⑥	⑥	⑥
⑦	⑦	⑦	⑦	⑦	⑦	⑦
⑧	⑧	⑧	⑧	⑧	⑧	⑧
⑨	⑨	⑨	⑨	⑨	⑨	⑨

감독위원 확인
(인)

NCS 직업기초능력				직무수행능력			
1	① ② ③ ④	21	① ② ③ ④	1	① ② ③ ④	21	① ② ③ ④
2	① ② ③ ④	22	① ② ③ ④	2	① ② ③ ④	22	① ② ③ ④
3	① ② ③ ④	23	① ② ③ ④	3	① ② ③ ④	23	① ② ③ ④
4	① ② ③ ④	24	① ② ③ ④	4	① ② ③ ④	24	① ② ③ ④
5	① ② ③ ④	25	① ② ③ ④	5	① ② ③ ④	25	① ② ③ ④
6	① ② ③ ④	26	① ② ③ ④	6	① ② ③ ④	26	① ② ③ ④
7	① ② ③ ④	27	① ② ③ ④	7	① ② ③ ④	27	① ② ③ ④
8	① ② ③ ④	28	① ② ③ ④	8	① ② ③ ④	28	① ② ③ ④
9	① ② ③ ④	29	① ② ③ ④	9	① ② ③ ④	29	① ② ③ ④
10	① ② ③ ④	30	① ② ③ ④	10	① ② ③ ④	30	① ② ③ ④
11	① ② ③ ④	31	① ② ③ ④	11	① ② ③ ④		
12	① ② ③ ④	32	① ② ③ ④	12	① ② ③ ④		
13	① ② ③ ④	33	① ② ③ ④	13	① ② ③ ④		
14	① ② ③ ④	34	① ② ③ ④	14	① ② ③ ④		
15	① ② ③ ④	35	① ② ③ ④	15	① ② ③ ④		
16	① ② ③ ④	36	① ② ③ ④	16	① ② ③ ④		
17	① ② ③ ④	37	① ② ③ ④	17	① ② ③ ④		
18	① ② ③ ④	38	① ② ③ ④	18	① ② ③ ④		
19	① ② ③ ④	39	① ② ③ ④	19	① ② ③ ④		
20	① ② ③ ④	40	① ② ③ ④	20	① ② ③ ④		

※ 본 답안카드는 마킹연습용 모의 답안카드입니다.

IBK기업은행 필기시험 금융일반 제2회 모의고사 주관식 답안카드

직무수행능력											
01	일	⓪	①	②	③	④	⑤	⑥	⑦	⑧	⑨
02	A	㉠	㉡	㉢	㉣	㉤	㉥	㉦	㉧	㉨	㉩
	B	㉠	㉡	㉢	㉣	㉤	㉥	㉦	㉧	㉨	㉩
03	일	⓪	①	②	③	④	⑤	⑥	⑦	⑧	⑨
04	십	⓪	①	②	③	④	⑤	⑥	⑦	⑧	⑨
	일	⓪	①	②	③	④	⑤	⑥	⑦	⑧	⑨
05	백	⓪	①	②	③	④	⑤	⑥	⑦	⑧	⑨
	십	⓪	①	②	③	④	⑤	⑥	⑦	⑧	⑨
	일	⓪	①	②	③	④	⑤	⑥	⑦	⑧	⑨

※ 본 답안카드는 마킹연습용 모의 답안카드입니다.

IBK기업은행 필기시험 금융일반 제2회 모의고사 객관식 답안카드

고사장

성 명

수 험 번 호						
⓪	⓪	⓪	⓪	⓪	⓪	⓪
①	①	①	①	①	①	①
②	②	②	②	②	②	②
③	③	③	③	③	③	③
④	④	④	④	④	④	④
⑤	⑤	⑤	⑤	⑤	⑤	⑤
⑥	⑥	⑥	⑥	⑥	⑥	⑥
⑦	⑦	⑦	⑦	⑦	⑦	⑦
⑧	⑧	⑧	⑧	⑧	⑧	⑧
⑨	⑨	⑨	⑨	⑨	⑨	⑨

감독위원 확인
㊞

NCS 직업기초능력				직무수행능력			
1	① ② ③ ④	21	① ② ③ ④	1	① ② ③ ④	21	① ② ③ ④
2	① ② ③ ④	22	① ② ③ ④	2	① ② ③ ④	22	① ② ③ ④
3	① ② ③ ④	23	① ② ③ ④	3	① ② ③ ④	23	① ② ③ ④
4	① ② ③ ④	24	① ② ③ ④	4	① ② ③ ④	24	① ② ③ ④
5	① ② ③ ④	25	① ② ③ ④	5	① ② ③ ④	25	① ② ③ ④
6	① ② ③ ④	26	① ② ③ ④	6	① ② ③ ④	26	① ② ③ ④
7	① ② ③ ④	27	① ② ③ ④	7	① ② ③ ④	27	① ② ③ ④
8	① ② ③ ④	28	① ② ③ ④	8	① ② ③ ④	28	① ② ③ ④
9	① ② ③ ④	29	① ② ③ ④	9	① ② ③ ④	29	① ② ③ ④
10	① ② ③ ④	30	① ② ③ ④	10	① ② ③ ④	30	① ② ③ ④
11	① ② ③ ④	31	① ② ③ ④	11	① ② ③ ④		
12	① ② ③ ④	32	① ② ③ ④	12	① ② ③ ④		
13	① ② ③ ④	33	① ② ③ ④	13	① ② ③ ④		
14	① ② ③ ④	34	① ② ③ ④	14	① ② ③ ④		
15	① ② ③ ④	35	① ② ③ ④	15	① ② ③ ④		
16	① ② ③ ④	36	① ② ③ ④	16	① ② ③ ④		
17	① ② ③ ④	37	① ② ③ ④	17	① ② ③ ④		
18	① ② ③ ④	38	① ② ③ ④	18	① ② ③ ④		
19	① ② ③ ④	39	① ② ③ ④	19	① ② ③ ④		
20	① ② ③ ④	40	① ② ③ ④	20	① ② ③ ④		

※ 본 답안카드는 마킹연습용 모의 답안카드입니다.

IBK기업은행 필기시험 금융일반 제1회 모의고사 주관식 답안카드

직무수행능력											
01	십	⓪	①	②	③	④	⑤	⑥	⑦	⑧	⑨
	일	⓪	①	②	③	④	⑤	⑥	⑦	⑧	⑨
02	①			②			③			④	
03	십	⓪	①	②	③	④	⑤	⑥	⑦	⑧	⑨
	일	⓪	①	②	③	④	⑤	⑥	⑦	⑧	⑨
04	백	⓪	①	②	③	④	⑤	⑥	⑦	⑧	⑨
	십	⓪	①	②	③	④	⑤	⑥	⑦	⑧	⑨
	일	⓪	①	②	③	④	⑤	⑥	⑦	⑧	⑨
05	㉠			㉡			㉢			㉣	
	㉤			㉥			㉦			㉧	

※ 본 답안카드는 마킹연습용 모의 답안카드입니다.

IBK기업은행 필기시험 금융일반 제1회 모의고사 객관식 답안카드

고사장

성 명

수 험 번 호						
⓪	⓪	⓪	⓪	⓪	⓪	⓪
①	①	①	①	①	①	①
②	②	②	②	②	②	②
③	③	③	③	③	③	③
④	④	④	④	④	④	④
⑤	⑤	⑤	⑤	⑤	⑤	⑤
⑥	⑥	⑥	⑥	⑥	⑥	⑥
⑦	⑦	⑦	⑦	⑦	⑦	⑦
⑧	⑧	⑧	⑧	⑧	⑧	⑧
⑨	⑨	⑨	⑨	⑨	⑨	⑨

감독위원 확인
㊞

NCS 직업기초능력				직무수행능력			
1	① ② ③ ④	21	① ② ③ ④	1	① ② ③ ④	21	① ② ③ ④
2	① ② ③ ④	22	① ② ③ ④	2	① ② ③ ④	22	① ② ③ ④
3	① ② ③ ④	23	① ② ③ ④	3	① ② ③ ④	23	① ② ③ ④
4	① ② ③ ④	24	① ② ③ ④	4	① ② ③ ④	24	① ② ③ ④
5	① ② ③ ④	25	① ② ③ ④	5	① ② ③ ④	25	① ② ③ ④
6	① ② ③ ④	26	① ② ③ ④	6	① ② ③ ④	26	① ② ③ ④
7	① ② ③ ④	27	① ② ③ ④	7	① ② ③ ④	27	① ② ③ ④
8	① ② ③ ④	28	① ② ③ ④	8	① ② ③ ④	28	① ② ③ ④
9	① ② ③ ④	29	① ② ③ ④	9	① ② ③ ④	29	① ② ③ ④
10	① ② ③ ④	30	① ② ③ ④	10	① ② ③ ④	30	① ② ③ ④
11	① ② ③ ④	31	① ② ③ ④	11	① ② ③ ④		
12	① ② ③ ④	32	① ② ③ ④	12	① ② ③ ④		
13	① ② ③ ④	33	① ② ③ ④	13	① ② ③ ④		
14	① ② ③ ④	34	① ② ③ ④	14	① ② ③ ④		
15	① ② ③ ④	35	① ② ③ ④	15	① ② ③ ④		
16	① ② ③ ④	36	① ② ③ ④	16	① ② ③ ④		
17	① ② ③ ④	37	① ② ③ ④	17	① ② ③ ④		
18	① ② ③ ④	38	① ② ③ ④	18	① ② ③ ④		
19	① ② ③ ④	39	① ② ③ ④	19	① ② ③ ④		
20	① ② ③ ④	40	① ② ③ ④	20	① ② ③ ④		

※ 본 답안카드는 마킹연습용 모의 답안카드입니다.

IBK기업은행 필기시험 금융일반 기출복원 모의고사 주관식 답안카드

직무수행능력											
01	십	⓪	①	②	③	④	⑤	⑥	⑦	⑧	⑨
	일	⓪	①	②	③	④	⑤	⑥	⑦	⑧	⑨
02	백	⓪	①	②	③	④	⑤	⑥	⑦	⑧	⑨
	십	⓪	①	②	③	④	⑤	⑥	⑦	⑧	⑨
	일	⓪	①	②	③	④	⑤	⑥	⑦	⑧	⑨
03	㉠	㉡	㉢	㉣							
04	A	㉠	㉡	㉢	㉣	㉤					
	B	㉠	㉡	㉢	㉣	㉤					
05	㉠	㉡	㉢	㉣							

※ 본 답안카드는 마킹연습용 모의 답안카드입니다.

IBK기업은행 필기시험 금융일반 기출복원 모의고사 객관식 답안카드

고사장

성 명

수 험 번 호						
⓪	⓪	⓪	⓪	⓪	⓪	⓪
①	①	①	①	①	①	①
②	②	②	②	②	②	②
③	③	③	③	③	③	③
④	④	④	④	④	④	④
⑤	⑤	⑤	⑤	⑤	⑤	⑤
⑥	⑥	⑥	⑥	⑥	⑥	⑥
⑦	⑦	⑦	⑦	⑦	⑦	⑦
⑧	⑧	⑧	⑧	⑧	⑧	⑧
⑨	⑨	⑨	⑨	⑨	⑨	⑨

감독위원 확인
인

NCS 직업기초능력									
1	①	②	③	④	21	①	②	③	④
2	①	②	③	④	22	①	②	③	④
3	①	②	③	④	23	①	②	③	④
4	①	②	③	④	24	①	②	③	④
5	①	②	③	④	25	①	②	③	④
6	①	②	③	④	26	①	②	③	④
7	①	②	③	④	27	①	②	③	④
8	①	②	③	④	28	①	②	③	④
9	①	②	③	④	29	①	②	③	④
10	①	②	③	④	30	①	②	③	④
11	①	②	③	④	31	①	②	③	④
12	①	②	③	④	32	①	②	③	④
13	①	②	③	④	33	①	②	③	④
14	①	②	③	④	34	①	②	③	④
15	①	②	③	④	35	①	②	③	④
16	①	②	③	④	36	①	②	③	④
17	①	②	③	④	37	①	②	③	④
18	①	②	③	④	38	①	②	③	④
19	①	②	③	④	39	①	②	③	④
20	①	②	③	④	40	①	②	③	④

직무수행능력									
1	①	②	③	④	21	①	②	③	④
2	①	②	③	④	22	①	②	③	④
3	①	②	③	④	23	①	②	③	④
4	①	②	③	④	24	①	②	③	④
5	①	②	③	④	25	①	②	③	④
6	①	②	③	④	26	①	②	③	④
7	①	②	③	④	27	①	②	③	④
8	①	②	③	④	28	①	②	③	④
9	①	②	③	④	29	①	②	③	④
10	①	②	③	④	30	①	②	③	④
11	①	②	③	④					
12	①	②	③	④					
13	①	②	③	④					
14	①	②	③	④					
15	①	②	③	④					
16	①	②	③	④					
17	①	②	③	④					
18	①	②	③	④					
19	①	②	③	④					
20	①	②	③	④					

※ 본 답안카드는 마킹연습용 모의 답안카드입니다.

IBK기업은행 필기시험 디지털 제3회 모의고사 주관식 답안카드

	직무수행능력									
01	㉠		㉡		㉢		㉣		㉤	
02	㉠		㉡		㉢		㉣		㉤	
03	㉠		㉡		㉢		㉣			
	㉤		㉥		㉦		㉧			
04	①		②		③		④		⑤	
05	⓪	①	②	③	④	⑤	⑥	⑦	⑧	⑨

※ 본 답안카드는 마킹연습용 모의 답안카드입니다.

IBK기업은행 필기시험 디지털 제3회 모의고사 객관식 답안카드

고사장

성 명

수 험 번 호						
⓪	⓪	⓪	⓪	⓪	⓪	⓪
①	①	①	①	①	①	①
②	②	②	②	②	②	②
③	③	③	③	③	③	③
④	④	④	④	④	④	④
⑤	⑤	⑤	⑤	⑤	⑤	⑤
⑥	⑥	⑥	⑥	⑥	⑥	⑥
⑦	⑦	⑦	⑦	⑦	⑦	⑦
⑧	⑧	⑧	⑧	⑧	⑧	⑧
⑨	⑨	⑨	⑨	⑨	⑨	⑨

감독위원 확인
인

NCS 직업기초능력				직무수행능력			
1	① ② ③ ④	21	① ② ③ ④	1	① ② ③ ④	21	① ② ③ ④
2	① ② ③ ④	22	① ② ③ ④	2	① ② ③ ④	22	① ② ③ ④
3	① ② ③ ④	23	① ② ③ ④	3	① ② ③ ④	23	① ② ③ ④
4	① ② ③ ④	24	① ② ③ ④	4	① ② ③ ④	24	① ② ③ ④
5	① ② ③ ④	25	① ② ③ ④	5	① ② ③ ④	25	① ② ③ ④
6	① ② ③ ④	26	① ② ③ ④	6	① ② ③ ④	26	① ② ③ ④
7	① ② ③ ④	27	① ② ③ ④	7	① ② ③ ④	27	① ② ③ ④
8	① ② ③ ④	28	① ② ③ ④	8	① ② ③ ④	28	① ② ③ ④
9	① ② ③ ④	29	① ② ③ ④	9	① ② ③ ④	29	① ② ③ ④
10	① ② ③ ④	30	① ② ③ ④	10	① ② ③ ④	30	① ② ③ ④
11	① ② ③ ④	31	① ② ③ ④	11	① ② ③ ④		
12	① ② ③ ④	32	① ② ③ ④	12	① ② ③ ④		
13	① ② ③ ④	33	① ② ③ ④	13	① ② ③ ④		
14	① ② ③ ④	34	① ② ③ ④	14	① ② ③ ④		
15	① ② ③ ④	35	① ② ③ ④	15	① ② ③ ④		
16	① ② ③ ④	36	① ② ③ ④	16	① ② ③ ④		
17	① ② ③ ④	37	① ② ③ ④	17	① ② ③ ④		
18	① ② ③ ④	38	① ② ③ ④	18	① ② ③ ④		
19	① ② ③ ④	39	① ② ③ ④	19	① ② ③ ④		
20	① ② ③ ④	40	① ② ③ ④	20	① ② ③ ④		

※ 본 답안카드는 마킹연습용 모의 답안카드입니다.

IBK기업은행 필기시험 디지털 제2회 모의고사 주관식 답안카드

직무수행능력											
01	십	⓪	①	②	③	④	⑤	⑥	⑦	⑧	⑨
	일	⓪	①	②	③	④	⑤	⑥	⑦	⑧	⑨
02	①	②	③	④							
03	①	②	③	④	⑤						
04	일	⓪	①	②	③	④	⑤	⑥	⑦	⑧	⑨
05	㉠	㉡	㉢	㉣	㉤	㉥	㉦				

※ 본 답안카드는 마킹연습용 모의 답안카드입니다.

IBK기업은행 필기시험 디지털 제2회 모의고사 객관식 답안카드

고사장

성 명

수 험 번 호						
⓪	⓪	⓪	⓪	⓪	⓪	⓪
①	①	①	①	①	①	①
②	②	②	②	②	②	②
③	③	③	③	③	③	③
④	④	④	④	④	④	④
⑤	⑤	⑤	⑤	⑤	⑤	⑤
⑥	⑥	⑥	⑥	⑥	⑥	⑥
⑦	⑦	⑦	⑦	⑦	⑦	⑦
⑧	⑧	⑧	⑧	⑧	⑧	⑧
⑨	⑨	⑨	⑨	⑨	⑨	⑨

감독위원 확인
㊞

NCS 직업기초능력				직무수행능력			
1	① ② ③ ④	21	① ② ③ ④	1	① ② ③ ④	21	① ② ③ ④
2	① ② ③ ④	22	① ② ③ ④	2	① ② ③ ④	22	① ② ③ ④
3	① ② ③ ④	23	① ② ③ ④	3	① ② ③ ④	23	① ② ③ ④
4	① ② ③ ④	24	① ② ③ ④	4	① ② ③ ④	24	① ② ③ ④
5	① ② ③ ④	25	① ② ③ ④	5	① ② ③ ④	25	① ② ③ ④
6	① ② ③ ④	26	① ② ③ ④	6	① ② ③ ④	26	① ② ③ ④
7	① ② ③ ④	27	① ② ③ ④	7	① ② ③ ④	27	① ② ③ ④
8	① ② ③ ④	28	① ② ③ ④	8	① ② ③ ④	28	① ② ③ ④
9	① ② ③ ④	29	① ② ③ ④	9	① ② ③ ④	29	① ② ③ ④
10	① ② ③ ④	30	① ② ③ ④	10	① ② ③ ④	30	① ② ③ ④
11	① ② ③ ④	31	① ② ③ ④	11	① ② ③ ④		
12	① ② ③ ④	32	① ② ③ ④	12	① ② ③ ④		
13	① ② ③ ④	33	① ② ③ ④	13	① ② ③ ④		
14	① ② ③ ④	34	① ② ③ ④	14	① ② ③ ④		
15	① ② ③ ④	35	① ② ③ ④	15	① ② ③ ④		
16	① ② ③ ④	36	① ② ③ ④	16	① ② ③ ④		
17	① ② ③ ④	37	① ② ③ ④	17	① ② ③ ④		
18	① ② ③ ④	38	① ② ③ ④	18	① ② ③ ④		
19	① ② ③ ④	39	① ② ③ ④	19	① ② ③ ④		
20	① ② ③ ④	40	① ② ③ ④	20	① ② ③ ④		

※ 본 답안카드는 마킹연습용 모의 답안카드입니다.

IBK기업은행 필기시험 디지털 제2회 모의고사 주관식 답안카드

직무수행능력											
01	십	⓪	①	②	③	④	⑤	⑥	⑦	⑧	⑨
	일	⓪	①	②	③	④	⑤	⑥	⑦	⑧	⑨
02	①	②	③	④							
03	①	②	③	④	⑤						
04	일	⓪	①	②	③	④	⑤	⑥	⑦	⑧	⑨
05	㉠	㉡	㉢	㉣	㉤	㉥	㉦				

※ 본 답안카드는 마킹연습용 모의 답안카드입니다.

IBK기업은행 필기시험 디지털 제2회 모의고사 객관식 답안카드

고사장

성 명

수 험 번 호						
⓪	⓪	⓪	⓪	⓪	⓪	⓪
①	①	①	①	①	①	①
②	②	②	②	②	②	②
③	③	③	③	③	③	③
④	④	④	④	④	④	④
⑤	⑤	⑤	⑤	⑤	⑤	⑤
⑥	⑥	⑥	⑥	⑥	⑥	⑥
⑦	⑦	⑦	⑦	⑦	⑦	⑦
⑧	⑧	⑧	⑧	⑧	⑧	⑧
⑨	⑨	⑨	⑨	⑨	⑨	⑨

감독위원 확인
인

NCS 직업기초능력				직무수행능력			
1	① ② ③ ④	21	① ② ③ ④	1	① ② ③ ④	21	① ② ③ ④
2	① ② ③ ④	22	① ② ③ ④	2	① ② ③ ④	22	① ② ③ ④
3	① ② ③ ④	23	① ② ③ ④	3	① ② ③ ④	23	① ② ③ ④
4	① ② ③ ④	24	① ② ③ ④	4	① ② ③ ④	24	① ② ③ ④
5	① ② ③ ④	25	① ② ③ ④	5	① ② ③ ④	25	① ② ③ ④
6	① ② ③ ④	26	① ② ③ ④	6	① ② ③ ④	26	① ② ③ ④
7	① ② ③ ④	27	① ② ③ ④	7	① ② ③ ④	27	① ② ③ ④
8	① ② ③ ④	28	① ② ③ ④	8	① ② ③ ④	28	① ② ③ ④
9	① ② ③ ④	29	① ② ③ ④	9	① ② ③ ④	29	① ② ③ ④
10	① ② ③ ④	30	① ② ③ ④	10	① ② ③ ④	30	① ② ③ ④
11	① ② ③ ④	31	① ② ③ ④	11	① ② ③ ④		
12	① ② ③ ④	32	① ② ③ ④	12	① ② ③ ④		
13	① ② ③ ④	33	① ② ③ ④	13	① ② ③ ④		
14	① ② ③ ④	34	① ② ③ ④	14	① ② ③ ④		
15	① ② ③ ④	35	① ② ③ ④	15	① ② ③ ④		
16	① ② ③ ④	36	① ② ③ ④	16	① ② ③ ④		
17	① ② ③ ④	37	① ② ③ ④	17	① ② ③ ④		
18	① ② ③ ④	38	① ② ③ ④	18	① ② ③ ④		
19	① ② ③ ④	39	① ② ③ ④	19	① ② ③ ④		
20	① ② ③ ④	40	① ② ③ ④	20	① ② ③ ④		

※ 본 답안카드는 마킹연습용 모의 답안카드입니다.

IBK기업은행 필기시험 디지털 기출복원 모의고사 주관식 답안카드

직무수행능력											
01	십	⓪	①	②	③	④	⑤	⑥	⑦	⑧	⑨
	일	⓪	①	②	③	④	⑤	⑥	⑦	⑧	⑨
02	십	⓪	①	②	③	④	⑤	⑥	⑦	⑧	⑨
	일	⓪	①	②	③	④	⑤	⑥	⑦	⑧	⑨
03	㉠	㉡	㉢	㉣	㉤						
04	㉠	㉡	㉢	㉣							
05	⓪	①	②	③	④	⑤	⑥	⑦	⑧	⑨	

※ 본 답안카드는 마킹연습용 모의 답안카드입니다.

IBK기업은행 필기시험 디지털 기출복원 모의고사 객관식 답안카드

고사장

성 명

수 험 번 호						
⓪	⓪	⓪	⓪	⓪	⓪	⓪
①	①	①	①	①	①	①
②	②	②	②	②	②	②
③	③	③	③	③	③	③
④	④	④	④	④	④	④
⑤	⑤	⑤	⑤	⑤	⑤	⑤
⑥	⑥	⑥	⑥	⑥	⑥	⑥
⑦	⑦	⑦	⑦	⑦	⑦	⑦
⑧	⑧	⑧	⑧	⑧	⑧	⑧
⑨	⑨	⑨	⑨	⑨	⑨	⑨

감독위원 확인
인

NCS 직업기초능력				직무수행능력			
1	① ② ③ ④	21	① ② ③ ④	1	① ② ③ ④	21	① ② ③ ④
2	① ② ③ ④	22	① ② ③ ④	2	① ② ③ ④	22	① ② ③ ④
3	① ② ③ ④	23	① ② ③ ④	3	① ② ③ ④	23	① ② ③ ④
4	① ② ③ ④	24	① ② ③ ④	4	① ② ③ ④	24	① ② ③ ④
5	① ② ③ ④	25	① ② ③ ④	5	① ② ③ ④	25	① ② ③ ④
6	① ② ③ ④	26	① ② ③ ④	6	① ② ③ ④	26	① ② ③ ④
7	① ② ③ ④	27	① ② ③ ④	7	① ② ③ ④	27	① ② ③ ④
8	① ② ③ ④	28	① ② ③ ④	8	① ② ③ ④	28	① ② ③ ④
9	① ② ③ ④	29	① ② ③ ④	9	① ② ③ ④	29	① ② ③ ④
10	① ② ③ ④	30	① ② ③ ④	10	① ② ③ ④	30	① ② ③ ④
11	① ② ③ ④	31	① ② ③ ④	11	① ② ③ ④		
12	① ② ③ ④	32	① ② ③ ④	12	① ② ③ ④		
13	① ② ③ ④	33	① ② ③ ④	13	① ② ③ ④		
14	① ② ③ ④	34	① ② ③ ④	14	① ② ③ ④		
15	① ② ③ ④	35	① ② ③ ④	15	① ② ③ ④		
16	① ② ③ ④	36	① ② ③ ④	16	① ② ③ ④		
17	① ② ③ ④	37	① ② ③ ④	17	① ② ③ ④		
18	① ② ③ ④	38	① ② ③ ④	18	① ② ③ ④		
19	① ② ③ ④	39	① ② ③ ④	19	① ② ③ ④		
20	① ② ③ ④	40	① ② ③ ④	20	① ② ③ ④		

※ 본 답안카드는 마킹연습용 모의 답안카드입니다.